브라질에서 진보의 길을 묻는다

신자유주의 시대 브라질 노동운동과 룰라 정부

브라질에서 진보의 길을 묻는다
신자유주의 시대 브라질 노동운동과 룰라 정부

1판1쇄 펴냄 2009년 12월 29일

지은이 | 조돈문

펴낸이 | 박상훈
주간 | 정민용
편집장 | 안중철
책임편집 | 정민용
편집 | 성지희, 이진실, 최미정
디자인 | 서진
제작·영업 | 김재선, 박경춘

펴낸 곳 | 후마니타스(주)
등록 | 2002년 2월 19일 제300-2003-108호
주소 | 서울 마포구 서교동 394-67번지 삼양빌딩 2층(121-893)
편집 | 02-739-9929, 9930 제작·영업 | 02-722-9960 팩스 | 02-733-9910
홈페이지 | www.humanitasbook.co.kr

인쇄 | 표지·본문 인성인쇄 031-932-6966
제본 | 일진제책사 031-908-1406

값 19,000원

ISBN 978-89-6437-106-0 04300
       978-89-90106-64-3(세트)

이 도서의 국립중앙도서관 출판시도서목록(CIP)은 e-CIP 홈페이지(http://www.nl.go.kr/ecip)에서
이용하실 수 있습니다.(CIP제어번호: CIP2009004192)

브라질에서 진보의 길을 묻는다

신자유주의 시대 브라질 노동운동과 룰라 정부

조돈문

후마니타스

ADEGABC	Agência de Desenvolvimento Econômico do Grande ABC	광역 ABC 지역 경제 개발 기구
APL	Arranjo Produtivo Local	기업 창업 지원 사업
ARENA	Aliança Renovadora Nacional	국민혁신동맹
ASS	Alternativa sindical socialista	아떼흐나띠바
CEB	Communidades Eclesiais de Base	기층 공동체
CGT	Confederação Geral dos Trabalhadores	전국노동자총연맹
CIPA	Comissão Interna de Prevenção de Acidentes	산업 안전 요원 제도
CLT	Consolidação das Leis do Trabalho	노동법
CNI	Confederação Nacional da Indústria	전국산업협회
CNM	Confederação Nacional dos Metalúrgicos	금속연맹
COPOM	Comitê de Política Monetária	금융통화정책위
CUT	Central Ùnica dos Trabalhadores	통합노동자총연맹
DIEESE	Departamento Intersindical de Estatística e Estudos Sócio-Econômicos	범노동조합통계및사회경제연구소
FGTS	Fundo de Garantia por Tempo de Serviço	고용보장기금
FIESP	Federação das Indústrias do Estado de São Paulo	상파울루주산업연맹
FNT	Fórum Nacional do Trabalho	노동법 개정을 위한 노사정 기구
FS	Força Sindical	노동조합의힘
FTAA	Free Trade Area of the Americas	전(全) 아메리카 자유무역지대
IBASE	Instituto Brasileiro de Análises Sociais e Econômicas	브라질사회경제분석연구소
IEBM	Incubadora de Empresas Barão de Mauá	마우아의 기업 인큐베이팅 센터
InNova	Incubadora Tecnológica e Educacional de Santo André	상또안드레의 기업 인큐베이팅 센터
MDB	Movimento Democrático Brasileiro	브라질민주운동
MDICE	Ministério do Desenvolvimento, Indústria e Comércio Exterior	산업통상부
MODERCARGA	programa de modernização da frota de caminhões	트럭 부문 현대화 프로젝트
MST	Movimiento dos Trabalhadores Rurais Sem Terra	농촌무토지노동자운동
MTS	movimento por uma tendência socialista	사회주의운동파
PAC	Programa de Aceleração do Crescimento	경제 성장 촉진 프로그램
PDS	Partido Democrático Social	사회민주당
PFL	Partido da Frente Liberal	자유전선당
PMDB	Partido do Movimento Democrático	브라질민주운동당
PPP	Parceria Público-Privadanto	민관 파트너십
PSD	Partido Social Democrático	사회민주당

PSDB	Partico da Social Democracia Brasileira	브라질사민당
PSTU	Partido Socialista dos Trabalhadores Unificado	사회주의통합노동자당
PT	Partido dos Trabalhadores	노동자당
PTB	Partido Trabalhista Brasileiro	브라질노동당
RGPS	Regime Geral da Previdência Social	사적 부문 연금 제도
RJU	Regime Jurídico Único	공적 부문 연금 제도
SDS	Social Democracia Sindical	사민주의노조연맹
SEBRAE	Serviço Brasileiro de Apoio às Micro e Pequenas Empresas	중소기업청
SENAI	Serviço Nacional de Aprendizagem Industrial	산업훈련청
SMABC	Sindicato dos Metalúrgicos do ABC	ABC 금속노조
SUS	Sistema Único de Saúde	보건 의료 통합 체계

사슴이 형님의 영전에
이 책을 바칩니다.

책을 펴내며

2003년 1월 나는 처음으로 브라질을 방문했다. 물론 거기에는 특별한 계기가 있었다.

2000년 전후 나는 스웨덴 연구에 열을 올리고 있었다. 동구권 붕괴 이후 스웨덴의 우데발라와 임노동자 기금제는 새로운 의미로 다가왔던 것이다. 스웨덴 자료들을 열심히 보고 있던 무렵, 대우자동차의 해외 매각이 추진되고 있었다. 한동안 대우자동차 노동자들과 열심히 고민하며 우리 나름의 대안을 만들어 싸워 봤지만 우리는 패배했다. 다시 나는 연구자로 돌아왔고, 당시 유럽 통합의 사회적 차원에 대한 논의가 진전되고 있던 유럽으로 눈을 돌리게 되었다.

하지만 2002년 봄 브라질이 심상치 않았다. 1994년과는 달리 온갖 음모와 난관에도 불구하고 노동자당의 룰라(Luiz Inácio Lula da Silva)는 선두를 놓치지 않고 있었다. 나는 도박을 했다. 그해 여름부터 포르투갈어를 배우기 시작한 것이다. 마침내 룰라는 대통령에 당선되었다. 내 나라에서, 내가 찍은 대통령 후보가 당선된 적은 단 한 번도 없었지만, 브라질 룰라의 승리는 충분한 보상이 되고도 남았다.

룰라는 2003년 1월 1일 대통령에 취임했고, 내가 브라질 상파울루에 도착한 것은 그로부터 열흘 뒤였다. 어느 날 호텔 방에서 자료를 정리하고 있던 중 텔레비전에서 이상한 장면을 목격하게 되었다. 화면에는 2층 버스가 있었고, 그 버스에서 끊임없이 사람들이 내리고 있었는데, 주변 풍광은 그 말끔한 버스와는 너무나도 어울리지 않는 헐벗은 지역이었다. 대략 40여 명쯤 내리고 난 다음 연청색 남방을 입은 텁석부리 사내가 나타났다. 룰라였다.

룰라가 버스에서 내려 몸을 추스르기도 전에 주민들이 달려들었다. 경호원들이 잽싸게 몸을 날려 주민들을 차단하려 했지만, 룰라가 경호원들을 제지했다. 룰라를 에워싼 주민들은 남루한 늙은 농민들이었다. 검고 거친 팔뚝들이 룰라를 얼싸안고 놓아주지 않았다. 대통령이 아니라, 오랜만에 귀향한 이웃집 총각을 맞고 감격하는 장면 같았다. "내 새끼, 우리 새끼."

텔레비전 진행자는 그곳이 브라질에서 가장 소득수준이 낮은 삐아우이(Piauí) 주라고 소개했다. 그리고 룰라에게 그곳은 종착지가 아니라, 배를 타고 삐아우이 주의 가장 깊숙하고 못사는 오지를 방문한다는 것이었다. 룰라는 연신 땀을 닦아 가며 한 차례 연설을 마친 다음 다시 바지선 같은 배를 타고 최종 목적지를 향해 출발했다.

숨 막히는 순간들이 지나간 뒤에도 나는 한동안 일을 할 수 없었다. 그 감동의 드라마를 연출한 노동자당과 룰라가 향후 4년 동안 어떤 일을 할 지를 내가 본 드라마가 모두 투사해 보여 주는 것 같았다. 나는 그 순간들을 가슴에 품고 룰라 정부를 지켜보며 오늘까지 브라질을 연구해 왔다.

가슴이 벅찼던 것은 나 혼자만이 아니었다. 그해 1월 세상의 모든 열기는 남반구의 한 지점으로 흡인되고 있었다. 1월 23일부터 일주일 동안 브라질 남쪽 뽀르뚜알레그레(Porto Alegre)에서 세계사회포럼이 개최되었다. 세계 각지에서 20여만 명이 모여들었고, 전 세계 좌파들도 축제의 장에 함께했다. 동구권 붕괴 이후 국가사회주의의 파산은 사회주의 모델 자체에 대한 불신을 가져왔고, 좌파들에게는 억울한 누명이었지만 그것은 현실이었다. 유럽에서는 스웨덴의 우데발라와 임노동자 기금제 이후 더 이상 새로운 실험은 없었다.

브라질 노동자당의 집권은 새로운 사회주의 모델의 실험에 대한 기대를 부풀게 했고, 전 세계 좌파들이 대거 브라질로 모인 것은 그러한 기대감 속에서 룰라 정부의 출범을 축하하고자 한 것이었다. 거리는 환희의 구호들로 가득 찼고, 나 또한 여느 참여자들과 마찬가지로 무리들 속에서 소리를 질러 댔다. "룰라야, 어디 있니? 나는 너를 보러 여기 왔다!"(Lula Cadê Você? Eu vim aqui sô para te ver!)

그렇게 룰라 정부가 시작되었다. 하지만 기대했던 변혁의 실험은 없었다. 룰라가 배신자라고 규탄을 받는 가운데서도 나는 실험의 뉴스를 기다리고 있었다. 현실에서 검증된 대안, 그것을 찾을 곳은 다른 어디에서도 보이지 않았기 때문이다. 나로서는 노동자당과 룰라 정부에 거는 기대를 포기할 수 없었다.

어느덧 나의 물음은 '룰라 정부가 어떤 변혁적 실험을 실시했고, 어떤 도전에 직면하게 되었는가?'에서 '왜 룰라 정부가 변혁적 실험을 하지 않았는가?'로 바뀌게 되었다. 연구 결과는 노동자당과 룰라를 위한 '과학적(?) 변명'의 모습을 띠기도 했다. 변혁적 실험 자체를 현실화할 수 없게 하는 제약들에 대한 연구는 결코 유쾌한 작업이 아니었다. 하지만 그것은 유의미한 작업이었다. 나는 그 과정에서 많은 것을 배웠고 값진 실천적 교훈도 얻을 수 있었다.

노동계급에 관한 한 브라질은 한국과 공통점이 많았다. 군사독재 시기 어용 노조 패권하에서 민주 노조 운동이 시작되어 대안적 조직체를 형성하면서 노동운동은 이중 구조(dual structure)를 형성하게 되었으며, 노동계급은 민주 노조 운동을 구심점으로 계급 형성을 진전시킬 수 있었다. 경제 위기 이후 민주 정부에 의해 신자유주의 공세가 전개되면서 민주 노조 운동은 큰 타격을 받게 되었고, 노동계급의 계급 형성은 정체 혹은 후퇴하는 상황을 맞았다. 하지만 신자유주의 시기를 마감하며 브라질 노동계급은 집권에 성공했지만, 한국에서는 온건 신자유주의 세력이 강경 신자유주의 세력으로 교체되었을 뿐 노동계급의 정치 세력화로 이어지지 못했다.

지금 한국의 노동계급 정치 세력화는 참담한 수준이다. 첫발을 제대로 내딛기도 전에 분당 사태를 맞았고, 아직도 패권주의와 엘리트주의를 벗어나지 못하고 있다. 이념적 실천보다 파워 게임에 익숙하고, 변혁적 전망보다 정치 방정식에 목숨을 거는 행태는 보수정당에 뒤지지 않는다. 무엇보다도 우려스러운 것은 권력을 위해서라면 동지도, 당원도, 시민도 모두 수단으로 삼는 천박한 도구주의적 행태다. 파벌 중심주의와 결합해 유능한 인재들조차 완장 부대로 만들거나 조직에서 몰아내는 폐해는 너무도 많이 보아 왔다. 하지만 새로운 세대들이 합류하면서 새로운 조직 문화를 지향하는 변화의 시도들이 눈에 띄고 있는 것은 다행스러운 일이다. 브라질 노동자당과 룰라 정부의 경험이 우리 자신을 돌아보는 자기 성찰의 계기가 될 수 있기를 기대한다.

룰라 정부가 출범한 이래 금년 8월까지 브라질을 여섯 차례 방문했다. 거의 한 해 한 번꼴로 방문한 셈이다. 이 책의 각 장들은 그렇게 쓰였다. 제1장은 1993년에 집필했지만, 다른 장들은 모두 룰라 정부 출범 이후 쓰여 학술지 등에 발표되었다. 마지막 장은 금년 8월 브라질 방문을 마치고 집필했다.

평소 노동자들의 눈높이에서 글을 쓴다는 원칙에 충실하고자 했지만, 정확한 표현과 분석적 논의를 위해 다소 어렵게 쓰인 부분들이 많다는 점을 인정하지 않을 수 없다. 그러한 가독성 문제를 고려하여 각 부의 서두에 간략한 요약을 넣어서 각 장의 핵심 논지를 가늠할 수 있게 했고, 마지막 장에서는 책자 전체를 꿰뚫고 있는 문제의식을 중심으로 비교적 소상하게 논의를 전개했다.

이 책은 많은 분들의 도움으로 만들어질 수 있었다. 브라질 현지 조사 연구를 도와주고 인터뷰에 응해 준 여러 분들, 좋은 논평과 제안을 주신 국내외 연구자들, 원고를 찬찬히 읽으며 많은 오류를 바로잡을 수 있게 해준 조교 김직수와 박양선, 여러 차례의 현지 조사 연구를 재정적으로 지원해 준 한국학술진흥재단과 가톨릭대학교, 논문의 수록을 허락해 준 비판사회학회, 한국라틴아메리카학회, 한국사회과학연구소, 한국산업노동학회, 도서출판 오름, 전국민주노동조합총연맹, 아산재단과 집문당, 그리고 영업 적자가 예상됨에도 불구하고 출판을 맡아 좋은 책을 만들어 준 후마니타스의 여러 분들께 감사의 마음을 전한다.

2002년 봄, 브라질에 눈을 돌리기 시작할 무렵, 나는 형님을 잃었다. 부모님이 돌아가신 뒤 스무 해를 그는 어버이 같은 맏이로서 우리 남매들과 함께해 왔다. 어쩌면 살아서 함께했던 시간들보다 기억으로 함께한 시간들이 형제를 발견하게 했는지도 모른다. 형님을 잃고 나서 나는 무엇이 되었건, 새로운 어떤 것을 필요로 했고, 노동자당과 룰라는 그 틈을 비집고 내게 다가왔을 수도 있다. 브라질을 연구하는 동안 내 가슴속에는 줄곧 삐아우이와 형님이 자리하고 있었다. 이제 삐아우이와 함께 형님을 보내 드려야 할 때가 온 것 같다. 형님 가시는 길에 이 책을 바친다.

2009년 12월

조돈문

노동운동의 성장과 신자유주의의 도전

제1부는 브라질 노동운동의 역사적 변천을 새로운 노동운동의 성장과 이중 구조의 형성을 중심으로 검토하고, 민주화 이후 전개된 신자유주의 경제정책의 결과를 노동자의 삶의 조건이 변화된 측면을 중심으로 평가한 다음, 신자유주의 경제정책하에서 노동조합은 어떻게 대응했으며 어떤 딜레마를 지니게 되었는지를 분석한다.

제1장은 노동운동이 형성된 이후 대중주의와 군사독재시기를 거치면서 새로운 노동조합운동이 등장하여 발전하면서 노동운동을 이중 구조화하는 역사적 변천 과정을 분석한다.

대중주의 시기에는 대중주의 지도자에 의해 코포라티즘적 통제의 틀이 형성되어 그 아래에서 국가권력과 노동운동 사이의 교환관계가 발달했다. 국가는 노동자들의 물적 이해관계를 보호하고 노동조합의 자유로운 활동을 보장했고, 노동운동은 국가권력의 주요한 지지 세력이 되어 국가권력의 정치적 안정과 사회적 질서를 유지하는 데 기여하게 되었다. 이렇게 형성된 코포라티즘적 통제의 틀은 군사독재 시기와 민주화 시기를 거치면서 다소 변화했지만 그 기본적인 틀은 유지되었다.

군사독재 정권은 대중주의 시기에 형성된 코포라티즘적 통제 장치들을 활용하여 노동운동에 대한 통제를 더욱 강화했지만 노동자들과 노동조합에 대한 보호 및 보장은 철회했다. 대중주의 시기에 상호 의존적이었던 국가와 노동 사이의 관계는 군사독재 정권하에서 국가에 의한 일방적 지배 관계로 바뀌며, 노동조합의 자율성과 조직력이 크게 훼손되었다. 코포라티즘 체제는 1978~80년 노동자 파업과 신노동조합운동(Novo Sindicalismo)의 성장으로 도전받게 되고 민주화 과정에서 다소 약화되지만, 노동조합세와 지역 내 1부문 1노조 제도는 유지됨으로써 국가는 여전히 제한된 수준의 코포라티즘적 통제 장치들을 유지하고 있었다.

신노동조합운동의 성장으로 노동운동은 코포라티즘적 통제의 틀 아래에서 노동조합의 자율성보다는 실리를 추구하며 정부나 자본가들과의 협상을 선호하는 전통적 부문과, 코포라티즘적 통제 체제를 거부하며 노동조합의 자율성과 계급적 이해관계를 중시하며 파업 투쟁을 통해 노동자 이익을 보호·신장하려는 신노동조합운동 부문으로 양극화되었다. 전통적 부문에 비해 신노동조합운동의 헤게모니가 강화되었지만 전통적 부문에 대한 국가와 자본의 직·간접적 지원으로 인해 노동운동의 이중 구조는 꾸준히 재생산되었다.

제2장은 신자유주의 경제정책의 결과를 거시 경제적 지표들과 시민들의 삶의 조건이 변화된 측면에서 검토하고, 신자유주의 경제정책에 대한 지지 여부를 결정하는 요인들이 무엇인가를 규명한다. 신자유주의 경제정책이 사회 전반에 긍정적 결과를 가져온다는 '워싱턴 컨센서스'(Washington Consensus) 지배 담론에 대해 경험적 연구에 기초한 반론이 제기되는 한편, 노동자들과 일반 시민들이 일반적인 통념과는 달리 신자유주의 경제정책을 지지할 수 있다는 주장도 제기되었다. 이러한 이론적 혼란을 해소하기 위해서는 신자유주의 경제정책의 결과에 대한 심층적 분석이 요구되는 것이다.

민주화 과정에서 등장했던 시민 정부들의 경제 안정화 프로그램들이 모두 실패한 반면, 새로운 통화 체제 도입을 중심으로 한 까르도주(Fernando Henrique Cardoso)의 경제정책은 인플레이션을 억제하는 데 성공했다. 하지만 까르도주의 신자유주의 경제정책은 물가 안정을 제외하면 낮은

경제성장률, 무역수지 악화, 재정 적자 심화 등 거의 모든 거시 경제지표
들에서 실패를 기록했다. 삶의 조건 측면에서도 국유 기업 사유화와 제조
업 고용 감축에 따른 실업률 증가, 제조업 위축과 서비스업 확대에 따른
비정규직 비율 증가, 노동시간 유연화와 노동조건 악화, 생산성 향상 수
준에 크게 밑도는 실질임금 증감, 소득 불평등 악화 등을 가져옴으로써
사회적 실패로 귀결되었다. 결국 워싱턴 컨센서스는 객관적 사실에 기초
하지 않은 채 신자유주의 경제정책을 확산시키려는 이데올로기에 불과
한 것으로 확인되었다.

브라질 노동자들은 신자유주의 경제정책에 대해 일관되게 저항했으
나 일반 시민들은 신자유주의 경제정책에 절대적인 지지를 보냈다. 노동
자들의 저항은 노동의 유연화와 노동조건의 전반적 악화라는 신자유주
의 경제정책의 전략과 결과에 기초한 반면, 시민들의 지지는 앞선 경제
안정화 프로그램이 인플레이션을 억제하는 데 성공했기 때문이었지, 신
자유주의 경제정책 자체의 경험과 평가 때문은 아니었다. 따라서 시민들
이 신자유주의 경제정책에 부여한 정당성은 경제 안정화 정책에서 신자
유주의 경제정책으로 전이된 것에 불과했다. 신자유주의 경제정책의 구
체적 효과를 경험하고, 그것이 경제 위기로 귀결되는 것을 보면서 시민들
은 지지를 철회했다.

제3장은 민주화와 신자유주의 경제정책하에서 노동조합이 선택한 대
응 전략을 분석한다. 민주화가 노동자들의 노동기본권을 신장하고 노동
조합에 참여의 공간을 넓혀 준 반면, 세계화 추세 속의 신자유주의 경제
정책은 노동 유연화 등 반노동자적 내용을 지니며 추진 과정에서 노동조

합을 배제토록 했다. 브라질도 대부분의 다른 중남미 국가들처럼 민주화와 신자유주의 세계화가 동시에 진행되면서 노동조합에 상반된 행위 양식을 요구했다는 점에서 노동조합의 전략적 선택은 예측하기 어려웠다.

브라질에서는 민주화의 진전과 더불어 신자유주의 경제정책이 더욱 강도를 높여 갔으며, 까르도주 정권에서 공세적으로 추진되면서 절정을 이루었다. 브라질 노동운동은 군사독재 시기부터 전투성 게임으로 상당한 성과를 거두며 성장했으나, 민주화와 더불어 참여 공간이 확장되면서 부문 협의회에 참여하는 등 전투성 게임 일변도의 전략에서 후퇴하여 제도성 게임[1]을 병행하는 전략적 행위자로 변모했다. 까르도주 정권이 신자유주의 경제정책의 반노동자성을 더욱 강화하고 노동조합을 배제함에 따라, 제도성 게임의 여지가 사라지게 되었으나, 전투성 게임 또한 강력하게 추진되지 못했다.

전반적으로 민주화와 신자유주의는 노동과 국가 모두에게 딜레마를 안겨 주고 있으나, 민주화와 신자유주의의 독특한 결합으로 까르도주 정권은 상대적으로 딜레마로부터 자유롭게 된 반면, 노동조합은 그렇지 못

---

1) 제도성 게임(institution game)은 노동조합이 노동자들의 이익을 신장시키기 위해 제도화된 장치들을 이용하는 전략을 의미하며, 전투성 게임(militancy game)은 제도화된 장치들이 없는 상황에서, 혹은 있더라도 제도화된 장치들을 이용하기보다는 노동자들을 동원하여 투쟁을 전개함으로써 자본가들로부터 양보를 받아 내는 전략이다. 노동조합이 쟁취하고자 하는 목표가 국가와 자본가들에 의해 받아들여질 수 있는 온건한 것들인 경우에는 제도성 게임을 택하고 그렇지 못한 경우 전투성 게임을 선택한다. 이런 전략의 차이는 노동조합의 내적 역학에도 영향을 주는데, 두 게임에 관한 자세한 논의는 조돈문(1993)을 볼 것.

했다. 노동운동은 민주화와 노동운동의 영향력 강화로 여전히 새로운 행위 양식과 사회적 책임성을 요구받고 있었기 때문에 강력한 전투성 게임을 전개할 수 없었다. 반면, 까르도주 정권은 정권 탄생의 정당성에 더하여 인플레이션 억제 정책의 성공에 기초하여 선거 과정에서 신자유주의 경제정책에 대한 국민적 합의를 동원하며 출범했기 때문에 노동조합을 배제하고 신자유주의 경제정책을 공세적으로 추진할 수 있었던 것이다.

1
노동운동의 역사적 변천과 이중 구조의 형성[*]

1. 머리말

동유럽과 소련 등 사회주의권에서는 국가사회주의 정권들이 무너졌고, 선진 자본주의사회들에서는 포드주의적 계급 타협이 탈규제의 추세 속에서 자본계급들의 공격으로 노동운동이 축적한 성과들이 허물어져 갔다. 한편, 제3세계 국가들은 군부독재 정권들이 몰락하며 시민 정부로 이행하는 민주화를 경험했다.

제3세계의 노동운동은 군부 정권의 극심한 탄압으로 좌파 정당들과 함께 수십 년 간 축적해 놓은 조직적 자원을 단시일 내에 잃게 되었다. 이런 타격은 민주화가 이루어진 뒤에도 쉽게 회복되지 못했다. 이와 같이 노동운동이 세계적으로 침체의 늪에 빠져 있는 반면, 브라질에서는 노동운동이

[*] 이 글은 『동향과 전망』 통권 20호에 실린 필자의 글을 수정·보완한 것이다. 게재를 허락해 준 한국사회과학연구소와 박영률 출판사에 감사를 드린다.

군사 쿠데타 이전보다도 훨씬 활발하게 전개되고, 노동계급 중심으로 결성된 노동자당(PT)이 급성장한 것은 매우 예외적인 현상으로 비쳐진다.

브라질에서 산업 노동자의 형성은, 설탕과 커피에 의존하던 농업 수출 산업 주도의 경제 구조로 인해 여타의 중남미 국가들보다 늦었다. 브라질 노동운동은 멕시코·칠레·아르헨티나·페루 등 여타 중남미 국가들에 비해 뒤늦었을 뿐만 아니라[1] 국가에 더 의존적인 형태로 발달했다. 이렇듯 노동계급의 구조적 형성이나 노동운동의 성장, 국가에 대한 의존성 등의 측면에서 상대적으로 불리하게 출발한 브라질 노동운동이 최근 보여 준 성공적 성장은 학문적으로뿐 아니라 실천적으로도 관심을 끌기에 충분하다. 특히 군부독재하에서 87년 대투쟁과 같은 폭발적인 동원이 성공적인 노동운동의 정착과 정치 세력화로 이어지지 못한 남한의 노동운동을 고려한다면, 군부독재 시기 노동계급의 투쟁이 계급정당의 집권으로 발전한 브라질의 역사적 경험은 시사하는 바가 매우 크다. 이런 의미에서 이 장에서는 브라질 노동운동의 역사적 변천을 조명해 보고자 한다.

브라질 노동운동은 1930년대에 대중주의(populist) 바르가스(Getúlio Vargas) 정권하에서 코포라티즘의 틀이 마련되면서 자율성을 잃고 국가에 예속된다. 이런 코포라티즘적 틀은 헌법과 노동법규들에 의해 구축되었으며, 이들 법적 장치는 부분적인 수정과 함께 오늘날까지도 유지되고 있다. 이러한 국가의 코포라티즘적 통제는 1964년 쿠데타가 일어나기 전

---

1) 중남미 국가들 간의 노동운동 비교는 Collier & Collier(1991)를 볼 것.

까지 대중주의 정권들은 노동운동에 상당 정도의 이해관계를 보장하며 그 대가로 노동운동을 국가에 예속시켜 왔다. 한편, 쿠데타 이후 군부독재 정권은 노동계급에 대한 양보의 상당 부분을 회수했으나, 국가에 대한 노동운동의 예속은 유지했다. 코포라티즘 성격의 변화와 더불어 노동운동 지도자들은 순종적인 어용 인사들로 교체되었다. 코포라티즘적 통제가 그 법적 장치들의 유지에도 불구하고 유효성을 잃게 된 것은 1970년대 후반에 등장한 신노동조합운동의 도전 때문이다. 바로 이 신노동조합운동이 브라질 노동운동의 새 역사의 장을 연 주체다.

신노동조합운동은 코포라티즘의 틀 밖에서 동원을 통해 노동계급의 이해관계를 관철하는 전투성 게임을 펼친다는 점에서, 코포라티즘 틀 안에서 국가와의 협상을 통해 양보를 얻어내는 제도성 게임을 펼치는 어용 노조 지도자들 즉 뻴레고[2]와 명백한 대조를 이룬다. 따라서 신노동조합운동의 등장으로 노동운동은 국가에 대한 의존에서 벗어나 국가로부터의 자율성을 확보했고, 국가의 개입에 의존하지 않고 자본가와 직접 협상하는 관행을 정착시켰으며, 노동자당의 결성으로 노동계급의 독자적 정치세력화를 이룩하고 선거에서 좋은 성과를 거두었다. 그러나 신노동조합운

------

2) 뻴레고(pelogos)의 본래 말뜻은 말안장 위에 올려놓는 양가죽 깔개를 의미한다. 이 깔개는 말이 움직일 때 말안장에 전달되는 충격을 완화하기 위한 것인데, 노동조합에서는 노동자와 자본가 사이의 갈등을 완화시키는 기능을 한다는 뜻에서 노동조합 간부를 지칭하는 말로 쓰이게 되었다. 하지만 통상적으로 뻴레고라는 단어는 노동조합 간부 일반을 지칭하는 것이 아니라 부패한 어용 노조 간부를 지칭하는 말로 쓰이고 있다.

동의 급격한 성장에도 불구하고 브라질 노동운동이 어용 노조 운동에서 신노동조합운동으로 완전히 대체된 것은 아니다. 신노동조합운동 외에도 여전히 구태의연한 코포라티즘적 틀 안에서 투쟁이 아닌 협상을 통해 실리를 추구하는 세력들이 남아 있었다. 이처럼 코포라티즘 틀 안의 제도성 게임이 지속되면서 코포라티즘 틀 밖에서 전투성 게임이 등장함에 따라 브라질 노동운동은 이중 구조화되었다고 할 수 있다. 이제 브라질 노동운동의 역사적 변천 과정을 신노동조합운동이 등장하기 이전의 코포라티즘 시기와 신노동조합운동이 등장한 이후의 시기로 나누어 살펴보자.

2. 코포라티즘적 통제의 형성과 변모

1) 노동운동의 형성(~1930년)

브라질의 경제는 제국 시대(1822~1889년)나 구공화국 시기(1889~1930년)에는 설탕과 커피 등 농업 수출품들을 중심으로 발달했고, 커피에 대한 서구의 수요가 꾸준히 증가해, 제1차 세계대전으로 인해 유럽으로부터의 공산품 수입이 어려워질 때까지는 산업화의 필요성을 별로 느끼지 못했다. 제1차 세계대전이 발발한 뒤부터 시작된 수입대체산업화는 히우데자네이루(Rio de Janeiro)와 상파울루를 중심으로 진행되었으며 경공업, 특히 섬유산업을 중심으로 전개되었다.[3] 초기 산업 노동자들의 상당 부분은 노예 수입이 금지되면서 유럽에서 유입된 이민자들이었다. 1871 년에서 1920년 사이 유럽 이민자들은 350만 명에 달했는데, 이들이 주로 숙련·반숙련 직종에 자리 잡았던 반면, 브라질 출신 노동자들은 주로 비 숙련 직종으로 주변화되었다.

초기 산업 노동자들은 산업 중심지들로 인구가 집중되어 노동력이 과 잉되자 이로 인한 조악한 작업 조건을 면할 수 없었으며, 작업장에서는 자의적인 폭력을 통해 노동 통제가 이루어졌다. 열악한 노동조건과 투쟁 지상주의의 아나코-생디칼리스트(Anarcho-Syndicalist)들[4]의 활약에도 불구하고, 이민자들과 브라질인들 사이의 긴장 관계, 산업 노동자 밀집 지역들 간의 지리적 거리, 작업장의 작은 규모 등의 요인들로 말미암아 노동자들의 조직화는 별 진전을 보지 못했다(Hall & Garcia 1991, 164-169; Greenfield 72-74). 노동자 조직화와 동원이 활발해진 것은 1910년대 말부 터였다. 특히 1917년부터 1920년 사이에는 노동자들이 임금 인상과 하 루 8시간 노동 등을 요구하며 총파업을 시도하기도 했다. 노동자들의 급

---

3) 1920년 현재 공장노동자들의 절반 정도가 히우데자네이루와 상파울루 두 주에 집중되어 있었 고 이들 중 40% 정도가 섬유 산업 부문에 종사했다(Hall & Garcia 1991, 161).
4) 이들은 투쟁 일변도의 전략을 견지했으며, 정당과의 연계나 투표의 의미도 인정하지 않았고, 법 규 개정이나 정부로부터 양보를 얻어 내는 것보다는 파업과 사보타지 등의 투쟁을 통해 노동자 들의 요구 조건을 쟁취할 것을 주장했다. 여타의 중남미 국가들에서는 1900년대에 이미 이들이 노동계급의 전국적 조직을 형성하고 하루 8시간 노동시간 쟁취 투쟁 등 대규모 총파업들을 성 공적으로 수행했으나 이에 비하면 브라질에서는 별로 성과를 거두지 못했다.

진화에 놀란 정부는 외국인 노동자들을 강제 출국시키기도 하고, 파업을 금지하는 한편 노동운동 내 진보 세력들을 대거 숙청했다. 정부의 탄압에 서리를 맞고 멈칫했던 노동운동은 1920년대 말 정부의 탄압이 약화되자 다시 활성화되기 시작했으며, 이때 노동운동의 주도권은 아나코-생디칼리스트들에게서 공산주의자들로 넘어갔다.

이 시기의 노동자들은 노동쟁의를 국가에 대한 반란 정도로 이해하는 정부의 탄압 아래에서도 조직화와 파업에의 동원을 최초로 경험했으며, 무엇보다 중요한 것은 국가의 탄압을 받기는 했으나 국가로부터의 자율성은 있었다는 점이다.

2) 바르가스 정권하의 코포라티즘 틀의 형성(1930~45년)

구공화국 시기에 조직화가 시작된 브라질 노동운동은 바르가스 정권하에서 양적으로 팽창했으나 국가에 제도적으로 예속됨으로써 자율성을 잃게 된다. 이렇게 제도화된 코포라티즘적 통제장치들의 상당 부분은 현재까지도 지속되고 있으며 브라질 노동운동의 발달을 크게 제약했다.

바르가스는 1930년에 군사 쿠데타 이후 집권하자마자 기존의 모든 노조를 해체하고 새로운 체계로 재조직하고자 했다. 바르가스는 이전의 구공화국 시기 정권들에 비해 노동운동은 무조건 탄압해야 한다는 입장을 버리고, 노동조합의 합법성을 인정하고 노동운동에 실질적인 물질적 급부를 제공했다는 점에서 전형적인 대중주의의 모습을 보여 준다. 그 대신

26

바르가스는 노동운동으로 하여금 국가가 허용하는 관용의 범위 안에서
만 활동하도록 했고, 이에 따라 노동운동은 국가로부터 자율성을 잃게 되
었다.

이러한 코포라티즘적 틀은 1931년부터 시작된 법제화를 통해 구축되
었으며, 특히 1937년 헌법과 1943년에 공포된 노동법(CLT, Consolidação
das Leis do Trabalho)으로 구체화되었다. 코포라티즘적 사회관은, 사회가
일련의 기능적 집단들로 구성되어 있으며, 노동자들의 조직인 노동조합
이나 자본가들의 조직도 이런 기능적 집단들 가운데 하나에 불과하다고
본다. 나아가 이들 간의 이해관계는 국가에 의해 조정되어야 한다고 본
다. 따라서 이들 법규는 노동조합을 "사회적 연대의 발달을 위해 정부 당
국과 협조하는 기구"로 정의한다.[5] 코포라티즘적 틀 아래에서 노동조합
은 노동자들의 이익을 신장하기 위해 투쟁할 것이 아니라 국가에 요청하
여 국가를 통해 이해관계를 조정받아야 한다는 것이다. 따라서 노동조합
은 국가의 시혜를 받으면서 국가에 의존적이 되며, 국가의 통제를 받으면
서 자율성을 잃게 된다. 이처럼 노동법규들로 구체화된 코포라티즘적 틀
의 기본적 내용의 핵심은 다음과 같다.

첫째, 노동조합 조직의 기초 단위는 노동조합(sindicato)으로서, 이는
특정 지역[6] 내 특정 산업부문을 단위로 조직된다. 이들 노동조합은 주 정

---

5) 코포라티즘의 특성과 법규들의 내용에 관해서는 Hall & Garcia(1991, 171-173), Greenfield
(1987, 66-77), Swavely(1990, 261-263), Erickson(1977, 1985, 181)을 참조.

도의 지역을 중심으로 연맹(federación)을 이루고, 이들이 모여 전국 수준에서 총연맹(confederación)을 결성한다. 여기에서 산업은 산업·상업·운수 등 7개 부문 정도로 나누어지고, 각 부문들 사이의 연계는 허용되지 않는다. 이런 노동조합 조직 체계는 작업장 수준의 노조를 부인한다는 점, 전 산업을 망라함으로써 파괴력을 갖는 전국적 노동조합 총연맹 결성을 허용하지 않는다는 점, 특정 지역의 특정 산업부문 내에 하나의 노동조합만을 인정함으로써 어용 노조의 건설로 전투적인 노조의 결성을 사전에 봉쇄할 수 있다는 점 등에서 노동자들의 조직화를 제약한다.

둘째, 노동조합 활동에 대한 국가의 개입을 허용해 노동조합에 대한 국가의 직접 통제를 가능하게 했다. 노동조합은 노동성의 공식적 인정을 받아야 법적으로 존재할 수 있으며, 노동성은 노동조합이 불법적으로 활동하거나 재정적 혹은 행정적 운영을 잘못한다고 판단될 때에는 노조 간부들을 해임하고 노조를 운영할 새로운 집행부를 임의로 임명할 수 있다. 또한 한번 해임된 노조 간부들은 다시는 노동조합에서 어떤 직책도 맡을 수 없다.

셋째, 정부는 노동조합세를 징수하여 노동조합 조직체들에 배분함으로써 노동조합들을 간접적으로 통제한다. 노동성은 노동자들의 임금에서 1년 중 하루의 임금에 해당하는 부분을 자동적으로 공제한 뒤, 국책은행인 브라질은행(Banco do Brasil)에 예치해 노동조합들에 배당하는데,

---

6) 지역의 단위는 무니시삐오(municipio)로서 한국의 군 단위에 해당된다.

공식적으로 인정된 노동조합들에만 배당하고 노동조합이 노동법규를 위반했을 경우에는 배분을 중지한다. 또한 노동조합의 재정은 사용처들이 법률로 규정되어 있어 사회보장·교육·보건 등의 용도로만 사용되어야 하며 정치적 목적이나 파업기금으로 사용되는 것은 금지되어 있다. 노동조합세는 노동조합 재정수입의 60%를 차지하므로 노동조합은 노동법규와 노동성의 지침을 따르지 않을 수 없다.

이와 같은 제도적 장치들을 이용해 국가는 노동조합을 확실하게 통제할 수 있게 되며, 노동조합은 국가에 의존하게 되고 자율성을 잃게 된다. 이처럼 노동조합에 대한 제도적 통제를 확보하는 한편, 노동자들과 노동조합들에 대한 반대급부도 법제화했다. 그 내용을 보면, 고용 안정의 보장과 해고에 대한 배상 원칙의 규정, 최대 노동시간을 하루 8시간 주당 48시간으로 규정, 최저임금제 수립, 노동자들의 복지를 위한 유급 연차휴가와 출산휴가 보장, 퇴직금제도 수립 등이다. 이와 같은 노동법규를 통해 최소한의 작업 조건과 복지를 보장하는 한편, 1933년에는 퇴직연금 기구(IAP)를 만들어 노동성의 감독하에 노동자들에게 의료 서비스와 주택자금 대여 등의 서비스를 제공했으며, 1938년에는 의무적인 고용 보험 제도를 수립했다.

이와 같이 임금, 작업 시간, 노동자 복지 문제 등에 관한 기준들을 법제화함으로써 이런 문제들은 자본가와 노동자들 사이의 협상과 투쟁을 통해 해결되는 것이 아니라, 정부의 법 제정 및 법 집행의 대상이 되어 버린다. 따라서 노동자들의 이해 신장에 결정적인 역할을 하는 것은 국가가 되고 노자 관계는 주변적이 된다.7) 코포라티즘의 이런 제도적 장치들은 노자 관계의 부재를 가져올 뿐만 아니라 노동조합의 성격도 상당 정도 규정한다. 노동조합은 자본가와 협상하거나 노동자들을 동원하고 투쟁함으로써 이익을 쟁취하는 것이 아니라, 국가로부터 주어지는 복지 급부를 배분하는 경로의 역할을 하게 된다. 이처럼 노동조합의 기능이 상호 부조 협회(mutual-aid society)와 같은 복지와 교육 기능에 국한되고, 국가의 직·간접적 통제하에 예속된 상황에서 노동조합은 국가에 의존적이 될 수밖에 없으며, 노조 간부들은 일반 노동자 대중으로부터 이반되어 관료화되는 것이다.

바르가스 정권하에서 형성된 코포라티즘적 노동 통제의 틀은 정권 말기에 가면 노동운동 내 공산주의자들의 영향력이 급격하게 강화되고 코포라티즘 구조 밖에서 노동자 투쟁이 증대되면서 도전을 받기도 했다. 그러나 1945년 군사 쿠데타로 바르가스가 하야한 뒤부터 1964년 쿠데타로 군부독재 시대의 막이 오를 때까지의 20여 년 동안 브라질은 의회 민주주의를 경험했으며, 바르가스 정권하에서 형성된 코포라티즘은 대중주의 지도자들에 의해 실천되었다.

---

7) 자본가들 역시 노동조합에 상응하는 조직들을 만들 수 있었으며, 이들의 조직도 노동조합과 함께 정부에 의해 이해관계의 조정을 받게 된다. 바르가스 정권하의 자본가들은 바르가스의 의욕적인 산업화 정책으로 인해 관세 감면, 세제 혜택, 금융 지원, 하부구조에 대한 정부투자 등의 혜택을 입었을 뿐만 아니라, 정부가 노동조합운동을 코포라티즘 틀 안에 묶어 두는 한 노자문제에 관한 부담을 덜 수 있어 자본가들은 노자 관계의 부재 또는 주변화를 반겼다.

3) 대중주의적 코포라티즘과 노동운동(1945~64년)

바르가스의 신국가가 쿠데타로 제거되고 두뜨라(Eurico Gaspar Dutra)
정부가 수립된 이후 노동운동은 세 분파로 분열되었다. 이들 중 바르가스
추종 세력들과 공산주의자들이 힘을 합해 1946년 9월 CTB(Confederação
Trabalhadores do Brasil)를 형성했으며, 작업장 수준의 노동조직들에 의
한 파업이 급증했다. 두뜨라 정부는 CTB와 공산당의 불법화를 선언하고
당시 존재하던 944개의 노동조합들 가운데 143개에 개입하여 노조 간부
들을 숙청했다(Hall & Garcia 1991, 174-178; Greenfield 1987, 78). 노동조
합과 좌익에 대한 탄압은 당시의 세계적인 냉전 추세와 함께 진행되었으
며, 이에 따른 노동운동의 위축은 1940년대 후반 꾸준한 실질임금의 하
락에도 불구하고 노동자들의 조직화와 파업의 숫자가 줄어들고 있었다
는 사실에서도 잘 나타난다.

두뜨라 정부는 노동운동을 강력히 제재했음에도 불구하고 코포라티
즘의 제도적 장치들을 떠받치고 있는 법규들은 그대로 유지했다. 결국 노
동운동에 대한 두뜨라 정부의 탄압은 노동운동의 주도권을 급진적인 바
르가스 추종 세력들과 공산주의자들로부터 뻴레고들에게로 옮겼으며,
바르가스 정권 말기부터 코포라티즘 틀에서 이탈해 국가로부터 자율성
을 신장하고 있던 노동운동을 코포라티즘 틀 안으로 다시 끌어들이는 효
과를 가졌다.

두뜨라 정부가 수립된 이후부터 1964년 다시 쿠데타가 일어날 때까지
20년 남짓한 기간 동안 브라질은 법적 절차에 따라 평화롭게 정권 교체

를 거듭하는 의회 민주주의를 경험한다. 이 시기는 바르가스에 의해 만들어진 두 개의 정당, 즉 브라질노동당(PTB)과 사회민주당(PSD)이 연합하여 지배했는데, 이 집권 연합은 일반 대중을 동원해 이들에게 일정한 급부를 제공하고, 그 대신 이들의 지지를 바탕으로 선거에서 승리를 확보했다. 따라서 두뜨라 정부에 의해 코포라티즘의 틀 안으로 다시 불러들여진 노동운동은 대중주의 지도자들과, 물질적 급부와 정치적 지지를 교환하는 관계를 유지하게 되었는데, 이러한 대중주의적 코포라티즘은 바르가스가 1950년 선거에서 승리해 이듬해 다시 대통령직에 오르면서 본격화되었다.

바르가스가 대통령직에 오른 다음부터는 노동운동이 다시 활성화되어 노동조합 조직률과 파업 발생 빈도가 증가했으며, 노동운동의 주도권도 뻴레고들에게서 서서히 이탈했다. 1950년대 초까지 계속 악화된 인플레이션과 실질임금 하락8)에 대항해 노동자들의 파업이 본격화되자, 일반 노동자 대중들은 노동조합 지도부에 압력을 가하고 노동조합 활동에 더욱 적극적으로 참여하게 되었다. 노동자들의 참여율과 전투성이 증대됨에 따라 노동조합은 일반 노동자 대중들의 요구에 민감해지고 노동조합 지도부도 변화를 겪게 되었는데, 가장 주요한 변화는 뻴레고들이 쇠퇴하고 좌익이 부상한 것이었다.9) 노동운동의 주도권이 뻴레고들에게서

---

8) 노동자들의 실질임금은 자료 입수가 가능한 1940년을 기점으로 볼 때, 1951년에는 1940년의 37% 수준까지 하락했다(Payne 1991a, 227).

좌익들로 옮겨가고 노동조합의 전투성이 커짐에 따라, 국가에 대한 의존은 줄고 자율성도 조금씩 확보하게 되었다. 브라질노동당-사회민주당 집권 연합이 뻴레고들의 지지에 더 이상 의존할 수 없게 되었으며, 그 결과 노동운동과 국가의 관계도 뻴레고들이 국가에 일방적으로 예속되었던 관계에서 벗어나 좌익 노동운동 세력과 대중주의 정권 사이의 비교적 수평적인 교환관계를 형성했다.

노동운동의 변모와 국가와 노동운동의 관계 변화는 1960년 꾸아드로스(Jânio Quadros)가 대통령으로 선출되었을 때와 1961년 꾸아드로스가 사임하고 부통령인 굴라트(Joáo Goulart)가 대통령직을 승계했던 시기에 극명하게 표현되었다. 뻴레고들은 이 두 계기에 집권 연합을 지지하지 않았으며, 집권 연합을 도운 것은 노동운동 내부의 좌익 세력들이었다.[10] 좌익 주도의 노동운동 세력은 꾸아드로스와 굴라트를 도와서 대통령직에 오르게 했을 뿐만 아니라, 1962년 의회가 굴라트의 총리 지명에 반대해 집권 연합이 위기에 봉착했을 때 총파업위원회(CGG)를 결성하여 대중 동원을 주도했으며, 8월에는 이를 노동조합들의 지속적인 연맹체

---

9) 좌익들 특히 공산주의자들이 급속히 뻴레고를 대체하면서 1950년대 중반부터는 이미 공산주의자들이 당시의 산업 중심부인 상파울루와 히우데자네이루의 노동운동을 지배하게 되었다(Collier & Collier 1991, 549; Greenfield 1987, 67-68).

10) 좌익 세력들은 산업 노동자들의 전국 연맹체인 산업노동조합총연맹(CNTI)를 포함해 상당수의 노동조합을 지배하고 있었다. 한편 뻴레고들과 보수파들은 좌익 세력들에 대항하는 연합체를 구성했으나, 이들의 세력은 상파울루의 경우 338개 노조들 가운데 89개만이 소속되어 있을 정도로 미미했다(Collier & Collier 1991, 551-552; Greenfield 1987, 79-80).

CGT(Confederação Geral do Trabalho)로 재조직했다.

바르가스가 재집권한 이후 1964년 쿠데타에 이르기까지의 시기 동안 좌익 주도의 노동운동과 대중주의 집권 연합의 관계는 노동운동이 집권 연합의 지지 기반이 되어 주는 한편, 노동운동은 정부로부터 임금 인상 등의 물질적 급부를 받는 교환관계였다. 실질임금을 예로 들어 보면 1951년에는 1940년 실질임금 수준의 37% 수준까지 하락했으나, 1955년부터 1962년까지는 줄곧 1940년 수준을 상회했으며, 이때가 1940년 이후부터 룰라 정부가 출범에 이르는 기간 동안 실질임금 수준이 최고를 기록한 시기였다(Payne 1991a, 227; Hall & Garcia 1991, 179). 기록을 통해서도 알 수 있듯이 대중주의 기간 동안 노동계급은 실질적인 물질적 혜택을 누렸으며, 국가로부터의 자율성도 상당 정도 회복했다. 국가로부터의 자율성은 굴라트 시기에 최고조에 달했는데, 이는 굴라트 정권이 위기에 처할 때마다 노동운동 세력이 정권을 지탱하는 버팀목 역할을 했으며, 노동운동이 굴라트 정권에 의존하는 것보다도 굴라트 정권이 노동운동에 더 크게 의존했기 때문이다. 이처럼 대중주의 기간 동안 노동운동에 대한 집권 연합의 의존도가 높아짐에 따라, 바르가스 정권하에서 구축된 코포라티즘의 노동 통제 장치들은 비교적 느슨하게 적용되었으며 노동운동은 국가로부터 자율성을 유지할 수 있었던 것이다. 그러나 1964년 군사 쿠데타 이후 코포라티즘의 노동 통제 장치들이 대중주의 시기와는 달리 엄격하게 적용됨으로써 노동운동은 국가에 예속되었으며, 자율성과 전투성을 상실하게 된다.

4) 군부독재하의 코포라티즘 틀의 조정(1964~78년)

굴라트 정권의 개혁적 성격과 공산주의자들 및 좌익 노동운동의 발흥으로 위기감을 느낀 군부는 1964년 쿠데타를 일으키고 이후 20여 년 동안 직접 통치를 하게 된다. 군사정부는 쿠데타 직후 의회를 통해 정권의 정당화를 시도하지 않을 것임을 밝힘으로써 20여 년간 진행되어 온 의회 민주주의를 부정하고 군사독재를 펼친다. 대통령이 제안한 모든 법안은 의회가 거부하지 않는 한 일정 기간이 지나면 자동으로 법제화되었으며, 의회가 거부하는 경우는 거의 없었다. 군사정부는 국가보안법을 위시한 수많은 법령들을 제정하여 대중 시위, 공중 집회, 정부에 대한 비판, 불온문서의 배포 등을 금지했으며, 비밀경찰과 군부 등 국가의 억압 기구에 60만 명에 이르는 인력을 투입해 공포정치를 행했다(Alves 1984, 74-75; Erickson 1985, 194).

굴라트 정권을 지탱해 온 가장 주요한 세력인 동시에 쿠데타에 항의하는 파업을 일으키기도 했던 좌익 주도의 노동운동은 군사 쿠데타 이후 극심한 탄압의 표적이 되었다. CGT는 즉각 해산되었고, 진보적 노동조합 지도자들이 구속, 망명, 정치적 권리 박탈 등의 수난을 겪었으며, 1969년까지 정부에 의해 해산되었거나 간부들이 숙청당한 노동조합은 전체 노동조합의 60% 이상에 이르렀다(Alves 1984, 84; Erickson 1985, 182; Swavely 1990, 264). 이러한 정부의 대탄압을 면한 노동조합들은 뻴 레고 지도하의 보수적 노동조합들뿐이었고, 결과적으로 노동운동은 국가의 통제를 받게 되었으며, 다시 뻴 레고들이 노동운동의 중심 세력으로 부상했다.

군사정부는 노동운동을 통제하기 위해 전혀 새로운 방식을 도입할 필요 없이, 바르가스가 구축했던 노동조합 구조를 그대로 유지했으며, 대중주의 시기에 부분적으로 유보되었던 노동조합에 대한 정부의 개입과 같은 노동 통제의 제도적 장치들을 좀 더 엄격하게 사용했을 뿐이었다. 쿠데타 직후 노동조합을 해산하고 좌익 노동조합 간부들을 제거하고, 노동조합을 뻴레고의 수중에 되돌려 놓은 것이 대표적인 예이다. 군사정부는 코포라티즘의 제도적 장치를 활용함에 있어 노동운동에 대한 통제를 강화하고 노동자와 노동조합에 부여했던 물질적 급부를 박탈함으로써 이전의 대중주의적 코포라티즘을 반전시키고 코포라티즘의 억압적 성격을 강화했다. 이러한 코포라티즘의 성격 변화는 군사정부가 새롭게 도입한 몇 가지 정책들 — 파업 금지, 고용 안정의 해제, 임금통제[11] — 에서 잘 나타난다.

첫째, 파업을 억제하는 법률을 제정하여 합법적 파업은 거의 불가능했다. 합법적 파업이 가능한 경우는 새로운 단체협약의 협상을 둘러싼 경우와 자본가가 임금을 지불하지 않거나 단체협약을 이행하지 않는 경우뿐

---

11) 파업 규제는 노동 통제를 강화하는 정책이며, 고용 안정의 해제와 임금통제는 노동자들에 대한 물적 급부를 박탈하는 정책으로서, 이러한 새로운 정책들의 도입은 코포라티즘적 노동 통제에서 대중주의적 성격을 제거하고 탄압적 성격을 강화하는 것이다. 이런 정책들의 내용에 관해서는 Erickson(1985, 182), Hall & Garcia(1991, 182), Swavely(1990, 264), Amadeo(1992, 6-7)를 참조.

이었다. 합법적 파업 공간의 제약과 쿠데타 직후 전투적 노동조합들에 대한 정부의 개입으로 인해, 뻴레고 지도하에 있는 노동조합들에게 파업은 가능하지도 바람직하지도 않은 대안이 되었으며, 1978년의 신노동조합 운동 세력이 파업을 일으키기 전까지 파업은 희귀한 사회현상이 되었다.

둘째, 이전에는 고용 기간이 10년을 넘으면 고용 안정을 보장받았으나, 고용보장기금(FGTS)이 수립됨에 따라 고용 안정 제도는 노동자들의 강제저축으로 대체되었다. 그 결과 자본가들은 노동자들을 임의로 해고하되 해고에 따른 재정적 부담을 지지 않아도 되었다.

셋째, 정부는 임금법을 제정해, 임금 인상률을 산정하는 공식을 수립함으로써 임금 인상을 노동자와 자본가 간의 협상과 투쟁의 대상에서 제외시켰다. 임금법에 따르면 임금 인상률은 생활비의 상승분을 바탕으로 산정하게 했으나, 인플레이션 비율을 임의로 낮게 계수화하여 노동자들의 실질임금이 낮아지는 결과를 가져왔다. 뿐만 아니라, 임금법은 임금 산정 공식에 따라 산정된 임금 인상률 이상을 요구하는 파업을 금지함으로써 임금 인상을 둘러싼 노자 분규에서 자본가들을 해방시켜 주었다.

이러한 대중주의적 코포라티즘의 반전으로 물질적 급부가 박탈되고, 군사정부의 임금통제 정책으로 인해 실질임금이 꾸준히 하락하자 일반 노동자 대중들의 불만이 고조되었다. 그러나 임금 인상의 문제는 자본가와 직접 협상할 수 있는 대상에서 제외되어 법적 문제가 되었고, 법정 임금 인상률 인상을 요구하는 파업은 불법으로 금지되었으며, 기타 이슈들에 대한 파업의 조건도 까다로워 뻴레고 지도하의 노동조합은 파업을 감행할 의향도 용기도 없었다. 따라서 노동조합은 노동자 대중으로부터 이

반되었으며 급기야는 노동조합 지도부를 우회하는 자연발생적 파업들이 발생했다. 그 대표적인 예가 1968년 꼰따젬(Contagem) 파업과 오사스꼬(Osasco) 파업이다.

1968년의 두 파업은 모두 노동조합 지도부를 우회해서 발생했으며, 꼰따젬 파업의 경우 공장 내 좌익 반대파들에 의해 조직되었고, 오사스꼬 파업은 공장 내 작업 집단들을 중심으로 발생했다. 먼저 일어난 꼰따젬 파업은 10% 임금 인상에 성공했으나, 오사스꼬 파업은 군사정부의 강경 탄압으로 120여 명이 구속되었으며, 이들 가운데 상당수가 고문을 당했다(Hall & Garcia 1991, 182-183; Swavely 1990, 265). 파업에 대한 정부의 잔혹한 탄압으로 인해 노동 부문은 침체되었으며, 이런 상태는 1978년 상파울루 지역을 중심으로 대규모 파업이 일어날 때까지 지속되었다.[12]

1968년에는 군사 쿠데타 이후 최초의 주목할 만한 파업들이 일어났을 뿐만 아니라 군사정부의 독재와 인권유린에 저항하는 시민들의 움직임이 대중운동으로 발전하게 된 해이기도 하다. 군사정부는 이러한 시민사회의 도전에 대응하여 즉각 의회를 해산하고 정치인을 포함한 반정부 인사들을 대거 숙청하고 투옥했다. 또한 기존의 정당 체계를 해체하고 양당 체계 구축을 위해 집권 정당으로서 국민혁신동맹(ARENA)을 설립하고 제

---

12) 1978년 상파울루에서 대규모 파업이 일어나기까지 주목할 만한 파업은 없었으나 그렇다고 파업이 전혀 일어나지 않은 것은 아니다. 그동안 일어난 파업들 가운데 특기할 만한 것은 상파울루 자동차 산업 등에서 일어난 1972년 파업과 1975년 파업을 들 수 있다(Hall & Garcia 1991, 185; Swavely 1990, 265).

도권 야당으로서 브라질민주운동(MDB)의 설립을 허용했다. 군사정부의 탄압정책이 가중되는 것에 대한 반작용으로 대안으로서 무장투쟁이 논의되기도 했으나 1972~73년경에는 이런 논의가 완전히 사라지고 제도권 야당인 MDB, 가톨릭교회와 변호사협회 등 엘리트 집단들을 중심으로 반정부 운동이 진행되었다. 특히 1974년 의회 선거에서 야당인 MDB가 집권 여당인 ARENA보다 더 많이 득표를 하자 모든 정치적 반대파들은 제도 야당인 MDB 중심의 투쟁 방안으로 모이게 되었다.[13] 이렇듯 제도권 내 엘리트 집단들의 온건한 투쟁 방식으로 힘이 결집되는 과정에서 좌파의 무장투쟁 대안뿐만 아니라 노동운동도 주변화되었으며, 노동운동은 뻴레고들의 지배하에서 침체 상태를 헤어나지 못하고 있었다.

3. 군부독재하의 신노동조합운동의 등장(1978~85년)

1) 신노동조합운동의 등장 배경

가이젤(Ernesto Geisel, 1974~78년)의 집권과 함께 군사정부 내에서는

---

13) 이런 반정부 운동의 역정에 대해서는 Alves(1989, 283-290)와 Sader & Silverstein(1991, 14-22)를 참조.

온건파들이 강경파를 대체했으며, 곧이어 시민 정부로의 정권 이양 의지를 밝혔다. 이로부터 10여 년 동안 군사정부의 통제하에서 위로부터의 민주화 과정이 진행된다. 민주화 과정은 특히 1979년 피게이레도(João Figueiredo, 1979~85년)가 대통령직을 승계하면서 '정치적 개방'(abertura)과 함께 민주 정부로의 이행 절차가 본격적으로 진행되었다. 정치적 개방의 조치로서 제일 먼저 반정부 인사들이 사면되고 시민의 자유가 일부 회복되었으며, 시민들의 요구에 굴복하여 1982년 11월에는 주지사 직접선거를 실시했다. 민주화 과정과 맞물려, 군부독재 하에서 실질임금의 하락과 작업 조건의 악화로 인해 고조되었던 노동자들의 불만은, 삘레고 노동조합 지도자들을 무시하며 일반 노동자 대중의 불만에 귀를 기울이는 새로운 유형의 노동운동 지도자들을 만나 1978~80년 사이에 대규모 파업이 연이어 전개되면서 신노동조합운동을 등장시키게 된다.

군부 정권하에서 노동자들은 고용 안정성이 해체되었을 뿐 아니라 삶의 조건이 극도로 악화되어 왔다(Payne 1991a, 227; Erickson 1985, 200-202). 실질임금은 1940년을 기점으로 환산했을 때 1974년에 54%까지 하락했는데, 대중주의 시기에 실질임금이 1957년에 123%를 기록했던 것을 고려하면 노동자들이 체험하는 생활수준의 하락은 가혹할 정도였다. 또한 전반적인 생활수준의 퇴락을 보여 주는 지표로 유아사망률을 꼽을 수 있을 텐데, 노동자들이 밀집해 있던 상파울루의 경우 갓 태어난 유아 1천 명 가운데 1년 이내에 사망하는 숫자는 1960년에는 63명이었으나 1970년에는 90명으로 증가했다. 또한 소득 불평등 정도도 계속 악화되어 전체 소득 가운데 가장 부유한 10%가 차지하는 비중은 1960년의 27%에서

1980년에는 51%로 증가했으며, 같은 기간에 가난한 50%의 몫은 17%에서 13%로 줄어들었다. 이러한 소득 불평등은 브라질이 경제 기적을 이루던 메디치(Emílio Médici 1969~74년) 기간 동안 급격히 악화된 것으로 나타나 노동자들의 불만이 극도로 고조되었다.

뻴레고 노동조합 지도부들의 무관심과 무력함 앞에서, 고조되는 노동자들의 불만은 자연발생적인 파업을 불러일으켰고 작업장 내에서 노동자 조직이 생겨났다.[14] 이 과정에서 새로운 형태의 노동운동이 등장했는데, 이렇게 상파울루 근교의 상베르나르두(São Bernardo) 금속노조[15]를 중심으로 발달했던 노동운동을 신노동조합운동이라고 한다. 이러한 새로운 노동운동의 조류와 고조된 노동자들의 불만이 만나 1978년부터 1980년까지 대규모 총파업이 거듭되었고, 이 과정에서 신노동조합운동이 구체적인 모습을 띠게 되었으며 노동운동의 주도적인 세력으로 부상했다.

---

14) 이러한 노동자 조직화 유형의 변화와 신노동조합운동 등장의 관련에 관해서는 Swavely(1990, 265-266), Greenfield(1987, 81), Hall & Garcia(1991, 185)를 볼 것.
15) 상베르나르두는 상파울루 시의 근교에 위치하며 자동차 산업 등 금속 산업이 밀집한 지역이다. 이 지역에는 대규모 공장들에 노동자들이 집중되어 있으며, 노동자들의 구성을 살펴보면 비교적 고용 안정성이 높은 숙련 노동자들의 비중이 크다(Cohen 1989, 109-110).

2) 파업과 신노동조합운동의 성장(1978~80년)

군사정부는 임금법에 따라 생계비 상승률을 기초로 임금을 계산함으로써 1973~74년의 생계비가 실제로는 22.5% 증가했는데도 14.9% 상승한 것으로 책정하여 임금 인상액을 정했다. 가이젤 정부는 1977년 8월 생계비 상승률 계산에 오류가 있음을 인정했으나, 이 같은 고의적 임금 인상률 산정의 조작은 그 이후의 임금도 낮게 책정되는 결과를 가져옴으로써 총 34.1%의 실질임금 손실을 안겨 주었다. 곧이어 상베르나르두 금속 노조의 노동자들을 중심으로 실질임금 손실분에 대한 반환을 요구하는 움직임이 전개되었으며, 이듬해 4월 정부가 노동자들의 요구에 훨씬 못 미치는 임금 인상안을 발표하자 이에 반발하여 상베르나르두의 금속 노동자들은 파업 투쟁에 돌입했다.[16]

노동 법정은 즉각 파업을 불법이라고 선언했으나, 자본가들은 연일 계속되는 손실 때문에 상베르나르두 금속 노조와 협상에 임하게 되었다. 그 결과 자본가들은 정부가 제시한 임금 인상률을 넘어서는 24.5%의 임금 인상에 합의했다(Alves 1985, 194-198; 1984, 87). 파업은 여타의 산업들과 지역들로도 전파되어 파업 물결을 형성했으며, 한 해 동안 54만여 명이 참가했다. 1978년 파업에서 특기할 만한 점은 자본가들이 정부의 개입 없이 노동자들과 직접 협상에 임했다는 점과, 군부 정권하에서 처음 일어

---

16) 1978년 파업에 이르는 과정은 Swavely(1990, 266), Alves(1985, 193), Sader & Silverstein(1991, 42-43)을 참조.

난 대규모 파업으로서, 상베르나르두 금속 노조가 침체된 노동운동의 소생을 주도하며 뻴레고들과는 다른 작업장 수준의 노동자 대중을 기반으로 노동운동의 새로운 유형을 보여 주었다는 점이다.

1979년에도 1978년 파업을 성공적으로 끝낸 상베르나르두 금속 노동자들을 필두로 파업이 전개되었다. 노동 법정은 이를 불법으로 판정했으나 여타 지역과 산업으로 확산되어 330여만 명이 참여했다(Alves 1985, 198-204; Swavely 1990, 167). 특히 1979년의 파업은 상파울루 금속 노동자들을 포함하여 대부분 뻴레고 노동조합 간부들의 의사에 반해 자연발생적으로 일어났다. 알베스(Alves 1985, 203)에 따르면 이 해에 발발한 파업들의 전형적인 양상은, 일반 노동자 대중에 의해 파업이 자연발생적으로 발생한 다음, 이들의 요청을 받아 신노동조합운동 세력들이 리더십을 행사하게 되었다는 것이다.

1980년에도 역시 상베르나르두 금속 노조를 중심으로 임금 인상, 고용 안정 보장, 주당 노동시간을 40시간으로 단축, 작업장 노조 활동 보장 등을 요구하며 파업이 전개되었다.[17] 군사정부는 노동자들의 투쟁과 노동계급의 정치 세력화가 점차 강도를 더해 가자 이를 응징하기 위해 예년 파업들의 경우보다 탄압의 강도를 훨씬 높였다. 군사정부는 파업을 불법 집단에 의한 정치적 선동으로 규정하고 자본가들이 파업 노동자들과 협

----

17) 1980년 파업의 전개 내용에 관해서는 Sader & Silverstein(1991, 45), Greenfield(1987, 83), Swavely(1990, 267)를 볼 것.

상하는 것을 금지하는 한편, 상베르나르두 금속 노조 본부를 점령하고 룰라를 포함해 노동조합 간부 64명을 구속했다. 최상층 집행부가 제거되었음에도 불구하고 파업은 중간 수준 지도부들에 의해 계속되었고, 정부가 파업 노동자들이 집회 장소로 사용하던 축구 경기장을 폐쇄하자 가톨릭 교구의 도움을 받아 상베르나르두 성당의 뒤뜰로 집회가 옮겨 가게 되었다. 1980년 파업의 두드러진 특징은 군부 정권에 대항하는 시민운동들과 연합이 형성되고 이들로부터 큰 도움을 받았다는 점이며, 특히 주민운동과 결합되었다는 것이다.[18]

주민운동 조직으로는 가톨릭교회와 연계된 기층 공동체들(CEBs)과 가톨릭교회 밖의 다양한 주민 조직체들[19]이 있었으며, 1980년 당시 군사정부의 탄압에도 불구하고 파업이 지속될 수 있었던 데는 이들의 도움

---

18) 주민운동들 이외에도 가톨릭은 파업 노동자들에게 회합 장소를 제공했으며, 노동자들의 파업을 공개적으로 지지했고, 야당 의원들, 변호사협회 회원들 등 엘리트 집단들도 그 뒤를 따랐다(Alves 1985, 206).

19) 1970년대 후반 군사정부가 점진적 민주화를 실시하자 인권운동, 여권운동, 환경운동, 생태운동, 흑인 민권운동, 주민운동 등 다양한 사회운동들이 활발하게 전개되기 시작했다. 이들 중 노동운동에 가장 큰 영향을 미친 것은 주민운동이었다. 기층 공동체들은 신부가 부족해 신도들이 자체적으로 미사를 볼 수 있도록 조직된 순수 종교 모임으로 빈민촌 중심으로 시작되었으나, 자연스럽게 빈민의 생활 문제를 주제로 삼게 되었고, 나아가 사회정의에 관한 토론을 병행하면서 성격이 변화되었다. 한편, 주민 연합들은 처음에는 정치인들이 지지 기반을 확대하기 위해 조직되기도 했으나, 점차 의료 설비, 배수 시설, 방역, 식수 문제, 전기, 수송, 교육 등의 문제로 관청에 청원을 하거나 시위를 벌이기도 하면서 자신들의 생활 문제들을 집합적으로 해결하려는 적극적 운동 조직이 되었다. 이런 주민운동들과 여타 시민운동들에 관해서는 Cardoso(1992), Mainwaring(1987), Mainwaring & Viola(1984)를 참조.

이 컸다(Alves 1985, 206-207; 1984, 92-93). 이들 주민 조직은 파업 노동자들의 가족을 위해 자금과 양식을 전국적으로 수집하여 상베르나르두 노동자들에게 나누어주었는데 6주의 파업 기간 동안 매주 약 6톤 정도의 양식이 배분되었다. 또한 주민 조직들은 파업 파괴자들이 집을 나오지 못하도록 주거지역을 봉쇄함으로써 파업이 붕괴되는 것을 막아 주었다.

1980년의 파업에 참여한 노동자들의 숫자는 66만 명 정도로 전 해에 비하면 훨씬 줄어들었지만,[20] 두 가지 점에서 큰 의의를 지닌다. 첫째, 파업이 예년들에 비해 훨씬 조직적으로 전개되었다는 점은 신노동조합 운동이 상당 부분 뿌리를 내리고 있었음을 나타낸다. 둘째, 노동운동과 시민운동의 연계라는 측면에서, 노동운동과 주민운동의 결합, 그리고 여타 시민운동으로부터의 지원은 군사정부하에서 반정부 운동이 성장했음을 의미하는 동시에 연합의 가능성과 위력을 보여 주었다는 점에서 큰 의의를 지닌다고 할 수 있겠다.

3) 신노동조합운동의 차별성과 영향

1978~80년 3년 동안의 파업[21]을 통해 브라질 노동운동의 새로운 주

---

20) 알베스는 파업 참여자들이 크게 줄어든 이유로 군사정부의 광포한 탄압, 경기 침체로 인한 해고의 공포 등을 들고 있다(Alves 1985, 207).
21) 1981년부터는 파업의 숫자와 강도가 줄어 1985년 신공화국이 수립된 이후 다시 활기를 찾게

도 세력으로 등장한 신노동조합운동은 이 기간에 파업을 줄곧 주도했던 상베르나르두 금속 노조를 중심으로 확산되었다. 신노동조합운동의 성격은 1970년대 초반 상베르나르두 금속 노조의 요구 조건들을 보면 알 수 있는데, 노동자와 자본가의 직접 협상, 노동조합의 자율성, 작업장에서 노동조합 조직 및 활동 보장, 파업권 등이 그것이다(Sader & Silverstein 1991, 38-39; Almeida 1987, 150-152). 이러한 초기의 요구 조건들은 1978년 파업 이후 CNTI 회의에서 이들이 주창하여 발표된 헌장(Carta de Princípio)[22]에도 일관되게 나타나며, 1978~80년 파업들의 요구 조건에서도 일관되게 지향되고 있다.

이런 과정을 통해 신노동조합운동은 기존의 뻴레고 지도부들과 대조되는 새로운 유형의 노동운동 리더십을 보여 주었다. 뻴레고 주도의 노동운동과 차별화되는 신노동조합운동의 특성은 다음과 같다. 첫째, 신노동조합운동은 임금과 기타 작업 조건 등에 관해 정부의 개입을 배제하고 자

될 때까지 파업과 노동조합 활동은 다소 침체되어 있었다(Cohen 1989, 113-4; Amadeo 1992, 22). 이 기간의 소강 국면이 노동운동의 침체를 뜻하는 것은 아니다. 신노동조합운동은 노동조합 활동 못지않게 노동자당 운동에 열중했고, 브라질 사회 역학의 중심은 대통령 직선제 운동으로 절정을 이루게 되는 민주화 운동에 있었던 점으로 설명될 수 있겠다.

22) 이 헌장에는 노동조합 활동에 관한 것들 이외에도 대통령, 주지사, 상원 의원 등 정치적 직위들의 직접선거에 의한 선출과 언론 출판의 자유 등 정치적 문제에 대한 요구 사항들과 임금 동결 정책 폐지와 다국적기업의 활동에 대한 규제 등 경제적 문제에 대한 요구 사항도 포함되어 있다(Alves 1985, 193; Swavely 1990, 266). 이와 같은 사례들은 신노동조합운동이 상베르나르두의 금속 노동자들의 문제로부터 출발하여 노동자 일반의 문제뿐만 아니라 노동자라는 범주를 넘어서는 좀 더 보편적인 문제들에 대한 관심을 표명할 만큼 성장했다는 것을 보여 준다.

본가와 직접 협상을 통해 해결하고자 한다. 둘째, 자본가와의 직접 협상에서 이들이 취하는 전략은 뻴레고 식의 예속적 협상이 아니라 파업과 투쟁을 통한 이익 쟁취라는 전투적 전략이다. 셋째, 전투적 전략을 성공적으로 이행하기 위해 신노동조합운동은 작업장 안의 노동조합 조직 및 활동을 중시하고, 일반 노동자 대중의 욕구에 민감하게 반응하며 노동자 대중의 참여를 유도하는 실천을 펼친다. 이러한 노동조합의 활동 방식은 노동조합의 조직 구조에서도 잘 나타나는데, 상베르나르두 금속 노조의 경우 12만 명의 기층 노동자들과 노동조합 집행부 사이에는 공장의 부문 단위에서 노동조합의 최하위 기층 조직이 형성되고, 공장 내 각 부문의 대표들이 모여 공장위원회(comissão de fabrica)를 구성하며 공장위원회 위원은 총 2~3만 명에 달한다. 각 공장에서 한 명씩 대표를 뽑아 노동조합위원회를 구성하며 이들 450명 대의원들이 노동조합과 일반 노동자 대중을 연계하며 노동조합 활동을 주도한다(Alves 1985, 204-205; 1984, 90-91). 넷째, 이와 같이 노동자 대중의 참여를 바탕으로 전투적 게임을 통해 자본가로부터 이익을 쟁취하는 방식을 택함으로써, 노동조합의 생존을 위해 국가에 의존할 필요가 없어져 자율성을 확보할 수 있으며, 궁극적으로는 코포라티즘적 통제를 거부하는 것이다. 다섯째, 1930년대 이래로 브라질 국가의 노동정책의 근간을 이루었던 코포라티즘을 부정함으로써, 연합의 동반자로서 국가를 배격하고 그 대신 군사정권하에서 성장한 주민운동 등 여타 부문의 사회운동들과 정당들, 특히 노동자 정당과 연합해 국가에 대항한다는 것이다.

1978~80년 동안의 파업과 신노동조합운동의 활약은 노동운동 자체

뿐만 아니라 노동운동과 국가와 자본과의 관계에도 커다란 변화를 가져
왔다. 첫 번째 변화는 작업장 내 노동조합 활동이 활성화된 것이다. 신노
동조합운동은 작업장 내 일반 노동자 대중의 목소리에 귀를 기울이고, 이
들이 노동조합 활동과 투쟁에 참여할 수 있도록 해, 신노동조합운동에 대
한 노동자들의 지지와 신뢰가 높은 수준에 이르게 되었다. 따라서 작업장
내에서 노동조합의 조직과 활동이 활발하게 이루어졌으며, 노동자들이
자율적으로 선출한 위원회의 활동은 불법임에도 자본가들은 이를 묵인
했다(Cohen 1989, 113-114; Alves 1985, 209-210). 둘째, 노동조합의 전투성
게임에 의해 노자 간의 직접 협상이 정착되었다는 점이다. 임금과 작업
조건에 대한 노동자와 자본가의 직접 협상 비율은 1970~71년에 19%에
머물렀으나 1982년에는 전체의 2/3에 달했다(Amadeo 1992, 16). 이는 자
본가들이 신노동조합운동의 동원 역량을 인정하고 생산 중단에 따른 손
실을 피하고자 노동조합과 직접 협상에 응하게 된 결과다. 셋째, 코포라
티즘적 통제가 와해되었다. 정부는 법적으로 규정된 공식에 따라 임금 상
승률을 산출하고 그 이상의 인상은 불법으로 금지했으나, 자본가들이 코
포라티즘 장치인 법규와 노동 법정 밖에서 노동조합과 직접 협상하게 됨
으로써, 코포라티즘 장치에 대한 자본가들의 신뢰가 실추되고 그 효력이
상실되었음을 입증했다. 또한 법으로 금지된 작업장 내 노동조합 위원회
들의 조직 활동을 자본가들이 허용했을 뿐만 아니라, 불법으로 선언된 파
업이 노동조합에 의해 지속되었으며, 자본가들이 파업 지도부와 협상을
맺었던 것은 코포라티즘의 틀이 와해되었음을 의미한다.

뻴레고에 대조되는 이러한 신노동조합운동이 1978~80년 파업을 통

해 노동운동의 주도권을 확보하게 되었다고 해서 신노동조합운동이 뻴
레고를 완전히 대체하고 브라질 노동운동을 독점했음을 의미하는 것은
아니다. 완전한 대체라기보다는 양자가 공존함으로써 노동운동의 이중
구조가 만들어진 것이다. 1978년 파업 이후 뻴레고 노동조합들의 연맹체
총회23)가 개최되었을 때만 해도 신노동조합운동의 핵심 세력은 당시 존
재하던 3,795개의 노조들 가운데 상베르나르두 금속 노조를 포함하며 30
여 개의 노동조합에 그칠 정도로 수적으로는 미미했다(Almeida 1987,
154-155). 1977~78년만 해도 노동운동은 뻴레고의 지배하에 있었고, 반
뻴레고 세력들은 결집도 분화도 겪지 않았다. 그러나 1978년 이후 공산
주의자들을 위시한 좌익 세력들은 신노동조합운동에서 이탈하여 온건한
노조 간부들을 흡수하여 통합노조운동(Unidade Sindical)을 결성했다
(Almeida 1987, 159-160). 1981년 새로운 노동조직을 만들기 위해 반뻴레
고 세력들은 뻴레고들을 배제하고 노동계급대회(CONCLAT)를 개최했는
데, 여기에 참여한 5천2백여 명의 대표들은 통합노조운동과 신노동조합
운동으로 양분되어 있었다(Almeida 1987, 176-177; Alves 1985, 192;
Swavely 1990, 268). 이 대회에서 신노동조합운동 세력은 뻴레고를 배제
한 독립적 노동조합연맹을 만들 것을 제시했으나, 통합노조운동 세력은

---

23) Alves(1984, 87; 1985, 193)는 이 총회를 계기로 뻴레고와 이들에 반대하는 새로운 유형의 노
　　동운동 사이의 차별성과 상충성이 공개적으로 표출됨으로써, 뻴레고에 반대하는 반대파들이
　　결집할 수 있게 되었다고 분석한다.

뻴레고들도 포함하는 통합노동조합연맹을 만들 것을 고집했다. 이들 간의 분열로 인해 제2차 노동계급대회도 무산되었으며 신노동조합운동 세력과 통합노조운동 세력은 끝내 통합되지 못하고 훗날 각각 CUT(1983, Central Ùnica dos Trabalhadores, 통합노동자총연맹)와 CGT(1986, Central Geral dos Trabalhadores, 전국노동자총연맹)라는 별도의 총연맹체들을 출범시키면서 브라질 노동운동은 오늘날까지도 이 두 진영으로 분열되어 있다.

신노동조합운동 세력과 통합노조운동 세력은 군부 정권에 반대하고 노조의 자율성을 지지한다는 점에서 뻴레고와 대조되는 공통점을 지니고 있었으나, 뻴레고와의 연합에 대한 입장의 차이뿐만 아니라, 노동조합운동의 전략과 지향에서도 상당한 차이를 보였다(Alves 1984, 85-86; Swavely 1990, 268). 노동조합 조직 운영에 있어서도 신노동조합운동은 일반 노동자 대중의 참여를 강조한 반면, 통합노조운동 세력은 일반 노동자 대중의 참여를 억제하고 의사 결정을 위계질서의 정상으로 집중시켰다. 조직 전략에 있어서도 신노동조합운동 세력은 작업장 내 노동자들을 조직하는 데에 치중한 반면, 통합노조운동 세력은 연맹과 총연맹 수준의 리더십 획득에 좀 더 치중했다. 그 밖의 가장 주요한 차이는 신노동조합운동 세력은 통합노조운동 세력에 비해 파업 등의 투쟁적 방법과 노동자와 자본가의 직접 협상을 더 선호했다는 점이며, 바로 이 전략상의 차이점이 신공화국 수립 이후 더욱 첨예화되면서 협상과 투쟁의 선호에 있어서 대조를 이루는 노동운동의 이중 구조가 형성되었다.

4. 시민 정부 시기 노동운동의 이중 구조 정착

1) 시민 정부의 탄생

　가톨릭교회와 변호사협회 등의 반정부 연합은 꾸준히 군사정부에 민주화의 압력을 가했으며, 야당의 역량도 더욱 강화되었다. 1982년 11월 하원 선거에서 MDB가 재조직된 브라질민주운동당(PMDB)을 필두로 하는 야당들은 총 244석을 획득해, 사회민주당(PDS)으로 이름을 바꾼 여당의 234석을 넘어서는 큰 승리를 기록했다(Alves 1985, 228). 민주화 운동은 1983년 11월 시작된 대통령 직접선거를 위한 운동[24]에서 절정을 이루었다. 이 운동은 가톨릭교회, 제도 야당, 변호사협회, 가톨릭 기층 공동체들과 주민 연합들 같은 주민 조직을 비롯한 반정부 세력을 총망라했으며, 1984년 1월 16일부터 3개월 동안 계속된 대중 집회에는 상파울루 집회에 150만 명이 참여하는 등 총 6백만 명이 참여했다. 대통령 직접선거는 97% 지지율이라는 여론조사 결과에서 나타났듯이 국민들의 절대적 지지를 받고 있었다. 여당인 PDS 내 소수파들까지 직접선거 운동에 참여함으로써 군사정부에 큰 위협을 주었으나, 의회 표결에서 총 479표 가운데 298표에 그침으로써 22표가 부족해 대통령 직선제는 실현되지 못했

---

24) 대통령 직접선거 운동이 실패하고 간접선거를 통해 대통령이 선출되기까지의 과정에 관해서는 Alves(1989, 283-294), Sader & Silverstein(1991, 26)을 볼 것.

다. 그러나 대통령 직접선거 표결을 전후하여 PDS를 탈당한 인사들이 조직한 자유전선당(PFL)이 PMDB와 함께 민주 연합을 형성하고 네베스(Tancredo Neves)를 대통령 후보로 사르네이(José Sarney)를 부통령 후보로 내세워 간접선거에 참여했으며, 압도적인 표차로 승리를 거두었다.

네베스가 건강이 악화되어 취임이 불가능해지자 사르네이가 대통령직을 승계했다. 사르네이 정부는 군부독재를 부정하는 민주화 운동의 연장선상에서 탄생했지만 정치적 민주화를 넘어서는 사회경제적 측면에서는 보수적 성향을 띨 수밖에 없는 한계를 안고 있었다.[25] 그 요인들로는 군부의 통제 아래 민주화가 진행됨으로써 군부의 영향력이 시민 정부하에서도 지속되었다는 점, 반군부 민주화 운동이 제도 야당이나 변호사 집단들 같은 엘리트 집단들의 지도하에 진행되었다는 점, 민주화 운동의 마무리는 대통령 간접선거였으며 간접선거에서의 공훈은 보수적인 PMDB와 마지막 순간에 집권 여당이 PDS로부터 이탈한 기회주의 집단인 PFL이 세웠고, 직접선거 운동 과정에 기여했던 노동자 집단들이나 기층의 주민 집단들은 주변화되었다는 점, 그리고 마지막으로 사르네이 자신이 PDS의 당수를 지녔으며 대통령 직접선거 반대 운동의 지도자였고 사르네이가 부통령 후보가 된 것은 군부의 강요에 의한 것이었다는 점 등이다. 사르네이 정부하에서도 군부 세력이 온존하고 있었음은, 군부가 법질

---

25) 사르네이 정권의 보수적 성격과 그 원인들에 관해서는 Sader & Silverstein(1991, 26-32), Alves(1989, 297; 1988, 57-58), Hagopian(1992, 280)를 참조.

서를 보장한다는 명목으로 정치에 개입하는 길을 법적으로 막는 장치를
마련하는 데 실패했고, 군부가 5개의 장관직과 다수의 국영기업 중역 자
리를 유지했음을 보면 알 수 있다. 또한 대통령 선거뿐만 아니라 주지사·
시장 선거에서도 결선투표를 도입하고 별도의 자율적인 제헌의회를 선
출할 것을 대중운동 부문이 제안했으나 두 개 안 모두가 시민 정부의 의
회에서 거부됨으로써 사르네이 정부의 보수적인 모습을 보여 주었다.

2) 시민 정부의 노동정책

시민 정부는 1987~88년의 헌법과 노동법규들의 개정 과정과 일련의
경제 안정화 조치들과 함께 시행된 임금정책에서 노동운동에 대한 코포
라티즘적 통제의 틀을 유지하려는 의지를 분명히 보여 주었다.

헌법과 노동법규들의 개정 내용은 노동자들의 작업 조건과 복지의 향
상, 노동조합의 조직과 활동에 대한 법적 보장에 대한 것이었다.[26] 작업
조건과 노동자 복지에 관해서는 해고에 대한 보상 수준의 증대, 주당 노
동시간을 48시간에서 44시간으로 단축, 출산휴가를 90일에서 120일로
연장하는 문제 등을 내용으로 했다. 이러한 개선은 노동자들이 요구한 고
용 안정 보장이나 주당 노동시간을 40시간으로 단축하는 안에는 미치지

---

26) 개정 내용과 온존된 부분에 관해서는 Hall & Garcia(1991, 188), Sader & Silverstein(1991,
　　90-91), Payne(1991b, 11-17)을 볼 것.

못하는 수준이었으나, 군사정권하에서 악화된 작업 조건과 노동자들의 복지 수준을 다소간 향상시켜 주었다는 점에서 의의가 있다.

노동조합의 조직과 활동에 관해서는 파업에 대한 제약들을 제거하고, 작업장 내에서 노동조합 위원회들의 조직과 활동을 보장하며, 노동조합 조직의 범주화된 부문들을 망라하는 연맹체 결성을 허용하는 내용을 포함했다. 그동안 불법으로 선언된 파업도 주로 신노동조합운동 세력들에 의해 지속되었을 뿐만 아니라 자본가들과 직접 협상했으며, 작업장 내에서 노동자들이 뽑은 위원회들의 활동을 자본가들이 허용했고, 신노동조합운동 세력들이나 통합노조운동 세력들은 산업부문들을 망라해 연합했으며 이들은 각각 CUT나 CGT와 같은 연맹체를 결성하며 노동운동을 주도했다. 이처럼 시민 정부의 노동관계법 개정은 비록 불법이기는 했으나 1978~80년 파업을 통해 관행화되어 온 현상들을 인정하고 이에 대한 법적 지위를 부여했다는 제한된 의미밖에 지니지 못한다.

이처럼 작업 조건이나 노동조합 활동에 관한 한 군사정부 시기에 비해 얼마간 개선되기는 했으나, 시민 정부는 바르가스 이후의 군사정부를 포함한 모든 정권들과 마찬가지로 코포라티즘적 노동 통제의 제도적 장치들을 와해시키지는 않았다. 그러나 노동조합세 제도가 그대로 유지되어 정부는 노동조합의 재정 자원 배분을 통해 노동조합 활동을 통제할 수 있게 되었다. 또한 노동조합 조직의 기초 단위가 되는 지역·부문 내에서는 하나의 노동조합만을 허용함으로써 기존의 뻴레고 지배하의 노조들이 생존할 수 있는 길을 터주고, 노동자 조직들이 경합을 벌이고 있는 경우에는 정부가 문제의 소지가 적은 조직을 허가할 수 있는 여지를 남겨 놓았다. 이처럼 시민 정부는 노동법규를 개정해 억압적 성격을 완화하되 코포라티즘적 노동 통제의 수단을 유지함으로써 노동운동의 완전한 자율성을 허용하지 않고 노동운동에 대해 어느 정도 통제를 유지하고자 했다.

한편, 임금정책에 있어 군사정부의 임금법을 통한 통제 방식보다는 후퇴했으나, 시민 정부도 노동자와 자본가 간의 직접 협상에만 맡겨 두지 않고 적극적으로 개입해 규제하는 정책을 취했다. 시민 정부는 고질적 인플레이션과 외채 위기에 처한 경제를 살려 내기 위해 일련의 경제 안정화 조치를 실시했는데, 이 조치들은 임금과 가격에 대한 통제를 포함하고 있어 사회계약(social pact)의 성격을 지닌 것이었다. 이들 가운데 가장 먼저 실시된 쁠라노 끄루사두(Plano Cruzado, 1986년 2월)는 공공 지출을 줄이지 않으면서 임금과 가격을 동결하고 화폐개혁과 금융 통제를 실시함으로써 인플레이션을 억제하는 동시에, 자원을 금융 부문에서 생산 부문으로 유도하여 경제를 활성화시키자는 계획이었다. 쁠라노 끄루사두가 실시되면서 일시적으로 물가가 안정되고 소비자 구매가 진작되는 등 성공하는 듯했으나, 가격 동결은 생산물 부족을 가져왔고 암시장이 활발해졌다. 결국 쁠라노 끄루사두는 인플레이션의 망령이 되살아남과 더불어 시행 1년 만에 완전히 실패했다. 쁠라노 끄루사두가 실패한 이후에도 사회계약의 성격을 띤 경제 안정화 조치들은 계속되어, 2차 쁠라노 끄루사두(1986년 11월), 쁠라노 브레세르(Plano Bresser, 1987년 6월), 여름 계획(1989년 초), 꼴로르(Fernando Alfonso Collor de Mello)의 안정화 조치들(1990년 3월, 1991년 2월)이 계속 시도되었다. 쁠라노 끄루사두는 동결된 가격을 일부 해제했다가 다시 임금과 가격을 동결하기도 했으며, 특히 꼴로르는 국영기업 사유화, 정부 관료 감축, 금융 통제, 세수 확대 등을 포함하는 조치를 실시했지만 하이퍼인플레이션과 외채 위기를 해결하지 못했다. 사회계약들과 경제 안정화 조치들이 시행되는 동안 노동자들의 임금은 지속적으로 하락했고, 노동자들은 임금과 경제 일반에 대한 정부의 정책에 강한 불신을 갖게 되었다. 그 결과 노동자들의 파업이 증가되고 노동운동 내부의 주도권이 변화되었다.

3) 노동운동의 이중 구조 정착

군사정부 아래에서 신노동조합운동 세력과 통합노조운동 세력이 분열되면서 각각 별도의 연맹체가 형성되어, 노동운동의 이중 구조가 정착되었다.

1981년의 노동계급대회 이후 두 세력이 의견 조정에 실패함에 따라, 신노동조합운동 세력은 1983년 8월 CUT를 결성하고 통합노조운동은 1986년 9월 CGT를 결성했다. 이 두 세력들 사이의 분열은 1984년 대통령 직선 운동의 시기에는 드러나지 않다가, 1984년 말 대통령 간접선거 시기부터 다시 재연되기 시작했다. 이들은 각각 다른 정당들과 제휴했는데, 노동자당과 연계되어 있는 CUT는 노동자당을 따라 간접선거를 보이콧한 반면, PMDB 및 브라질 공산당과 연계되어 있는 CGT는 PMDB를 따라 간접선거에 참여하여 네베스를 지지했다. CUT와 CGT는 연계된 정당에 따라 정치적 이슈를 둘러싸고 이견을 보였을 뿐만 아니라, 더욱 중요한 것은 이들이 노동자들의 이익 신장을 위해 서로 대조되는 전략을 취했다는 점이다.

CUT는 자본가와 정부를 근본적으로 불신했으며 노동자의 투쟁을 통하지 않고서는 노동자의 이익을 신장할 수 없다는 입장이었다. CGT는 시민 정부 수립 이후 정부를 상당 정도 신뢰하며 정부와의 협상을 통해 노동자들의 이익을 신장할 수 있다는 입장이어서 CUT에 비해 파업에 소극적이었다. 따라서 CUT는 CGT보다 전투적이었으며 국가로부터의 자율성을 좀 더 선호하여, 국가가 노동운동을 통제하는 데 사용할 수 있는 코포라티즘적 장치들을 없애고자 했다. 이들 간에 존재했던 전략과 시각의 차이는 노동법규의 제정과 정부의 사회계약들과 관련된 태도에서도 대조를 이루게 된다.

시민 정부 수립 이후 1986~87년 헌법과 노동법규들이 개정될 때, CUT는 노동조합세와 지역 내 1부문 1노조 제도를 폐지할 것을 주창한 반면, CGT는 양자의 존속을 주장했다(Hall & Garcia 1991, 187-188; Swavely 1990, 271-272). 먼저 CUT는 노동조합세가 노동조합을 통제하는 수단이 될 수 있으며, 노동자 대중의 지지를 받지 못하는 노동조합도 국가에 의존해 유지될 수 있다는 이유로 폐지를 주장했다. 그러나 CGT는 노동조합세를 폐지하면 노동조합의 재정이 어려워져 상당수 노동조합 특히 소규모 사업장의 노동조합이 약화되거나 파괴될 우려가 있으므로 노동조합세를 유지해야 한다고 주장했다. 지역 내 1부문 1노조 제도에 대해서는, CUT는 노동조합 존립에 대해 국가가 결정권을 행사하는 것은 위험하며, 노동자 대중들이 노동조합을 선택할 수 있게 하는 다원주의 체제를 채택해야 한다고 주장했다. 반면, CGT는 지역 내 1부문 1노조 제도를 폐지하면 노동조합들 사이의 경쟁이 허용됨으로써 노동운동이 약화될 것이라는 이유로 이 제도를 유지해야 한다고 주장했다.

시민 정부가 실시한 사회계약들에 대해, 정부와 자본가를 신뢰하지 않았던 CUT는 일관되게 반대했으나, CGT는 쁠라노 끄루사두가 실패하면서 노동자들의 실질임금이 하락되었다는 사실이 드러나기 전까지는 정부의 조치를 열렬히 지지했다.[27] 쁠라노 끄루사두가 발표되자 CUT는 정부가 일방적으로 발표한 조치를 의심하면서 이 조치가 실질임금 하락을 가져올 것이라고 반대했으나, CGT는 임금동결은 가격 동결과 실업 보상으로 상쇄될 것이므로 실질임금은 하락하지 않을 것이라고 예측해 즉각 지지를 표명했다. 그러나 쁠라노 끄루사두가 노동자들의 실질임금을 12%나 하락시키고, 인플레이션이 다시 살아나면서 곧이어 11월 말 2차 쁠라노 끄루사두가 발표되자, CGT는 1986년 12월 CUT가 주도하는 총파업에 참여했다. 이 파업은 1983년 이후 최초의 총파업으로 경제활동인구의 20% 정도가 참여했다. 또한 1989년 초에 여름 계획이 발표되자 CUT와 CGT는 이 조치로 인한 임금 하락률이 33~43% 정도에 이를 것으로 계산하고, 1989년 3월 15~16일 이틀간 이에 반대하는 총파업을 결행했는데, 12개 주도가 폐쇄되었으며 4월 말까지 경제활동인구의 거의 절반

---

27) 정부의 사회계약 발표와 이에 대한 CUT와 CGT의 반응 및 일련의 파업들에 관해서는 Payne(1991a, 224-227), Sader & Silverstein(1991, 27-29, 88-96, 120-121)을 참조.

이상이 참여했다. 브라질 역사상 가장 성공적인 총파업으로 기록되는 1989년 3월의 총파업은 당시 시 정부들을 장악하고 있던 노동자당 출신의 시장들이 버스 운행의 정지를 명령하거나 파업 노동자들에 합류하는 등 노동자당의 성장에 의존한 바도 컸다.

한편, 1980년대 초까지만 해도 CGT에 비해 CUT가 열세였으나 CUT는 꾸준히 성장하고 CGT는 정체 또는 퇴조를 겪어, 시민 정부가 수립될 때에는 거의 백중했다가 점차 CUT 측으로 주도권이 넘어갔다(Sader & Silverstein 1991, 153; Swavely 1990, 268-270). CUT는 세력이 급속하게 확장되어 1983년에 결성될 때에는 5백 개 정도의 노조가 소속되어 있었으나 1985년 말에는 1천 개 정도, 1년 후에는 1천4백 개 정도로 증가했다. 반면, CGT의 경우 1986년 3월 결성 대회 시에는 1,341개의 노조가 소속되어 있었으나, 쁠라노 끄루사두가 실패한 이후 CUT는 더욱 팽창하고 CGT는 급격히 위축되어, 1989년 말의 어느 조사에 따르면, 5백대 기업들 중 65.3%가 CUT에 소속되어 있는 반면, CGT에 소속된 기업은 16.3%에 불과했다.

노동운동 내에서 CUT가 헤게모니를 획득하는 과정은 시민 정부 이후 급증하는 파업의 숫자에서나 CGT의 총파업 동참에서도 잘 나타났으나, 브라질 노동운동은 여전히 이중 구조를 유지했다. CGT는 일반 노동자 대중들의 불만과 반발에 응해 CUT가 주도하는 파업들에 동참했으나, 이후 CGT의 주도 세력들이 정치 개입과 총파업에 반대하고 파업을 자제하며 자본가와 정부가 협상을 통해 실리를 추구해야 한다는 실리주의 노동조합 전략(Sindicato de Resultados)을 주창함으로써 전투성 게임이 아니라 제도성 게임의 입장을 분명히 했다. 이러한 실리주의 노동조합 전략은, 파업과 같은 전투성 게임이 계속되는 경제 위기하에서 해고의 위험을 두려워하는 노동자들 사이에서 자리 잡을 수 있었다는 점에서 주목된다. 반면, CUT는 총파업을 위시한 투쟁을 통해 노동자들의 이익 신장을 꾀하는 전투성 게임을 펼치는 동시에, 더 나아가 노동자당에 의한 독자적 정치 세력화를 통해 적극적으로 정치에 참여했다. 전투성 게임의 지속과 적극적 정치 참여에 대한 CUT의 의지가 확고해진 것은 1978~80년 파업을 통해서다. 룰라의 설명에 따르면 "압력이 없으면 자본가들은 우리와 협상하지 않을 것임을 경험을 통해 알았다. 내가 40명이 넘는 공장 경영자들과 이야기했을 때 그들은 아무것도 양보하지 않았다. 그러나 기계가 멎자 그들은 항복했다." "나는 1977년까지는 비정치적인 지도자였다. 파업을 통해 우리는 정치에 참여해야 한다는 것을 깨달았다. …… 두 현상의 관련은 …… 권력을 쥐고 있는 자들이 새로운 임금정책을 펼쳐 노동 계급의 전취물을 빼앗아 갈 수단이 있는 한, 10%의 임금 인상을 얻었다고 해도 무슨 소용이 있겠는가"(Silva 1979, 92-93; Almeida 1987, 160-161).

시민 정부의 임금정책들도 군부 정권 시기와 마찬가지로 노동자들의 실질임금 하락을 가져옴으로써 노동자들 사이에는 정치체제와 기존 정당들에 대한 불신이 확산되었다. 그 결과 전투성 게임은 여전히 유효했으며 독자적 정치 세력화 역시 쉽게 포기될 수 없었다. 게다가 1989년 대통령 선거에서 나타난 노동자당과 룰라의 위세[28]는 이런 입장을 유지시키는 힘이 되었다. 이처럼 제도성 게임을 추구하는 CGT의 영향력이나 전투성 게임을 추구하는 CUT의 영향력 모두가 상당한 지지 기반을 확보하

고 있어, 브라질 노동운동의 이중 구조는 오랜 기간 동안 지속되고 있는
것이다.

5. 맺음말

이상에서 살펴본 브라질 노동운동의 역사는, 국가에 의해 코포라티즘
의 틀이 형성되어 노동조합이 자율성을 잃고 국가의 통제에 놓였다가, 노
동조합이 자율성을 회복하고 국가의 통제에 저항함으로써 코포라티즘
틀이 붕괴되는 과정이었다. 코포라티즘의 제도적 장치들은 바르가스 정
권(1930~45년)하에서 형성되었는데, 갓 피어나기 시작한 노동운동은 국
가의 온정주의적 통제 아래에 있다가, 대중주의 시기(1945~64년)에는 코

---

28) 노동자당은 1980년 2월 신노동조합운동 세력들의 주도로 도시 주민운동을 위시해 1970년대
후반에 급성장한 다양한 사회운동 세력들과 진보적 지식인들의 연합을 기초로 창립되었다. 노
동자당의 탄생 배경은 전통적인 공산당 운동의 실패, 무장투쟁 방법의 실패, 대중주의 대안의
문제점 등에 따른 새로운 대안적 사회주의 정당의 필요성이었다. 따라서 노동자당은 제도권 내
대중정당이라는 성격과 노동계급의 사회운동이라는 양면성을 지니고 있었다. 이들의 전략은
작업장의 노동자들과 빈민 지역의 주민 조직들의 활동 등 일상생활의 투쟁을 통해 세력을 확보
하는 것이었다. 따라서 노동자당이 선거에서 성공할 수 있었던 것은 노동자, 도시 빈민층과 사
회운동 세력의 지지, 대통령 직선 운동에서 룰라의 역할, 텔레비전 출연으로 인한 노동자당과
룰라에 대한 공포감의 감소 때문이라고 할 수 있다. 노동자당의 성장과 1989년 대통령 선거에
관해서는 Sader(1987), Keck(1987), Sader & Silverstein(1991)을 참조.

포라티즘적 통제에 대중주의적 성격이 가미되어, 국가는 노동자들의 물적 이해와 노동조합의 자유로운 활동을 보장하는 대신 노동운동은 국가권력을 지지·수호하는 기능을 하는 비교적 대등한 상호 의존적 관계를 갖게 되었다. 이러한 코포라티즘 시기를 거치면서 노동운동은 국가의 보호를 받는 대신 자율성을 상실하게 되었다. 1964년 군사 쿠데타 이후 군사정권하에서는 대중주의 시기 노동자들과 노동운동에 주어졌던 보장들이 철회되는 반면 통제는 도리어 더 강화되어, 노동운동은 뻴레고의 지배하에서 더욱더 침체되어 갔다. 그러나 1978~80년 파업들과 신노동조합운동이 등장하면서 국가에 대한 예속과 코포라티즘적 통제가 붕괴되었다. 신노동조합운동은 작업장 내 노동조합 위원회들의 활동을 활발하게 벌여 일반 노동자 대중들의 참여도를 높임으로써 뻴레고들을 약화시켰다. 또한 자본가들은 파업이 불법으로 선언되더라도 생산 중단에 따른 손실을 피하고자 노동자들에 대해 확고한 통제력을 확보하고 있던 신노동조합운동 세력들에 굴복해 코포라티즘 틀 밖에서 직접 협상에 임했다. 신노동조합운동은 자본가들에 대한 실력 행사와, 이를 위해 일반 노동자 대중의 동원에 의존했으므로 국가에 의한 통제를 벗어나 노동조합의 자율성을 회복하게 되었다.

이처럼 신노동조합운동의 등장으로 여러 가지 변화가 일어났다. 그 결과 국가와 노동운동의 관계는 제한된 코포라티즘이라는 새로운 모습으로 정립되었고 노동운동의 이중 구조가 정착되었다. 민주화 이후에도 국가는 노동조합세와 지역 내 1부문 1노조 제도를 유지함으로써 코포라티즘적 통제의 장치들을 여전히 확보하고 있었다. 뿐만 아니라 시민 정부는 사회계약을 꾸준히 시도하며 노동운동에 대한 코포라티즘적 통제를 지향함으로써, 비록 효력은 떨어졌더라도 제한된 의미의 코포라티즘을 실천했다. 한편, 신노동조합운동이 꾸준히 세력을 확장하면서 브라질 노동운동 자체도 과거 코포라티즘 틀 안에서만 안주하던 노동운동으로부터 이중 구조로 변모했다. 정부와 자본가들을 불신했던 신노동조합운동의 CUT는 파업 등 투쟁을 통해 노동자들의 이익을 신장하는 전략을 취한 반면, CGT는 파업과 같은 투쟁은 노동자들에게 해고의 위험을 부과해 희생을 치르게 한다는 이유로 정부나 자본가들과의 협상을 선호했다. 시민 정부의 임금통제 정책이 실질임금의 하락을 가져오고 경제 안정화에도 실패하자 CUT와 CGT의 팽팽한 대립 구도는 무너지기 시작했다. 정부의 임금정책을 적극 지지했던 CGT가 노동자들의 신뢰를 잃게 되면서 CUT가 노동운동 내에서 헤게모니를 장악하게 된 것이다. 물론 CUT뿐만 아니라 CGT도 확고한 지지 기반을 지니고 있었기 때문에 브라질 노동운동의 이중 구조는 현재까지도 지속되고 있다.

노동운동에 대한 시민 정부의 입장은 제한된 코포라티즘적 통제를 실시하는 것이었다. 즉 제도적 틀 밖에서 전투성 게임을 추구하는 CUT보다는, 노동조합세나 지역 내 1부문 1노조 제도 등의 제도적 장치를 인정하고 제도적 틀 안에서 타협을 통해 실리 추구의 제도성 게임을 하는 CGT를 선호했다. 이 점에서는 자본가들도 시민 정부의 입장과 유사했다. 자본가들은 전투성 게임을 하고 자신들을 적대시하는 노동자당과 연루되어 있는 CUT보다는, 타협을 우선시하고 정치적 중립을 표방하는 CGT를 선호했다. 이는 자본가들이, 1만3천여 기업의 37만 노동자들을 대표하며 남미 최대 노조로 알려진 상파울루 금속 노조 선거에서 CGT 메데이로스(Luiz Medeiros)의 위원장 당선을 위해 재정적으로 지원했다는 사실에서도 잘 알 수 있다(Payne 1991b, 15-16).

이처럼 노동운동의 성격과 국가-노동운동의 관계가 변화됨에 따라 코포라티즘과 군사정부하에서 주변화되었던 노동자-자본가의 관계가 중요해졌다. 예전에는 국가가 노동운동을 통제했고 임금 협상 등의 문제에 관여해 자본가들의 부담을 덜어 주었으나, 코포라티즘적 통제가 와해되면서 자본가들 스스로 해결해야 할 문제가 되었다. 1986~87년 헌법과 노동법규들의 개정 과정에서 작업 조건과 노동자들의 복지에 관한 최저 기준들이 개선되고 코포라티즘적 통제 장치들의 일부가 제거될 때, 자본가들은 고용 안정 보장의 법제화를 저지했으며 주당 40시간 노동 대신 44시간 노동으로 대체하는 데에는 성공했으나, 파업권에 제한을 가하는 것과 작업장 내 노동조합 조직 활동의 보장을 막는 데는 실패했다. 자본가들의 반대에도 불구하고 노동운동에 대한 코포라티즘적 통제 장치들이 부분적으로 붕괴되자, 자본가들은 코포라티즘과 군사정부 시기에는 고민하지 않아도 되었던 노동 통제 전략들을 마련해야 했다. 제한된 코포라티즘하에서 자본가들이 취할 수 있었던 전략들로는, 첫째, 1986~87년 제헌의회에 의한 법 개정 작업 때처럼 기금을 마련해 자본계급 성원들을 의회로 진출시키며 보수 성향 의원들에게 로비 활동을 하는 전략,[29] 둘

---

29) 1986년 제헌의회 의원들의 선거 당시 자본가들은 6억 달러의 기금을 수립해 559명 중 3백 명

째, 노조들 사이의 경쟁을 이용해 자본가들의 이익에 부합하는 노동조합을 재정 지원함으로써 노동조합을 보수화시키는 동시에 그들에 대한 통제력을 확보하는 전략, 셋째, 파업이 불법으로 판정된 경우를 이용해 작업장 내 노동조합 위원회의 대의원을 해고하는 전략 등을 들 수 있다.

정도를 선출하는 데 성공하여, 범자본계급으로 분류될 수 있는 의원들이 38%를 차지했다. 또한 제헌의회 내 52%의 의석을 확보하고 있는 보수 연합인 중도 대연합과 연대함으로써 법 제정에 상당한 영향력을 행사할 수 있었다. 이와 같은 의회를 통한 전략을 위시해 자본가들이 행했던 전략들에 대해서는 Payne(1991b)을 볼 것.

2
신자유주의 경제정책과 노동자 삶의 조건[*]

1. 문제 제기

세계화 추세와 더불어 신자유주의 경제정책을 추진하는 정부들이 늘어나게 되었다. 선진국 특히 미국 시장에 대한 의존도가 높고 외채 위기를 자주 겪는 후발 산업화 국가들은 국제 금융 기구와 미국 정부 등의 압력으로 신자유주의 경제정책의 주요 실험 무대가 되어 왔다. 하지만 신자유주의 경제정책이 국내적으로 시민들의 지지를 받을 수 있는가에 대해서는 논란이 많다. 신자유주의 경제정책에 대한 지지 여부를 둘러싼 이론적 논란은 두 가지 쟁점을 중심으로 전개되고 있다.

첫째 쟁점은 신자유주의 경제정책이 사회 전반에 긍정적인 결과를 가

* 이 글은 『라틴아메리카연구』 제16권 제2호와 조돈문·이남섭·이내영 편저 『신자유주의 시대 라틴아메리카 : 시민사회의 대응과 문화변동』(2005)에 실린 필자의 글을 수정·보완한 것이다. 게재를 허락해 준 한국라틴아메리카학회와 도서출판 오름에 감사를 드린다.

져오는가의 문제로 소위 국제통화기금(IMF), 세계은행, 미국 정부를 중심으로 형성된 '워싱턴 컨센서스'와 그에 대한 반론이다.[1] 워싱턴 컨센서스에 따르면 신자유주의 경제정책은 기업의 생산성과 이윤율을 증대시켜 투자 증대를 가져옴으로써 경제성장률을 높이고, 시장 개방에 따른 수출 증대 및 해외 자본의 유입 증대는 기업 투자 증대와 함께 고용 창출 및 실질임금 상승을 가져오며, 저숙련층의 고용 기회 확대로 저소득층의 임금 증가율이 평균을 상회하며 빈곤층이 감소하여 소득 불평등의 감소를 가져온다는 것이다. 반면 신자유주의 경제정책은 시장 개방에 따른 수입 증대와 해외직접투자의 전후방 연관 효과 상실로 경제성장률을 높이지 못하고, 공공 부문의 사유화와 초국적 기업(TNCs)의 글로벌소싱으로 실업률을 높이며, 저소득층에 비해 고소득층의 소득 증대율을 높여 소득 불평등 증대를 가져온다며 워싱턴 컨센서스를 비판하는 반론과 경험적 연구들이 있다.

둘째 쟁점은 신자유주의 경제정책이 일정한 결과를 가져오기 전에 정책에 대한 지지를 결정하는 요인은 무엇인가 하는 문제다. 이는 신자유주의 경제정책으로 인한 피해를 최소화하는 사회적 보상 체제의 구축 여부가 중요하다는 '보상'(compensation) 이론과, 신자유주의 경제정책이 집

---

1) 워싱턴 컨센서스는 World Bank(1995), Williamson(1993; 1999; 2002), Dollar & Kraay (2000; 2001; 2002)를 참조하고, 그에 대한 반론은 Stiglitz(2000), Galbraith(2002), Portes & Hoffman(2003), Stallings & Peres(2000), Robinson(2002)을 참조.

행되기 이전 경제 위기의 심각성 수준이 중요하다는 '구제'(rescue) 이론
으로 대립된다. 웨이랜드(Weyland 1998)에 따르면 보상 이론은 신자유주
의 구조 조정은 결과적으로 피해자들을 양산하게 될 것이기 때문에 신자
유주의 경제정책 수립과 더불어 피해자들을 보상하기 위해 단기적으로
는 빈민 구제 조치들을 강구하고, 장기적으로는 효율적 사회복지 제도를
구축하면 신자유주의 경제정책에 대한 시민들의 지지를 높일 수 있으며,
특히 보편적 혜택보다는 선별적 혜택이 효과적이라고 한다. 반면 구제 이
론은 인간은 얻는 것보다는 잃는 것에 심리적 비중을 크게 두기 때문에
피해자들에 대한 물질적 보상은 효과를 지니기 어렵고, 그 대신 경제정책
이 집행되기 전에 겪은 경제 위기의 심각성 수준이 높을수록 향후 발생될
상실을 차단하는 데 더 비중을 두게 된다고 주장한다.

　이 장에서는 신자유주의 경제정책이 거시 경제적 지표들과 시민들의
삶과 관련하여 어떤 결과를 가져오는지, 신자유주의 경제정책에 대한 지
지와 지지 철회를 결정하는 요인들은 무엇인지를 규명하고, 위에 제시한
두 가지 쟁점과 관련하여 대립된 이론적 설명들을 검증하고자 한다. 이러
한 맥락에서 브라질은 적절한 사례연구 대상이라고 할 수 있다. 첫째, 브
라질은 칠레나 멕시코 등 여타 국가들에 비해 워싱턴 컨센서스에서 정의
된 신자유주의 경제정책을 모범적으로 집행했다는 점, 둘째, 반(反)신자
유주의 경제정책 프로그램으로 선거 유세를 치르고 대통령에 취임한 다
음 신자유주의 경제정책으로 전향한 페루의 후지모리(Alberto Fujimori)
나 아르헨티나의 메넴(Carlos Menem)과는 달리, 브라질의 까르도주는 적
극적인 신자유주의 경제정책 프로그램으로 선거에 임했고, 대통령 취임

후에 이를 그대로 집행했다는 점에서 신자유주의 경제정책에 대한 시민들의 지지도와 관련하여 외생변수들의 개입 효과가 적다는 점이다. 이처럼 브라질이 신자유주의 경제정책의 효과와 이에 대한 시민들의 지지를 보여 주는 순수화된(purified) 사례라는 점에서 분석 결과의 일반화 가능성이 상대적으로 높다고 하겠다.

브라질에서 신자유주의 경제정책은 1990년 취임한 꼴로르가 시작했으나 정치적 스캔들로 인한 대통령 탄핵 여부가 주요 정치 현안으로 대두되면서 흐지부지되었고, 1995년 취임한 까르도주에 의해 적극적으로 추진되었다.

브라질에서 신자유주의 경제정책이 시민들의 높은 지지를 받았다는 사실은 의심의 여지가 없다. 꼴로르의 경우 1차 투표에서 30%, 2차 투표에서 53%라는 낮은 득표율로 당선되었지만, 취임 직후 경제 안정화 프로그램을 발표한 뒤 몇 주 동안 꼴로르의 정책 집행 능력에 대한 승인 정도는 58%에서 71%, 81%로 수직 상승했다. 이 프로그램이 1천3백 달러 이상의 금융자산을 동결하고 임금을 인하했을 뿐 아니라 대량 실업을 야기할 수도 있었다는 점을 고려하면 신자유주의 경제정책에 대한 시민들의 지지는 절대적이었다고 할 수 있다. 또한 신자유주의 경제정책을 주요 정책 공약으로 유세를 펼쳤던 까르도주는 1994년 대통령 선거 1차 투표에서 54%라는 과반수 득표율을 획득했고, 1998년 대통령 선거에서도 1차 투표에서 53%를 획득했다. 까르도주는 두 차례 대통령 선거에서 2위 후보의 두 배에 달하는 과반수의 득표로 결선 투표 없이 대통령에 취임했다.

이러한 신자유주의 경제정책에 대한 시민들의 절대적 지지에도 불구하고 풀리지 않는 두 가지 수수께끼가 있다. 그것이 이 장에서 규명해야 하는 과제다.

첫째, 까르도주 시기 CUT는 신자유주의 경제정책에 대해 전면전을 선포하고 파업 투쟁을 전개했으며, 사회운동 세력들과 연대해 전국적 전선 운동을 펼쳤다. 신자유주의 경제정책에 대해 비노동계급 일반 시민들이 절대적인 지지를 보내고 있는 데 반해 왜 노동자들은 적극적으로 저항했을까?

둘째, 1994년과 1998년 연이어 까르도주가 대통령에 당선되었으나, 2002년 말 대통령 선거에서 까르도주를 승계하여 신자유주의 경제정책을 대변한 후보가 낙선하고 신자유주의 경제정책을 철저히 배격하는 룰라가 당선되었다. 노동자들은 앞선 대통령 선거들에서 줄곧 노동자당 룰라를 지지했으나, 일반 시민들은 까르도주에게 투표해 대통령에 당선시켰다. 왜 신자유주의 경제정책에 절대적 지지를 표하던 시민들이 2002년 대통령 선거에서 룰라 지지로 전향하게 되었을까?

이 두 질문에 대해 답변을 얻게 되면, 신자유주의 경제정책이 어떤 결과를 가져오는지를 규명하면서 워싱턴 컨센서스와 그 반론의 대립된 이론적 설명을 정리할 수 있을 것이다. 또한 신자유주의 경제정책에 대한 지지와 반대의 원인을 규명하면서 '보상' 이론과 '구제' 이론의 타당성을 검증할 수 있을 것이다.

2. 신자유주의 경제정책과 그 경제적 성과

브라질의 민주화는 악성인플레이션 등 극심한 경제적 불안정 속에서 이루어졌고, 군사정권 이후 등장한 민주 정권들은 일련의 경제 안정화 프로그램들을 실시했으나 실패를 거듭했다. 까르도주 정권에 가서야 비로소 성공을 거두게 되었는데, 그 내용은 신자유주의적 경제정책이었다.

1) 민주화와 경제 안정화 프로그램

1964년 군사 쿠데타로 시작된 군사독재는 1985년 막을 내리고 사르네이 대통령의 취임과 함께 민주 정권으로 이행했다. 1980년부터 연평균 물가 상승률은 이미 100%를 넘어섰고 GDP 성장률도 양(+)의 성장과 부(−)의 성장을 번갈아 가며 매우 불안정한 상황에 처해 있었다. 민주 정권의 최우선 과제는 인플레이션을 억제하고 경제적 안정을 회복하는 것이었다. 1986년 사르네이의 *쁠라노 끄루사두*를 시작으로 민주 정권들은 일련의 경제 안정화 프로그램들을 시도했다. 이들은 경직된 통화주의 프로그램과는 배치되는 헤테로독스(heterodox) 프로그램들이었으나 점차 물가 동결과 경직된 통화관리 등을 추가했다.

거듭된 시도들에도 불구하고 악성인플레이션과 경기 침체로 대변되는 스태그플레이션(stagflation)은 극복하지 못했다.[2] 경제 불안정의 핵심인 인플레이션은 더욱 악화되어, 〈표 2-1〉에서 보듯이 1988년에 1,000%를 넘어섰으며 1993년에는 2,700%에 달하게 되었다. GDP 성장률은 1980년대 후반 사르네이 집권 기간은 연평균 4.39%, 1990년대 초반 꼴로르-프랑코(Itamar Augusto Cautiero Franco) 집권 시기에는 연평균 1.24%를 기록했으며, 특히 인플레이션 억제 시도가 실패한 것으로 드러나는 1987년부터 1992년에 이르는 기간 동안에는 연평균 0.47%라는 극도의 저성장률을 보이고 있다.

인플레이션과 경기 침체가 동시에 전개되는 현상의 배경에는 정부의 재정 적자 심화와 고이자율 정책이 있다. 경제성장률이 낮을 때, 정부는 조세수입을 통해 재정 적자를 해소하기 어려우므로 정부의 부채는 더욱 증가하게 되었다. 더욱 커지는 재정 적자를 만회하기 위해 정부는 중앙은행을 통한 통화 발행과 추가적 부채 조달을 위한 이자율 인상을 반복했고, 그 결과 정부의 부채와 재정 적자는 급격히 증대되었다. 정부의 경제 안정화 프로그램이 성공하기 어렵다는 판단과 추가적 물가 동결이 예상되는 상황에서 생산 업체들은 앞을 다투어 물가를 인상했고, 정부의 느슨한 통화정책은 인플레이션을 더욱 부추겼다. 또한 높은 인플레이션과, 경기회복이 예상되지 않는 상황에서 높은 이자율은 기업의 투자를 위축시켜 GDP 성장률은 부(−)의 성장을 기록하는 등 제로 성장률을 벗어나지 못했다. 이처럼 일련의 경제 안정화 프로그램들은 실패로 끝났고, 까르도

---

2) 1985년 이후 실시된 경제 안정화 프로그램들에 대해서는 Ribeiro 면담(2003), Baer & Paiva (1998), Baer(2001, 173-200)를 참조.

표 2-1 | 브라질의 경제성장률, 인플레이션 및 기타 거시 경제지표(1978~2002년)

연도	GDP 성장률 (%)	인플레이션 (%)	실업률 (%)	제조업 실질임금 (1992년 기준, 100)	공식 부문 실질임금 (1990년 기준, 100)
1978	4.97	40.81			
1979	6.76	77.24			
1980	9.20	110.23			91.3
1981	−4.25	95.20			
1982	0.83	99.73			
1983	−2.93	211.02			
1984	5.40	223.81			
1985	7.85	235.13			
1986	7.49	65.04			
1987	3.53	415.95			
1988	−0.06	1,037.53			
1989	3.16	1,782.85			
1990	−4.35	1,476.71	4.3		100.0
1991	1.03	480.23	4.8		91.3
1992	−0.47	1,157.84	5.8	116.1	85.2
1993	4.67	2,708.17	5.4	127.3	83.3
1994	5.33	1,093.85	4.96	147.0	91.5
1995	4.42	14.77	4.63	162.3	92.2
1996	2.15	9.33	5.46	163.5	95.7
1997	3.38	7.48	5.66	171.7	103.3
1998	0.04	1.71	7.60	168.2	106.0
1999	0.25	19.99	7.56	152.9	106.1
2000	4.31	9.80	7.14	151.4	
2001	1.31	10.40	6.23		
2002	2.66	26.41	7.34		

출처 : IPEA, Baer(2001, 462-471), Amann & Baer(2002, 955), FGV(2001, II), FUNDAP(2002, 54), Stallings & Peres(2000, 120-121).

주의 쁠라노 헤아우(Plano Real)가 실시되면서 비로소 물가 안정을 회복하게 되었다.

2) 까르도주의 쁠라노 헤아우

까르도주는 1993년 5월 프랑코 정권하에서 재무장관에 임명되었다. 6월과 12월에 연이어 실시한 경제 안정화 프로그램이 인플레이션 억제에 상당한 성과를 보이면서 그는 다음 해 말 대통령에 당선되었다. 대통령을 한 차례 연임하면서 거의 10년 동안 까르도주의 경제정책은 브라질 경제와 사회를 지배하게 된다. 까르도주의 경제정책은 IMF와 세계은행을 중심으로 한 '워싱턴 컨센서스'를 그대로 채택한 전형적인 신자유주의 경제정책으로서 시장 개방, 국유 기업 사유화, 국가 기능 축소 등을 핵심으로 했다.3) 이러한 신자유주의 경제정책은 이미 1990년 꼴로르에 의해 시도되었으나 대통령 탄핵으로 불발에 그친 바 있고, 까르도주의 쁠라노 헤아우가 인플레이션 억제에 성공한 핵심은 '헤아우'라는 새로운 통화 체제의 도입이었다.

달러 연계 통화 체제는 1980년대 중반 일부 경제학자들에 의해 제안된 바 있었고, 이들의 자문을 받으며 1994년 2월 말 미국 달러와의 교환 비율이 1 대 1로 고정된 URV(unidade real de valor)라는 지표를 도입했다. 브라질 정부가 정부 공식 가격, 정부 계약, 세금을 URV로 표기하기

---

3) 까르도주의 쁠라노 헤아우의 내용과 구체적 전개 과정 및 그 경제적 성과에 대해서는 Ribeiro 면담(2003), CUT(2000), DESEP/CUT(2000, 6-7; 2002a, 8-12), Baumann(2002), Amann & Baer(2002), Baer(2001, 199-299), Baer & Paiva(1998), Stallings & Peres(2000, 72-109, 153-201)를 참조.

시작하면서 실제 거래는 끄루세이로(cruzeiro)로 이루어지더라도 점차 많은 가격들이 URV로 표기되었으며, 1994년 7월에는 URV와 동일한 가치를 지니는 헤아우(2,750끄루세이로의 가치)라는 새로운 화폐를 도입했다.

제2차 세계대전 이후 1970년대 말까지 브라질을 포함한 중남미의 경제성장 모델이었던 수입대체산업화 모델을 파기하면서, 경제성장 전략은 내수 시장 중심에서 수출 주도형으로, 산업 보호 정책에서 시장 개방 정책으로 전환했다. 국내 기업들을 경쟁 상황에 노출시켜 기업 경쟁력 제고를 위한 자극을 제공하는 한편, 상품 수입을 통해 물가 인상을 억제하기 위해 꼴로르 정권 당시 이미 관세 인하를 추진했으며, 까르도주는 더욱더 적극적으로 비관세 장벽을 철폐하고 관세를 대폭 인하했다. 평균 관세율은 1988년 57.5%였으나 10년 뒤인 1998년에는 15.6%로 크게 하락했다. 상품 시장 개방과 더불어 외환 보유고를 높여 환율을 안정시키고 투자를 증대시키기 위해 자본시장 개방도 함께 추진했으며, 이를 위해 법제도를 재편하는 등 적극적으로 외국자본 유치를 추진했다.

국유 기업 사유화는 주로 비효율성을 해결한다는 명분과 재정 적자 해소에 도움을 준다는 좀 더 현실적인 타산하에서 1980년대 초부터 시작되었으나, 본격적인 사유화는 꼴로르 정권부터 시작되었다. 꼴로르 정권하에서는 주로 철강·비료·석유화학 등 제조업 부문의 국유 기업들에 한정되었으나, 까르도주 정권에서는 광산업과 공익사업들에까지 확장함으로써 사유화가 대대적으로 전개되었다. 1991년부터 93년까지 매각된 국유 기업은 20개에 불과했으나 2000년 1월까지는 117개 기업이 사유화되었다. 국유 기업의 총 매각 대금은 856억 달러에 달했으며, 제조업체들에 한정되었던 1991년부터 1995년까지 매각 대금이 27억 달러였다는 점을 고려하면 대대적인 매각은 주로 공익사업이 매각되기 시작한 1996년 이후에 발생했음을 알 수 있다. 이처럼, 광산, 전화 통신, 전력, 철도, 도로 부문 등에서 거대 기업들의 사유화는 대규모 매각 수입을 창출하는 한편 경제구조에도 상당한 변화를 가져왔다.

국가 기능의 축소는 주로 사회적 지출의 감축을 통해서 전개되었다. 사회적 지출은 교육, 보건, 위생, 노동, 사회보장, 빈곤 퇴치, 주거, 도시 개발 등의 항목들로 구성되어 있으며, 연방 정부 예산에서 지출된 규모는 1995년과 1999년 사이 그 절대 액수에서도 19.8%나 감축되었고, GDP에서 차지하는 비중은 18.55%에서 13.18%로 크게 축소되었다. 초등교육에 대한 지출이 연방 정부 예산의 0.878%에서 1.376%로 증가한 것을 제외하면 사회적 지출에 관련된 거의 모든 항목에 걸쳐 연방 정부 예산이 삭감되었다. 이는 15~20% 수준에 달하는 브라질의 높은 문맹률을 낮추어 노동력의 질을 향상시키기 위한 노력으로 보인다.

3) 신자유주의 정책의 경제적 성과

〈표 2-1〉에서와 같이 1,000%가 넘던 물가 상승률이 1995년에는 15%, 1996년과 97년에는 10% 미만으로 하락했고 1998년에는 1.7%로 크게 떨어져 뻴라노 헤아우는 마침내 인플레이션 억제에 성공했다. 달러 연계 통화 체제가 도입된 직후 일시적으로 가격이 인상되기도 했으나 정

부는 물가를 동결시키지 않고 시민들에 대해 소비를 자제하도록 촉구함
으로써 물가를 환원시켰으며, 인플레이션 억제를 위해 통화 억제, 고환
율, 고이자율, 수입 개방 등 다양한 정책 수단들이 총동원되었다. 정부는
수출 지원을 위한 장기 대출을 억제하고 단기 대출로 제한했으며, 신규
예금들에 대한 시중은행의 지불준비금 예치 수준을 대폭 인상했고, 총통
화량의 팽창 한도를 설정하는 등 통화 억제 정책을 실시했다. 환율 안정
을 위해 적극적으로 외자 유치를 시도했고, 외자를 유치하고 달러의 해외
유출을 막기 위해 높은 이자율을 유지하고 헤아우가 고평가된 수준에서
환율 안정을 기했다. 높은 이자율로 소비 급증을 억제하는 한편 헤아우의
고평가와 수입 개방으로 물가 상승 요인을 제거함으로써 물가 안정을 추
구했다.

물가 안정을 제외하면 쁠라노 헤아우를 중심으로 한 신자유주의 경제정
책은 긍정적인 성과를 찾기 쉽지 않다. 까르도주가 시도했던 외자 유치는 상
당한 성과를 보여 주식시장의 순 포트폴리오투자(net portpolio investment)
는 1990~92년에는 연평균 3억 달러에 불과했으나 1995~97년에는 연평
균 45억 달러로 증가했고, 순 외국인 직접투자도 1990~92년에는 연평균
3억 달러 수준이었으나 1996~98년에는 163억 달러로 크게 증가했다. 이
러한 대규모 외자 유입은 환율 안정과 그에 따른 물가 안정에는 기여했으
나 산업의 투자 증대로는 이어지지 못해 GDP 대비 투자 비율은 증가하
지 않았다.

쁠라노 헤아우는 물가 안정에는 기여했으나 경제적 성과의 다른 측면
들에서는 실패했다고 할 수 있다.

첫째, 낮은 경제성장률이다. 뻘라노 헤아우 도입 초기인 1994년과 1995년 5.33%와 4.42%라는 상대적으로 높은 GDP 성장률을 보이고 있으나, 경기회복은 이미 1993년부터 시작되어 4.67%의 성장률을 보였다. 따라서 뻘라노 헤아우 초기의 높은 경제성장률은 이미 시작된 경기회복 추세가, 물가 안정에 따른 소득 증대 효과에 의한 소비 증대로 일시적으로 지속되었음을 의미한다. 하지만 헤아우 고평가에 따른 수출 침체와 시장 개방에 따른 수입 증대 그리고 고이자율에 따른 자금 압박으로 기업은 투자 확대나 생산 증대를 추진하기 어려웠다. 또한 외국인 직접투자는 크게 증대되었지만 초국적 기업들은 기술이전은 고사하고 생산에 소요되는 비노동 투입물들을 수입에 의존함으로써 국내 중소 업체들의 생존을 위협했다.

둘째, 무역수지가 악화되었다. 낮은 경제성장률을 가져온 헤아우 고평가, 시장 개방, 고이자율, 초국적 기업의 글로벌 소싱은 국내 업체들의 수출 경쟁력을 약화시키고 수입을 증대시킴으로써 무역수지를 약화시키는 결과도 가져왔다. 1994년에서 1997년까지 수출은 436억 달러에서 530억 달러로 21.6% 증가한 데 비해 수입은 332억 달러에서 614억 달러로 거의 두 배 가까이 증가함으로써 1994년에는 104억 달러의 무역 흑자를 기록했으나 1995년 1월부터 무역 적자가 시작되어 1997년에는 무역 적자 규모가 84억 달러로 크게 증대되었다.

셋째, 재정 적자가 심화되었다. 이자 지급까지 포함했을 때 정부 재정은 1994년에는 GDP의 0.5%에 달하는 흑자를 보였으나 1995년에는 4.8%의 적자로 들어섰고, 1998년에는 적자 규모가 8.4%로 크게 악화되었다. 초기에 쁠라노 헤아우가 보여 준 성공으로 인해 정부의 신인도가 상승하면서 국내외에서의 차입이 쉬웠으나 정부의 재정 적자가 확대됨에 따라 국채에 대한 이자율이 점차 높아졌다. 결국 이자율은 1994년 7.1%에서 1998년 11월에는 13.6%로 거의 두 배 가까이 상승했다. 이러한 '재정 적자 확대 → 이자율 인상 → 재정 적자 확대'의 악순환은 관세의 대폭 인하, 고이자율에 따른 기업 부실화, 그에 따른 금융권의 부실채권 누적과 정부의 재정 지원, 지속되는 경제의 저성장률과 함께 정부의 재정 적자를 더욱 악화시켰다. 국유 기업의 매각 수입금으로는 재정 적자의 심화를 막을 수 없었고 환율의 재인상과 재인하 등 일관성을 상실한 정책으로 정부의 신뢰도만 더욱 훼손되었다.

이처럼 쁠라노 헤아우는 인플레이션을 억압하는 데에는 성공했으나, 전반적인 경제 운용에는 실패했으며 이렇게 취약한 브라질 경제는 다시 위기를 맞게 되었다. 1997년 아시아 경제 위기와 다음해 8월의 러시아 위기 이후 해외 투자자들이 자본을 회수하기 시작함에 따라 브라질의 외환 보유고는 급감하여 마침내 1998년 11월 IMF, 세계은행, 미국 정부로부터 415억 달러의 긴급 자금을 지원받게 되었다. 또한 1998년과 1999년은 마이너스 성장 혹은 제로 성장률을 기록하는 한편, 인플레이션도 다시 20% 수준으로 상승하는 등 스태그플레이션의 양상을 보이며 신자유주의 경제정책이 실패했음을 확인시켜 주었다.

3. 코포라티즘의 붕괴와 노동의 유연화

군사독재 정권하에서 시작된 민주 노조 운동의 성장으로 코포라티즘
적 노동 통제는 도전을 받게 된다. 그러나 이를 대체할 새로운 노사 관계
체제를 수립하려는 시도가 결실을 보지 못한 상황에서 까르도주에 의한
노동 유연화가 전개되었다. 따라서 노동 유연화 정책은 노동자들의 이해
관계를 보호하는 제도적 장치들에 의해 제약을 받지 않고 노동조건을 심
각하게 악화시키게 되었다.

1) 신노동조합운동의 성장

1964년 이후 군사정권은 노동조합 총연맹인 CGT를 폐쇄하고 노동조
합 간부들을 대대적으로 숙청하여 뻴레고라 불리는 어용 노조 간부들이
노동조합들을 관리하도록 했다. 또한 임금법을 제정하여 임금 산정 공식
을 수립함으로써 임금 인상을 노사 협상의 대상에서 제외하는 등 노사 간
의 자율적 협상의 여지를 없애고 파업권을 거의 원천적으로 봉쇄했다.
1978년 정부의 생계비 상승률 조작에 항의하며 ABC[4] 지역 금속 노동자

---

4) 'ABC'는 상파울루 남부 외곽의 3개 도시 상또안드레(Santo André), 상베르나르두(São Bernardo
do Campo), 상까에따노(São Caetano do Sul)의 머리글자를 딴 것이며, 브라질의 산업화를
주도해 온 자동차 산업 완성차 업체들이 밀집한 지역이다. ABC 3개 도시에 지아데마(Diadema)

들은 노사 간의 자율적 임금 교섭을 요구하는 파업 투쟁을 전개했고, 정부가 이 파업을 '불법'으로 선언했음에도 불구하고 정부가 제시한 임금 인상률을 훨씬 상회하는 인상률인 24.5%를 노사 합의로 쟁취했다. 이후 매년 임금 인상 파업 투쟁은 ABC 지역 금속 노동자들의 주도로 전개되었고, 노동자 투쟁이 여타 지역 및 산업으로 확산되면서 새로운 세력을 형성하게 되었는데 이것이 신노동조합운동이다.5)

신노동조합운동의 등장과 함께 민주 노조 운동이 성장하면서 노동조합운동의 통합을 위한 시도가 있었으나 한편으로는 공산당 계열 세력과 어용 뻴레고 세력, 다른 한편으로는 노동자당을 결성한 신노동조합운동 세력으로 분열되어 결국 CGT와 CUT라는 별도의 총연맹으로 조직화되었다. CGT가 코포라티즘 체제를 선호하는 데 비해 CUT는 코포라티즘 체제를 거부했다. CGT가 지도부 중심의 관료적 노동조합 체계를 유지하려는 데 비해 CUT는 기층의 노동자 대중 중심의 상향적 노동조합 운영 체계를 선호했다. CGT가 군사독재 정권과 자본의 요구에 응하며 교섭하려는 데 비해 CUT는 군사독재 정권과의 협력을 거부하고 자본과 직접 교섭을 요구하는 한편, 노동자당을 결성해 독자적 정치 세력화에 박차를

를 추가해 'ABCD'라고 부르기도 하고, 인근의 마우아(Mauá), 히베이라오(Ribeirão), 히우그란 데 다 세하(Rio Grande da Serra)와 함께 7개 도시를 묶어 '광역 ABC 지역'(Grande ABC)이라 고도 부른다.
5) 민주 노조 운동의 성장, 노동운동의 분열과 코포라티즘의 와해 과정에 대한 자세한 논의는 Alves(1985), Barros(1999, 29-45), Rodrigues(1997a; 1999)와 이 책의 제1장을 참조.

가하고 있었다. 이처럼 군사독재 정권의 권위를 존중하고 코포라티즘의
거래 관계를 유지하려는 CGT 세력과 군사독재 정권을 거부하고 코포라
티즘적 통제 체제를 파괴하려는 CUT 세력은 서로 대립된 이념적 지향과
전략에 기초해 있었다.

1981~83년 CGT와 CUT의 분열·조직 과정에서 CGT는 주로 전국 수
준 산업별 연맹들, 주 단위 산업별 연맹들, 전국 단위 노조들을 중심으로
세력을 확보한 데 비해 CUT는 단위 사업장 수준의 노동조합들과 합법화
되지 않는 노동조합 조직들을 중심으로 형성되었고, 세력 규모로는 CGT
가 압도적으로 우세했다. 하지만 CUT의 전략에 동조하는 노동조합들이
늘어나면서 1985년 민주화 시점에는 이미 세력이 역전되어, 민주 정권하
에서 CUT의 세력이 더욱더 강화되는 반면 CGT는 거듭된 분열을 겪으며
크게 약화되었다.[6] 이처럼 CUT가 우위를 확보해 가는 동안 브라질의 노
동조합 조직률도 1978년 12.8%에서 1980년에는 25.8%, 1989년에는
32.8%로 크게 증가했다(Krein 2002, 53).

---

6) CUT는 1993년 8월에 결성되어 오늘에 이르고 있는 반면, CGT는 1983년 11월 결의대회에 따
라 1986년 3월 결성되고 1988년 CGT로 개칭되었으며, 1989년 4월 마그리(Antônio Rogério
Magri)가 지도부를 장악하게 되었다. 이에 반발한 과거 지도부 도스 산또스(Joaquim dos
Santos Andrade) 세력이 분리하여 같은 해 9월 CGT(Central)를 결성하면서 분열되었다. 이러
한 CGT 내부의 권력투쟁과 분열 과정에서 일부 공산당 계열 노동조합들은 지도부의 독재와 부
패를 비판하며 탈퇴하여 CUT에 가입하기도 했으나, CGT(Confederação)의 메데이로스 세력
을 중심으로 1991년 3월 '노동조합의힘(FS)'을 창립하여 현재 CUT와 함께 양대 세력으로 군림
하고 있다. 하지만 상대적으로 세력 면에서는 CUT의 절반 정도에 불과하다(조돈문 1993;
Barros 1999, 29-45).

2) 코포라티즘의 붕괴

노동운동의 주도 세력으로 성장하고 있는 CUT가 국가와 자본에 의한 일방적 지배와 포섭된 예속적 제도성 게임을 거부하고, 일반 노동자 대중의 동원과 노동조합 내부 민주주의에 기초한 전투성 게임을 선택하면서 국가를 배제하고 자본 측과의 직접 교섭을 투쟁으로 관철하고 있는 상황에서 기존의 코포라티즘 노동 통제 체제는 유지될 수 없었다. 결국 노사관계 체제의 변혁을 중심으로 사회적 합의가 형성되었는데, 그 결과가 1988년 헌법 제정이었다.[7]

1943년 바르가스 정권이 제정한 노동법(CLT)은 노조 활동에 대한 국가의 개입, 노조 세금과 노동 법정을 통해 노동조합을 통제할 수 있도록 하는 코포라티즘 노동 통제 체제의 틀을 수립하여 군사독재 정권하에서도 노동 통제의 기본 틀로 활용되어 왔다. 이러한 노동 통제 체제가 대폭 수정된 것은 1988년 헌법이 처음이었다. 첫째, 노동조합 결성에 대한 노동부의 승인, 노동부에 의한 노동조합 집행부 선거 입후보자의 자격 심사 조항 등을 폐지함으로써 국가의 개입을 줄이는 대신 노동조합 조직과 운영의 자율성을 높였다. 둘째, 파업에 대한 노조원 투표 등 파업의 합법성을 획득하기 위한 다양한 제약들을 폐지하고 파업을 노동자들의 권리로

---

7) 노동 관련 법규들의 구체적 내용, 1988년 헌법 제정의 의미와 한계에 대해서는 Barros(1999, 17-27), O'Connell(1999), Lopes 면담(2003), Menezes-Filho & others(2002), Gacek(1995) 을 참조.

인정했다. 셋째, 군대를 제외한 공공 부문 노동자들의 노동조합 조직과 파업 권리를 인정했다.

1988년 헌법은 이처럼 코포라티즘적 노동 통제 체제를 대폭 변혁했음에도 불구하고 여전히 과거의 노동 통제 수단들 가운데 일부를 유지하는 한계를 보였다. 첫째, 지역 내 1부문 1노조 제도를 유지함으로써 먼저 조직된 노동조합에 노동자 대표권의 독점을 보장했다. 둘째, 노조 가입 여부와 관계없이 노조가 존재하는 단위의 모든 노동자를 대상으로 매년 3월 하루치 임금 분을 노조 세금으로 납부하고, 그 세금을 정부가 단위 노조에 60%, 주 단위 연맹에 15%, 전국 단위 산별 연맹에 5%를 지급하고 나머지 20%는 노동부가 활용하도록 하는 조항을 남겨 두었다. 셋째, 단체협약 내용 가운데 정부의 경제정책에 위배되는 항목들은 효력을 지니지 못한다는 규정도 유지하고 있다. 넷째, 1989년 제정된 파업법과 이후에 제·개정된 관련 법령들은 고용주에 대한 48시간(공익사업의 경우 72시간) 이전 파업의 사전 통지를 의무화하는 한편, 노사 간 교섭이 교착상태에 빠졌거나 노사 어느 쪽도 중재를 요청하지 않았을 경우 파업을 허용하되, 파업 기간 중에는 고용계약이 일시 중지되므로 무노동 무임금이 적용된다. 또한 불법 파업 개념 대신 '파업권 남용' 개념을 도입하여, 중재 요청이 있거나 공익 사업장의 경우 최소한의 필수 서비스를 제공하지 않을 경우 '조정'(dissidio)이 선언되어 노동 법정에 회부되며 '조정' 상황에서 노동조합이 파업하면 '파업권 남용'이 되어 노동자들을 해고할 수 있도록 했다. 이러한 조항들은 국가가 노동조합 활동을 통제하는 데 활용할 수 있는 수단으로서, 특히 정부와 자본에 비협조적인 노동조합들과 파업 활동은 불이익을 받을 수 있게 되었다.

3) 신자유주의와 노동의 유연화

1992년 10월 노동부장관에 임명된 바렐리(Walter Barelli)는 노동조합 출연 연구 기관인 범노동조합통계및사회경제연구소(DIEESE) 소장을 오래 역임한 친노동 인사로서 코포라티즘 체제를 대체할 수 있는 새로운 노사 관계 체계를 수립해야 한다는 입장을 갖고, 1993년 중반부터 노사 대표들을 불러 노사 관계 변혁을 위한 논의를 시작했다.[8] 이를 위해 1993년 9~12월 동안 개최된 노사정 협의 기구에는 경영자협회 대표자들과 CUT, CGT 등 노동조합 대표자들 및 정부 대표자들이 참여했다. CUT 측은 노동 법정의 강제조정 제도 등 코포라티즘적 요소들을 폐지하고 다양한 수준의 단체교섭을 가능하게 하는 등 대폭적 변혁을 요구한 반면, CGT 등 군소 노동조합 조직들은 기존의 코포라티즘적 요소들을 유지하되 노동자들에 대한 일정한 보호를 추가하는 부분적 개선을 요구했고, 상파울루주산업연맹(FIESP) 등 자본가 단체들은 노사 간의 자율적 교섭을 증진시키되 기업별 여건에 맞게 진행되는 탈중앙 집중화된 단체교섭과 노동의 유연화를 요구했다. 이 노사정 협의 기구는 기존의 노사 관계 체

------

8) 바렐리 주도하의 노사 관계 체계 변화를 위한 노사정 협의 과정 및 성과에 대해서는 Barros (1999, 48-53)와 Manzano(2002, 24-26)를 참조.

계에서는 노사 간 협의를 통한 갈등 해소가 어렵다는 원론적인 수준에 합의했으나 다음해 바렐리가 해임되고 까르도주의 신자유주의 경제정책이 공세적으로 전개되면서 추가적 논의와 법제화로 이어지지 못했다.

까르도주는 쁠라노 헤아우를 시행하면서 노동의 유연화는 세계시장 편입의 가속화와 경쟁력 향상뿐만 아니라 실업 문제 해소를 위해서도 절실하게 필요하다는 신자유주의 경제 논리로 노동의 유연화를 추진했다. 까르도주가 집권하면서 노사정 협의를 통한 새로운 노사 관계 체계의 구축은 포기되고 해고의 자유, 노동력 활용 유연화, 노동시간 유연화, 보상 체계 유연화 등 노동의 유연화를 위한 일방적 노동 관련 법규 개정이 추진되었다.[9]

첫째, 정당한 사유 없는 해고를 금지하는 ILO 협약 158조의 채택을 거부하고,[10] 긴박한 경영상의 이유가 있는 경우 2~5개월의 일시해고(suspenção do contrato)를 허용했다. 또한 일시해고 기간 동안 임금은 물론 납세의무도 면제해 주는 한편, 공공 부문의 경우 향후 2년 동안 잉여 인력 해고를 실시할 수 있도록 했다.

둘째, 노동력을 간편한 절차로, 필요한 시기에, 필요한 양만큼 활용할 수 있도록 하여 임시직, 단시간 노동, 용역 및 파견 노동 등 다양한 형태

---

9) 까르도주 정권하에서 이루어진 노동 유연화 관련 법규의 개정과 그 내용에 대해서는 Krein (2002, 10-26), CUT(2001), Freitas(2001, 3-9)를 참조.
10) 까르도주가 ILO 협약 158조를 거부하면서 제시한 이유는 첫째, 브라질 법원의 결정과 충돌되어 노사 관계에 혼란을 가져올 수 있다는 점, 둘째, 메르꼬수르(Mercosur) 소속 국가들 가운데 브라질 혼자 해당 조항을 채택하면 시장 경쟁에서 불이익을 받을 수 있다는 점이었다(Freitas 2001, 13-14; CUT 2001).

의 비정규직 노동력을 더욱 자유롭게 활용할 수 있도록 했으며, 단시간 노동의 경우 주당 25시간을 초과할 수 없도록 했다.

셋째, 노동시간 유연화는 주로 '노동시간 은행'(banco de horas) 제도를 통해 실시되었는데, 시장의 수요 변화에 맞추어 일정한 기간 동안 노동시간을 자유롭게 축소 혹은 연장하여 생산량을 조절할 수 있도록 했고, 판매유통 부문의 경우 단체교섭 없이 일요일 노동을 실시할 수 있도록 했다.

4. 신자유주의와 노동자 삶의 조건 악화

신자유주의 공세하에서 노동자들의 삶의 조건은 전반적으로 악화되었는데, 관련 법규 개정에 따른 노동의 유연화 전개와 단체교섭 쟁점의 변화를 보면 이런 추세가 잘 나타난다.11)

노동 유연화를 위한 법 규정에 따라, 한시적 고용계약은 1999년 하반기 조사 대상 고용계약의 2%에서 1년 뒤 16.55%로 증가했고, 단시간 근무는 1999년에는 거의 존재하지 않았지만 다음 해에는 3.38%로 증가했으며, 용역 회사는 1998년 현재 1천2백 개나 존재하는 것으로 보고되었다. 또한 노

---

11) Krein(2002, 18-26; 면담 2003), CUT(2002, 37-38), CNM/CUT & DIEESE(2001), Manzano
   (2002, 49-50), Galvão 면담 (2003)을 참조.

동시간 은행제의 경우 1999년 하반기에는 조사 대상 기업의 18%가 실시했으나 다음해에는 44.6%로 증가했는데, 제조업, 특히 금속 산업에서 크게 확산되었으며 완성차 업체의 경우 거의 모든 기업이 채택하고 있었다.

단체교섭은 1980년대 말까지 주로 임금 인상 교섭이 핵심을 이루었으나, 1990년대 들어서면서 다양한 쟁점들이 새롭게 대두되었다. 성과 및 이윤에 연계된 임금 산정 방식의 유연화, 노동시간 은행제와 교대제 변경, 잔업 근무 및 휴일 근무 등 노동시간의 유연화, 비정규직 채용과 아웃소싱 등 노동력 활용의 유연화 등이 새롭게 부상한 핵심 쟁점들이며 이들은 모두 노동의 유연화를 실현하기 위한 것들임을 알 수 있다. 이처럼 자본 측은 신자유주의적 노동정책에 힘입어 노동의 유연화를 실현하기 위해 공세를 취해 왔으며 그 결과는 노동조건의 악화였다.

1) 실업률 증가

공식 실업률은 〈표 2-1〉에서 보듯이 1990년대 전반 꼴로르-프랑코 시기에는 평균 5.05%였으나 까르도주 집권 1기에는 평균 5.84%, 2기에는 7.06%로 크게 증가했다. 공식 실업률은 열악한 실업자 보호 장치들로 인해 비정규직 혹은 계절공 상태로 위장되어 있는 '감춰진 실업'을 포함하지 않으나, 이를 포함한 총실업률은 상파울루 지역의 경우 1994년 14.3%에서 1999년 19.3%로 공식 실업률의 증가 정도보다 훨씬 가파르게 상승했다(CUT 2000, 6-8; CUT-EN 2002, 2-3; DESEP/ CUT 2002b, 2-3).

또한 장기 실업자도 1995년 15.0%에서 2000년 27.6%로 크게 증가했고, '실망 실업'까지 고려하면 실업 상태는 더욱 심각한 수준임을 알 수 있다.

실업률 증가의 핵심적 원인은 국유 기업의 사유화와 제조업의 고용 감축이다.[12] 국유 기업의 사유화 과정을 전후로 대량 해고가 실시되었는데, 연방철도(RFFSA)의 경우 4만 명 가운데 절반을 해고했으며, 사유화 이후에 또다시 남은 절반 정도를 해고하여 1만1,500명으로 거의 1/4로 감축되었다. 사적 부문의 경우 제조업을 중심으로 경기 침체와 시장 개방으로 인해 대규모 구조 조정을 실시하고 노동 절약형 기술을 도입함으로써 고용 감축을 가져왔고, ABC 지역의 자동차 업체들의 경우 1991년과 1997년 사이에 생산량이 47.1% 증가한 반면 인원은 23.5% 감축했다. 한편 고용 규모에서 상대적으로 비중이 증대되는 서비스산업의 경우 고용 규모는 증가하되 제조업의 고용 감축을 상쇄하는 데는 크게 미치지 못함으로써 실업률을 낮추는 것은 쉽지 않을 것으로 전망된다.

2) 비정규직 비율의 증가

비정규직 비율에 대한 정확한 통계를 찾기는 어렵다. CUT(DESEP/CUT 2002b)는 총취업자 가운데 비정규직의 비중이 1993년 44.4%에서 2001

---

12) 실업률 증가 원인과 고용구조 변화에 대해서는 CUT(2000, 6-13), SMABC/DIEESE(2000a, 2-9), Manzano(2002, 6-10), Amann & Baer(2002, 955-967)를 참조.

년 47.3%로 크게 증가했으며, 정규직을 한시적 고용, 시간제, 임시직들로 교체한 결과로 보고 있다.13) 또한 복잡한 외주·하청의 관계로 인해 생산물, 생산량, 생산방식을 지시받아 작업하고 있어 피고용자로 보이지만, 가격을 협상하고 노동과정에 대한 직접 통제를 받지 않고 생산 장소와 작업 시간을 자유롭게 선택할 수 있어 자영업자로 보이는 등 고용 관계 여부를 판정하기 애매한 경우도 많아서 비정규직 실태를 파악하기 어렵다(Ramalho 1999, 233-244).

비정규직 증가 현상과 그 내용을 잘 보여 주는 것은 정규직의 비중이 높은 제조업이 위축되고 있는 반면 비정규직의 비중이 높은 서비스업이 확대되고 있다는 점이다(CUT 2000, 11-13; Machado & Machado 1998, 112-117). 상파울루 지역의 1994년과 1996년의 1/4분기를 비교하면 제조업 고용은 2.1% 감소하고 서비스업 고용은 2.2% 증가했다. 같은 기간 사회보장 혜택에서 배제되는 '비등록 노동자'들의 비율은 제조업에서 22.02%에서 24.82%로, 서비스업에서는 54.51%에서 56.99%로 증가했다. 이는 제조업과 서비스업 모두에서 비등록 노동자들이 증가함으로써 정규직의 비정규직화가 진전되고 있음을 보여 주는 것이다. 또한 비정규직 비율이 상대적으로 높은 서비스업이 확대되고 비정규직 비율이 낮은 제조업이

---

13) 중남미의 계급 구조를 분석한 Portes & Hoffman(2003)에 따르면, 노동계급 가운데 사회보장 혜택을 받지 못하는 비등록 노동자들로 구성된 '비공식 노동계급'(informal proletariat)은 중남미 주요 국가들 가운데 브라질이 멕시코나 칠레에 비해 월등히 규모가 크며 1990년대에 지속적으로 증가하고 있는 것으로 나타난다.

위축됨으로써 산업구조 효과에 따른 비정규직 증가 현상도 함께 나타나고 있다는 점에서 비정규직 증가 추세는 경제구조 변화 추세를 반영하고 있다. 시장의 경쟁 격화로 노동비용 절감이라는 자본 측 인센티브가 항존하고, 노동력 활용의 유연화를 법적으로 보장하고 있는 상황에서 비정규직 증가 추세는 억제되기 어려울 것으로 보인다.

3) 노동시간 유연화와 노동조건 악화

주당 노동시간은 감소되고 있는 추세이며, 특히 1988년 법정 노동시간이 주당 48시간에서 44시간으로 단축된 이래 평균 노동시간은 44시간 이하로 감소했으며 1995년에 이미 42.2시간으로 감축되었다. 하지만 44시간을 초과하여 노동하는 노동자들도 전체의 40%에 달하고 있으며, 상파울루 지역의 경우 1989년 42.7%, 1999년 42.4%로서 별로 줄지 않고 있다. 이는 평균 노동시간 감소가 주로 공적 부문과 대기업을 중심으로 전개되는 노동시간 단축 현상을 반영하고 있을 뿐, 중소 사업체들과 서비스 부문의 장시간 노동은 여전히 줄지 않고 있음을 의미한다.

한편 노동시간 은행제를 중심으로 한 노동시간 유연화는 급격히 확산되고 있으며, 노동조합의 조직력 정도에 반비례하여 노동의 유연화 정도에 편차를 보인다. 자동차 산업 완성차 부문의 경우 CUT의 강력한 ABC 금속노조(SMABC)가 있는 ABC 지역은 정규 노동시간을 40시간으로 단축하고 하한 32~38시간, 상한 44~45시간으로 주당 노동시간의 유연성

을 제한하고 있으나, 조직력이 취약한 FS 노동조합 통제하에 있는 빠라
나(Paraná) 주의 경우 대체로 정규 노동시간을 법정 노동시간 이하로 단
축하지 않았으며, 주당 노동시간 변동의 상·하한을 규정하지 않고 있다.
이처럼 사업장별로 편차를 지니며 전개되는 노동의 유연화는 노동밀도
와 노동강도를 더욱 높여 노동조건을 악화시키고 있다. 또한 전반적으로
실업률이 높고 대안적인 취업 기회가 희박한 상황에서 노동자들은 기업
측에 대해 교섭력을 잃는 반면, 생산 현장에서 현장감독들의 권한은 강화
되며 노동조건은 개선되기 어려운 것이다.

4) 실질임금 및 소득 불평등의 변화

노동자들의 임금수준은 1978년 이래 노동조합의 투쟁으로 꾸준히 상
승했으나 1990년대 초반 경기 침체로 일시적으로 하락했다. 공식 부문 실
질임금은 1990년을 기준치 100으로 했을 때, 1993년 최저치를 기록한 후
회복하기 시작하여 1997~99년에는 103 대 106 수준을 유지하고 있어 뻴
라노 헤아우 이후 노동자들의 실질임금 수준이 상승했음을 보여 준다.[14]

---

14) 1990년을 기준으로 했을 때 1998년의 실질임금 수준은 칠레가 135.3으로 크게 상승한 데 비
해, 브라질·멕시코·아르헨티나는 각각 106.1, 103.9, 99.1로 상대적으로 정체 현상을 보였다.
한편 같은 기간 칠레의 실업률은 감소한 데 비해 브라질은 아르헨티나·멕시코와 함께 증가했다
(Stallings & Peres 2000, 116-149). 이처럼 고용과 실질임금 수준 모두에서 칠레의 경우 신자
유주의 경제정책의 성과가 두드러진 반면, 브라질은 멕시코·아르헨티나와 더불어 신자유주의

이처럼 악성인플레이션의 최대 피해자였던 임금노동자들이 물가 안정으로 인해 상대적으로 소득 증가 효과를 경험하게 되었음을 의미한다. 하지만 1991년과 1998년 사이 시간당 노동자 1인 산업 생산량이 76.5% 증가한 데 비해 같은 기간 임금은 8.5% 증가하는 데 그쳐 생산성 향상 정도에는 크게 미치지 못했다.[15]

소득 불평등 지표는 사용하는 지표와 화폐소득 기준 통화 연도 등 산정 방식에 따라 크게 다른데, 분명한 것은 1980년대는 소득분포가 악화된 반면 1990년대는 소득분포의 변화가 경미하여 산정 방식에 따라 악화 혹은 개선으로 결과에 일관성이 없다는 점이다.[16] DIEESE(2001a, 82-102)에 따르면, 소득수준 최하위 20%의 소득 점유율은 1994년과 1999년 사이 3.3%에서 3.6%로 증가한 반면, 최고위 10%의 소득 점유율은 48.2%에서 46.8%로 감소하여 소득분포가 조금이나마 개선되는 것으로 보인다. 이는 월수입이 전반적으로 하락하고 있었으나 저소득층에 비해 고소득층의 수입 하락률이 상대적으로 큰 때문인 것으로 나타나고 있다.[17]

경제정책의 성과가 부정적인 편에 속한다.

15) 실질임금 수준의 변화와 관련한 논의는 DIEESE(2001b, 86-90), Baer(2001, 212-214, Stallings & Peres(2000, 121-131, 462-471), CUT(2000, 16-19)를 참조.

16) Neri & Camargo(2002, 307-8)는 지니(Gini) 지수와 타일(Theil) 지수 모두 1990년과 97년 사이 소득분포가 개선된 것으로 보는 반면, CEPAL(Baumann 2002, 25-26)은 지니 지수가 소폭 악화된 것으로 보고했으며, Amann & Baer(2002, 950-955)는 1990년대에 지니 지수와 타일 지수 모두 거의 변화가 없는 것으로 산정했다. Stallings & Peres(2000, 129-131)는 1,990개인 단위로 산정한 타일 지수는 0.01 감소되었으나 가구 단위의 지니 지수는 0.02 증가한 것으로 보고하고 있어 산정 방식에 따라 다르다는 점과 1990년대에 소득분포는 별로 변화가 없었음을 보여 준다.

이러한 소득 불평등 지표들은 현금 수입, 그것도 주로 근로소득을 기초로 한다는 한계가 있다. 따라서 이자와 배당 등 비근로소득을 포함하면 소득 불평등 정도는 훨씬 심각하게 나타나며, 까르도주 정권하에서 실업률이 증가하고 국가의 사회 부문 지출이 크게 감축되었다는 점을 감안하면 소득 불평등 정도가 더욱 악화되었을 것은 자명하다. UNDP의 인간 개발 지수(human development index) 서열에서 브라질이 1990년 59위에서 1998년 74위로 하락했다는 점(Amann & Baer 2002, 950-955)은 이러한 전반적인 삶의 조건 악화를 반영하는 것이라 할 수 있다.

5. 맺음말

1) 신자유주의 경제정책의 실패와 워싱턴 컨센서스의 파산

브라질에서 신자유주의 경제정책은 시민들의 전폭적인 지지와 높은

---

17) 2000년 1월 헤아우로 환산했을 때(DIEESE 2001a, 88), 상파울루 대도시 지역 최고 25% 고소득층은 1,235헤아우에서 960헤아우로 22.3% 감소했으나, 최저 25% 저소득층은 350헤아우에서 312헤아우로 10.9% 감소했다. 이처럼 저소득층의 소득 하락 폭이 적었다는 점이 소득분포를 개선하게 된 것이다.

기대 속에서 시작되었으나 그 결과는 대단히 실망스러운 것이었다.

　　인플레이션 억제를 제외하면 까르도주가 주도한 신자유주의 경제개혁은 거시 경제지표들에서 전반적인 실패로 나타났다. 기업의 생산성과 이윤율은 향상되었으나 투자 증대로 이어지지 않았다. 헤아우 고평가 환율 정책에 따른 수출의 어려움, 시장 개방에 따른 수입 증대, 고이자율에 따른 자금 압박으로 인해 국내 업체들은 투자에 소극적이었으며, 외국자본 유입은 크게 증가했으나 초국적 기업들은 국내 중소 업체들로부터 부품을 공급받는 대신 수입에 의존함으로써 기업의 부가가치는 증대되기 어려웠다. 또한 수출은 늘었으나 관세의 대폭 인하와 글로벌 소싱으로 수입이 증대되어 무역 흑자에서 무역 적자로 전환되었고 무역수지는 지속적으로 악화되었다. 이처럼 낮은 경제성장률과 무역 적자의 증대는 신자유주의 경제정책의 경제적 실패를 보여 주고 있으며, 거의 유일하게 성공한 것은 인플레이션의 억제였다. 하지만 인플레이션이 억제될 수 있었던 것은 미국 달러에 긴박된 헤아우라는 새로운 통화 체제의 도입이 큰 역할을 했으며, 그 외의 주요 요인들로 꼽을 수 있는 통화 억제 정책, 높은 이자율, 헤아우 고평가 환율 정책 등도 신자유주의 경제정책의 핵심적인 패키지 내용이라고 할 수는 없다. 따라서 까르도주 정부의 경제정책은 인플레이션 억제에 성공했으나, 그마저도 신자유주의 경제정책의 성과라고 보기에는 무리가 있다. 이처럼 거시 경제지표 차원에서 보자면 신자유주의 경제정책의 성과는 부정적이며, 그 누적적 결과가 1998년 11월 경제 위기에 따른 IMF 구제금융 신청이라 할 수 있다. 결국 1998년에 이어 1999년도 저성장과 고인플레이션의 조합인 스태그플레이션이 지속되면서 신자유주의 경제정책은 철저하게 실패했음을 보여 주었다.

또한 노동자들의 삶의 조건도 크게 악화되었다. 신자유주의 경제정책을 강력하게 추진하기 위해 까르도주는 일시해고 합법화, 비정규직 활용 다양화, 노동시간 은행제를 통한 노동시간의 유연화 등 노동의 유연화를 위한 노동법 개정을 실시했다. 그에 따라 생산 현장에서 실현된 노동의 유연화는 고용 불안정의 위협 속에서 노동자들에게 노동강도 강화와 노동조건 악화를 수용하도록 강요했을 뿐이다. 워싱턴 컨센서스는 신자유주의 경제정책이 높은 경제성장률을 가져오며 그 결과 노동자들 삶의 조건이 향상된다고 주장하는데, 높은 경제성장률을 달성하는 데 실패함으로써 신자유주의 경제정책은 노동자들의 삶의 조건을 악화시키는 결과를 가져왔다. 워싱턴 컨센서스의 예측과는 달리 노동의 유연화는 고용 창출로 이어지지 않았고, 기업들은 경기 침체와 시장 개방에 따라 적극적으로 구조 조정을 실시하고 노동 절약형 기술도입을 서두름으로써 제조업 부문의 고용 감축을 가져왔으며, 국유 기업의 사유화는 전·후의 고용 감축을 수반했다. 공식 부문의 고용 규모가 이렇게 대규모로 감축된 반면 중소 영세 사업체, 비공식 부문을 중심으로 고용 창출이 일어났으나 공식 부문의 고용 감축을 상쇄하기에는 부족하여 실업률이 증가했다. 노동력 활용 유연화를 위한 법규 정비에 힘입어 기업들은 노동비용을 절감하기 위해 정규직을 비정규직으로 대체하여 비정규직을 크게 증가시켰고, 노동시간 은행제 도입 등 노동시간 유연화에 따라 여유 시간이 제거되고 노동강도는 강화되었으며 노동자들의 규칙적 사회생활에도 큰 제약을 주었다. 노동자 삶의 조건을 나타내는 지표에서 유일하게 긍정적 변화를 보인 것은 쁠라노 헤아우 이후 소폭이나마 실질임금이 상승했다는 점이며, 그 결과 소득분포도 악화 추세가 주춤해졌다. 그러나 이는 신자유주의 경제정책의 성과가 아니라 인플레이션 억제의 결과로 일시적 소득 상승효과가 발생한 것이며, 실질임금 상승률도 생산성 향상 정도에 크게 못 미쳤다. 결과적으로 발생한 소득 불평등 악화 중단 현상도 1990년대에 전반적으로 소득수준이 감소하며 발생한 것이라서 워싱턴 컨센서스가 주장하는 것처럼 저소득층의 소득이 평균 이상으로 상승했기 때문이 아니다.

이처럼 신자유주의 경제정책은 인플레이션 억제를 제외한 대부분의 영역에서 경제적 실패로 귀결되었고, 노동자 삶의 조건과 관련해서도 전반적으로 사회적 실패였다고 할 수 있다. 1998년 말 경제 위기, 뒤이은 스태그플레이션은 시민들의 삶을 다시 경제적 불안정 속에 빠지게 했으며, 신자유주의 경제정책이 전반적으로 실패했음을 확인시켜 주었다. 브라질 사례에 비추어 보면 워싱턴 컨센서스는 경험적 근거가 취약한 국제 금융 기구들과 미국 정부의 이데올로기에 불과한 것으로 드러났다.

2) '구제' 이론과 '정당성 전이' 효과

노동자들 삶의 조건이 전반적으로 악화되는 상황에서 노동자들이 신자유주의 경제정책에 저항하는 것은 자연스런 일이었으며, 이는 신자유주의 경제정책 자체의 본질적 성격에서 비롯된 것이라는 점에서 '구제' 이론은 설득력을 잃는다. 반면 시민들의 신자유주의 경제정책에 대한 지지를 설명하는 데는 사회적 지출을 크게 삭감했고, 고질적 인플레이션이라는 심각한 경제 위기가 선행했다는 점에서 '보상' 이론이 설명력을 잃는 반면 '구제' 이론이 타당한 것으로 나타난다. 하지만 시민들의 지지에 대한 설명도 '구제' 이론만으로는 부족하다. 그것은 까르도주가 재무장관으로서 인플레이션 억제에 이미 성과를 보였기 때문에 대통령 선거에서 시민들의 절대적 지지를 받을 수 있었으며, 이는 경제 안정화 프로그램으로부터 총괄적인 신자유주의 경제정책 패키지로 정당성이 전이되었기 때문이다. 따라서 시민들의 지지를 설명하는 데는 '구제' 이론과 '정당성 전이' 효과가 동시에 고려되어야 한다.

또한 시민들이 까르도주의 신자유주의 경제정책에 대한 전폭적 지지에서 룰라에 대한 투표로 전향한 것은 '구제' 이론이 예측하듯이 선행하는 경제 위기에 대한 기억이 희미해져서가 아니라, 신자유주의 경제정책의 총체적 실패에 대한 평가의 결과다. 따라서 이는 신자유주의 경제정책에 잠시 전이되었던 정당성을 시민들이 철회했음을 의미한다. 결국 시민들이 신자유주의 경제정책의 정체를 정확하게 인식하지 못한 상태에서 정당성이 전이되었다가 다시 철회된 것으로서, '정당성 전이'와 '정당성 철회'로 이해될 수 있는 것이다.

3
신자유주의 시기 노동운동의 대응 전략[*]

1. 문제 제기

1980년대 중반부터 중남미 국가들은 정치적 측면에서는 군사독재를 벗어나 민주 정부를 수립하기 시작했으며, 경제적 측면에서는 세계화가 급속하게 진전되면서 주로 세계적 금융 기구들과 미국 정부에 의해 신자유주의적 성격을 띠게 된다. 이처럼 정치적 측면과 경제적 측면에서 동시에 진행된 민주화와 신자유주의 세계화는 노동조합 및 노동자들의 행위 양식 및 사회적 역할에 큰 영향을 미쳤다. 하지만 이러한 정치적 여건 변화와 경제적 여건 변화는 서로 모순되는 신호를 노동 측에 보낸다.

민주화는 사회 행위자들에 대한 조절 양식의 변화를 가져옴으로써 국가와 자본뿐만 아니라 노동조합에도 기존의 무조건적 복종 혹은 무조건

* 이 글은 『동향과 전망』 통권 58호에 실린 필자의 글을 수정·보완한 것이다. 게재를 허락해 준 한국사회과학연구소와 박영률 출판사에 감사를 드린다.

적 반대가 아닌 참여와 협력 등 새로운 행위 양식을 요구한다. 한편 세계화는 축적 체제의 메커니즘을 변화시킴으로써 중남미 국가들에게 특정 방식의 축적 전략을 요구하게 된다. 변화된 경제 환경 속에서 추진된 중남미 국가들의 신자유주의 경제정책은 시장에 경제의 효율성을 담보시키고 사회 행위자들 특히 노동조합과 국가의 개입은 최소화하는 것이다. 이처럼 민주화와 신자유주의 경제정책의 모순적인 요구는 노동조합의 행위 양식이 어떻게 결정되고, 어떤 방향으로 변화될 것인지를 예측하기 어렵게 만든다.

중남미 국가들을 대상으로 하여 신자유주의 세계화가 노동운동 및 노사 관계에 어떤 영향을 미치는지를 분석한 선행 연구들(Cox 1997; Weeks 1999; Portes & Hoffman 2003; Oxhorn & Ducatenzeiler 1998; Boron 1999)이 일관되게 지적하는 점은 두 가지다. 첫째, 세계화와 신자유주의 경제정책이 기존의 수입대체산업화 경제성장 모델을 폐기시킴에 따라 그에 기초한 코포라티즘적 노동 통제 체제가 와해되고 있다. 중남미의 코포라티즘은 권위주의 정권과 결합한 국가 코포라티즘으로서 국가는 노동계급의 이해관계를 대변하는 한편 물리적 강제력을 동원하여 노동조합에 대한 통제를 유지했으나, 이제 새로운 노동 통제 방식이 요구되고 있다. 둘째, 코포라티즘을 대체한 새로운 노동 통제 체제에서는 주로 노동의 유연화와 시장에 대한 규제 완화를 통해 노동자 및 노동조합을 통제함으로써 시장이 국가를 대체하여 노동 통제를 수행하며, 시장의 힘이 군사독재 정권보다 노동 통제에 더 효율적일 수 있음을 보여 주고 있다.

기존 연구들이 노동 통제 방식의 변화를 적절하게 지적했지만 노동조합 활동에 부정적인 영향을 미치는 이러한 신자유주의 경제정책이 노동조합의 조직 및 단체행동 등 노동기본권을 강화하는 민주화 과정에서 어떻게 노동조합의 선택지를 제약하는지, 노동자들의 이해관계를 심각하게 훼손할 수 있는 이런 신자유주의 경제정책에 노동조합이 어떻게 대응하게 되는지에 대해서는 체계적 설명 틀을 제시하지 못하고 있다. 이처럼 민주화와 신자유주의 경제정책이 만들어 내는 역동적이고 복합적인 여건 속에서 노동조합의 행위 양식이 어떻게 결정되며, 어떤 변화를 겪게 되는지를 규명하는 것이 본 연구의 목적이며, 이를 위해 브라질을 연구 사례로 선택했다.

브라질은 1985년 군사독재를 마감하고 시민 정부가 수립되었으나, 시민들의 직접선거에 의해 선출된 최초의 대통령은 1990년 1월 취임한 꼴로르였다. 꼴로르가 1차 투표에서 승리를 거두지 못하고 결선투표에서 선출된 반면, 1995년 취임한 까르도주는 1차 투표에서 선출되었다는 점에서 정권의 정당성은 민주화 과정이 진전됨에 따라 점차 더 강화되고 있었다. 한편, 1990년 꼴로르에 의해 시도된 브라질의 신자유주의 경제정책은 1995년 까르도주 취임과 더불어 더욱 강력하게 추진됨으로써 정권의 정당성 및 대통령의 지도력 정도와 신자유주의 경제정책의 강도가 비례하는 현상을 보였다. 까르도주의 신자유주의 경제정책은 인플레이션을 억제하는 데에는 상당한 성과를 보였으나, 낮은 경제성장률과 무역 적자 증대 등 거시 경제 운영에 있어서는 문제점을 드러냈으며, 마침내 1998년 말 경제 위기를 맞음으로써 분명한 경제적 실패로 귀결되었다.

낮은 경제성장률하에서 노동자들의 삶의 조건은 개선되기 어려웠으며, 정부와 자본의 공세적인 노동 유연화 시도는 실업률 증가, 비정규직 증대,

노동시간 유연화와 생산 현장 노동조건의 전반적인 악화를 가져왔다.[1] 브라질 노동조합들이 군사독재 정권의 탄압하에서도 파업 투쟁으로 노동조건을 개선하며 조직 역량을 크게 강화했다는 점을 고려하면, 자본과 정부의 신자유주의 공세와 그에 따른 노동자 삶의 조건 악화에 대해 노동조합들이 강도 높은 전투성 게임을 수행했으리라고 예측하는 것은 당연하다. 게다가 민주화가 진전되면서 노동조합의 조직 및 단체행동의 권리가 좀 더 확실하게 보장된다는 점을 고려하면 이러한 가설은 더욱더 설득력을 지니게 된다. 하지만 가설은 빗나갔다. 노동조합은 일관된 전투성 게임을 수행하지도 않았고, 전투성 게임 또한 강도가 약화되었다. 민주화가 신자유주의 경제개혁과 동시에 진행되면서 노동조합의 전략 및 행위 양식이 결정되는 메커니즘은 훨씬 더 복잡해졌다. 체계적인 분석을 통해 이런 메커니즘을 규명하는 것이 본 연구의 과제다.

브라질은 여타 국가들에 비해 제3의 요인들의 개입이 적어 민주화와 신자유주의 경제정책이 노동조합에 미친 영향을 연구하기 좋은 사례다. 정치적 민주화 과정에서 노동조합은 조직력이 강화되고 사회·정치적 영향력이 증대했다. 따라서 주체적 역량의 증대가 없어 노동조합의 행위 양식 변화를 기대하기 어려운 멕시코와는 달리, 브라질의 노동조합은 민주

---

1) 노동자들의 삶의 조건은 1990년대 말 경제 위기 이후 부활한 스태그플레이션으로 더욱 악화되었다. 꼴로르와 까르도주 시기 신자유주의 경제정책의 추진 및 결과에 대해서는 Baer(2001), 조효래(2002)와 이 책의 제2장을 참조.

화를 통해 노동기본권 보장 측면에서 실질적인 진전을 보았고, 민주화의 결과로 선택지의 폭은 훨씬 넓어졌다. 또한 세계화 추세 속에서 브라질 정부는 워싱턴 컨센서스에 충실한 신자유주의 경제정책 패키지를 채택했다. 따라서 주요 재정 수입원으로 자국의 최대 수출산업인 구리 광산업을 사유화하지 않고 사회복지 제도를 강화하는 등 신자유주의 경제정책 원칙에 철저하지 않은 칠레와는 달리, 브라질은 신자유주의 경제정책이 초래하는 노동과의 갈등을 완화시킬 수 있는 변칙적 수단이 없었다. 뿐만 아니라 세계화와 신자유주의 경제정책은 민주화 과정과 함께 급격하게 전개되어 군사독재 정권 혹은 일당 독재하에서 신자유주의 정책이 시작된 칠레나 멕시코에 비해, 신자유주의와 민주주의의 모순된 요구의 상충과 노동조합에 대한 양자의 상호작용 효과를 관찰하기 좋은 사례라 하겠다.

2. 민주화와 노동조합의 전략 변화 :
전투성 게임에서 전략적 행위자로

군사독재 정권하에서 등장하기 시작한 민주 노조 세력은 일관된 파업 투쟁과 함께 조직력을 확대·강화했다. 하지만 민주화가 진전됨에 따라 확대되는 제도적 공간을 활용하면서 노동조합은 단순한 전투성 게임의 주체가 아니라 전투성 게임과 제도성 게임을 병용하는 전략적 행위자로 변화하게 되었다.

1) 민주 노조 운동의 성장과 전투성 게임

1970년대 말부터 ABC 지역 금속 노동자들을 중심으로 등장한 신노동조합운동은 어용 노조 지도부를 부정하는 한편 정부의 임금 억압 정책에 맞서 파업 투쟁을 전개했고, 노사 관계에 대한 국가의 개입을 반대하며 노자 간 직접 교섭을 추진했다. 군사독재 정권하에서 국가의 탄압에 맞서 투쟁으로 자본 측을 교섭 테이블로 불러들였고, 비합법적인 임금 인상 교섭을 추진했다. 이렇게 성장한 신노동조합운동은 CUT라는 전국적 연맹체를 조직하고, CGT[2]와 뒤이은 FS와는 달리 코포라티즘 체제의 제도성 게임을 거부하고 전투성 게임을 선택했다.[3]

전투성 게임의 승패는 노동조합의 동원 역량에 의해 좌우되며, 이를 위해서는 일반 노동자들에 대한 노동조합의 높은 호응성, 노동자들의 참여를 적극 유도하는 노동조합의 체계적인 노력이 필수적이다. 이를 위해

---

2) 조직 노동의 통합을 위한 1981년 8월의 전국대회(CONCLAT)가 실패하고 1983년 CUT가 먼저 결성되자, 반대파들도 곧바로 전국대회를 개최하고 1986년 마침내 CGT를 결성했다. CGT는 1988년 CGT로 이름을 바꾸었고, 1989년 집권파들이 실권하자 탈퇴하여 CGT를 조직하여 두 개의 CGT가 존재하게 되었다. 여기에서 CGT란 1986년 조직된 CGT를 지칭한다. 민주 노조 운동의 성장 및 분열 과정에 대해서는 Rodrigues(1997a, 1999)와 이 책의 제1장을 참조.

3) CGT와 뒤를 이은 FS는 군사독재 정권 시기부터 까르도주 정권에 이르기까지 코포라티즘적 통제 체제를 적극 지지했고, 정부와 자본의 정책을 거의 무조건적으로 수용하여 '신자유주의 노총'(central neoliberal)이라고도 불린다. 일방적·예속적 지배의 수용에 대한 대가로 마그리 등 지도부는 장관 혹은 각종 위원회의 고위직에 임명되었으며 노동 관련 각종 위원회의 의석 배정 및 노동조합 세금의 배분 등에서 특혜를 누려 왔다(Giannotti 2002). 따라서 여기에서의 노동조합 전략은 주로 CUT를 중심으로 논의한다.

서 CUT는 노동조합의 지도부 중심 관료주의적 지배를 배격하고 내부 민주주의를 확립했을 뿐만 아니라 공장위원회와 산업 안전 요원(CIPA) 제도를 적극 활용했다. 노동조합은 이러한 제도적 장치들을 이용하여 노동자들의 이해관계를 보호하고, 생산 현장에서 노동법규 및 단체협약 조항들이 준수되는지를 감시하며, 생산과정의 변화와 노동자들에 대한 영향 등에 관한 정보를 수집하고, 노동조합 활동을 위한 인적 연결망을 형성하는 동시에 미래의 노동조합 활동가들을 양성하고자 했다. 특히 공장위원회의 경우 노동조합과 역할 갈등이 발생할 수도 있지만 CUT 노동조합이 이를 적극 활용함으로써 그러한 여지를 사전에 방지했으며, ABC 지역에서 특히 CUT 노동조합이 강한 곳에서 공장위원회 활동이 가장 활발하다는 점은 이러한 CUT 전략이 유효했음을 반영한다.[4]

〈표 3-1〉에서 보듯이 파업 투쟁은 1978년 ABC 지역 금속 노동자 파업에서 시작하여 군사정권하에서도 꾸준히 증가했고, 민주화 이후에도 지속적으로 증가하여 1989년 정점을 이루었으며, 그 대부분의 파업은 CUT 노동조합들이 전개한 것이다. 1983년 7월 군사 쿠데타 이후 최초의 총파업 투쟁을 전개한 이래 1986년 12월, 1987년 8월, 1989년 3월, 1990년 6월, 1991년 5월 총파업 투쟁이 있었으며 이 총파업 투쟁들은 모두 CUT가 주도한 것이었다. 1986년과 1989년 총파업에는 CGT도 가세했

---

4) 공장위원회의 발달 과정 및 기능, 노동조합과의 관계에 대해서는 Rodrigues(1997a), Manzano (2002, 10-15), Arbix 면담(2003), Rodrigues 면담(2003), Arbix & Rodrigues (1998)을 참조.

으며, CUT는 각각 2천5백만 명과 3천5백만 명이 참여했다고 발표했고 보수적 추정치도 각각 1천만 명과 2천2백만 명(도시 노동자의 37%에 해당됨)에 달할 정도로 엄청난 규모였다. 파업 투쟁의 주된 요구 조건은 임금 관련 사항들로서 1978~86년 파업의 63.4%가 이에 해당되며, 대부분 세 자리, 네 자리 수의 인플레이션으로 인한 임금 잠식을 저지하려는 시도들이었다. 총파업 또한 1983년 정부의 경제정책 및 임금 동결, 외채 지불 등에 항의하면서 시작되었고, 민주화 이후 1986년 뻘라노 끄루사두에 저항하는 총파업에서 1991년 뻘라노 꼴로르(Plano Collor) II에 저항하는 총파업에 이르기까지 거의 매년 전개된 총파업 투쟁은 정부의 각종 경제 안정화 프로그램에 대한 저항이었다.[5] 이처럼 총파업 투쟁은 악성인플레이션을 제어하지 못하면서 임금동결 조치 등으로 임금 인상만 규제하려는 정부의 경제 안정화 정책에 저항하는 것이었다는 점에서 노동조합의 전투성은 주로 물질적 이해관계와 관련된 방어적인 경제투쟁이었다고 할 수 있다.

이러한 CUT의 전투성 전략은 상당한 성과를 거두었다. 첫째, 높은 물가 상승률에 의한 노동자들의 구매력 잠식을 저지함으로써 노동자들의 삶의 조건을 보호했을 뿐만 아니라 불평등 심화를 저지했다. 둘째, CUT의 총파업 투쟁에 CGT가 가세한 사례들은 CUT의 전투성 전략의 정당성

---

5) 파업의 원인 분포, 총파업의 원인 및 전개 과정에 대한 논의는 Barros(1999, 57-64), DIEESE (2001a, 208-209), Antunes(1994, 33), Riethof(2000)를 참조.

표 3-1 | 연도별 파업 수, 파업 노동자 수, 파업 손실일 수(1978~99년)

연도	파업 수	파업 노동자 (천 명)	파업 손실일 수 (천 일)
1978	118	142	1,821
1979	246	1,771	20,785
1980	144	811	13,911
1981	150	623	6,980
1982	144	479	5,167
1983	393	875	13,214
1984	618	1,324	14,048
1985	927	6,093	76,559
1986	1,665	6,163	53,084
1987	2,188	8,588	132,302
1988	2,137	8,219	88,564
1989	3,943	18,379	246,422
1990	2,357	20,296	187,279
1991	1,399	16,702	226,280
1992	568	2,923	25,579
1993	653	3,596	69,331
1994	1,034	2,756	16,782
1995	1,056	2,278	22,160
1996	1,258	2,535	21,983
1997	630	809	6,894
1998	546	1,251	16,795
1999	508	1,320	5,935

출처 : 1978~92 DIEESE & CUT 내부 자료, Barros(1999, 59-60); 1993~99 ILO labour statistics, DIEESE(2002, 135-137).

을 인정하는 것이라 할 수 있다. 창립 초기 CUT의 규모는 CGT에 크게 못 미쳤으나 이후 CGT의 조직력이 약화되는 반면 CUT의 조직력이 크게 증대되어 월등한 우위를 확보하게 되었다는 점은 노동자들이 참여의 높은 비용에도 불구하고 CUT의 전투성 전략을 지지·선택했음을 의미한다.

셋째, CUT 노동조합의 파업 투쟁, 특히 총파업 투쟁은 노동조합을 주요
한 사회 정치 세력으로 자리 매김시켰으며, 노동조합을 배제한 경제정책
은 성공할 수 없다는 점을 확인시켜 주었다. 넷째, 기존의 코포라티즘적
노동 통제 체제는 정당성도 효율성도 지니지 못하므로 포기되어야 된다
는 사회적 합의를 형성시켰다. 1988년 헌법 제정과 1993년 노동관계법
개정을 위한 협의 기구 구성은 그 산물이라고 하겠다.

2) 민주화와 제도성 게임 : 부문 협의회 실험

군사독재 정권 시기부터 전투성 전략으로 일관했던 신노동조합운동
과 뒤이은 CUT는 민주화가 진전됨에 따라 조금씩 전략의 변화를 보이기
시작했으며, 이런 변화는 시민들에 의한 직접선거로 선출된 꼴로르가 취
임한 이후 더욱 가시화되었다. 꼴로르 정권하에서도 CUT는 1990년 6월
과 91년 5월 두 차례에 걸쳐 꼴로르의 경제 안정화 프로그램에 반대하며
총파업 투쟁을 전개함으로써 전투성 게임의 전통을 견지하고 있었으나
노동조합 전략이 상당한 변화를 겪고 있음을 보여 주기도 했다. 그 좋은
예가 1991년 12월부터 2년 정도 적극적으로 참여하여 활동한 산업별 노
사정 협의 기구인 부문 협의회(Câmara Setorial)다.

부문 협의회들 가운데 가장 먼저 조직되어서 가장 중요한 역할을 수행
한 것은 자동차 산업 부문 협의회였다. 부문 협의회 자체는 1988년 사르
네이 정부가 산업 정책을 논의하기 위한 국가와 기업 측의 산업 정책 협

의 포럼으로 조직한 것으로, 1991년 3월 법적 근거에 기초한 노사정 기구로 재조직되었으나 고용과 임금 등 노동조합 관심사들이 논의에서 제외됨에 따라 CUT 산하 ABC 지역 금속 노조인 SMABC는 참여하지 않았다. 그러나 1991년 하반기 경기 침체가 심화되며, 포드가 엔진 공장 폐쇄를 발표하고, 이에 SMABC 대표단이 포드 본부를 항의 방문하고 미국 주재 브라질 대사를 면담한 후 부문 협의회 소집권자인 재무장관과 면담하는 자리를 갖게 되면서, 부문 협의회를 산업 정책 등 자동차 산업의 미래와 관련된 모든 쟁점을 논의하는 노사정 협의 기구로 운영하기로 합의하고 12월 재출범시키게 된다.[6]

자동차 산업 부문 협의회는 먼저 브라질 자동차 산업의 문제점을 규명한 다음 6개 실무 위원회로 나누어 협의·교섭을 진행하고, 수뇌 회의에서 진행 과정을 점검하고 큰 쟁점들에 대한 타협을 이루어 내는 형태로 전개해 전체 회의에서 1992년 3월 27일 합의문이 채택되었다. 합의 내용은 다음과 같다. 첫째, 신규 승용차와 경상용차의 가격을 22% 인하하며, 이를 위해 12%는 생산과 유통에 대한 세금 인하, 7.5%는 완성차와 부품 업체의 이윤 마진 감축을 실시한다. 둘째, 현 수준의 고용 규모를 유지하고 전월 물가지수에 연동하여 매달 임금을 조정한다. 1차 합의는 즉각적

---

6) 부문 협의회의 출범 배경, 진행 과정 및 합의 내용에 대해서는 Arbix(1997), Rodrigues (1997a), Martin(1997), Krein 면담(2003), Arbix 면담(2003), Rodrigues 면담(2003), Galvão 면담(2003), Conceição 면담(2003), Lopes 면담(2003)을 참조.

인 판매 붐을 조성하면서 1992년은 전년 대비 15% 생산 증가를 기록하게 되었고, 안정된 고용수준을 유지할 수 있었다.

1차 합의에 뒤이어 자동차 산업 활성화가 실현되자, 부문 협의회는 참여자들을 대폭 확대하여 좀 더 의욕적으로 진행되었다. 그에 따라 1993년 2월 15일의 2차 합의 내용은 1차 합의 수준을 크게 넘어서는 중장기적 산업 발전 계획까지 포함하게 되었다. 단기적 수요 증진 대책은 1차 합의 내용을 거의 반복하는 것으로서 첫째, 자동차 가격을 10% 이상 추가 인하하며, 관련 세금의 8% 인하, 이윤 마진의 5% 인하 등을 통해 실현하고, 둘째, 월 단위 물가 연동 임금 조정을 계속 실시하되 매년 세 차례에 걸쳐 6.27%씩 실질임금을 인상하여 1995년 3월까지 1989년 수준을 회복한다. 중장기 목표로 합의된 것들은 첫째, 중장기 자동차 생산 목표를 설정하여 1993년 120만 대, 1995년 150만 대, 2000년 2백만 대 생산을 실현하고, 둘째, 1995년까지 완성차 4천 개를 포함하여 자동차 산업 전체 9만 1천 개의 신규 고용을 창출하며, 셋째, 생산과 고용 증대를 위해 1993년에서 2000년까지 2백억 달러를 신규 투자하되, 완성차 업체는 6개월마다 총투자액을 공개하고, 넷째, 산업 현대화를 위해 업체의 연구 개발 활동을 점검하고 품질 평가 기구를 설치하며 품질 및 생산성 향상을 위해 노력한다.

2차 합의의 결과 역시 상당히 고무적인 것이었으며, 무엇보다도 생산 목표를 초과 달성하는 생산 확대였다. 1993년 139만 대 생산은 생산 목표에서 19만 대를 초과 달성, 1994년 158만 대로 23만 대 초과 달성, 1995년 역시 163만 대를 생산하여 생산 목표 150만 대를 13만 대 초과했다. 노동자들의 임금수준 역시 계획에 따라 상향 조정되어 실질임금이 상당 정도 상승했으나, 고용 창출 목표는 달성되지 못했다. 1993년 10만 6,738명에서 1995년 10만4,614명으로 도리어 2,124명이 감축되었는데 주로 자연 감원에 의한 것이었다.

한편, 노동조합의 부문 협의회 참여를 비판하는 견해도 있다. 보이또·랜달(Boito & Randall 1998)과 안뚜네스(Antunes 2000)는 부문 협의회 참여가 노동조합을 경제적 이해관계에 매몰시켜 계급적·정치적 이해관계를 포기하게 한다고 비판한다. 하지만 당면 계급 이익(immediate class interests)과 근본 계급 이익(fundamental class interests)이 반드시 모순되는 것은 아니다. 당면 계급 이익이 심각하게 훼손되도록 방치하는 노동조합이 노동자들의 근본 계급 이익에 관한 의식을 고양시킬 수 있으리라고 기대하기는 어렵다.

꼴로르의 급격한 시장 개방 정책은 자동차 산업에 직접 영향을 주었고, 대량 도입되는 수입차들과의 경쟁에 직면한 브라질 자동차 산업의 초국적 업체들은 대량 해고를 단행했다. 그 결과 ABC 지역 금속 산업의 경우 1990년 2월과 91년 2월 사이 15만 명 가운데 14%인 2만여 명이 감축되었다(Arbix 1997, 479-82). 포드의 엔진 공장 폐쇄 발표는 이러한 대량 감원의 연장선상에서 발표된 것이었다. 이러한 대량 해고 추세는 브라질 자동차 산업이 위기에 처한 결과로 산업 수준의 대응이 절실하게 요구되는 상황이었다. 1차 부문 협의회가 규명한 브라질 자동차 산업의 문제점은 완성차 업체들의 저가 모델 결여, 차량의 저품질, 수출 경쟁력 부족, 투자 부진, 높은 차량 구입 세금, 일관성 없는 관세정책, 체계적 자동차 산업 정책의 결여 등이었다. 1991년 말 SMABC가 참여한 부문 협의회는 이러한 산업 정책 문제들을 협의했고, 자동차 산업의 생산 감축 추세를 생산 확대로 역전시켰으며, 추가적 감원을 막고 실질임금도 상당 수준 높일 수 있었다.

민주화는 부문 협의회와 같이 노동조합이 참여할 수 있는 공간을 제공했고, 제도적 장치들에 대한 참여가 노동자들에게 실익을 가져옴에 따라 제도성 게임이 자리를 잡을 수 있게 된 것이다. 이는 자동차 산업 부문 협의회가 상당한 성공을 거두자 다른 산업으로 급속히 확산되어 1993년 8월 현재 25개 부문에서 가동되었다는 점에서도 쉽게 확인될 수 있다.

3) CUT의 전략 변화

부문 협의회 참여는 노동자 이해관계를 보호하기 위해 전투성 게임에만 의존하던 기존의 CUT에 일정 정도 전략의 변화가 일어나고 있음을 의미한다. 이런 변화를 주도한 것은 1978년 파업 투쟁부터 시작하여 신노동조합운동을 주도해 온 ABC 지역의 금속 노조들이었으며, 이들은 아치꿀라상오(AS, Articulação Sindical)라는 흐름을 형성하고 CUT 주류 세력의 위치를 지켜 오고 있다. SMABC와 아치꿀라상오가 주도한 이러한 변화는 투쟁의 목표와 수단에서 기존의 임금 투쟁 중심 전략과 상당한 차별성을 보이고 있다.[7]

먼저, 투쟁의 목표 즉, 노동자들의 이해관계에 대한 새로운 전략의 입장은 작업장에 국한된 쟁점을 넘어서서 사회문제들을 포괄해야 한다는 것이다. 사회 전반의 민주화와 진보 없이 임금·고용 등 작업장에서 이해관계를 관철하는 것만으로는 삶의 질을 향상시키기 어렵다는 인식에서 출발하여, 노동조합은 빈곤·보건·주택·교통·교육·소득분배 등 다양한 사회적 문제들에 적극적으로 개입해야 한다는 입장이다. 이런 사회문제들에 대한 관심은 군사정권 시기부터 시작된 사회 전반의 민주화, 사회 불평등 해소, 빈곤 퇴치, 외채 지불 반대 투쟁 등에서 이미 나타나고 있었으나, 꼴로르 정권의 신자유주의 프로젝트에 대한 사회 전반의 저항 포럼 결성과 연대 투쟁을 강조하는 1991년 CUT 4차 총회 결의문(CUT 1991)에서 좀 더 체계화되어 나타나고 있다. 이러한 포괄적인 시각은 현 CUT 위원장인 주아우 펠리시오(João Felício)가 조직노동자들에만 국한된 운동이 아니라 자유무역협정, 외채 문제, 토지개혁, 기타 고용과 사회 전반에 영향을 미치는 문제들에 개입하는 노조 운동을 지지하며, 매년 임금 인상을 요구하는 일만 할 것이 아니라 "스스로를 변화시키고, 새로운 아젠다를 제시할 필요"(*GIN* 2003)를 강조하는 데서 확인할 수 있듯이 CUT 의 기본 입장으로 자리 잡게 되었다.

노동자들의 이해관계를 실현하기 위한 수단과 관련한 새로운 전략의 입장은 파업뿐만 아니라 노사정 위원회 등 다양한 개입 수단들을 적극 활

---

7) 민주 노조들의 전략 변화에 대해서는 Ramalho(1999, 238-243), Barros(1999, 72-96), Arbix & Rodrigues(1998, 82-90), Boito & Randall(1998, 79-84)을 참조.

용해야 한다는 것이다. 이러한 입장 변화는 노동조합이 구체적 정책 대안을 제시하는 역할까지 수행할 것을 요청받고 있으며, 이는 노동운동의 환경적 여건이 변했고, 그에 따라 전투성 일변도 전략은 한계가 있다는 인식에서 비롯된 것이다.[8] 첫째 요인은 경제적 여건과 경제 발전 모델의 변화다. 악성인플레이션과 외채 위기 등 국가와 산업 수준의 경제 위기하에서 사후적 분배 투쟁으로는 고용 문제를 해결할 수 없으며, 이는 수입대체산업화와 국가 개입 경제모델이 포기되고 신자유주의 경제개혁과 급격한 세계화가 추진되는 여건하에서는 더욱 그러하다. 둘째, 노동조합의 사회적 영향력 강화와 노동자당의 성장이다. 1970년대 후반부터 시작된 민주 노조의 투쟁으로 노동조합의 사회적·정치적 영향력이 크게 강화되어 1988년 헌법 제정에서는 노동기본권 보장이 확대되었고, 부문 협의회의 개최 또한 이를 반영한다. 무엇보다도 1989년 대통령 선거에서 비록 패배했으나 룰라의 결선 진출과 박빙의 승부는 노동자당의 집권 가능성을 확인시켜 주었으며, 노동조합은 이로부터 책임 있는 사회 세력으로서 정책적 대안을 제시해야 한다는 압박을 받게 된 것이다. 셋째 요인은 민

---

8) CUT 전략 변화의 배경에 관해서는 Arbix & Rodrigues(1998), 관계자 및 전문가들 면담을 활용했다. 아흐비스(Arbix 면담 2003)는 주로 민주화에 따라 행위 변화를 요구받게 되었다는 점, 대선에서 룰라의 부상으로 노동자 정당 집권 시의 경제정책과 생산 경영 방식에 대해 고민하게 되었다는 점, 네또(Neto 면담 2003)는 신자유주의 경제정책은 노동조합의 전략 변화를 요구한다는 점, 1989년 선거의 결과로 책임 있는 모습을 보일 것을 요구받고 있다는 점, 호드리게스(Rodrigues 면담 2003)는 민주 정권하에서 반대 투쟁은 설득력을 얻지 못한다는 점, 세계화와 신자유주의 정책하에서 새로운 대응 전략이 요구된다는 점을 강조했다.

주화다. 군사독재 시대에는 국가권력의 일방적 지배에 저항하는 민주 노조의 투쟁은 민주화 투쟁의 한 부분으로서 시민사회에 민주화를 위한 공간을 확대하는 데 기여했지만, 민주화 시기에는 국가·자본·노동 모두에게 일방적 지배와 무조건적 저항과 같은 과거의 행위 양식이 아닌 참여와 협의라는 새로운 행위 양식이 요구되는 것이다. 따라서 민주화 시기에 노동조합의 무조건적 저항은 시민들의 지지를 받기 어려울 뿐만 아니라 노동자들의 지지조차 확보하기 어려운 것이다.

이러한 브라질 민주 노조들에 대한 새로운 도전들로 노동운동 여건이 크게 변화한 시점은 1990년이라 볼 수 있다. 1988년 헌법 제정과 1989년 말 룰라의 결선 진출은 CUT를 중심으로 한 민주 노조 운동의 사회 정치적 영향력과 사회적 책임을 요구하게 되었다. 1985년 등장한 사르네이의 시민 정부가 간접선거를 통한 군사정권에 의해 규제된 민주화의 시작이었다면, 1990년 1월에 1989년 직접선거에서 승리한 꼴로르 정부가 출범한 것은 정치적 민주화가 완료되었음을 의미한다. 또한 꼴로르 정부가 취임한 1990년부터 신자유주의 경제정책과 급격한 시장 개방이 시작되었다는 점에서 1990년대는 그 이전과 상황이 크게 달랐다. CUT가 1990년과 1991년 총파업 투쟁에서 동원에 실패한 것은 이러한 여건의 변화로 인해 전투성 일변도의 전략이 한계에 도달했음을 보여 주는 것이었다고 하겠다.

CUT의 전략 변화는 일정한 내부의 갈등을 겪으면서 점진적으로 이루어졌다. 1989년 SMABC가 자동차 산업 관련 정책과 장기 발전 방안을 논의하기 위한 부문 협의회를 제안했을 때 이미 새로운 전략이 제기되었으며, CUT가 채택하지는 않았지만(Krein 면담 2003) 점차 전투성 게임과 제도성 게임을 병행하는 방향으로 이행되고 있었다. 1990년 6월 쁠라노 꼴로르의 추진이 어려움에 봉착하자 정부는 CUT에게 협의를 제안했으나 CUT가 공공 부문 해고 노동자들의 복직을 요구하자 교섭 제안을 철회했었다. 다시 9월 들어 정부는 노사정 협의를 제안하면서 빈곤 퇴치 등 광범한 안건들을 다룰 수 있도록 했으나, 실제 꼴로르 정부는 신자유주의 프로젝트를 관철하기 위해 CUT를 고립시키고 노자 간의 휴전을 도출하려 했다. CUT는 이러한 정부의 의도에 맞서 노동자 삶의 조건이 파괴되는 것에 대한 복원, 임금 결정 방식 논의, 농촌 노동자들의 문제 해결, 해고된 파업 노동자들의 복직 등의 문제들을 우선적으로 다루는 장으로 바꾸고자 했다. 그러나 일부 산하 노동조합들이 동원을 교섭으로 대체하려는 잘못된 반응을 보임에 따라 노사정 협의를 포기하고 신자유주의 프로젝트에 대항하는 전국적 연대를 구축하여 투쟁을 전개하기로 했다(CUT 1991). CUT는 1991년 9월 초 4차 총회에서 부문 협의회나 노사정 참여를 바람직하다고 선언하지는 않았으나 근본적 오류로 규정하지 않고 신중을 기해야 한다는 애매한 입장으로 정리했다. 반면, 12월 들어 SMABC를 위시해 전략 변화의 필요성을 절감한 개별 노동조합 및 산별연맹들은 새로운 전략을 시도하게 되었고, 자동차 산업 부문 협의회가 성공을 거두자 부문 협의회는 여타 산업들로 급속하게 확산되었다. 이에 따라 CUT는 1994년 5차 총회에서 아치꿀라상오 소속의 SMABC 비셴띠뇨(Vicentinho, Vicente Paulo da Silva의 애칭)를 위원장으로 선출하면서 결의문을 통해 부문 협의회 참여를 허용하는 입장을 분명하게 했다(CUT 1994).

SMABC와 아치꿀라상오를 중심으로 한 CUT 주류 세력이 노사정과 부문 협의회 참여 활동을 주도하며 CUT의 공식 입장으로 확정하게 했지만, 소수파인 아떼흐나띠바(ASS)는 이러한 전략 변화를 거부하고 있었다. 자동차 산업 부문 협의회가 상당한 성과를 거두었음에도 불구하고 아떼흐나띠바 소속의 상주제도스깜쁘스(São Jose dos Campos) 지역 금속 노조는 끝내 참여하지 않았다. 또한 공공 부문 역시 부문 협의회에 매우 비판적이었는데, 이는 아떼흐나띠바 세력이 타 부문들에 비해 공공 부문에 상대적으로 많이 분포되어 있다는 점(Galvão 면담 2003; Rodrigues 면담 2003) 외에도, 공기업의 사유화와 구조 조정으로 인해 공공 부문 노동조합의 경우 정부와의 교섭 여지가 별로 없었다는 점, 또한 자동차 산업 부문 협의회가 자동차 판매세 등 세금 인하를 결정해 공공 부문의 재정수입 감축을 가져옴으로써 공공 부문의 고용 문제를 더욱 악화시킨다는 점 때문이라 하겠다. 이러한 공공 부문의 차별성은 〈표 3-2〉에서 알 수 있다. 공공 부문의 파업 점유율은 점차 높아져 꼴로르 집권 시기인 1990~92년 기간에는 전체 파업 빈도의 절반 가까이 차지했으며, 전체 파업 손실일 수의 80% 가까이를 점했다. 공공 부문의 파업 비중이 1980년대에도 지속적으로 증가하고 있는 것은 사유화와 구조 조정에 대한 저항뿐만 아니라, 공공 부문 노동자들의 노동권에 대해 기존 노동법 체계가 과도하게 제약을 가하는 것에 대한 저항 때문이기도 하며, 1988년 헌법에서 공공 부문 노동자들의 노동조합 조직과 파업권을 인정하게 된 데는 이런 투쟁이 상당한 기여를 했다고 할 수 있다.

부문 협의회의 참여 등 제도성 게임을 활용하는 것은 전투성 게임을 포기했음을 의미하는 것은 아니다(Arbix 면담 2003; Arbix & Rodrigues

| 표 3-2 | 시기별 공공 부문 파업 점유율 | | 단위 : % |

연도	파업 수	파업 노동자	파업 손실일 수
1978~80	15.0	18.7	26.5
1981~84	26.6	58.7	71.3
1985~89	35.8	60.6	78.3
1990~92	45.6	65.0	78.0

출처 : Barros(1999, 59-60)에서 산정함.

| 표 3-3 | 시기별 연평균 파업 지수 |

연도	파업 수	파업 노동자 (천 명)	파업 손실일 수(천 일)	파업당 노동자 수(명)	파업당 손실일 수(일)	파업 노동자당 손실일 수(일)
1978~84	259	861	10,847	3,324	41,880	12.60
1985~89	2,172	9,488	119,386	4,368	54,966	12.58
1990~94	1,202	9,255	105,050	7,700	87,396	11.35
1990~91	1,878	18,499	206,780	9,850	110,106	-
1992~94	752	3,092	37,231	4,112	49,509	-
1995~99	800	1,639	14,753	2,049	18,441	9.00

주 : 파업당 노동자 수 = 파업 노동자 수 / 파업 수; 파업 규모, 사업장/노조 규모 반영함; 파업당 손실일 수 = 파업
손실일 수 / 파업 수; 파업 노동자당 손실일 수 = 파업 손실일 수 / 파업 노동자; 파업 지속 기간.
출처 : 〈표 3-1〉에서 산정.

1998). 〈표 3-1〉에서 보듯이 1989년에 비해 파업 빈도는 감소했으나 파업 참여자 수나 파업 손실일 수에서는 큰 변화가 없다. 〈표 3-3〉처럼 시기별로 파업 지표들의 연평균을 비교해 보면, 꼴로르 정권 초기인 1990~91년은 파업 빈도가 연평균 1천9백 건 정도로 1980년대 후반에 비해 별로 감소하지 않았고, 파업 노동자 수와 파업 손실일 수에서는 도리어 두 배 가까이 증가했음을 볼 수 있다. 이는 파업의 단위가 작업장 단위

118

	연도	파업 참여자 (만 명)	고용 규모 (만 명)	1천 명당 파업 참여자 수
브라질	1990년	1,424	-	221.05
	1995년	381	6,442	59.14
멕시코	1990년	4.9	2,287	2.14
	1995년	3.2	2,697	1.19
칠레	1990년	2.5	444	5.63
	1995년	2.5	509	4.91

주 : 브라질 1990년 고용 규모 통계치가 없어 1995년 통계치를 활용했다.
출처 : 고용 규모는 O'Connell(1999, 35), 고용 규모는 EIU(www.eiu.com).

에서 산업·지역 단위로 커졌음을 의미한다.

1980년대의 총파업들에 비하면 동원 정도가 크게 미흡하지만 총파업에 있어 CUT는 1990년과 1991년 꼴로르의 두 차례에 걸친 경제 안정화 프로그램들에 총파업 투쟁으로 대항했고, 신자유주의 프로젝트에 대항하는 다른 사회운동 단체들을 포괄하는 전국적 연대 체제를 구축하는 데에도 앞장섰다. 또한 대동소이한 신자유주의 경제정책이 보편적으로 전개되고 있는 중남미의 다른 국가들과 비교해도 〈표 3-4〉와 같이 브라질은 상대적으로 매우 높은 파업 참여율을 보이고 있다. 따라서 CUT의 전략 변화란 전투성 게임의 포기가 아니라 전투성 게임과 제도성 게임을 전략적으로 병행하는 전략적 행위자가 되었음을 의미한다.

3. 신자유주의 공세와 노동조합의 대응

민주화와 더불어 노동조합이 전투성 게임 일변도의 전략에서 벗어나 제도성 게임을 병행하는 전략적 행위자가 됨으로써 노동조합의 전투성은 약화되었다. 하지만 신자유주의 경제정책이 추진되면서 제도성 게임의 공간이 급격히 위축되었고, 특히 까르도주 정권 들어 비타협적인 공세가 취해지면서 제도성 게임은 설자리를 잃게 되었다.

1) 까르도주의 노동 배제적 신자유주의 공세

민주화가 진행되면서 브라질 정부는 사회 전반의 민주화 진척에 걸맞은 노동조합의 기본권 신장에 적극 나서는 한편, 경제 안정화 프로그램을 성공적으로 수행하기 위해 노동조합을 협의의 구조 속으로 적극적으로 견인하고자 했다. 1988년 헌법 제정, 1991~93년 각종 부문 협의회 운영, 1992~93년 노사 관계 체제의 재구조화를 위한 노사정 협의 기구 운영 등은 이러한 정부의 노동조합 포섭 전략을 잘 보여 준다. 하지만 까르도주 정부는 노동 포섭 전략을 거부하고 노동조합을 배제하며 일방적으로 경제정책을 전개하는 한편, 반노동자적인 노동법 유연화를 적극 추진했다. 이러한 까르도주의 대조적인 노사 관계 정책 방향은 부문 협의회를 무력화시키는 것에서부터 시작되었다.

1993년 5월 까르도주는 프랑코 정부의 재무장관으로 취임하면서 국가의 경제정책이 특정 부문의 이해관계를 대변하는 것은 바람직하지 않다는 견해를 펼쳤다. 이는 부문 협의회를 적극 활용하고자 하는 산업통상부 (MDICE), 노동부 등 다른 부처들과는 대립된 입장이었다.[9] 부문 협의회 자체는 협의와 합의를 만들어 낼 뿐이지 법령 제정이나 정책 결정의 권한을 지니고 있지 않다. 따라서 세금 인하, 신용 경색 해소 등에 합의를 하게 되면 부문 협의회의 정부 측 책임 부서인 재무부가 정책 수립과 법령 제정을 추진하도록 되어 있었기 때문에 부문 협의회에 대한 재무장관의 적대적 입장은 곧 부문 협의회의 급속한 무력화를 가져왔다. 부문 협의회에서 합의되어 1993년 의회에 제출된 수출 인센티브 법안은 정부의 강력한 지원이 없어 통과되지 못했고, 부문 협의회에서는 실질임금 인상을 합의했으나 재무장관은 그것이 타 부문의 임금 인상을 부추겨 인플레이션을 가속화시킨다며 거부한 것 등이 좋은 예이다. 이후 까르도주는 인플레이션 억제에 성공하게 되고, 1995년 1월 강력한 신자유주의 경제정책을 내세우며 대통령에 취임하면서 부문 협의회의 무력화는 완료되었다.[10]

---

9) 자동차 산업 부문 협의회 운영과 관해 SMABC 측 핵심 브레인으로 활동했던 꼰세이상오 (Conceição 면담 2003)는 "1992~93년에는 부문 협의회 의제들이 좋았다. 산업 발전, 내수 시장 신장을 위한 세율 인하, 새로운 생산기술 등. 하지만 까르도주는 ABC 지역의 자동차 산업이 위축되면 다른 지역의 자동차 산업이 발달할 수 있다고 믿었다. 까르도주는 ABC 등 특정 지역의 문제에도 관심이 없었고, 자동차 산업 등 특정 산업의 정책 문제에도 별로 관심을 갖고 있지 않았으며, 시장이 모든 문제를 해결해 줄 것으로 믿었다. 부문 협의회가 들어설 여지가 없어진 것이다"라고 분석하고 있다. 부문 협의회의 무력화 과정에 대해서는 Conceição 면담(2003), Arbix 면담(2003), Martin(1997, 55-56)을 참조.
10) 까르도주 정부는 노사정 협의 기구와 같은 정책을 거부하는 데서 그치지 않고 경제정책 수립

1992~93년 노동부장관 바렐리의 주도로 노사정 협의 기구를 통해 코포라티즘 체제를 대체하는 새로운 노사 관계 체계를 수립하려던 노력도 까르도주 정부 들어 당연히 폐기되었다. 그 대신 까르도주는 신자유주의 경제정책을 강력하게 추진하기 위해 노동계의 반대에도 불구하고 노동의 유연화를 위한 노동관계법을 개정했다.[11]

까르도주의 노동정책은 신자유주의 경제정책 집행을 위한 일방적 지배였으며, 선행 정권들과의 이러한 차별성은 까르도주의 대통령 취임 이후 노동과 정부의 첫 번째 대결이었던 공기업 정유 업체 뻬뜨로브라스(Petrobrás) 파업에 대한 대응 과정에서 잘 나타난다.[12] CUT 소속 뻬뜨로브라스 노동조합은 1995년 5월 전년도 9월 당시 대통령 프랑코가 개입하

의 자율성을 확보하고 경제정책 집행에 대한 저항을 최소화하기 위한 언론 공세에도 매우 적극적이었다. 까르도주 정권하에서 초대 산업통상부장관에 임명된 구스따보 프랑코는 취임 전부터 언론을 통하여 "부문 협의회, 노동조합, 초국적 기업이 정부를 제압하려 한다"는 비난을 연일 거듭했다고 한다(Arbix 면담 2003). 이러한 비난은 부문 협의회의 무력화를 정당화하는 데 기여할 뿐만 아니라 인플레이션 억제의 성공에 대한 시민들의 지지를 이용하여 노동조합을 인플레이션 조장 세력으로 매도함으로써 노동조합 자체의 무력화에도 기여했음이 분명하다.
까르도주의 신자유주의 경제정책의 특징은 부문 협의회가 추진했던 실질임금 인상을 통한 유효수요 확대와 생산 증진을 추구하는 정책을 펴지 않고 그 대신 관세를 대폭 인하하여 차량 수입을 증대시킴으로써 내수 시장의 자동차 가격 인상을 억제하는 정책을 펼쳤다. 이처럼 까르도주의 경제정책은 산업 발전보다는 물가 안정에 최우선순위를 두었다. 이후 재정 적자가 심각한 문제로 대두되면서 까르도주 정부는 관세를 다시 인상했다가 WTO의 압력으로 다시 인하하는 등 정책의 일관성조차 유지하지 못했다.
11) 바렐리의 새로운 노사 관계 체계 수립을 위한 노력과 까르도주의 노동법 개정 내용에 대해서는 조돈문(2003), Manzano(2002, 24-26), Barros(1999, 48-53)와 이 책의 제2장을 참조.
12) 뻬뜨로브라스 파업에 대한 내용은 Galvão 면담(2003), Barros(1999, 53-55), Rodrigues 면담(2003)을 참조.

여 합의된 임금 조정액의 지급을 정부가 거부하자 파업 투쟁을 전개했다. 파업이 30일간 지속되자 정유량 감소에 따른 시민들의 불만도 높아졌고, 정부는 시민들의 불만을 이용해 파업을 탄압하기 시작했다. 정부는 노동 법정과 사전에 협의하여 노동 법정이 이 파업을 '불법'으로 선언하게 하면서 노조에 대해 10만 달러의 벌금형을 부과시켰다. 뒤이어 정부는 1천 6백 명의 경찰력을 투입하여 4개 정유 공장을 점거하고 노조 지도자들을 포함하여 1백여 명을 해고했다.

까르도주 정부가 노동조합을 배제하고 일방적 지배를 추진한 것은 노동조합이 신자유주의 경제정책을 수용하기 어렵기 때문에 노동조합과의 협의는 경제정책을 수립하고 추진하는 데 걸림돌이 될 것이라는 판단에서였다. 노동조합이 확보한 물가 연동 임금 인상제는 물가 상승 압력으로 작용할 수 있기 때문에 인플레이션 억제를 경제정책의 최우선 과제로 삼고 있는 까르도주 정부는 이를 수용할 수 없었으며, 부문 협의회에서 합의된, 국가의 지원을 통한 유효수요의 확보와 생산의 증진은 국가 대신 시장의 지배를 확립하려는 신자유주의 경제정책에 정면으로 배치되는 것이었다. 또한 노동조합과 부문 협의회가 선호하는 고용 창출 모델은 노동 유연화를 통한 기업 이윤의 증대가 고용 문제를 해결할 수 있다는 신자유주의 경제정책과 반대된다.

뿐만 아니라 까르도주 정권은 인플레이션을 억제하는 데 성공하면서 강력한 신자유주의 경제정책을 선거공약으로 내세워 1차 선거에서 과반수의 높은 지지율을 확보하며 출범한 정권이다. 따라서 까르도주 정권은 정권의 정당성과 대중적 지지에 기초해 있고, 까르도주 정권의 신자유주의 경제정책도 국민들의 승인을 받은 것과 다름없는 것이기 때문에, 선행 정권들과는 달리 경제정책을 수립하고 집행하기 위해 노동조합을 포함한 어느 사회 세력으로부터도 협력을 요청할 필요가 별로 없었다.[13]

2) 노동조합의 대응 전략 : 전투성 게임의 약화

〈표 3-1〉에서 보듯이 꼴로르의 탄핵으로 인한 정치적 불확실성과 부문 협의회의 활발한 활동으로 1992년과 1993년에는 꼴로르 정권 초기에 비해 파업 빈도수, 파업 노동자 수, 파업 손실일 수에서 파업 투쟁 수준은 일시적으로 하락했다가 프랑코 정권 들어 다시 상승했다. 그러나 투쟁 수준은 1980년대 말과 꼴로르 정권 초기 수준에는 크게 못 미쳤고, 까르도주 정권 들어서도 더 이상 상승하지 않았다. 까르도주 정권 초기인 1995~96년에 일정 정도 노사 갈등이 있었으나 1995년 중반 뻬뜨로브라스 파업

---

13) 이 점에서 까르도주는 전임 대통령들과 큰 차이를 보인다. 사르네이는 간접선거에서 부통령 후보로 당선되었으나 출범 전에 대통령 당선자가 사망함에 따라 대통령에 취임했다. 프랑코는 꼴로르의 탄핵으로 대통령직을 승계했다는 점에서 취약한 대통령이었다. 따라서 경제정책의 성공을 위해서는 경영계와 노동계의 협력이 필요했다. 또한 사르네이와 프랑코의 경제정책은 경제 안정화 프로그램의 성격은 지녔지만 신자유주의적 성격은 약하여 노사정 협의를 통해 추진할 수 있었다. 한편, 분명한 신자유주의 경제정책 프로그램을 갖고 있던 꼴로르는 비록 직접 선거로 당선된 대통령이었지만 초기 경제정책에서 뚜렷한 성과를 거두지 못했고, 부패 스캔들로 인해 탄핵 절차가 시작되면서 대중적 지지를 받기 어려운 신자유주의 경제정책을 적극적으로 추진할 수 없었다.

진압과 뒤이은 노동법 개정에 따라 점차 노동조합의 전투성은 낮은 수준에서 정체되었다.

시기별 평균치를 비교해 보면, 〈표 3-3〉 처럼 까르도주 정권 들어 파업 수는 1992~94년 수준인 연평균 8백 건으로 1980년대 후반과 꼴로르 정권 초기의 절반에도 못 미치는 수준이다. 파업당 노동자 수는 2천여 명으로 꼴로르-프랑코 시기의 1/4 수준으로 감소하여, 파업 단위가 산업·지역 단위에서 사업장 단위로 옮아가고 있음을 보여 준다. 이는 까르도주 정권의 노동 유연화 정책에 따라 사업장 단위로 노동의 유연화가 전개되면서 사업장에 따라 전개 내용, 방식 및 속도에 일정한 편차를 보이게 되고 동시에 단체교섭이 점차 탈중앙 집중화되면서 사업장 단위로 노사 갈등이 전개되는 추세를 반영하는 것이다.

또한, 파업 노동자당 손실일 수를 보면 1978년부터 1990년대 전반까지는 평균 12일 정도로 파업 투쟁이 장기화 양상을 띠었으나, 까르도주 정권 들어서는 파업 기간이 평균 9일로 크게 줄었다. 이는 정부와 자본이 노동조합의 투쟁에 대해 더욱 비타협적인 태도로 대응하면서 파업이 장기화되어도 큰 성과를 기대하기 어려워졌다는 현실을 반영하는 것이었다. 뿐만 아니라 정부가 ILO의 "정당한 이유 없는 해고의 규제" 협약 채택을 거부하고 도리어 노동법을 개정하여 일시해고를 허용함으로써 고용 안정성을 파괴하여 노동자들의 해고 위험성이 더욱 높아졌고, 까르도주 정권하에서 실업률이 계속 상승하여 대안적 취업 기회가 희박해진 것도 파업 기간 단축의 또 다른 이유라 할 수 있다. 특히 공공 부문의 경우 정부가 노동의 유연화를 실현하려는 강력한 의지를 지니고 사유화 대상 국유 기업들에 대해서는 사전적 구조 조정을 실시해 해고 위험성이 더욱 높아졌다. 게다가 공공 부문의 비효율성과 부패에 대한 시민들의 반감(Rodrigues 면담 2003) 때문에 공공 부문 노동자들은 파업 투쟁에 대한 시민들의 지지를 받기 어려웠으며, 따라서 파업 참여 비용은 더욱 커졌다.

조직 노동 부문의 양대 세력 가운데 하나인 CUT와 친정부적 FS의 대결 구도도 CUT의 파업 투쟁을 어렵게 했다.[14] FS와 CUT 지도부는 1980년대부터 조직되어 아직 노조 승인을 받지 못한 노동자 조직들을 합법화한다는 데는 의견 일치를 보았지만, FS는 노동조합 세금 제도와 지역 내 1부문 1노조 제도를 지지해 이러한 코포라티즘적 통제 기제의 철폐를 요구하는 CUT와 서로 대립했다. FS와 그 모태가 되었던 CGT는 군사독재 정권 시기부터 정부와의 교섭 채널을 적극 활용해야 한다는 입장이었다. 이들은 사르네이 정부의 노사정 교섭부터 시작해 정부 및 경영계와의 모든 협의에 참여하여 그들의 안건을 수용해 왔다. 또한 노동조합은 노동조건 개선과 임금 인상을 목표로 해야 한다는 입장에 서서 신자유주의 경제 정책을 포함한 정부의 거의 모든 정책을 그대로 수용함과 동시에, 단위 사업장에서도 노동의 유연화를 실현하기 위한 단체협약 개악에 앞장서는 경우도 많다. 따라서 FS 소속 노동조합들이 파업 투쟁을 전개하는 경우는 드물며, 1986년과 1989년 CUT 주도의 총파업에 CGT가 가세한 것

---

14) FS의 특성과 CUT와의 대립에 대해서는 Giannotti(2002), Barros(1999, 32-45), *GIN*(2003), Ramalho(1999, 238-239), Rodrigues 면담(2003)을 참조.

은 극히 예외적인 현상으로 FS가 조직된 이후에는 한번도 CUT 주도의 총파업에 참여한 적이 없다. 이처럼 조직 노동 부문이 분열·대립해 있고 FS가 정부의 신자유주의 정책을 수용하는 상황에서 신자유주의 경제정책에 반대하는 CUT의 입장은 시민들의 지지를 받기 어려웠다. 게다가 까르도주의 경제정책이 인플레이션 억제에 일차적으로 성공을 거두었다는 점에서 더욱 그러했다.

까르도주 정권하에서 CUT 차원의 총파업이 없었다는 점 또한 전투성 게임의 강도가 전반적으로 약화되었음을 의미한다. 전국 수준의 파업 투쟁은 주로 공공 부문을 중심으로 전개되었으며, 1998년, 2000년과 2001년 투쟁이 그 예이다. 공공 부문은 물가 연동 임금 인상 제도에 대한 정부의 반대, 물가 인상 유인 제거를 위한 임금 인상 억제, 재정 적자 해소를 위한 인원 감축, 공공서비스 축소 과정의 구조 조정 등 노동자들의 고용 안정성 훼손을 포함하여 노동조건이 심각하게 악화되고 있었다. 특히 까르도주 정권 들어 공세적으로 전개되고 있는 공기업의 사유화 과정은 사유화 전후의 대대적 구조 조정으로 인해 노동자들의 반발을 더욱 거세게 했다.15) 〈표 3-5〉에서 보듯이 꼴로르 정권부터 본격적으로 사유화가 실시되기는 했지만 그 범위가 철강·석유화학·비료 등 제조업에 국한되었던 반면, 까르도주 정권 들어서는 광산·철도·항만·전력·가스·금융, 지

---

15) 공공 부문 노동조건 및 노사 관계, 그리고 공기업 사유화 과정에 대해서는 Pinheiro(2000), Pinheiro & Fukasaku(2000), CUT(2002, 143-155), Mazzei(1999), Galvão 면담(2003)을 참조.

표 3-5 | 연도별 공기업 사유화 수입(1991~2000년) 단위 : 백만 달러

	1991	1992	1993	1994	1995	1996	1997	1998	1999	2000*
철강	1,474	921	2,250	917						
석유화학		1,266	172	445	604	212				
비료		202	205	11						
광산				6			3,299			
철도						1,477	15	205		
항만							251	149	21	
전력					400	2,358	270	880	1	
석유, 가스										4,032
금융							240			3,595
전화 통신							4,734	21,823	421	
기타	140	12		587			190	421	111	8
연방 합계	1,614	2,401	2,627	1,966	1,004	4,080	8,999	23,478	554	7,635
전화 통신								1,018		
금융							401	647	147	869
가스							576		1,131	298
전력						587	9,945	5,166	1,370	1,293
상하수도										106
철도							25	240		
기타							794	2,695	426	
주 정부 합계						1,406	13,617	7,497	2,648	2,566
공공 부문 총계	1,614	2,401	2,627	1,966	1,004	5,486	22,616	30,975	3,202	10,201

주 : 2000년 자료는 11월까지의 합산임.
출처 : Pinheiro(2000, 22).

방정부 소유 기업 등으로 확대되어 대대적인 사유화가 실시되었다. 1991~94년 4년 동안 꼴로르-프랑코 정부의 총 매각 대금이 86억 달러였는 데 비해 까르도주 정권 1기 1995~98년 4년 동안의 매각 대금은 601억 달러로서 7배 정도에 달한다.

　　CUT는 총파업 투쟁이 어려워지자 총파업 대신 동원이 가능한 부분에

128

제한된 파업 투쟁과 여타 사회운동 단체들의 대중 시위를 결합하는 방식으로 후퇴했다. 1996년과 2001년에는 노동법 개악과 노동 유연화 기도에 맞서 신자유주의 경제정책 전반에 대한 전국 수준의 대중 연대 투쟁을 전개했으며, 총파업(greve geral)이라는 표현 대신 '전국적 대투쟁의 날'('dia nacional de luta' 'dia nacional de paralização')로 표현했다. 이러한 연대 투쟁을 가능하게 한 것은 신자유주의 프로젝트에 반대하여 사회운동 세력을 총망라해 조직한 투쟁 전선(Forum Nacional de Lutas) 때문이었다. 이는 꼴로르 정권하에서 열렸던 1991년 CUT 4차 총회 때부터 강조되었으나 이후 꼴로르 탄핵과 뒤이어 집권한 프랑코가 신자유주의 경제정책에서 후퇴하고 부문 협의회를 적극적으로 활용하는 정책을 펼치면서 중단되었다가, 까르도주가 집권한 후 1995년부터 다시 조직화에 들어가 좌파 정당들 및 진보 성향의 교회 등 다양한 사회운동 세력들을 망라하게 되었다(Galvão 면담 2003).

3) 노동조합의 수세와 제도성 게임의 실종

파업의 원인들을 검토하면 파업 투쟁이 공세적 투쟁에서 수세적 투쟁으로 바뀌었음을 확인할 수 있다. 〈표 3-6〉의 파업 원인을 보면 프랑코 시기까지 핵심 요인은 임금 인상을 포함한 물적 보상과 관련된 것이었으나 이후 파업 원인에서 그것이 차지하는 비중이 점차 줄어들어 1993~94년 69.5%에서 1998~99년에는 절반 이하인 33.5%로 떨어졌다. 한편 까르도주의 신자유주의 경제정책하에서 급증하고 있는 파업의 원인은 법규 불이행으로 1993~94년 평균 21.5%에서 점차 증가해 1998~99년에는 평균 53.5%로 절반 이상을 차지해 첫 번째 원인이 되었다. 이는 까르도주 정부가 노동법 개정을 통해 확대시킨 노동의 유연화의 수준을 넘어서 자본 측이 생산 현장에서 공세를 전개하고 있음을 의미한다. 고용 문제도 1993~94년의 11.0%에서 1998~99년에는 23.5%로 두 배 이상 증가하여 해고의 자유를 대폭 강화한 까르도주 정부하에서 노동자들의 고용 불안정이 심각한 노사 갈등 요인으로 대두되었음을 알 수 있다. 또한 성과 및 이윤 참여 제도와 관련된 파업도 1993~94년에는 없었으나 까르도주 정권하에서 임금 결정 메커니즘의 유연화를 위해 도입되면서 9~18%을 점유하게 되었고, 노동시간 관련 파업도 1993~94년 3% 수준에서 점차 증가해 1998~99년에는 8% 수준으로 증가했는데, 이는 주로 노동시간 은행 제도와 잔업 근무 등 노동시간 유연화를 둘러싼 파업임을 의미한다.

이처럼 군사독재 정권부터 꼴로르-프랑코 시기까지 인플레이션에 따른 실질임금 하락과 임금 억제 정책에 대항해 실질임금 인상을 쟁취하기 위해 전개된 노동조합의 전통적인 공세적 투쟁은 점차 그 비중이 감소하고, 까르도주 정권하에서는 좀 더 자유로워진 해고로 인한 고용 불안정, 임금 유연화 및 노동시간 유연화가 파업의 주요 원인이 되고 있다. 이는 까르도주 정권과 자본에 의한 신자유주의적 노동 유연화에 대항하여 노동조합이 기존의 노동과 삶의 조건을 방어하기 위한 수세적 투쟁을 전개하고 있음을 의미한다. 1990년대 단체교섭 과정의 주요 쟁점들(CUT 2002, 37-38)이 성과 및 이윤 참여를 중심으로 한 임금 유연화 문제, 노동

| 표 3-6 | 파업 투쟁의 원인별 비중(1993~99년) | | | | | | | | 단위 : % |

파업 원인	1993	1994	1995	1996	1997	1998	1999	1993/94 연평균	1998/99 연평균
임금, 물적 보상	62	77	49	40	32	30	37	69.5	33.5
법규 불이행	24	19	37	42	43	56	51	21.5	53.5
고용 문제	12	10	10	10	14	19	28	11.0	23.5
노동조건	12	9	10	10	12	2	10	10.5	6.0
노동시간	3	3	5	12	8	6	10	3.0	8.0
성과, 이윤 참여	-	-	9	18	15	9	9	-	9.0
노동조합 문제	5	8	7	3	5	10	10	6.5	10.0
정치적 문제	6	3	4	1	3	8	6	4.5	7.0

주 : 파업의 핵심적 요구 사항이 둘 이상인 경우도 포함되어, 백분율의 합계가 100을 넘을 수 있음.
출처 : DIEESE(2001a, 208-209).

시간 은행제와 교대제 변경 등 노동시간 유연화 문제, 외주 하청과 비정규직화 등 노동력 활용의 유연화 문제 등 노동의 유연화를 실현하기 위한 자본 측 공세에 따른 것이라는 사실은 노동조합이 공세적 투쟁에서 수세적 저항으로 전환할 수밖에 없었던 배경을 설명해 준다.

정부와 자본이 노동의 유연화를 실천하기 위해 적극적으로 공세를 펼치는 여건 속에서 FS처럼 일방적인 지배를 수용하지 않는다면 전략적 행위자로서 활용할 수 있는 제도성 게임의 공간은 없다. CUT와 까르도주 정부가 협의한 중요 사안은 사회보장제도 개혁이 거의 유일하며, 그나마 CUT가 심각한 재정 적자 문제를 안고 있는 연금제도의 개혁 방안을 제시했지만 정부의 완고한 입장으로 인해 합의 도출에 실패했다.16) 이처럼 까르도주 정부의 신자유주의 정책의 비타협성으로 인해 제도성 게임의 공간은 크게 위축되었다.

4. 토론 및 맺음말 : 노동조합 대응 전략의 이해

신자유주의 경제정책은 군사정권이 아닌 시민 정부에 의해 추진되었고, 민주화 초기 사르네이 정권에서는 나타나지 않았으나, 꼴로르 정권 시기부터 시작되어 민주화가 진전될수록 더욱 높은 강도로 추진되었다. 민주화와 더불어 1991~93년의 부문 협의회처럼 노동조합이 참여·협력할 수 있는 공간이 조성되면서 노동조합은 군사독재 정권 시기의 전투성 일변도 전략에서 후퇴하여 제도성 게임도 병행하는 전략적 행위자의 모습을 보였다. 하지만 까르도주 정권 들어 신자유주의 경제정책이 강도 높게 추진되면서 노동조합이 참여할 수 있는 공간이 소멸되었으며 제도성 게임은 자취를 감추었다.

---

16) 보이또·랜달(Boito & Randall 1998, 81-82)은 CUT가 정부와 협의하여 연금제도 개혁안에 합의했다고 주장하고 있으나 의회에 제출된 법안이 합의된 내용인지는 명료하게 밝히지 않고 있다. 하지만 CUT 관계자들에 따르면 CUT와 정부는 합의에 도달하지 못했으며, 합의가 실패한 것은 CUT 내 상이한 입장들의 존재 때문이라기보다 정부의 비타협성이 중요한 원인이었다고 한다(Ribeiro 면담 2003; Galvão 면담 2003).

1) 신자유주의 공세와 노동조합의 선택

신자유주의 경제정책을 추진하는 정부와 그에 따른 노동조건 악화를 저지하려는 노동조합 사이에 타협의 여지는 별로 없다. 정책 지향에 있어 정부는 시장의 원칙을 절대시하며 노동의 유연화를 추진하는 반면, 노동조합은 국가가 시장에 개입해서 실질임금, 고용 안정성 및 기타 노동조건 등 노동권을 보호할 것을 요구한다. 정책 추진 방식에 있어서도 정부는 시장 지배를 관철하기 위해 사회 세력들의 개입을 최소화하며 노동조합을 최우선 배제 대상으로 설정하는 반면, 노동조합은 노동조합의 참여를 통한 협의 및 합의를 요구한다. 정부와 노동조합의 대립적 이해관계로 인해, 까르도주는 신자유주의 경제정책을 수립하고 집행하는 과정에서 노동조합을 배제한 채 공세적으로 이를 추진했으며, CUT는 신자유주의 프로젝트에 대한 정면 대응을 선언한 가운데 사회운동 세력을 포괄하는 전국적 연대 조직을 결성하여 반대 투쟁을 조직했다.[17] 결국 신자유주의 경제정책은 노동조합과 정부의 정면 대립을 가져왔다.

신자유주의 경제정책은 노동조합의 전략에도 큰 영향을 미친 것이다. 민주화가 진전되면서, 특히 꼴로르 시기부터 CUT는 전투성 게임에만 의존하던 방식을 벗어나서 전투성 게임과 제도성 게임을 병행하는 전략적

---

17) FS는 민주 정권이건 군사독재 정권이건, 신자유주의 경제정책이건 케인스주의 경제정책이건 관계없이 정부의 정책을 무조건 지지한다는 점에서, 신자유주의 경제정책에 대한 FS의 지지를 신자유주의 경제정책과 노동의 이해관계 양립의 결과로 해석해서는 안 된다.

행위자로 전환했다. 그러나 까르도주 정권이 일방적으로 신자유주의 경제정책을 추진하며 노동의 유연화 공세를 전개하는 상황에서 노동조합에게는 참여의 여지도 없고, 참여해도 얻을 것이 없었다. 특히 CUT 내부 아뗴흐나띠바 세력의 반대는 제도성 게임의 성과가 미흡할 경우 CUT 지도부의 지도력에 큰 타격을 입힐 수 있다는 점에서 SMABC나 아치꿀라상오로서도 제도성 게임은 고집하기 어려웠다. 결국, 연금제도 개혁과 관련한 노정 교섭이 불발로 끝남으로써 제도성 게임은 포기되고 전투성 게임만 남겨지게 되었다.

2) 민주화와 전투성 게임의 제약

꼴로르-프랑코 시기, 자동차 산업 등 부문 협의회들에서 가시적인 성과가 나타나고, 노사정 협의 기구를 통해 노사 관계 체계를 변혁하려는 시도들이 전개되면서 제도성 게임에 대한 기대 수준이 더욱 높아진 상황에서, 까르도주 정부는 노동의 참여나 노사정 협의를 거부하고 일방적으로 공세를 취한 것이다. 또한 노동의 유연화로 고용 불안정성이 심화되고 노동조건이 악화됨으로써 노동자들의 불만은 더욱 커졌을 것이다. 한편 CUT의 조직력과 사회 정치적 영향력이 증대됨에 따라 전투성 게임의 성공 가능성에 대한 믿음은 더욱 강화되었을 것이다. 이런 배경에서 보면, CUT를 중심으로 노동조합이 강력하게 저항했을 것이라고 짐작할 수 있다.

하지만 노동조합이 강력한 전투성 게임을 전개할 것이라는 예측은 빗

나갔다. 총파업 투쟁에서 산업별 대응으로 후퇴했고, 전반적인 전투성 역시 약화되었다. 이러한 무기력한 대응을 어떻게 설명할 것인가?

노동조합이 구사할 수 있는 전략의 선택지와 그것의 성공 여부를 규정하는 사회·경제·정치적 배경 요인들에는 두 차례 큰 변화의 계기가 있었다. 1990년 꼴로르 정권의 출범은 직접선거를 통해 민주정부가 탄생했다는 점과 신자유주의 경제정책을 실시했다는 점에서 노동조합의 활동 여건을 크게 바꾸었으며, 1995년 까르도주 정부가 출범하면서 꼴로르 정권부터 시작된 추세가 더욱 강화되는 한편, 노동조합의 활동을 크게 제약하는 요인들이 추가되었다. 까르도주 정권하에서 노동조합의 강력한 전투성 게임을 제약한 주요 요인들로는 민주화와 노조의 사회적 책임성 증대, 신자유주의 경제정책에 대한 시민들의 지지, 세계화와 신자유주의 경제정책의 결과 노동계급 내 이질성 증대로 인한 주체 역량 약화를 꼽을 수 있다.

첫째, 직접선거를 통해 대통령이 당선되면서 정권의 정당성은 강화되었고, 민주화가 진전됨에 따라 노사정 각각에 기대되는 역할 자체도 변했다. 1970년대 말부터 전개된 파업 투쟁으로 실질임금이 인상되었고 1988년 헌법이 제정되면서 노동자들의 권익이 향상된 상황에서, 노동조합이 이해관계 증진을 위한 투쟁에 지속적으로 집중한다면 시민들이 식상해 할 수 있으며, 특히 경제 위기 의식이 팽배한 시기에는 더욱 그럴 것이었다. 또한 노동자당은 꾸준히 성장해 1994년 선거에서 처음으로 주지사를 당선시켰으며 상원 의석도 1석에서 5석으로 늘렸고, 1996년 선거에서는 115명이나 되는 시장을 배출시키는 등 1990년대 중반 들어 주요 정당으로 자리 잡아 갔다. 룰라는 1989년 대통령 1차 선거에서 17.19%로 결선투표에 진출한 이래 1994년과 1998년 연이어 27.04%와 31.71%로 2위를 차지함으로써 집권 가능성을 크게 높였다(Guidry 2003). 노동조합과 노동자당의 영향력이 강화되면서 이제 이들은 정책 대안을 제시하고 통치 역량을 보여 줘야 하는 위치에 서게 되었으며, 단순한 반대 투쟁은 이들에게 요구되는 사회적 책임성에 반하는 것으로 상당한 타격을 가져올 수 있었다.

둘째, 까르도주 정권의 신자유주의 정책은 시민들의 강력한 지지를 바탕으로 추진되고 있었다. 악성인플레이션에 따른 경제 불안정은 인플레이션 억제를 최우선 과제로 만들었고, 까르도주는 재무장관 시절 인플레이션을 억제하는 데 성공함으로써 1998년 1차 선거에서 과반수를 넘는 54.28%를 획득함으로써 27.04%를 득표한 2위 룰라의 두 배가 되는 강력한 지지를 받으며 대통령에 선출되었다(Guidry 2003). 정부의 부패와 공기업의 비효율성은 신자유주의 경제정책에 대한 시민들의 지지를 높이는 데 기여했지만, 무엇보다도 중요한 것은 까르도주가 강력한 신자유주의 경제정책과 사유화 계획으로 선거 유세를 펼쳤다(Gacek 1995)는 점에서 까르도주의 당선은 신자유주의 경제정책에 대한 시민들의 지지를 반영하는 것이라고 할 수 있다. 따라서 노동조합이 까르도주의 경제정책에 강력히 저항하는 것은 인플레이션의 재발을 두려워하는 시민들의 빈축을 살 수 있었다.

셋째, 세계화와 신자유주의 경제정책으로 야기되는 고용 문제는 전투성으로 해결하기 어렵다. 1970년대 말부터 민주 노조의 파업 투쟁은 노동자들의 실질임금을 인상하는 데 크게 기여했고 실질임금 인상은 파업 사업장뿐만 아니라 전 산업에 파급효과를 가져왔다. 그러나 세계화로 인한 경쟁의 심화와 경제 위기 속에서 실업률이 상승함으로써 1990년대 들어 고용 문제는 노동자들의 최대 관심사가 되었고, 신자유주의 경제정책은 고용 문제를 더욱 악화시켰다. 하지만 임금 상승과 같은 잉여가치의 배분 문제와는 달리 고용 문제는 기업의 생산성과 이윤율에 직결된 문제이므로, 파업 투쟁을 통해 부당해고를 막을 수는 있어도 기업의 재정 위기에 따른 파산과 정리 해고를 막는 것은 불가능한 일이다.[18] 따라서 고용 문제에 대응하기 위해서는 노동조합이 산업 정책과 경영권에 개입해야 하는데, 이는 1991~93년의 부문 협의회 활동이 고용 문제를 해결하는 데 큰 기여를 했던 경험에서도 확인된다. 이런 맥락에서 까르도주가 부문 협의회들을 고사시켰음에도 불구하고 SMABC가 산업 발전과 고용 문제 해결을 위해 1997년부터 ABC 광역 단위의 부문 협의회를 가동시켰고 (Magalhães 2002, 10-11), 2002년 주요 대통령 후보자들에게 제출한 7대 목표 가운데 산업 단위 부문 협의회의 재가동을 최우선 과제로 설정했다 (SMABC 2002, 10-20)는 점은 고용 문제를 해결하는 데 전투성 게임이 무력하다는 노동조합의 인식을 반영한다.

넷째, 노동계급의 내적 이질성과 노동조합의 내적 분열은 노동조합의 동원 역량을 약화시켰다. 정규직 비중이 높은 공공 부문의 사유화와 제조

---

18) 뷔클러(Buechler 2001)는 상파울루 지역 빈민촌 거주자들을 대상으로 심층 면접 조사를 실시해 시민들이 실업 문제의 원인을 정부 정책이 아니라 세계화에서 찾고 있다는 것을 발견했다. 따라서 고용 문제와 관련한 노동자들의 파업 투쟁은 그 대상이 정부이거나 기업이거나 관계없이 시민들의 지지를 얻기 어려운 것이다.

업의 위축, 정규직 비중이 낮은 서비스 부문의 팽창, 전 부문에 걸친 비정규직화 현상은 노동조합의 조직률을 낮추어 1989년 32.8%에 달했던 비농업 부문의 노동조합 조직률이 10년 뒤에는 21.0%로 크게 낮아졌다. 단체교섭 및 노동조합 조직을 지역 단위로 규정한 노동법도 동일 산업 내 지역들 사이의 단체협약, 임금수준, 노동시간 유연성 등 노동조건의 편차를 크게 하며[19] 기업들의 지리적 이동을 더욱 부추겼고, 고용 문제가 심각해질수록 노동조합들이 공장 유치를 둘러싸고 갈등을 겪는 현상까지 일어났다.[20] 이러한 노동계급 내 이질성으로 인해 노동조합들의 연대 투

---

[19] 단체교섭의 탈중앙 집중화와 동일 산업 내 지역 간 이질성이 심화되는 문제점을 해소하기 위해 CUT는 매년 전반부 6개월은 노동조합들 사이에 상황을 공유하고 입장을 조율하여 표준 단협 요구안을 작성하고, 후반부 6개월은 상호 연계 속에서 단체교섭을 전개하도록 하고 있다 (Galvão 면담 2003). 또한 지역 단위 노동조합 조직과 단체교섭 체계를 해소하기 위해 CUT는 지역 내 1부문 1노조 제도 폐지를 요구하는 한편, 1986년 2차 총회에서 전국·산업·지역·사업장 수준 등 다양한 수준의 단체협약이 공존할 수 있도록 하는 대안적 단체교섭 체계 요구안을 확정했다. 이와 함께 CUT는 전국 단일 단체협약 체결을 요구해 왔으며, 2002년 대선 후보들에게 제시한 요구안에도 포함시켰다(SMABC 2002; Conceição 면담 2003).

[20] 이런 내적 이질성에 비해 FS와 CUT의 분열이 CUT 노동조합들의 전투성 전략에 주는 직접적인 타격은 상대적으로 작다고 할 수 있다. 국가가 자의적으로 노사 관계에 개입할 여지가 있는 사회에서는 국가의 조직 노동 분할 지배 전략에 따라 노동조합의 이중 구조가 재생산된다. 브라질에서 국가는, 노동조합 세금을 분배하는 데 있어 금속 산업의 경우 미나스 제라이스(Minas Gerais)와 히우 그란데 도 술(Rio Grande do Sul) 두 지역에 대해서만 CUT 금속연맹(CNM)에 대표권을 부여하고, 나머지 4개 권역에 대해서는 FS 소속 금속연맹에게 대표권을 부여하는 등 전반적으로 FS에 특전을 주고 있다. CUT가 FS에 비해 노조원 규모가 두 배 이상이나 되는데도 불구하고 교육훈련위원회에 같은 수의 위원직을 배정하고, 교육비의 경우 FS에 두 배를 지원하는 등(Lopes 면담 2003) 국가 정책에 대한 FS의 무조건적 지지를 보상해 줌으로써 국가는 노동조합의 이중 구조를 재생산하고 있다. 브라질 노동운동에서 이중 구조가 형성된 역사적 과정에 대해서는 이 책의 제1장을 참조.

쟁이나 산업 단위의 투쟁을 조직하기가 어려워졌으며, 해고의 위험이 높아지고 대안적 취업 기회가 없는 여건에서 파업 투쟁에 대한 노동자들의 참여 의지는 약화될 수밖에 없었다.

3. 민주화와 신자유주의의 딜레마와 노동운동의 대응 전략

민주화와 신자유주의 세계화의 동시 진행은 노동뿐만 아니라 정부에도 딜레마를 안겨 주었다. 군사독재 시기라면 정부는 노조를 배제하고 신자유주의 경제정책을 일방적으로 추진할 것이고, 노동조합은 시민권 제약과 신자유주의 경제정책에 대해 전면적인 반대 투쟁을 전개함으로써 정부와 노동조합 모두가 딜레마에서 자유로울 수 있다. 하지만 민주화 이후 정부는 사회의 민주적 운영에 걸맞게 노동조합을 참여시키고 합의를 통해 정책을 수립·집행해야 하지만, 신자유주의 경제정책은 노동자들의 이해관계에 적대적이므로 노동조합이 저항할 것은 자명하고, 따라서 노동조합의 참여는 신자유주의 경제정책을 추진하는 데 중대한 걸림돌이 될 수 있다. 한편, 노동조합의 경우도 민주 정권에 참여하지 않고 전투적 저항만 벌일 경우 시민들의 거부감을 불러일으킬 것이지만, 다른 한편 반노동자적 성격을 갖는 신자유주의 경제정책을 받아들이는 것 또한 어려우므로 참여를 통해 얻을 수 있는 것도 제한되어 있다.

꼴로르 정권은 신자유주의 경제정책을 수행하면서 노동조합의 참여를 요구하는 등 딜레마를 노출시켰지만, 까르도주 정권은 민주화와 신자유주의 사이의 딜레마에서 상대적으로 자유로웠는데, 그것은 민주화와 신자유주의의 독특한 결합의 효과이다. 중남미 여러 국가들 가운데 민주적으로 탄생한 정권들이 신자유주의 경제정책을 추진한 사례들은 많으나, 신자유주의 경제정책 자체에 대해 국민적 지지를 받아 탄생한 정권은 찾기 어렵다. 까르도주는 재무장관으로 인플레이션 억제 정책에 성공해 압도적인 지지로 대통령에 당선될 수 있었으며, 선거운동 과정에서 신자유주의 경제정책은 까르도주의 핵심 공약이었다. 이처럼 경제 안정화에 성공한 인플레이션 억제 정책에 대한 국민적 지지가 선거 과정을 거치면서 신자유주의 경제정책 전반에 대한 국민적 합의로 확대된 것이다.[21] 그 결과 까르도주 정부는 노동조합을 배제하며 신자유주의 경제정책을 공세적으로 추진할 수 있었던 반면, 노동조합은 민주화와 신자유주의가 안겨 준 딜레마에서 자유롭지 못했고, 결국 '민주화에 얹힌' 신자유주의 공세에 무기력하게 대응하게 되었던 것이다.

---

21) 이런 과정은 인플레이션 억제 정책에 대한 정당성이 신자유주의 경제정책 전반에 대한 정당성으로 전이된 것이며, 2001년 룰라의 승리는 신자유주의 경제정책의 실패로 정당성이 철회된 것으로 볼 수 있다. 1990년대 브라질 경제의 거시적 지표들과 정당성의 전이 및 철회에 대해서는 이 책의 제2장을 참조.

자동차 산업과 노사 관계

　　제2부는 성장 엔진으로서 브라질의 산업화를 주도해 온 자동차 산업을 중심으로 브라질 경제와 산업이 어떻게 변화했으며, 신노동조합운동의 성장과 함께 이중 구조화된 노동운동과 산업의 변화가 어떻게 상호 개입하며 서로 영향을 주고받았는지, 자동차 산업이 위축되는 추세 속에서 노동운동이 산업 활성화를 위해 어떤 전략으로 대응했는지, 그리고 산업 활성화를 위한 시도가 이루어지는 가운데 노사정 각 주체들은 어떻게 대응했는지를 분석한다.

　　제4장은 1990년대부터 신공장 건설과 함께 시작된 자동차 산업의 구조 재편과 노동운동이 어떤 영향을 주고받으며 함께 변화했는지를 검토한다. 1990년대 브라질의 자동차 산업을 보면, 한편으로는 새롭게 형성된 민주 노조 운동이 강력한 조직력과 전투성을 지닌 노동조합운동으로 발전하면서 노동조합 총연맹과 노동계급 정당 건설을 주도한 반면, 다른 한편으로 1990년대부터 건설된 신공장들은 세계적으로도 유례를 찾기 어려울 정도로 모듈화와 외주화를 극대화하는 생산방식을 실현했다. 이처럼 강력한 노동조합의 존재와 극단적 생산방식이라는 상호 모순적 현상들이 어떻게 공존할 수 있는지를 규명하고자 한다.

　　ABC 지역의 구공장들과 그린필드의 신공장들은 지리적 위치와 생산방식뿐만 아니라 임금 등 노동조건에서도 양극화되는 등 브라질 자동차 산업은 이중 구조를 이루고 있다. 자동차 산업의 이중 구조는 완성차 업체들에 의한 입지 선택과 노동조합의 조직력과 전투성의 편차에 의해 형성되었다. 완성차 업체들은 저임금과 노동조합의 조직력을 고려하며 신공장의 입지를 선택했고, 이에 따라 신공장 노동조합들은 구공장들의 노

142

동조합에 비해 조직력이 취약했고 노동자의 이해관계를 대변하는 데 소극적이어서 이중 구조가 형성되었다.

구공장 노동조합은 강력한 구조 조정 반대 투쟁뿐만 아니라 임금 등 노동조건의 개선을 위한 투쟁도 적극적으로 전개함으로써 구조 조정의 폐해를 최소화하는 한편 노동조건을 개선해 왔다. 반면, 신공장 노동조합들은 임금 등 노동조건 개선을 위한 투쟁도 적극적으로 전개하지 않았고, 투쟁을 해도 별다른 성과를 거두지 못함으로써 구공장과의 임금 등 노동조건의 격차를 좁힐 수 없었다. 또한, 단체협약에 있어서도 구공장들은 경영 및 생산과 관련된 주요 의사 결정 과정에 노동조합이 개입할 수 있도록 제도적으로 보장했으나, 신공장들은 노동조합을 철저히 배제함으로써 노동자들의 이해 대변을 어렵게 했다. 이처럼 노동조합의 투쟁 역량과 단체협약에서의 차이로 인해 자동차 산업의 이중 구조는 재생산되고 있다.

제5장은 자동차 산업의 위축에 맞서 ABC 지역 노동조합들이 자동차 산업과 지역 경제를 활성화하기 위해 어떤 정책적 시도들을 전개했는지를 분석한다. 브라질 자동차 산업이 경제 위기를 거치면서 몇 차례 부침과 함께 장기적으로 성장세를 지속하며 그린필드에 신공장들이 꾸준히 건설되는 동안, 전통적인 자동차 산업 중심지였던 ABC 지역은 꾸준히 위축되었다.

산업 활성화를 위한 ABC 지역의 주요 시도들로는 세율 인하와 가격 인하를 중심으로 내수 시장 복원을 시도했던 자동차 산업 부문 협의회(1991~93년), 석유화학 산업과 중소 영세 업체들의 지원으로 지역 경제 활성화를 시도했던 광역 ABC 지역개발 운동(1997~), 룰라 정부 출범 이후 세율 인하와 자동차 산업 구조 합리화를 시도했던 자동차 산업 경쟁력 포럼(Forum de competitividade, 2003~)을 꼽을 수 있다.

산업 공동화 극복을 위한 구체적 정책 대안들은 연방 정부와 지방정부 수준에서 차이가 있다.

연방 정부와 전체 자동차 산업 수준에서의 정책 대안들은 부문 협의회와 경쟁력 포럼에서 확인할 수 있다. 첫째, 내수 시장 활성화를 위해 정부는 세율을 인하하고, 중앙은행 기초 이자율을 낮추고 저금리 대출 자금을 지원해 신용판매를 증진시키는 한편, 업체들은 이윤 마진을 축소해 자동차 판매 가격을 인하한다. 둘째, 업체들은 기술력 향상을 위해 신기술 도입, 설비 개선과 연구 개발 활동에 대한 적극적인 투자를 실시하고, 정부는 재정적·기술적 지원을 적극적으로 제공한다. 셋째, 중장기적 생산 목표와 고용 창출 및 투자 계획의 공동 결정을 통해 완성차 업체는 정기적으로 총투자액과 투자 내역을 공개하도록 하여 이행 상황을 점검하며, 중간 목표치를 성실하고 투명하게 이행하는 업체들에 대해서는 일정한 정책적 인센티브를 제공한다.

광역 ABC 지역개발 운동에서 보았듯이 지방정부와 지역 경제 수준에서 가능한 산업 활성화 정책 대안들도 있다. 도로 건설 등 산업 인프라를 구축·개선하고, 업체들의 기술 개발 및 설비투자에 대해 특별 정책금융으로 지원하고, 수출 대상 국가들의 정보 수집 등 마케팅을 지원하며, 청소년들과 노동자들을 대상으로 숙련 형성 혹은 재교육·재훈련 프로그램을 실시했다. 또한 중소 영세 업체들이 공동으로 발주하고 원재료를 구입하며, 기술을 공유하고 공동으로 기술을 개발할 수 있도록 지원하며, 지역의 환경과 치안 등 주거 조건을 개선하여 입지 경쟁력을 높이는 등 다양한 정책 방안들이 시도되었다.

ABC 지역의 산업 활성화 노력에 대한 분석을 통해 노사정 3주체들의 전략적 선택과 산업 활성화의 정치에 대한 몇 가지 결론을 도출할 수 있었다.

첫째, 정부와 노동조합은 산업 활성화를 위한 노사정 협력 모델에 적극적으로 참여했으나, 완성차 업체들은 경쟁력 포럼과 광역 ABC 지역개발 운동 모두를 기피함으로써 노사정 협력 모델에 큰 타격을 주었다.

둘째, 노사정 각 주체는 노사정 협력 모델에 참여할 경우의 비용과 편익을 계산하여 참여의 여부를 결정하는데, 각 주체가 편익을 얻기 위해 치르는 참여의 비용은 노동 측이 가장 작고 자본 측이 가장 크다. 따라서 참여의 비용이 상대적으로 큰 자본 측의 참여 여부가 산업 활성화 시도의 성패를 좌우한다.

셋째, 완성차 업체들이 경쟁력 포럼에 불참한 것은 1992~93년 부문 협의회 시기와 비교해 룰라 정부의 적극적 산업 정책과 자동차 산업의 경기회복으로 인해 참여를 통해 얻을 수 있는 이익은 작아진 반면, 참여의 비용은 룰라 정부의 친노동적 성격으로 인해 더욱 커졌기 때문이다.

넷째, 완성차 업체들이 경쟁력 포럼과 지역 경제 활성화 시도에 불참한 반면, 플라스틱·석유화학 산업 대기업들이 적극적으로 참여한 것은 자본의 국적과 생산 체인의 통합 정도의 차이에서 기인한다.

4
자동차 산업 구조의 재편과 이중 구조의 재생산

1. 문제 제기

브라질의 자동차 산업은 경제 발전을 둘러싼 이론적 논쟁의 핵심 사례로서 꾸준히 학문적 연구의 초점이 되어 왔다. 그러나 1990년대 이후의 변화에 대한 사례연구들은 브라질 자동차 산업의 특징적 측면들을 부각시키는 데는 성공했으나 상호 모순적으로 보이는 현상들을 망라하는 전체 브라질 자동차 산업에 대한 총체적 시각의 설명 틀을 형성하는 데는 미치지 못하고 있다.

브라질은 한국·멕시코 등과 함께 후발 산업화 국가들 가운데 상당 규모의 자동차 산업을 보유하고 있는 몇 안 되는 국가에 속한다. 1960~70년

---

* 이 글은 『경제와 사회』 제76호에 실린 필자의 글을 수정·보완한 것이다. 게재를 허락해 준 비판 사회학회와 도서출판 한울에 감사를 드린다.

대 종속이론(Dependency theory)은 경제적 종속하에서 주변부(periphery) 국가들은 중심부(core) 선진 자본주의 국가들의 경제 발전을 위해 성장 잠재력이 억제되어 기간산업을 발전시키지 못함으로써 경제적 종속에서 벗어나기 어렵다는 '저발전의 발전' 논리를 폈다. 그러나 브라질의 자동차 산업은 종속이론의 주장과는 달리 경제적 종속하에서도 경제 발전이 가능하다는 '종속하의 발전'(dependent development)을 보여 준 전형적인 모델로 제시되기도 했다(Evans 1979; Cardoso & Falletto 1979; Erickson 1977; Baer 2001). 또한 제2차 세계대전 이후 선진 자본주의 국가들을 중심으로 발달한 포드주의 경제 발전 모델이 제3세계에서는 유례를 찾기 어려우나, 일부 신흥공업국들의 경우 내구소비재 산업을 중심으로 선진 자본주의 포드주의와 유사한 주변부 포드주의(peripheral Fordism)가 발견된다는 주장이 제기되며 그 전형적인 예로 브라질 자동차 산업이 지목되기도 했다(Lipietz 1987, 1992; Humphrey 1982). 이처럼 브라질 자동차 산업은 제3세계 국가들 가운데 예외적으로 높은 제조업 경쟁력을 보이며 종속하의 발전과 주변부 포드주의의 전형으로서 이론적 중요성을 지니며 꾸준히 학문적 연구의 대상이 되어 왔으며, 그러한 브라질 자동차 산업의 안정적 성장은 상파울루 지역을 중심으로 발달해 온 금속 산업의 기술력과 숙련 노동력 축적에 기반한 것이었다.

브라질 자동차 산업은 1990년대 들어 구조 재편을 겪으면서 다시 학문적 연구의 초점이 되었다. 이런 연구들의 핵심은 노사 관계와 산업구조 재편이었다.

노사 관계에 대한 연구는 전통적으로 강한 조직력을 보여 온 브라질 자동차 산업 노동조합운동의 전투성과 그에 따른 노사 관계의 동학에 초점이 맞추어져 있다(Antunes 1994, 2006; Humphrey 1982; Erickson 1977; Barros 1999; Rodrigues 1999, Krein 2002, Giannotti 2002, Manzano 2002). 상파울루 주 ABC 지역에 밀집된 자동차 조립 공장 노동조합들은 1978년 군사독재 정권의 물가지수 조작에 기초한 임금 억제 정책에 반발하여 총파업 투쟁을 전개한 이래 1980년까지 연이어 파업 투쟁을 주도하여 전 산업에 확산시켰다. 이렇게 ABC 지역 금속노동조합들은 '뻴레고' 노동조합 진영에 대립되는 민주 노조 운동의 구심점을 형성하고, 코포라티즘적 국가 통제를 거부하며 노자 간의 직접 교섭을 성사시켜 나갔다. 이들은 이렇게 발달한 '신노동조합운동'을 중심으로 전국적인 노동조합 총연맹 체인 CUT를 조직하고, 독재 정권에 이어 민주 정권하에서도 여러 차례 총파업을 성공적으로 전개했으며, 노동자당을 조직해 2002년 대통령 선거에서는 마침내 룰라를 대통령으로 당선시키는 데 중심적 역할을 해왔다. 이처럼 자동차 산업 노동조합들은 군사독재 정권 시기부터 룰라 정권에 이르기까지 민주 노조 운동과 노동계급 정치 세력화의 중심 세력이자 동원 역량 있는 민주 노조들로서 여러 차례 총파업 투쟁을 벌이는 등 대단히 전투적인 모습을 보이고 있다는 것이 이러한 연구들의 공통된 결론이다.

산업구조 재편에 대한 연구는 신공장을 중심으로 전개되는 신기술 도입과 극단적 생산방식의 실험에 초점이 맞추어져 있다(Fleury & Salerno 1998; Ferro, Fleury & Fleury 1997; Rodrigues 1998; Abreu et al 2006; Arbix & Zilbovicius 1997). 전통적 자동차 공장 밀집 지역인 ABC 지역을 벗어나서 새로 건설되는 신공장들은 구공장들에 비해 자동화율을 크게 높이고 모듈화 생산방식을 채택하는 등 신기술을 적극적으로 도입했다. 특히 모듈화는 시스템 제작을 위한 부품 조립 공정을 없애고 그만큼을 외주화함으로써 완성차 공장의 고용을 감축시킨다. 모듈화 생산방식의 적극적 도입은 중남미뿐만 아니라 미국과 유럽을 포함한 세계적인 현상이지만, 이처럼 모듈화와 함께 외주화가 강도 높게 추진되는 경우는 찾기 어렵다. 브라질 자동차 공장들에서는 모듈화와 외주화가 결합된 방식으로 자본의 이윤 논리가 대단히 공세적으로 전개되면서 타 지역에서는 찾아보기 어려운 실험들이 이루어졌다. 포드 바이아(Bahia) 공장과 지엠(GM) 그라바타이(Gravatai) 공장에서는 일부 부품 업체들이 완성차 공장 내에서 직접 모듈을 생산하도록 하는 '산업 콘도미니엄'(industrial condominium) 방식이 도입되었고, 폭스바겐 헤센데(Resende) 공장에서는 라인 작업자들까지도 부품 업체 노동자들로 대체하는 '모듈 컨소시엄'(modular consortium) 방식이 실시되었다. 폭스바겐 헤센데 공장의 모듈 컨소시엄은 세계에서도 유례를 찾기 어려운 극단적인 모듈화 생산방식으로서, 완성차 업체인 폭스바겐은 간접 작업자들과 관리자들만 고용할 뿐 직접 작업자는 한 명도 고용하지 않은 반면, 직접 작업자들은 모두 부품 업체에 고용되어 있다. 전체 생산 공정은 7개 모듈 공정으로 나뉘고, 각 모듈 공정은 별도의 부품 업체가 생산 설비 설치, 물류 관리, 노동자 고용 등 해당 공정의 생산 관련 업무 전체를 책임지는 방식이다. 이러한 브라질 자동차 산업의 산업 콘도미니엄 방식과 모듈 컨소시엄 방식은 다른 나라 신설 공장들의 모델로 채택되고 있다. 예컨대 지엠이 북미 부문 중소형 자동차 신설 공장들을 대상으로 추진했던 옐로스톤 프로젝트(Yellowstone Project)의 핵심은 그라바타이 공장을 벤치마킹하는 것이었다.

브라질 자동차 산업 노동조합들의 전투성과 신공장 중심의 극단적 모듈화 생산방식의 실험이 브라질 자동차 산업의 주요 측면들을 보여 주는 것은 사실이다. 하지만 이러한 사례연구들에서는 특정 측면만 과도하게 부각되어, 서로 모순되어 보이는 현상들이 어떻게 공존할 수 있는지가 설명되지 않음으로써 브라질 자동차 산업 전체에 대한 일관성 있고 체계적인 설명 틀을 제시하지 못하고 있다.

브라질의 자동차 산업 노동조합이 강력한 조직력과 동원 역량을 지녔다면, 어떻게 모듈 컨소시엄처럼 다른 나라에서는 유례를 찾을 수 없는 극단적 생산방식이 자동차 업체 측의 의지대로 관철될 수 있었는가? 브라질 자동차 산업의 ABC 지역 구공장들과 그린필드 신공장들 사이에는 지리적 위치와 생산방식뿐만 아니라 임금과 노동조건, 노동조합과 단체협약 등에서도 체계적인 차이가 존재하는가? 차이가 존재한다면 그 원인은 무엇이고, 극명하게 대조적인 공장들을 공존할 수 있게 하는 조건은 무엇이며, 이는 어떻게 재생산되고 있는가?

기존 연구들로는 해소되지 않는 이런 물음들에 대한 답변을 구하고, 그럼으로써 브라질 자동차 산업에 대한 일관되고 체계적인 분석틀을 형성하는 것이 본 연구의 목적이다. 이를 위해 브라질 자동차 산업의 이중 구조 존재 여부를 밝히고 그 내용을 규명하는 한편, 그러한 이중 구조가 어떻게 형성되었으며, 어떻게 재생산되고 있는지를 분석·설명하고자 한다.

2. 신공장 건설과 자동차 산업의 지리적 재편

1) 자동차 산업 구조 재편과 신공장 건설

브라질 정부가 1950년대 중반 외국자본을 적극 유치하여 자동차 생산을 시작한 이래 자동차 산업은 '성장 엔진'으로 브라질의 고속 산업화를 주도해 왔다. 정부는 1950~60년대에 적극적인 재정 지원, 높은 국산화율 의무 조건과 수입 규제를 통한 내수 시장 보호 정책을, 1970년대 들어서는 수출 촉진 프로그램, 알코올 차 도입 및 생산 지원, 소비자금융 지원 정책을 추진하면서 자동차 산업의 성장을 견인했다. 이러한 정부의 수입대체산업화 정책에 힘입어 브라질의 자동차 산업은 고속 성장을 기록할 수 있었으며, 1960년대 후반과 1970년대 전반의 연평균 성장률은 20%에 달했다. 브라질 경제와 세계경제 여건이 악화되면서 〈표 4-1〉에서 보듯이 1980년대부터 자동차 산업은 침체기에 접어들게 되어, 자동차 생산량은 1980년 117만 대를 정점으로 이듬해 78만 대로 급감한 다음, 부침을 거듭하다가 1993년에 가서야 1980년 수준을 회복했다.

1980년대 초부터 자동차 산업이 위기를 겪게 되었지만 브라질 정부는 여전히 수입대체산업 정책을 고수했다. 자동차 산업 정책이 급격하게 변하기 시작한 것은 1990년대 초로서 꼴로르 정부는 수입대체산업 정책에서 시장 자유화 정책으로 전환을 시작했으며, 이런 추세는 까르도주 정부 들어 더욱 강화되었다. 브라질 자동차 산업이 세계 자동차 시장의 경쟁에

연도	업체	지역	생산 품목	생산 능력
1995	볼보	뻬데르네이라스(상파울루 주)	트럭	
1996	폭스바겐	상까를로스(상파울루 주)	엔진	
1996	폭스바겐	헤센데(히우데자네이루 주)	트럭, 버스	2.4만 대
1997	혼다	수마레(상파울루 주)	승용	3만 대
1997	볼보	꾸리찌바(빠라나 주)	트럭 캐빈	
1998	크라이슬러	깜뽀라고(상파울루 주)	경상용	4만 대
1998	도요타	인다이아뚜바(상파울루 주)	소형 승용	1.5만 대
1998	르노	상주제도스삐냐이스(빠라나 주)	승용	12만 대
1998	피아트	벨로오리종찌(미나스제라이스 주)	경상용	4.5만 대
1998	나비스타	까이사스도술(히우그란데도술 주)	트럭	0.12만 대
1998	르노	상주제도스삐냐이스(빠라나 주)	엔진	28만 기
1998	랜드로버	상베르나르두(상파울루 주)	경상용	0.15만 대
1998	미쓰비시	까랄라오(고이아스 주)	경상용(픽업)	0.3만 대
1999	볼보	꾸리찌바(빠라나 주)	엔진	
1999	메르세데스-벤츠	주이스데포라(미나스제라이스 주)	승용	7만 대
1999	폭스바겐	상주제도스삐냐이스(빠라나 주)	승용	16만 대
2000	크라이슬러/베엠베	깜뽀라고(상파울루 주)	엔진	40만 기
2000	피아트	베띰(미나스제라이스 주)	엔진	25만 기
2000	피아트/이베코	세떼라고아스(미나스제라이스 주)	경상용(피아트)/ 트럭, 엔진(이베코)	2.7만 대
2000	지엠	그라바타이(히우그란데도술 주)	승용	15만 대
2001	푸조시뜨로엥	뽀르뚜헤아우(히우데자네이루 주)	승용	10만 대
2001	포드	까마사리(바이아 주)	승용	25만 대
2002	닛산	상주제도스삐냐이스(빠라나 주)	경상용	

출처 : Ramalho & Santana(2004, 758), SMABC-DIEESE(2000a, 21-23), CNM-DIEESE(2002, 22).

급격히 노출되면서, 정부는 1995년 들어 외국자본 유치, 수출 증진, 설비

투자 촉진을 위한 '신자동차 산업 체제'(Novo Regime Automotivo)를 구축

했다.[1] 시장 여건과 자동차 산업 정책의 변화 속에서 완성차 업체들은 1990년대 중후반 설비투자를 크게 확대했다(〈표 4-1〉 참조).

1990년대 중후반의 설비투자는 주로 신공장 건설을 위한 것이었으며, 〈표 4-2〉에서 보듯이 1995년부터 2002년까지 23개 신공장이 건설되었다. 자동차 산업은 전통적으로 상파울루 시 남부의 세 외곽 도시 ABC 지역에 밀집되어 있었으며, 자동차 산업을 지리적으로 분산하려는 정부의 정책에도 불구하고 자동차 산업 밀집 현상은 해소되지 않고 있었다. 하지만 1995년 이후 2002년까지 건설된 신공장 23개 가운데 랜드로버(Land Rover) 경상용차 공장 하나만이 ABC 지역에 설치되었고, 나머지 22개 신공장들 모두가 자동차 산업의 불모지인 그린필드에 건설되면서 자동차 산업의 지리적 재편이 진행되었다. ABC 지역은 1975년까지 전체 자동차 산업 생산량의 85% 이상을 점하고 있었으나 신공장 건설이 본격적으로 전개되면서 1990년대 후반에는 30% 수준까지 하락했다.

2) 신공장 유치 경쟁과 입지 선택 요인

자동차 산업의 지리적 재편을 가져온 그린필드 공장 건설 추세는 공장 유치를 위한 주 정부-지자체의 적극적인 전략의 산물이었다. 조립 공장

---

1) 브라질 자동차 산업 정책의 변화와 자동차 산업의 부침에 대해서는 Anfavea(2006a), Manzano (2002), Ramalho & Santana(2002), Ramalho(2004), Gómez(2007)를 참조.

연도	승용차	경상용	트럭	버스	생산 합계	고용(명)	내수	수출	수입	투자액
1957	1,166	10,871	16,259	2,246	30,542	9,773	30,977	-	-	
1960	42,619	48,735	37,810	3,877	133,041	38,410	131,499	380	-	
1965	113,772	46,456	21,828	3,131	185,187	49,456	188,054	129	-	
1970	306,915	66,728	38,388	4,058	416,089	65,902	416,704	409	-	
1975	712526	128,895	78,688	10,126	930,235	104,556	858,478	73,101	-	
1980	933,152	115,540	102,017	14,465	1,165,174	133,683	980,261	157,085	-	520
1985	759,141	134,411	64,769	8,345	966,706	122,217	763,180	207,640	-	517
1986	815,152	145,418	84,544	11,218	1,056,332	129,232	866,728	183,279	-	576
1987	683,380	148,847	74,205	13,639	920,071	113,474	580,085	345,555	-	657
1988	782,411	196,108	71,810	18,427	1,068,756	112,985	747,716	320,476	-	637
1989	730,992	205,008	62,699	14,553	1,013,252	118,369	761,625	253,720	-	671
1990	633,084	184,754	51,597	15,031	914,466	117,396	712,741	187,311	115	995
1991	705,303	182,609	49,295	23,012	960,219	109,428	790,773	193,148	19,837	938
1992	815,959	201,591	32,205	24,286	1,073,861	105,664	764,016	341,900	23,691	945
1993	1,100,278	224,387	47,876	18,894	1,391,435	106,738	1,131,165	331,522	69,698	967
1994	1,248,773	251,044	64,137	17,435	1,581,389	107,134	1,395,403	377,627	188,580	1,311
1995	1,297,467	239,399	70,495	21,647	1,629,008	104,614	1,728,380	263,044	369,048	1,800
1996	1,458,576	279,697	48,712	17,343	1,804,328	101,857	1,730,788	296,273	224,005	2,438
1997	1,677,858	306,545	63,744	21,556	2,069,703	104,941	1,943,458	416,872	303,215	2,158
1998	1,254,016	247,044	63,773	21,458	1,586,291	83,049	1,534,952	400,244	347,215	2,454
1999	1,109,509	176,994	55,277	14,934	1,356,714	85,100	1,256,953	274,799	178,738	1,883
2000	1,361,721	235,161	71,686	22,672	1,691,240	89,134	1,489,481	371,299	174,178	1,745
2001	1,501,586	214,936	77,431	23,163	1,817,116	84,834	1,601,282	390,854	178,316	1,825
2002	1,520,285	179,861	68,558	22,826	1,791,530	81,737	1,478,619	424,415	115,244	1,042
2003	1,505,139	216,702	78,960	26,990	1,827,791	79,047	1,428,610	535,980	73,803	748
2004	1,862,780	318,351	107,338	28,758	2,317,227	88,783	1,578,775	758,787	61,722	820
2005	2,011,817	365,636	118,000	35,387	2,530,840	94,206	1,714,644	897,144	88,126	1,180
2006	2,092,003	379,221	106,001	33,809	2,611,034	93,243	1,927,738	842,812	134,035	1,572
룰라 이전 최고치					2,069,703 (1997)/	133,683 (1980)/ 129,232 (1986)	1,014,925 (1979)/ 1,943,458 (1997)	377,627 (1994)/ 424,415 (2002)	369,048 (1995)/ 347,215 (1998)	2,454 (1998)

주 : 고용 규모는 1997~98년 사이 기준이 바뀌었고, 1998년부터 자동차생산업체협회(Anfavea) 가입 업체들과 공식 고용계약을 체결한 노동자들만 포함하고 간접 고용을 배제하여 고용 규모 수치가 하락했다. 내수 판매는 수입차를 포함하고, 수출은 CKD(반제품) 수출을 포함한 수치며, 1960년 수치는 1961년 수출량. 투자액 단위는 백만 달러.

출처 : Anfavea(2006a; 2006b; 2007a; 2007b), http://www.anfavea.com.br.

입지를 둘러싼 지방정부와 완성차 업체 사이의 교섭 과정 및 결과는, 구체적인 내용은 공개되지 않았으나, 메르세데스-벤츠(Mercedes-Benz)의 미나스제라이스(Minas Gerais) 주 주이스데포라(Juiz de Fora) 공장의 경우는 네베스와 네토의 연구(Neers & Neto 2006)에 심층적으로 분석되어 있다. 메르세데스-벤츠 공장을 유치하기 위해 지방정부는 다음과 같은 약속을 했다. 즉 280만 평방미터에 달하는 토지 제공, BR040 고속도로와 공장을 연결하는 간선도로 건설, 인근 히우빠라이부나(Rio Paraibuna) 유역의 도시 조성을 위해 부지 제공, 철도역을 건설·관리, 유동자본과 고정자본 투자를 위한 재정 자원 지원, 10년간 면세 혜택 부여, 공장 주변 반경 9킬로미터 이내 도장 공장의 작업에 피해를 줄 수 있는 공장들의 설치 규제, 공장까지 가스 파이프라인을 연장하는 공사 시행, 전화국과 광케이블 설치, 관세청 사무소를 인근 지역에 설립한다는 것이었다. 그 대가로 메르세데스-벤츠는 최소 4억 헤아우(Real) 이상의 고정자본을 투자하고, 24개월 이내에 1천5백 명의 직접 고용 일자리를 창출하되 지역 출신 노동력을 우선적으로 채용하기로 했다. 또한 모든 자동차의 수입은 주이스데포라 관세청 사무소를 이용하고, 미나스제라이스 주에 소재한 부품 업체와 서비스업체들을 적극적으로 활용하되 주이스데포라 소재 업체들에 우선권을 주며, 10년이 지난 시점부터 재정 지원 자금을 상환하되 이자는 지급하지 않기로 했다. 단 20년 이내에 공장을 폐쇄할 경우 메르세데스-벤츠는 지방정부에 2천만 달러를 지불하고, 계약서에 명시된 재정 지원 금액 일체를 상환하기로 했다.[2]

　메르세데스-벤츠는 지방정부들이 제시한 인센티브들 외에도 주이스데포라가 브라질 경제의 중심인 바이아-상파울루-히우데자네이루를 잇는 삼각지대의 중심에 자리 잡고 있어 고속도로와 철도의 망을 활용하기 쉽고, 인근 지역에 두 개의 거대한 산업 단지가 있으며, 전기, 천연가스, 전화 통신 등 양호한 인프라를 갖추고 있다는 점 또한 유리한 입지조건으로 고려했다. 네베스와 네토와의 인터뷰에서 경영진은 이 지역이 '그린필드'로서 노동자 투쟁의 전통이 없고, 지역 경제가 섬유산업 등 전통적 산업에 기반을 두고 있어 산업구조가 변화하면서 노동조합의 조직력이 크게 약화되었으며, 임금수준이 낮다는 점 또한 주요 고려 사항이었음을 인정했다. 이런 요인들로 메르세데스-벤츠는 공장 유치를 위해 치열한 경합을 벌이고 있던 상파울루 주 깜삐나스(Campinas)와 산따까따리나(Santa Catarina) 주 플로리아노뽈리스(Florianopólis) 대신 주이스데포라를 선택했다. 메르세데스-벤츠는 지방정부와의 협약에 따라 연산 7만 대의 완성차 공장을 건설했고 직접 고용한 노동자 숫자는 공장 가동 2년째인 2001년 1,560명으로서 핵심적 의무 사항이었던 고용 창출 조항을 이행했다.

완성차 공장을 유치하기 위해 지방정부들이 제공한 인센티브와 완성차 업체의 고려 사항들이 크게 다르지 않다는 것은 르노와 폭스바겐 등을 유치한 빠라나 주 상주제도스뻬냐이스(São José dos Pinhais), 지엠을 유치한 히우그란데도술 주 그라바타이, 폭스바겐을 유치한 히우데자네이

---

2) 이상의 내용 외에 추가적인 비공개 이면 계약들이 있을 수 있으며, 재정 지원 액수는 공개되지 않았다.

156

루 주 헤센데의 경우에서도 확인할 수 있다.[3] 완성차 업체들은 지방정부가 제공하는 부지, 도로 및 철로 건설, 세제 혜택, 재정 지원 등 인센티브들뿐만 아니라 교통, 통신, 소비 시장 혹은 항구 근접성 등 인프라를 고려하는 한편, 낮은 임금수준, 취약한 노동조합, 노동자 투쟁 전통 결여 등 노동문제들도 주요 사항으로 고려하여 ABC 지역을 벗어난 그린필드에 신공장을 건설한 것이다.

3. 브라질 자동차 산업의 이중 구조

1) 신공장의 새로운 생산방식 실험

그린필드 신공장들은 전통적인 포드주의 생산방식에 기초한 구공장들에 비해 생산방식 면에서 혁신적인 모습을 보여 준다. 신공장들은 높은 수준의 자동화와 인체 공학 기술에 기초한 신기술을 도입하면서 새로운 생산 체계를 실험하고 있으며 그 핵심은 모듈 생산과 외주화에 있다. 이것은

---

3) 신공장을 유치하기 위한 지방정부의 인센티브 제공, 완성차 업체의 입지 결정 요인 등에 대해서는 Neves & Neto(2006), Ribeiro & Cunha(2005), Araújo(2006), Ramalho(2004), Abreu & Ramalho(2003), Manzano(2002), CNM-DIEESE(2002)를 참조.

산업 콘도미니엄 방식 혹은 모듈 컨소시엄 방식이라 불리는데, 지엠 그라바타이 공장과 폭스바겐 헤센데 공장이 각각의 전형으로 알려져 있다.

먼저 지엠 그라바타이 공장은 독일의 오펠(Opel) 아이제나흐(Eisenach) 공장을 모델로 건설되었으며, 소형차 모델 세르타(Certa)를 주종으로 생산하고 있다.[4] 지엠은 공장을 건설하면서 부품 업체들을 공모·선발했다. 그라바타이 공장에 직접 부품을 공급하는 1차 부품 업체들은 350여 개로서 여타 지엠 공장들보다 60%나 적은 숫자이며, 이 가운데 17개 업체들이 사전 조립된 모듈을 공급하는 시스템 부품 업체들이다. 시스템 부품 업체들이 사전 조립된 모듈을 공급하기 때문에 최종 조립 공정에서 장착되는 부품의 숫자 모듈이 여타 지엠 공장들의 절반에 불과해 그만큼 품질 향상을 이룰 수 있었다. 공장 가동 이후 여타 부품 업체들은 바뀌기도 했지만 냉각 시스템 모듈의 발레오(Valeo), 시트와 도들이 모듈의 리어(Lear), 배기 시스템 모듈의 아르빈(Arvin), 콕핏 모듈의 지멘스(Siemens VDO), 타이어 모듈의 굳이어(Goodyear), 차축 및 현가 모듈의 델파이(Delphi)를 포함한 핵심 17개 시스템 부품 업체들이 교체되지 않은 것은 품질 문제의 발생 여지를 최소화하기 위해서였다.

지엠은 공장 바로 옆에 부지를 확보하여 시스템 부품 업체들을 위한 산업 공원(industrial park)을 조성했으며, 17개 시스템 부품 업체들 가운

---

4) 지엠 그라바타이 공장의 생산방식에 대해서는 McClellan(2000), GMGV 면담(2003a)을 참조했다.

데 블랭크 모듈을 공급하는 삼프로그나(Zamprogna)를 제외한 나머지 16개 업체들이 들어와 있다. 모듈은 부품을 사전 조립하는 것이므로 일반 부품들에 비해 무게나 부피가 커서 수송에 어려움이 크기 때문에 지리적 근접성이 요구되었으며, 이는 필요한 제품을, 필요한 양만큼, 필요한 시간에 공급하는 '적기 생산 방식'(Just-In-Time)의 부품 공급을 위해서도 필요한 것이었다.

공장 내에서 직접 생산 작업을 수행하는 노동자들은 모두 지엠 노동자들이며, 예외적으로 리어 노동자들이 부품 업체 노동자들로서는 유일하게 공장 내에서 직접 생산 작업, 즉 문짝을 장착하는 업무를 수행하고 있다. 로봇 관리, 안전, 전기, 수송, 공장 내 청소 업무는 협력 업체 TNT 노동자들이 담당하고 있으나, 라인 작업은 모두 지엠 노동자들이 수행하고 있다. 한편, ABC 지역의 상주제도스깜뽀스 공장의 경우 라인에서 직접 작업을 수행하는 노동자들뿐만 아니라 보전 등 간접 작업을 수행하는 노동자들 모두 지엠에 직접 고용된 노동자들이라는 점(GMSJC 면담 2003)에서 그라바타이 공장이 상대적으로 고용의 유연화와 외주화가 많이 진전되었다고 할 수 있다.

지엠 그라바타이 공장의 산업 콘도미니엄 방식보다 모듈화와 외주화를 더 진전시킨 것이 모듈 컨소시엄 방식의 폭스바겐 헤센데 공장이다.[5]

---

5) 폭스바겐 헤센데 공장의 생산방식에 대해서는 Fleury & Salerno(1998), Ramalho & Santana (2002), Ramalho(2004), Abreu et al(2006), VWRS 면담(2003), Arbix & Zilbovicius(1997)

1996년 말 생산을 시작한 헤센데 공장은 트럭과 버스를 생산하는데, 완제품을 생산하는 트럭 공장은 모듈 컨소시엄 방식의 전형을 보여 준다. 헤센데 트럭 조립 공장은 트럭을 여섯 개의 모듈로 분절한 다음 각 모듈은 특정 부품 업체로 하여금 해당 모듈의 부품 조달 및 생산, 설비와 도구에 대한 투자, 작업 조직, 물류 관리에서 노동력 고용 및 관리에 이르기까지 전체 생산과정을 책임지도록 하고 있다. 여섯 개 모듈 담당 업체들에 도장 담당 업체를 합한 일곱 개 '파트너'들이 직접 생산 과정을 담당하며, 공장 건설 당시 초기 투자 총액 3억 달러 가운데 일곱 개 파트너들이 5천만 달러를 투입했으며, 이후 공장 가동 비용도 분담하고 있다. 파트너들은 모듈 조립이 완성되면 비용의 90%를 수령하고, 나머지 10%는 폭스바겐 측의 품질 검사가 완료된 다음 수령한다.

트럭 조립 공정은 마시온(Maxion)이 프레임을 조립하고 연료 탱크와 필터 등을 장착한 새시 모듈을 투입하면, 메리토(Arvin Meritor)가 차축과 현가 모듈을 장착하고, 그런 다음 레몬(Remon)이 바퀴 타이어 모듈을 장착해 메인 조립라인에 투입한다. 델가(Delga)가 프레스된 패널을 용접 작업으로 붙여 차체를 만들어 캐빈 모듈을 투입하면, 카레세(Carese)가 도장 작업을 수행한 다음, 지멘스가 캐빈 내장 작업을 수행하고 파워트레인(Powertrain)이 쿠민스(Cummins)와 엠더블류엠(MWM)에서 받은 엔진을 드레스 작업하고 조립해 메인 조립라인에 투입하면, 동시에 투입된 플랫

를 참조했다.

폼 위에 장착되어 조립 공정이 완료된다. 헤센데 공장 가동 초기에 참여한 일곱 개 파트너들은 소유주가 바뀌거나 업체 이름이 바뀌기는 했어도 동일한 업체들이 지금까지 해당 모듈을 책임지고 있다.

이처럼 직접 생산 작업은 파트너들이 담당하도록 하고 폭스바겐은 제품설계, 엔지니어링, 판매, 품질, 하부구조, 생산과정 조정·총괄 작업을 담당하고 있다. 따라서 공장 가동 당시 폭스바겐 헤센데 공장에서 근무하는 전체 1천 명 노동자들 가운데 파트너들이 고용한 7백 명 노동자들이 직접 생산 작업을 담당하고, 폭스바겐이 고용한 3백 명은 간접 작업과 관리 작업을 담당했다. 공장이 완전 가동하고 있던 2003년 1월 시점 전체 2,011명 노동자들 가운데 폭스바겐이 고용한 노동자들은 479명에 불과했다.

산업 콘도미니엄은 부품 업체들이 지리적으로 근접한 위치에 소재하여 적기 생산 방식으로 사전 조립된 모듈을 조립 공정으로 투입하는 데 비해, 폭스바겐 헤센데 공장의 모듈 컨소시엄에서는 조립 공장 라인에서 직접 생산 작업을 수행하며 설비·인력·물류 등 해당 생산공정의 모든 것을 책임진다는 점에서 훨씬 더 혁신적이라 할 수 있다. 하지만 이러한 모듈 컨소시엄 방식은 새시·엔진·캐빈 등이 구조적으로 분리된 개방 구조를 지닌 트럭의 생산과정에는 도입하기 쉽지만 부품들이 상호 밀접한 연관성을 가지며 구조적 분리 정도가 낮은 폐쇄 구조의 승용차 생산에는 적용하기 어렵다는 한계가 있다. 이는 폭스바겐이 헤센데 공장과 비슷한 시기에 건설한 빠라나 주 승용차 공장의 경우 모듈 컨소시엄보다 산업 콘도미니엄에 가깝다는 점에서도 확인될 수 있다.

자동차 산업은 산업의 특성상 신공장을 건설할 때 생산방식의 혁신이 이루어지는 반면, 일단 가동을 시작하면 새로운 기술 체계를 도입하기 어려워 작업 조직의 재편을 중심으로 생산방식의 변화가 추진된다. 신공장들이 모듈 생산과 외주화에서 극단적인 실험을 시도한 반면, ABC 지역의 구공장들은 전통적 포드주의 생산방식에서 부분적인 개선과 보완만 추진되어 생산방식이라는 측면에서 신·구공장들 간의 차이는 좁혀지지 않고 있다(Manzano 2002; Salerno 면담 2007).

2) 자동차 산업의 이중 구조 : 신·구공장 간 노동조건의 양극화

구공장과 신공장은 ABC 지역과 그린필드로 지리적으로 분절되어 있으며, 전통적 포드주의 생산방식과 극단적 모듈화-외주화로 서로 대비될 뿐만 아니라, 임금 등 노동조건의 격차가 극심해 브라질 자동차 산업이 전반적으로 이중 구조화되고 있음을 보여 준다.

신공장의 입지로 ABC 지역이 아닌 그린필드를 선정할 때 완성차 업체들이 고려했던 주요 사항들 가운데 하나가 이 지역의 임금수준이 낮으며 노동조합 활동이 취약하다는 점이었기 때문에 신·구공장들 사이에 임금 등 노동조건의 차이는 피할 수 없었다. 또한 완성차 업체 경영진들은 완성차 공장 노동자들의 임금을 지역 평균 수준보다 높게 책정해 지역의 전체적 임금수준을 높일 의향이 없다는 점을 분명히 밝혔으며, 노동자들 또한 노동조합이 취약해 임금 인상을 압박할 역량이 없다는 점에서 신·구공장 사이의 임금 등 노동조건의 격차는 해소되기 어려운 것이었다.

| 표 4-3 | 신·구공장 임금 및 정규 노동시간 현황 | | | | |

		1997~2001 고용 규모 변화 (%)	1997~2001 실질임금 변동률 (%)	2001 초임 월 임금 (달러)	2001 주당 정규 노동시간
ABC 지역 구공장					
지엠	상주제도스깜뽀스	-23.5	11.13	431.03	40
폭스바겐	상베르나르두	-33.8	14.05	451.72	40
폭스바겐	따우바떼	-4.3	14.05	451.72	40
다임러크라이슬러	상베르나르두	-	14.05	295.69	40
포드	상베르나르두	-41.7	13.53	413.79	
그린필드 신공장					
지엠	그라바타이	2000년 가동 시작	2.93	305.17	44
폭스바겐	헤센데	79.7	3.73	245.69	44
다임러크라이슬러	주이스데포라	328.6	-1.51	202.59	44
포드	바이아	2001년 가동 시작		131.46	44

출처 : CNM-DIEESE(2002, 29-31), 괄호 안 임금 자료는 GMGV 면담(2003b), Tadashi(2007).

그린필드 신공장들의 임금수준은 ABC 지역 구공장들의 절반 수준에도 미치지 못했다. ABC 지역 구공장들의 경우 최저임금의 10배 이상을 받는 노동자들이 1994년 전체 자동차 산업 노동자들 가운데 76.7%에 달했으나, 근속년수가 높은 고임금 노동자들이 줄어들면서 1999년에는 61.4%로 크게 하락했다. 반면 그린필드인 빠라나 주 자동차 산업 노동자들 가운데 최저임금의 10배 이상을 받는 노동자들의 비중이 1994년 18.7%에서 1999년에는 28.9%로 증가했으나 그 비중은 ABC 지역 구공장 노동자들의 절반 수준에도 못 미친다.

　그린필드 신공장과 ABC 지역 구공장 사이의 임금격차는 동일 완성차 업체 내에서도 확인할 수 있다. 2001년 현재 초임을 기준으로 완성차 공장 한 달 임금을 보면, 〈표 4-3〉과 같이 폭스바겐의 경우 상베르나르두와 따우바떼(Taubaté) 공장 노동자들의 평균 임금은 451.72달러였으나 헤센데 공장은 245.69달러로서 ABC 지역 구공장의 절반 수준밖에 되지 않는다. 포드의 경우에도 상베르나르두 공장은 413.79달러인 데 비해 바이아 공장은 131.46달러로 1/3 수준에도 못 미친다. 한편, 지엠의 경우 자료 출처에 따라 편차는 있으며, 어느 자료에는 상주제도스깜뽀스 공장 431.79달러 대 그라바타이 공장 305.17달러로 나타나 있고 다른 자료에는 상주제도스깜뽀스 공장 1천7백 헤아우 대 그라바타이 공장 7백 헤아우로 나타나고 있어, 대체로 그라바타이 공장의 임금수준이 상주제도스깜뽀스 공장의 절반 수준 정도일 것으로 추정된다.

　이처럼 초임 기준으로 보아도 같은 완성차 업체 내 그린필드 신공장의 임금수준이 ABC 지역 구공장 임금수준의 절반 수준 이하로 나타나고 있어, ABC 지역 구공장 노동자들의 근속년수가 더 길다는 점을 고려하면 평균임금에서 그 격차는 훨씬 더 크다고 할 수 있다. 또한 소비자물가지수를 고려한 실질임금 인상률도 ABC 지역 구공장의 인상률이 그린필드 신공장의 인상률을 크게 앞지르고 있어 신·구공장 사이의 임금격차는 줄어들지 않고 오히려 확대되는 추세다.[6]

---

6) 신·구공장의 임금수준에 대해서는 Manzano(2002, 20-22), CNM-DIEESE(2002, 30), Conceição

노동시간에서도 ABC 지역 구공장들과 그린필드 지역 신공장들 사이의
격차는 심각한 수준이다. 2001년 현재 폭스바겐 상베르나르두 공장과 따
우바떼 공장, 포드 상베르나르두 공장, 지엠 상주제도스깜뽀스 공장 등
ABC 지역 구공장들은 단체협약에서 주당 정규 노동시간을 40시간으로 설
정하고 있는 반면, 지엠 그라바타이 공장과 폭스바겐 헤센데 공장 등 그린
필드 신공장들은 별도의 단협 규정을 갖고 있지 않아 법정 노동시간인 44
시간(1988년 법제화)을 정규 노동시간으로 하고 있다(〈표 4-3〉 참조). 노동시
간 유연화에서도, ABC 지역의 경우 폭스바겐 36~44시간, 포드 38~45시
간, 스카니아 32~44시간(연 단위 120시간), 메르세데스-벤츠 최대 45시간
등 상한 44~45 시간, 하한 32~38시간으로 노동시간 은행제를 통해 유연화
를 제한하고 있는 데 비해, 빠라나 주 4개 업체는 모두 별도의 제한을 두지
않고 있어 하루 최고 노동시간 10시간의 법적 제한밖에 받지 않는다.

ABC 지역 구공장들의 경우 1995년 4월 체결한 단체협약에서 임금 삭
감 없이 단계적으로 노동시간을 단축하기로 합의했다. 그 결과 1996년 1
월부터 법정 노동시간 44시간에서 1시간 단축되어 43시간이 되었고,
1996년 10월부터 42시간으로 단축되었다. 그 후 3년 뒤인 1999년 들어
서는 주당 정규 노동시간이 42시간에서 40시간으로 단축되었다. 이처럼
그린필드 신공장들은 주당 정규 노동시간을 단축하고 노동시간 유연화

면담(2003), GMGV 면담(2003b), CNMPA 면담(2003), Ramalho & Santana(2002, 762-763)
를 참조했다.

를 제한하는 별도의 단체협약을 체결하지 않아 법적 최저 기준하에 놓여 있는 데 비해, ABC 지역 구공장들은 오랜 기간의 투쟁을 통해 법적 최저 기준 내에서도 정규 노동시간을 단축하고 노동시간 유연화를 제한할 수 있었던 것이다.7)

4. 브라질 자동차 산업의 이중 구조 재생산

1) 자동차 산업 노동조합의 이중 구조

브라질 노동법은 지역별·업종별로 노동조합이 조직되도록 하되 하나의 노동조합에만 대표권을 인정함으로써 복수 노조를 금지하고 있다. 따라서 노동조합이 있는 지역·업종에 새로운 노동조합이 조직되면 무조건 기존의 지역·업종 노동조합 내로 편입된다.

ABC 지역의 금속 산업 노동자들을 대표하는 노동조합은 SMABC로서 CUT 소속 금속연맹(CNM)의 단위 노조다. SMABC는 군사독재 정권하에서 1978년 정부의 물가지수 조작과 그에 연동된 낮은 임금 인상률 책정에

---

7) ABC 지역 자동차 산업 노동조합들의 노동시간 단축 과정에 대해서는 Manzano(2002, 27-30), Arbix & Rodrigues(1998, 92), Tadashi(2007)를 참조했다.

항의하며 파업 투쟁을 전개했고, 파업 투쟁은 다른 산업과 지역들로 파급되어 전국적인 총파업 투쟁으로 발전했다. 1979년과 1980년에도 SMABC는 전국적 총파업을 선도하며, 어용 노동조합들에 대항해 형성되던 민주노조 운동을 주도했다. 이후 SMABC는 신노동조합운동의 핵심으로서 전국적 총연맹 CUT를 결성하고 노동계급 정당 노동자당을 조직했다.

브라질 완성차 업체들이 신공장을 건설할 입지를 선택할 때, 지방정부들이 제공하는 인센티브와 해당 지역의 인프라뿐만 아니라, 낮은 임금수준, 전투적 노동조합의 전통이 없으며 조직력이 취약한가의 여부를 중요하게 고려했음은 앞에서 이미 언급한 바 있다. ABC 지역은 급진적 이념 성향을 기초로 하며 전투적이고 강력한 조직력을 지닌 SMABC가 지배하고 있었으므로, 신공장들은 이 지역을 피해 그린필드에 입지했고, 그 결과 신공장의 노동조합들은 거의 모두 CUT가 아니라 FS에 소속되었다.[8]

완성차 업체들이 전투성과 조직력을 지닌 CUT를 기피하고 '실리주의'를 표방하며 친자본적 성향을 지닌 FS를 선호하는 것은 자연스런 일이며,

---

8) 금속 산업 내 CUT와 FS는 산업 업종 분포, 업체의 규모, 직종 구성 등에서 거의 차이가 없으나, 월 평균임금이 FS 노동자 1,381.2헤아우, CUT노동자 1,756.9로서 20% 이상 차이가 난다(CNM 2007, 40-47). 이는 FS가 상대적으로 저임금 지역에 밀집되어 있으며 임금 등 노동조건을 개선하기 위한 투쟁을 적극적으로 전개하지 않았음을 의미한다. 포드의 바이아 주 까마사리(Camaçari) 지역의 경우에는 FS가 그라바타이 시처럼 별도의 노동조합을 만들어 포드와 단체협약을 체결하려 했으나 실패했다(Lopes 면담 2003). 포드 공장 가동 당시 지역 금속노동조합은 CUT 소속임에도 불구하고 지역 금속 산업의 기반이 취약해 유명무실한 조직으로 출발했으나 CNM의 적극적인 지원과 개입으로 노동조합의 조직력이 크게 강화되고 있다.

이런 현상은 지엠 그라바타이 공장 사례에서 극단적으로 드러난다.[9] 지엠 공장이 위치한 그라바타이 시의 경우, 그라바타이 시 등 6개 도시를 포함한 단위 지역 금속 노동자들이 CUT 노조로 조직되어 있었음에도 불구하고 지엠은 공장 가동을 시작하기도 전에 FS 측에 노조 결성 자금을 지원하고 1999년 공장 가동과 동시에 급조된 FS 노조와 단체협약을 체결했으며, FS 노조는 20여 명으로 조직된 노동조합을 등록했다. CUT 측은 지역 법정에 제소했으나 패소했고, 법정은 지엠과 FS가 체결한 단체협약이 2004년 12월까지 유효하다는 판정을 내렸다. 국제노동기구(ILO), 국제금속연맹(IMF) 등이 지엠의 노동조합 활동 개입을 규탄하고 노동자 대표권을 확정하기 위한 비밀투표를 촉구하고 있는 가운데, 지엠 그라바타이 공장의 노동자 대표권과 지엠-FS 간 단체협약의 합법성에 대해서는 아직도 법적 다툼이 진행되고 있다.[10]

공장 내 노동자들의 이해관계를 대변하는 기구들로는 노동조합 외에도 공장위원회와 산업 안전 요원 제도가 있다. SMABC는 노동조합 활동

---

9) CUT는 그라바타이 시를 포함한 6개 시 지역을 묶어 광역 뽀르뚜알레그레 금속노동조합을 결성하여 금속 노동자 대표권을 독점했으나, 당시 조직된 그라바타이 시의 금속 노동자들의 수가 적다는 약점을 이용해, 지엠과 FS 측은 그들의 존재를 무시하고 CUT 대표권의 독점을 인정하지 않으면서 법적 공방이 전개된 것이다. 지엠 그라바타이 공장 노동자 대표권을 둘러싼 갈등에 대해서는 CNMPA 면담(2003), GMGV 면담(2005), Sanches 면담(2007)을 참조했다.

10) CUT에 비해 FS에 특혜를 주는 것은 자본 측과 법정뿐만 아니라 주 정부와 지자체들도 마찬가지다. 지방정부들이 교육 훈련 위원회를 구성할 때나 노조 세금을 배분할 때 FS 측에 조직의 규모에 비해 많이 할당하는 것은 일반적인 현상으로 알려져 있다(Lopes 면담 2003).

이 크게 제약을 받던 군사정권하에서 공장위원회와 산업 안전 요원 제도를 적극적으로 활용한다는 전략을 수립하여 참여해 왔다.[11] SMABC는 이 기구들을, 생산 현장에서 노동법규들과 단체협약 조항들이 제대로 준수되는지를 감시하고, 현장감독들에 맞서 노동자들의 이해관계를 대변하는 한편 노동조합 활동가들을 양성하는 장치로 활용하고자 했다. 그 결과 여타 지역과는 달리 ABC 지역의 금속 사업장들에서는 공장위원회와 산업 안전 요원 활동이 매우 활발하게 전개될 수 있었으며, 민주화 이후 노동조합의 합법적인 활동 공간이 확장된 뒤에도 공장위원회와 산업 안전 요원들은 SMABC의 지도하에 노동조합 활동에 대한 보완적 기능을 수행하고 있다. 반면, 그린필드 신공장들은 공장위원회 설치에 반대했고, 폭스바겐 혜센데 공장처럼 파업 투쟁의 성과로 설치된 경우에도 정상적으로 가동되지 않고 있으며, 산업 안전 요원들은 회사 측에 의해 선별되어 노동자들의 이해관계를 대변하지 못하고 있다. 무엇보다도 FS 노동조합은 공장위원회와 산업 안전 요원 제도를 적극 활용하여 업체 측의 노동법규-단체협약 위반 여부를 감시 감독하기는커녕 스스로 노동법규에 규정된 근로 기준을 위반하는 단체협약을 체결하고 있다. 그럼에도 불구하고, 폭스바겐 혜센데 공장 노동자들이 노동조합보다 공장위원회 활동을 더 긍정적으로 평가하는 것은 FS 노동조합들이 노동자들의 이해관계를 대변하는

------

11) ABC 지역 공장위원회와 산업 안전 요원의 활동에 대해서는 Arbix & Rodrigues(1998, 83-93), Rodrigues(1997b), Arbix 면담(2003), Manzano(2002, 10-15)를 참조.

활동을 거의 하지 않는 반면, 공장위원들은 일상적 문제의 고충 사항을 전달하는 창구로 친근감을 느끼고 있기 때문이라고 해석할 수 있다.[12]

이처럼 ABC 지역 구공장의 CUT 노동조합과 그린필드 신공장의 FS 노동조합들은 노동자들의 이해관계를 대변하려는 적극성의 정도와 노동조합의 조직력에서 큰 차이를 보이고 있다. 이와 같은 자동차 산업 조직 노동 부문의 이중 구조로 인해, 완성차 업체들은 그린필드에 신공장을 건설해 극단적인 생산방식을 실험하고 저임금과 노동조합 취약성을 최대한 활용할 수 있었으며, 이는 다시 신·구공장 사이의 임금 등 노동조건의 이중 구조를 형성한 핵심 요인이 되었다.

2) 자동차 산업의 이중 구조 재생산 메커니즘 : 노동조합 투쟁

자동차 산업이 1980년대 들어 침체하기 시작해 부침을 거듭하는 동안

---

12) 지엠 그라바타이 노동자들에 따르면 에리코(Eriko)라는 노동자는 CUT 측과 접촉한 사실이 발각된 이후 해고되었다고 한다. 공장 내에 16명의 산업 안전 요원이 있는데 노동자와 회사 측이 절반씩 선정하며, 매달 산업 안전 요원 회의가 있지만 16명 가운데 5명 정도밖에 회의에 참석하지 않으며, 불참 이유는 회사 측의 보복이 두렵기 때문이라고 한다. 이들 가운데 회사 측에 맞서서 노동자들을 대변하는 요원은 CUT에 가까운 한 명밖에 없고, 공장 노동자 2천 명 정도가 산재로 불편을 겪고 있지만 해고가 두려워 산재를 은폐하고 있으며, 회사 측 산업 안전 요원들이 앞장서서 산재를 은폐하고 있다고 한다(GMGV 면담 2003b, 2005). 신공장들의 공장위원회와 산업 안전 요원 활동에 대해서는 Ramalho & Santana(2002, 763; 2006, 105-109), VWRS 면담(2003), GMGV 면담(2003b, 2005), CNMPA면담(2003)을 참조했다.

170

고용 규모는 〈표 4-1〉에서 보듯이 1980년 13만3,683명으로 절정을 이룬 이래 지속적인 하락 추세를 기록했다. 1990년대 후반 신공장 건설이 붐을 이루고 있던 시기에도 고용 감축 추세는 지속되어 2003년 7만9,047명으로 거의 반감되었다. 이는 그린필드의 신공장이 건설되는 동안에도 ABC 지역 구공장들에서는 고용 감축이 급격하게 추진되었음을 의미한다.

1980년 브라질 자동차 산업이 생산과 고용에서 절정을 구가한 뒤 위기를 겪는 동안 노동조합들의 주된 관심사는 임금 문제에서 고용 문제로 바뀌었고, 위기의식을 느낀 노동조합은 1991~93년 자동차 산업 부문 협의회에 적극적으로 참여해 두 차례에 걸친 합의를 도출하며 생산 증대와 고용 안정 확보에 상당한 성과를 거두었다. 하지만 브라질 정부가 적극적인 시장 개방과 신자유주의 경제정책을 추진하면서 신공장 건설과 구공장 인력 감축이 동시에 진행되었고, SMABC는 부단한 구조 조정 반대 투쟁을 전개했다.

ABC 지역은 1990년까지만 하더라도 브라질 전체 자동차 산업 고용 규모의 60% 수준을 유지했으나 2000년에는 48% 수준으로 위축되었다. 그린필드 신공장 건설과 ABC 지역의 인력 감축은 전체 자동차 산업 수준뿐만 아니라 개별 완성차 업체 내에서도 동시에 추진되었다.[13] 예컨대 폭스바겐의 경우, 1997년과 2001년 사이 헤센데 공장에서는 고용 규모

---

13) 그린필드 신공장 건설과 ABC 지역 구공장 인력 감축의 동시 진행에 대해서는 SMABC-DIEESE (2000a, 2003), CNM-DIEESE(2002), Manzano(2002)를 참조.

를 80% 증가시킨 반면 ABC 지역의 상베르나르두 공장에서는 34%에 달하는 인력을 감축했고, 지엠의 경우 그라바타이 공장을 건설해 가동을 시작하는 동안 상주제도스깜뽀스 공장에서는 인력을 23.5% 감축했으며, 포드나 다임러크라이슬러 등 여타 완성차 업체들도 비슷한 추세를 보여주었다(〈표 4-3〉 참조). 완성차 업체의 인력 감축은 SMABC의 격렬한 구조 조정 반대 투쟁을 불러왔으며, 투쟁의 결과 대체로 일방적 구조 조정 계획은 철회되고 명예퇴직제를 통한 인력 감축 방식으로 전개되었다. 대표적 사례가 지엠 상주제도스깜뽀스 공장과 폭스바겐 상베르나르두 공장으로서 아직도 구조 조정을 둘러싼 갈등이 진행되고 있다.

지엠 상주제도스깜뽀스 공장은 1998년 말 경제 위기 속에서 2천 명 규모의 인력 감축 계획을 발표했다. 명예퇴직제를 실시했으나 성과가 미흡하여 정규직 850명의 해고 계획을 발표했지만, 노동조합의 저항으로 해당 850명에 대한 20% 임금 삭감과 유급휴가를 제안했다가 그마저 취소하고 기간제 노동자들을 해고하는 것으로 매듭지어졌다. 지엠은 1998년과 2003년 사이 네 차례나 명예퇴직제를 실시했고, 거듭된 인력 감축으로 1984년 1만2,500명에 달하던 노동자들이 현재 8천 명 미만 수준으로 크게 축소되었다. 결국 노동조합은 명예퇴직제와 비정규직의 희생으로 정규직 노동자들의 인위적 인력 감축을 최소화하는 방안을 택한 것이며, 그나마도 집요한 투쟁으로 이루어 낸 성과였다.[14]

---

14) 지엠 상주제도스깜뽀스 공장의 구조 조정과 노동조합의 투쟁에 대해서는 Franca(2007, 149-156),

폭스바겐 상베르나르두 공장은 1995년 아우토라티나(Autolatina) 공장이 가동되면서 구조 조정을 본격적으로 추진하기 시작했으며, 1997년 다시 고용 규모가 2만 명 수준이었으나 적정 규모는 1만2천 명으로서 40% 정도의 인력 감축이 불가피하다고 발표했다. 이후 폭스바겐 측의 인력 감축 시도와 노동조합의 파업 투쟁이 반복되다가 2001년 명예퇴직 프로그램은 실시하되 2006년 10월까지 인위적 정리 해고는 하지 않는다는 고용 안정 협약을 체결했다. 고용 안정 협약의 유효기간 동안에도 폭스바겐은 2003년 9월 명예퇴직과 재훈련을 통한 4천 명 규모의 감원 계획을 발표했다가 노동조합의 파업 투쟁으로 명예퇴직제만 실시하는 것으로 후퇴하기도 했다. 또한 고용 안정 협약의 만료 시점을 앞두고 폭스바겐은 브라질 내 5개 공장 2만2천 명 가운데 상베르나르두 공장을 포함한 3개 공장에서 2008년까지 5천7백 명을 해고하겠다는 계획을 2006년 5월 발표했다가 일주일에 걸친 노동조합의 파업 투쟁으로 정리 해고 계획을 연기하기로 했다. 하지만 폭스바겐은 여전히 정리 해고의 필요성을 강조하고 있다.[15)]

ABC 지역 구공장 노동조합들은 이처럼 공격적인 인력 감축 시도에 맞서 구조 조정 반대 투쟁을 벌이면서도, 임금 등 노동조건을 일방적으로

GMSJC 면담(2003)를 참조했다.

15) 상베르나르두 공장을 포함한 폭스바겐의 구조 조정 시도와 노동조합의 투쟁에 대해서는 Tadashi(2007), Praun(2006), CNM noticias(해당 일자)를 참조했다.

양보하지 않고 강한 조직력을 기초로 적극적으로 대응함으로써 노동조
건을 꾸준히 개선해 왔다.[16] 2003년 11월 임금 교섭에서 SMABC는
2003년 10월 1일 기준 한 해 임금 인상률을 지난 1년 기간의 물가 인상률
15.7%를 상회하는 18.01%로 하고, 다음 한 해 임금 인상률도 최소한 직
전 1년의 물가 인상률을 상회하는 수준에서 확정하기로 합의했다. 2005
년 임금 교섭에서도 2005년 임금 인상률을 8.16%로 하여 물가 인상률을
상회하는 3.0%의 실질임금 인상을 이루었고, 2006년 임금 인상률도 물
가 인상률을 상회하는 2.0%의 실질임금 인상에 합의했다.

한편, 신공장 노동조합들의 경우에는 적극적인 파업 투쟁은 거의 없
고, 투쟁을 전개한다 해도 큰 성과를 거둔 적은 찾아보기 어렵다. FS 노동
조합들은 조직력도 약할 뿐 아니라, 친자본적 타협주의 성향에 더해 신공
장 가동을 고용 기회 창출 정도로 이해하고 있어 노동자들의 이해를 대변
하기 위해 투쟁할 의향도 없었다. 지엠 그라바타이 공장의 경우 2002년 7
월 CUT 측 노동자들이, 법정 공휴일이나 기계 고장으로 인해 작업이 중
단되는 부분에 대해 임금을 지급하지 않고 노동시간 계정에서도 빼버리
는 데 항의해 파업을 벌였으나 성과 없이 끝났다. 파업 투쟁이 비공인 '살
쾡이 파업'(wildcat strike)으로서 6일간 지속될 수 있었던 것은 17개 시스
템 부품 업체들이 CUT 노동조합 소속이었기 때문이다. 폭스바겐 헤센데

---

16) ABC 지역 구공장 노동조합의 임금 인상과 이윤 배분 투쟁의 전개 및 성과에 대해서는 CNM
   noticia(해당 일자), Franca(2007, 151-153)를 참조했다.

공장의 경우 1997년 11월 첫 번째 작업 중단이 있었고, 1999년 8월 일주일간 파업이 진행되었다. 1999년 파업은 CUT와 FS가 그린필드 공장들의 저임금을 타개하기 위해 전국적 차원에서 연대해 파업을 벌이면서 첫 타격 사업장으로 폭스바겐 헤센데 공장이 선택된 것이었다. 파업 투쟁을 통해 노동조합은 임금 인상 외에도 공장위원회가 설치되는 성과를 얻기도 했다. 이처럼 그린필드 신공장 노동조합은 자체적으로 노동조합원을 동원해 투쟁을 전개하는 경우는 거의 없으며, 노동조합원들의 이해관계를 대변하거나 구공장 노동자들과의 임금 등 노동조건 격차를 축소할 수 있는 역량을 지니지 못하고 있어 자동차 산업의 이중 구조가 재생산되고 있다.17)

3) 자동차 산업의 이중 구조 재생산 메커니즘 : 단체협약과 노동조합의 개입

신·구공장 노동조합들의 조직력과 투쟁 역량의 격차는 노동조합의 영향력 차이를 의미하며 단체협약 내용에 그대로 반영된다. 〈표 4-4〉는 신·구공장 노동조합들의 단체협약(2001년 기준)을 분석하여 해당 업체의 기술혁신, 작업 조직 재편, 노동조건 개선, 원청-협력 업체 관계, 노동자 숙련 형성 등 경영 및 생산 관련 주요 의사 결정 과정에 노동조합이 어느 수

17) 신공장 노동조합의 투쟁에 대해서는 Ramalho & Santana(2006), Rodrigues et al(2006), Pereira(2006, 175-176), GMGV 면담(2003b)을 참조했다.

완성차 업체	공장 위치	기술 혁신	작업 조직 재편	노동조건 개선	협력 업체 관계	숙련 형성	평균
ABC 지역							
지엠	상주제도스깜뽀스	1/4	1/4	3/4	2/4	0/3	7/20
폭스바겐	상베르나르두	3/4	3/4	4/4	4/4	4/4	18/20
폭스바겐	따우바떼	4/4	4/4	4/4	4/4	3/4	19/20
다임러크라이슬러	상베르나르두	4/4	4/4	4/4	4/4	3/4	19/20
포드	상베르나르두	4/4	3/4	4/4	4/4	4/4	19/20
그린필드							
지엠	그라바타이	1/4	1/4	1/4	0/4	0/4	3/20
폭스바겐	헤센데	3/4	0/1	4/4	2/4	1/4	10/20
폭스바겐	빠라나	2/4	0/1	3/4	0/4	0/4	5/20
다임러크라이슬러	주이스데포라	0/4	1/4	0/4	0/4	0/4	1/20

출처 : CNM-DIEESE(2001, 102-114)에서 재구성.

준으로 참여하고 있는지를 비교·정리한 것이다. 참여 수준은 업체 측이 노동조합에 협의를 요청하는가, 업체 측이 사전에 노동조합과 소통하는가, 업체 측이 노동조합의 제안을 접수하는가, 노동조합이 즉각 개입하는가 등 네 개의 지표들 가운데 몇 개 항목에서 노동조합의 참여가 이루어지고 있는지를 기준으로 산정했다.

ABC 지역 구공장 노동조합들은 5개 항목 모두 높은 수준으로 참여하고 있는 데 비해 그린필드 신공장 노동조합들은 5개 항목들에 참여하지 못하거나 참여하더라도 가장 낮은 수준에 머물고 있었다. 동일 업체 내에서도 신공장과 구공장 사이의 노동조합 참여 수준은 양극화되어 있어 업체 간 차별성이 거의 나타나지 않았다. 신·구공장들 가운데 외견상 다소 차별성을 보이고 있는 지엠 상주제도스깜뽀스 공장과 폭스바겐 헤센데 공장도 실질적으로는 신·구공장의 이중 구조를 그대로 재현하고 있다. 폭스바겐 헤센데 공장의 경우 외견상 기술혁신 관련 의사 결정에 대한 참여 정도가 높아 보인다. 그러나 모듈화 컨소시엄에 대한 노동조합의 우려에도 불구하고 업체 측이 일방적으로 기술 체계를 선택했고, 노동조합의 참여 사항으로 되어 있는 것들도 상베르나르두 공장처럼 모든 기술 체계 항목들을 대상으로 하는 것이 아니라 작업 리듬, 신체장애나 위험을 유발하는 기계 설비에 한정되어 있다는 점에서 실질적인 참여 수준은 매우 낮다고 할 수 있다(Ramalho 2004, 34-35; Ramalho & Santana2002, 761-763; CNM-DIEESE 2001, 102-114). 한편, 지엠 상주제도스깜뽀스 공장 노동조합은 1980년대부터 CUT 내 소수파인 극좌 성향의 사회주의운동파(MTS)와 아뻬흐나띠바가 주도했으며, 단체교섭과 단체협약보다는 투쟁을 통해 개입한다는 입장[18]을 견지하고 있어 단체협약 조항과 무관하게 노동조합의 개입과 영향력 행사 수준은 매우 높다고 할 수 있다(Franca 2007, 149-151; GMSJC 면담 2003).

이처럼 신·구공장 노동조합들은 조직력과 투쟁 역량, 단체협약 및 실

---

18) CUT가 FS에 비해 상대적으로 강한 조직력과 높은 전투성을 지닌 것은 사실이지만 개입과 참여에 있어 내적 편차가 있다. CUT 다수파는 단위 사업장 수준에서 노조원들을 보호하고 이해관계를 대변하기 위해 경영-생산 의사 결정 과정에 적극적으로 참여하는 한편, 전국 수준에서도 1990년대 초 생산 확대와 고용 안정을 확보하기 위해 부문 협의회에 적극적으로 참여했으며, 부문 협의회가 무력화된 이후에도 부문 협의회의 활성화를 요구해 왔다. 하지만 CUT 내 강경 소수파는 단위 사업장 수준의 개입에 소극적일 뿐만 아니라 부문 협의회 참여도 거부했다.

질적 개입 수준에서 양극화되어 있으며, 이런 차이가 업종별·지역별 복수
노조 금지 제도와 ABC 지역과 그린필드 지역 사이의 양극화된 노동시장
이라는 외적 조건 속에서 자동차 산업 신·구공장 사이의 생산방식, 임금
등 노동조건의 이중 구조를 재생산하는 메커니즘으로 작용하고 있다.[19]

5. 맺음말

1) 자동차 산업의 구조 재편과 이중 구조의 형성

브라질 자동차 산업은 1990년대 들어 수입대체산업화에서 시장 개방
으로 정책을 전환했고 신자유주의 경제정책하에서 투자 인센티브를 제

---

19) 자동차 산업의 이중 구조 재생산 메커니즘을 타파하기 위해 SMABC와 CNM은 자동차 산업
   전국 단일 단체협약 체결을 목표로 업종별·지역별 복수 노조 금지 조항의 폐지를 주장해 왔고,
   룰라 또한 2002년 대선 공약으로 노동법 개정을 약속한 바 있다. 룰라는 취임 이후 2003년 7월
   노동법 개정을 위한 노사정기구 FNT(Fórum Nacional do Trabalho)를 조직하여 FNT에서 제
   안한 개정 법안을 2005년 3월 의회에 제출했다. 그러나 룰라 정부와 노동자당의 스캔들, 2006
   년 말 대선 등으로 인해 제대로 논의되지 않았으며, 재선 이후 2007년 5월 다시 의회 통과를 추
   진하기 시작했다. 개정 법안은 노동조합이 노동자 대표권을 확보하기 위해서는 해당 사업장 노
   동자들의 20% 이상을 조직해야 하되 상급 단체로부터 대표권 부족분을 차입해 올 수 있다는 내
   용으로서 현재의 복수 노조 금지 제도를 유지하자는 입장과 폐지하자는 입장 사이의 타협안이
   다(Horn 2005; Coutinho 2005; Zylberstajn 2006; CNM noticias 해당 일자).

공하는 신자동차 산업 체제가 구축되면서 시장 경쟁 생존을 위한 구조 재
편이 시작되었다. 완성차 업체들은 1990년대 후반부터 설비투자를 확대
했고 이는 주로 신공장 건설로 나타났는데, 신공장들이 전통적 자동차 산
업 밀집 지역인 ABC 지역을 벗어나 그린필드에 입지하면서 자동차 산업
구조 재편은 지리적 재편을 수반하게 되었다. 신공장들은 첨단 기술을 도
입하는 수준을 넘어서 모듈화와 외주화를 극대화하는 방향의 생산방식
혁신을 추구하면서 포드주의 생산방식에 기초한 구공장들과 명백한 대
조를 이루게 되었다. ABC 지역 구공장들과 그린필드 신공장들이 지리적
위치와 생산방식뿐만 아니라 임금 등 노동조건에서도 양극화됨에 따라
자동차 산업은 이중 구조화되고 있었다.

　신·구공장들을 양축으로 하는 자동차 산업의 이중 구조는 완성차 업
체들에 의한 입지 선택과 노동조합의 차별성에 의해 형성되었다. 업체 측
은 지방정부가 제공하는 인센티브와 해당 지역의 인프라뿐만 아니라 저
임금, 노동조합의 취약성, 노동자 투쟁 전통의 결여 등을 입지 선택을 위
한 주요 요인들로 고려했으며, 고임금에 더하여 강력한 노동조합의 존재
와 오래된 노동조합 투쟁 전통을 지닌 ABC 지역 대신 그린필드를 선택
한 것은 당연한 귀결이었다. ABC 지역 구공장에는 CUT 노동조합이 조
직되어 있었지만, 그린필드 신공장들에서는 FS 노동조합이 조직되었다.
FS 노동조합은 CUT 노동조합과는 대조적으로 친자본적·타협주의적·실
리주의적 성향을 띠고 있어, 그린필드 신공장 노동조합들은 ABC 지역
구공장 노동조합에 비해 조직력이 취약할 뿐만 아니라 노동자들의 이해
관계를 대변하는 데에도 소극적이었다. 결국 그린필드 신공장에서는 업

체 측이 원하는 대로 ABC 구공장들에 비해 임금수준이 낮고 노동조건도 열악해졌으며, 자동차 산업의 이중 구조가 형성될 수 있었다.

2) 자동차 산업 이중 구조의 재생산

이렇게 형성된 자동차 산업의 이중 구조는 노동조합의 투쟁 역량과 단체협약의 차이에 의해 재생산되고 있다.

구공장의 노동조합은 업체 측의 거듭된 정리 해고 시도에 맞서 강도 높은 구조 조정 반대 투쟁을 전개해 일방적인 정리 해고보다는 노동자들의 자발적 선택 여지를 높이고 보상 조건이 나은 명예퇴직제를 통해 인력 감축을 추진하도록 했다. 구공장 노동조합은 구조 조정과 고용 안정을 위한 투쟁을 전개하면서도 임금 등 노동조건의 후퇴를 허용하지 않고 임금 등 노동조건 관련 투쟁도 전개함으로써 꾸준히 노동조건을 개선할 수 있었다. 반면, 신공장 노동조합들은 노동자들의 이해관계를 대변하지 못했고, 임금 등 노동조건을 개선하기 위한 투쟁도 적극적으로 전개하지 않았으며, 투쟁을 해도 큰 성과를 거두지 못했다. 결국 신·구공장들 사이 임금 등 노동조건의 격차는 줄어들 수 없었고 자동차 산업의 이중 구조는 재생산되었다.

신·구공장들 간 노동조합의 조직력과 투쟁 역량의 차이는 단체협약에 그대로 반영되었다. 단체협약은 노사 간 역학 관계의 산물인 동시에 노사 관계를 제도화해 재생산하는 메커니즘이다. 단체협약에 제도화된 경영-

생산 관련 주요 의사 결정 과정에 대한 개입의 수준에서 구공장들의 경우
는 노동조합의 높은 수준의 참여가 제도적으로 보장된 반면, 신공장들에
서는 노동조합의 철저한 배제가 제도화되어 있다. 단체협약을 통해 제도
화된 노동조합의 영향력과 그에 따른 노동자의 이해관계를 대변하는 역
량이라는 측면에서 신·구공장 간의 격차는 구공장 노동조합에 비해 신공
장 노동조합들이 노동자 이해관계를 대변하며 노동조건을 개선하는 것
을 어렵게 하고 있다. 이처럼 노동조합의 투쟁 역량과 단체협약에 의한
노동조합 개입의 제도화 수준에서의 차이로 인해 자동차 산업의 이중 구
조는 재생산되고 있는 것이다.

3) 자본의 전략 대 노동의 전략

완성차 업체들이 신공장 입지로 그린필드를 선택한 것, 입지 선정에서
고려한 주요 요인들에서 업체 간 차이는 없었고, 단체협약에서 제도화된
노동조합의 개입 수준에서 신·구공장들 사이의 차이만 있고 업체 간 차
이는 없다는 점에서 자본의 전략은 동일함이 확인되었다. CUT 지역의
포드 바이아 공장과 지엠 그라바타이 공장 모두 완성차 업체 측이 FS와
함께 FS 노동조합을 조직하려고 시도했지만 FS 지역의 폭스바겐 헤센데
공장의 경우 CUT 노동조합을 결성하려는 업체 측 시도가 없었다는 점만
보아도 완성차 업체들이 공통되게 CUT를 기피하고 FS 노동조합을 지원
하고 있음을 확인할 수 있다. 자본의 전략은 저임금으로 노동비용을 절감

하여 이윤을 극대화하고 노동조합을 배제하여 생산과정을 통제함으로써 생산과정의 변화를 주도하는 것이다. ABC 지역의 고임금과 단체협약에 의한 노동조합 개입의 제도화는 강력한 노동조합이 존재하는 조건에서 이루어진 차선의 선택이며, 노자 간 역학 관계의 반영일 뿐이다.

노동의 전략은 신공장과 구공장 간에 차이가 있다. 구공장 노동조합은 자본 측의 일방적 정리 해고 시도에 맞서 강도 높은 구조 조정 반대 투쟁을 성공적으로 전개했으며, 이는 노동조합의 조직력과 전투성뿐만 아니라 노동자들의 생존 욕구에 의해 가능했던 것이다. 하지만 고용 보장의 대가로 노동조건을 양보하거나 투쟁을 자제하지는 않았다. 반면, 신공장 노동조합들은 구공장들에 비해 임금 등 노동조건이 열악했음에도 불구하고 노동조건 개선 투쟁을 적극적으로 전개하지 않았다. 이는 신공장 노동조합들이 신공장 건설을 고용 기회 창출로 환영했으며, FS 소속 노동조합으로서 친자본적 타협주의 성향을 띠었고 조직력도 취약했기 때문이다.

조직 노동 부문 혹은 노동계급 내 분절 현상도 확인되었다. 자동차 산업 노동조합들은 ABC 지역과 그린필드로 지리적으로 분절되어 있고, CUT와 FS로 분절되어 있다. 또한 자본 측의 구조 조정 계획하에서 신·구공장 사이의 고용 문제를 둘러싼 제로섬 게임은 동일 업체 내 신·구공장 사이의 분절을 가져왔다. 예컨대 포드 바이아 공장처럼 신공장 노동조합이 CUT에 소속된 경우에도 신·구공장 노동조합 사이에 분절과 갈등이 발생했으며, 다른 업체들처럼 CUT와 FS로 신·구공장 노동조합이 분절되어 있을 경우 갈등 현상은 더욱 첨예화되었다. 더욱이 동일 업체, 동일

공장 내에서도 정규직·비정규직 사이의 분절 현상이 확인되었다. 대표적 구공장인 지엠 상주제도스깜뽀스 공장의 경우, 자본 측의 정리 해고 시도에 맞선 노동조합의 구조 조정 반대 투쟁은 명예퇴직제만으로는 타결될 수 없었고, 결국 기간제 노동자들을 정리 해고하는 방법으로 정규직 노동자들의 고용 안정을 지킬 수 있었다. 이처럼 구조 조정 시기 브라질 자동차 산업 노동계급 내 다차원적 분절 현상은 개별 노동조합과 소속 노동조합원들의 물적 이해관계에 기초한 전략적 선택으로 재생산되면서 자동차 산업 노동계급 차원의 전략적 선택을 불가능하게 하고 있는 것이다.

5

ABC 지역 자동차 산업의 위축과 산업 활성화 시도[*]

1. 들어가는 말

1950년대부터 시작된 브라질 자동차 산업은 꾸준한 성장세를 지속해 1978년에는 연간 1백만 대를 넘어섰다. 1980년부터 15년 정도 연 100% 이상의 높은 물가 상승률이 계속되는 가운데에서도 브라질 자동차 산업은 꾸준한 상승세를 지속해 1997년 2백만 대를 돌파했다. 그러나 1998년 외채 위기에 따른 경제 위기로 인해 급격한 위축을 거친 다음 2004년 다시 2백만 대 수준을 넘어서며 사상 최고치를 기록했다. 이처럼 불안한 경제 상황과 경제 위기 발발 등으로 인해 브라질 자동차 산업이 몇 차례 부침을 거듭하는 가운데, 자동차 산업의 전통적 중심지였던 ABC 지역의

---

* 이 글은 『산업 공동화와 노동의 대응 방향』과 『산업노동연구』 제13권 제1호에 실린 필자의 글을 수정·보완한 것이다. 게재를 허락해 준 전국민주노동조합총연맹과 한국산업노동학회에 감사를 드린다.

자동차 산업은 지속적으로 위축되고 있다.

절대적인 생산 규모에 있어 ABC 지역의 자동차 산업이 위축되는 동안 ABC 지역 밖에서는 꾸준히 신공장들이 건설되고 있었다. 이처럼 그린필드 지역의 신공장 건설과 ABC 지역 자동차 산업의 위축이 동시에 진행되기 때문에, 전체 브라질 경제와 함께 자동차 산업이 안정적으로 성장한다고 하더라도 ABC 지역의 자동차 산업이 위축되는 것은 피하기 어려운 것이 현실이다. 또한 자동차 산업의 높은 연관 효과로 인해 완성차 업체들이 밀집되어 있던 상파울루 지역은 자동차 산업을 넘어 전반적인 제조업 공동화 증상을 보이게 되었다. 이런 상황에서 ABC 지역의 자동차 산업과 지역 경제를 살리려는 다양한 노력들이 전개되었다.

산업 및 지역 경제 활성화를 위한 다양한 시도들 가운데 성공 사례로 꼽히는 자동차 산업 부문 협의회와 상파울루 지역 광역 ABC 지역개발 운동에 관심이 집중되었고, 선행 연구들은 추진 과정 및 내용을 분석하고 성과를 부각시키는 데 상당한 성과를 거두었다.[1] 하지만 기존 연구들은 두 가지 점에서 명백한 한계를 보인다. 첫째, 룰라 정부 시기의 자동차 산업·지역 경제 활성화 시도들이 거의 분석되지 않았다. 그러나 비개입주의 신자유주의 경제정책을 고수하던 까르도주 정부와는 달리 룰라 정부

---

[1] 자동차 산업 부문 협의회에 대한 연구들로는 Rodrigues(1997b), Arbix(1997), Martin(1997), Boito & Rendall(1998), Antunes(2000), Ramalho(1999), Arbache(2002) 등을, 상파울루 지역 광역 ABC 지역개발 운동에 대한 연구들로는 Leite(2003, 면담 2005), Camargo(2003a, 2003b), Rodrigues 면담(2005), Resende(2002) 등을 대표적 연구로 꼽을 수 있다.

가 자동차 산업의 발전과 지역 경제의 활성화를 위해 적극적으로 개입·
지원하는 정책을 추진했다는 점에서, 룰라 정부 시기 그러한 시도들이 더
욱 활발하게 전개되었을 것임은 자명하다. 둘째, 기존 연구들은 산업과
지역 경제 활성화 시도들의 성공과 성과를 분석하는 데 치중한 반면, 그
한계와 실패를 체계적으로 분석하지는 못하고 있다.

　기존 연구들의 성과에 기초해 그 한계를 극복하기 위해, 본 연구는 자
동차 산업과 ABC 지역의 경제 활성화를 위해 어떤 시도들이 이루어졌는
지, 그런 시도들은 어떤 성과를 낳았는지, 왜 어떤 시도들은 성공하고 어
떤 시도들은 실패했는지, 산업 활성화 시도들의 성패를 좌우하는 요인은
무엇이었는지를 설명하고자 한다. 이를 위해 부문 협의회의 실험, 광역
ABC 지역개발 운동과 자동차 산업 경쟁력 포럼을 집중적으로 분석한다.

2. 자동차 산업 정책과 ABC 지역의 위축

1) 자동차 산업 정책 변화와 자동차 산업의 부침

　브라질의 자동차 산업은 1950년대 초부터 1980년까지 고속 성장을
기록하다가 1980년대 들어 전반적인 경기후퇴로 부침을 거듭했으나, 수
입대체산업화 전략에 따른 보호주의 산업 정책으로 위기를 모면할 수 있

었다. 자동차 산업 정책은 1980년대 말까지 일관된 모습을 보여 주었으며 한편으로는 수출 촉진 재정 지원, 부품 국산화율 기준, 고관세에 의한 내수 시장 보호 등 보호주의 산업 정책에 입각한 수입대체산업화 전략을 펼쳤고, 다른 한편으로는 초국적 완성차 업체들로부터 직접투자를 유인하는 정책을 병행했다. 이러한 정책적 지원에 힘입어 세계적인 완성차 업체들이 브라질로 진출하여 브라질 자동차 산업은 안정과 성장을 반복하며 발전하게 되었다(〈표 4-1〉 참조).

자동차 산업 정책은 1990년대 들어서면서 꼴로르 정부하에서 보호주의에서 개방정책으로 바뀌게 되었고, 이후 까르도주 정부 시기 완전한 신자유주의적 비개입주의 경제정책이 추진되었지만 자동차 산업 업계로부터 심각한 도전을 받게 되었다.[2] 브라질이 1994년 말 아르헨티나와의 지역 시장 통합을 위한 메르꼬수르(Mercosur) 협상에서 대외 공동 관세 적용과 관세동맹 구성에 합의하자, 브라질 자동차 산업 업계는 "아르헨티나의 경우 완성차 업체들에 상당한 특혜와 인센티브를 제공하고 있고, 브라질산 자동차가 아르헨티나 시장에 접근하기 어렵게 하는 수입-수출 연계 정책을 실행하고 있어, 브라질 자동차 산업 완성차 업체들과 부품 업체들은 아르헨티나 업체들에 비해 훨씬 더 불리한 입장에 놓여 있다"며 까르도주 정부의 산업·통상 정책을 신랄하게 비판했다. 이후 자동차 산

---

2) 1950년대부터 까르도주 정부 시기까지 브라질 자동차 산업의 산업 정책에 대해서는 Gómez(2007), Manzano(2002), Shapiro(1994)를 참조.

업 업계와 까르도주 정부 사이, 까르도주 정부 내 신자유주의자들과 발전
론자들 사이의 교섭을 통해 개입주의적인 '신자동차 산업 체제'를 구축하
게 되었다.

　신자동차 산업 체제의 주요 내용은 세 가지다. 첫째, 기계 설비 수입품
의 관세율은 90% 인하하고, 자동차 부품의 관세율은 1996년에는 85%
인하하되 단계적으로 인하율을 낮추어 1999년에는 인하율을 40%로 하
며, 브라질 완성차 업체들이 수입하는 상용차들의 관세율은 50% 인하하
되, 현지 부품 조달률(local content)은 60%로 한다. 둘째, 신규 투자자에
대해서는 소득세뿐만 아니라 부가가치세와 금융 거래세 등 각종 국내 세
금들을 면제해 주며, 신규 투자자와 설비 확장 업체들에게는 특별 혜택을
제공한다. 셋째, 수출 의무량을 초과하는 수출량에 연동하여 수입품의 일
정 할당분에 대해서는 추가적인 관세 감면 혜택을 부여한다. 이처럼 투자
유인 제공, 수출 촉진, 수입 대체 장려 조치들을 주요 내용으로 하는 신자
동차 산업 체제는 과거의 수입대체산업화 전략과 상통하며, 이는 브라질
자동차 산업 정책의 기본 틀로서 이후 룰라 정부 하에서도 지속되고 있
다.

2) 룰라 정부의 자동차 산업 정책

　룰라 정부는 신자동차 산업 체제의 기본 틀을 유지하되 까르도주 정부
의 신자유주의 경제정책의 비개입주의 원칙을 폐기하고 산업 발전을 위

해 적극적으로 개입하는 전략을 취했다. 경제 운용의 방향을 정립하기 위한 의사 결정에 재계와 노동계를 포함한 시민사회가 개입할 수 있도록 하는 경제사회개발위원회를 설치·운영하고, 취약한 인프라를 강화하기 위한 사회 간접 자본 투자에 정부가 적극 개입하여 사적 부문과 협력하는 민관 파트너십(PPP)을 추진하고, 개방주의 무역정책을 폐기하고 수출을 촉진하기 위해 적극적인 재정 금융 지원을 전개하는 한편, 메르꼬수르 경제블록을 강화·확장하고, 새로운 해외시장 개척에 정부가 앞장서며, 중소 영세 기업들의 창업과 시장 경쟁력 강화를 위해 정부가 경제사회개발은행을 동원하여 재정·기술적으로 적극 지원하는 등의 경제 산업 정책으로 전환했다. 룰라 정부 들어 새롭게 추진된 자동차 산업 정책의 핵심은 대체 연료 개발 및 대체 연료 사용 차량의 생산 지원, 경제사회개발은행을 통한 소비자 금융 지원 및 수출 지원금 제도를 꼽을 수 있다.

룰라 정부는 석유 의존도와 그에 따른 무역 적자를 해소하기 위해 대체에너지 개발을 지원했으며, 자동차 연료를 석유에서 대체 연료로 전환하는 정책을 선행 정부들에 비해 더욱 적극적으로 추진했다(Bresciani 면담 2007; *LARBS* 2006/02; *RER* 2007/01/22; *PON* 2007/01/30, 03/14; *RFN* 2006/04/03; *GIN* 2007/03/12). 석유와 바이오 에탄올(bio-ethanol)을 함께 사용할 수 있는 멀티 퓨얼 엔진(multi-fuel engine) 시스템을 장착한 차량에 대한 조세 감면 정책을 추진함으로써, 완성차 업체들은 폭스바겐을 선두로 멀티 퓨얼 엔진 시스템을 재개발하여 상용화하기 시작했다. 에탄올은 휘발유에 비해 연비는 낮으나 가격이 저렴하여 주행거리당 연료비에서 경쟁력을 지니고 있다. 하지만 사탕수수의 포도당을 촉매에 반응시켜 생산하므로 수확기 사이의 1~2월에는 공급이 크게 떨어지고, 사탕수수 생산의 작황에 따라 가격이 크게 요동칠 수 있는 한편, 국제시장의 에탄올 가격에 비해 국내 가격이 지나치게 낮으면 생산업자들이 에탄올을 내수 시장에 반출하는 것을 기피하고 에탄올 대신 설탕으로 만들어 판매하려고 한다는 문제점이 있다. 정부는 에탄올 가격과 공급의 안정성을 유지하기 위해 단기적 대책으로는 휘발유의 에탄올 혼합 비율을 조정하고, 장기적으로는 에탄올 생산 기술의 발전과 생산 설비 확장을 위해 경제사회개발은행을 통한 재정 금융 지원을 대폭 확대했다. 한편, 에탄올 생산업에 대한 투자를 유도하기 위해 현재 브라질과 함께 바이오 에탄올 생산의 양대 축을 형성하고 있으며 브라질의 에탄올을 가장 많이 수입하는 미국을 대상으로 에탄올에 대한 세금과 관세율 인하를 위한 교섭과 압박을 실시하고 있다. 또한 2007년 3월에는 바이오 에너지 개발 기술 진전을 위한 협력과 세계 차원의 바이오 에너지 생산 및 소비의 독려와 시장 확대를 위한 공동 노력을 약속하는 양해 각서(MOU)를 미국과 체결했으며, 일본과도 에탄올 소비 증대 및 에탄올 사용 차량 생산 증진을 위한 협상을 전개하고 있다.

룰라 정부는 에탄올 공장을 평균 한 달에 한 개 꼴로 신설하여 2013년까지 현재 336개에서 409개로 크게 늘리고, 에탄올 생산량은 현재 연 160억 리터 수준에서 2010년에는 233억 리터 수준으로 확대할 계획이다. 룰라 정부의 적극적인 대체 연료 정책에 힘입어, 멀티 퓨얼 엔진 차량은 상용화에 성공했으며 2004년에는 판매 붐을 이루게 되었다. 선두 주자인 폭스바겐의 경우 2006년부터 휘발유 엔진 차량을 생산하지 않고 멀티 퓨얼 엔진 차량 혹은 에탄올 차량만을 생산하기 시작했고, 멀티 퓨얼 엔진 차량 생산에 소극적이었던 일본 업체들도 혼다가 2006년 말, 도요타는 2007년부터 멀티 퓨얼 엔진 차량 생산에 합류했다. 이렇게 브라질 자동차 산업은 에탄올 차량과 멀티 퓨얼 차량 생산이 주도하게 되었고, 현재 브라질 내에서 신규로 생산되는 자동차의 80% 이상을 점유하게 되었다.

룰라 정부는 대체 연료 정책 외에 내수와 수출 확대를 위한 정책도 적극적으로 추진했으며, 경제사회개발은행이 그 핵심적 정책 수단이 되었다(Salerno 면담 2007; Bresciani 면담 2007; Rodrigues 면담 2007; Sanches 면담 2005, 2007). 경제사회개발은행은 기업과 개인들의 자동차 구입 시 가격 지불을 장기간 유예하는 관대한 신용 제공 정책을 펼치며 자동차 구입을 적극 장려했고, 그 결과 60개월 지불유예 조건 등으로 소비자들의 재정 부담을 경감하여 내수 시장을 회복시키는 데 크게 기여했다. 룰라 정부는 메르꼬수르 시장 통합과 해외시장 개척에 적극 나서는 한편, 경제사회개발은행이 팽창된 예산을 자동차 수출을 포함한 수출금융 확대에 사용하도록 했다. 2006년 승용차 수출 지원금의 경우, 지원금 상한선을 해당 거래 총액의 30%에서 55%로 높이는 등 적극적 지원에 의해 자동차 수출의 80%가 경제사회개발은행의 신용 제공을 통해 이루어지고 있다.

이러한 룰라 정부의 적극적인 수요 창출 정책에 힘입어 내수는 2002년 147만 대에서 2006년에는 192만 대로 30% 증가했고, 수출은 42만 대에서 84만 대로 배가되었다. 그 결과 고용 규모 또한 같은 기간에 1만 1,456명이 확대되어 14%가 증가했다. 이러한 룰라 정부 시기 자동차 산업의 부활은 룰라 정부의 적극적인 개입 정책에 힘입은 바도 있으나, 세계시장과 국내 경제의 회복이라는 산업 외적 조건이 유리하게 작용한 덕분이라고도 할 수 있다.

3) ABC 지역 자동차 산업의 위축

1990년대 경쟁의 압박으로 자동차 완성차 업체들은 대규모 신규 투자를 실시하기 시작했다. 신규 투자 규모를 보면 1994년 11억9,500만 달러로 10억 달러를 넘어섰고, 두 해 뒤인 1996년에는 23억5,900만 달러로 배가되었다. 이런 신규 투자의 급격한 증대는 경쟁적인 신공장 건설 추세에서 비롯되었고, 신공장들은 자동차 산업의 전통적 기반이었던 ABC 지역이 아니라 주로 그린필드 지역에 건설되었다. 신공장 건설이 러시를 이뤘던 1995년부터 2002년 사이에 건설된 23개의 신공장들 가운데 랜드로버의 소규모 신공장 한 개만이 ABC 지역에 건설되었다(〈표 4-2〉 참조). 이처럼 자동차 산업 생산 확대는 지리적 재편과 함께 진행된 것이다.

ABC 지역의 완성차 생산 비중은 1975년 브라질 총생산량의 86.4%였으나 이후 지속적인 하락 추세를 보이고 있다(〈표 5-1〉 참조). ABC 지역의 비중은 1980년대 초반까지도 2/3 수준을 유지했으나 1991년부터 50% 이하 수준으로 하락하여 신공장이 가동하기 시작하는 1990년대 후반에는 1/3수준으로 급감했다. 1975~98년 사이 브라질 전체 자동차 생산량은 80% 증가했지만 ABC 지역의 자동차 생산량은 그 절대 규모에서도 35%나 감축되었다. 한편 같은 기간 ABC를 제외한 여타 지역의 생산

연도	생산량(대)				고용 규모(명)				생산성(대/명)		
	ABC	비ABC	브라질 전체	ABC/ 브라질 (%)	ABC	비ABC	브라질 전체	ABC/ 브라질 (%)	ABC	비ABC	브라질 전체
1975	803,785	126,450	930,235	86.4%							
1980	784,919	380,255	1,165,174	67.4%							
1984	572,426	292,226	864,652	66.2%							
1985	630,159	336,547	966,706	65.2%			122,217				7.90
1986	700,502	355,830	1,056,332	66.3%			129,232				8.17
1987	530,681	389,390	920,071	57.7%			113,474				8.11
1988	566,440	502,316	1,068,756	53.0%			112,985				9.46
1989	594,305	418,947	1,013,252	58.7%			118,369				8.56
1990	502,124	412,342	914,466	54.9%	69,730	47,666	117,396	59.4%	7.24	8.65	7.79
1991	436,293	523,926	960,219	45.4%	64,427	45,001	109,428	58.9%	6.77	11.64	8.77
1992	403,964	669,897	1,073,861	37.6%	61,414	44,250	105,664	58.1%	5.78	15.14	10.16
1993	486,611	904,824	1,391,435	35.0%	58,380	48,358	106,738	54.7%	8.34	18.71	13.03
1994	567,226	1,014,163	1,581,389	35.9%	57,806	49,328	107,134	54.0%	9.81	20.56	14.76
1995	594,206	1,034,802	1,629,008	36.5%	56,698	47,916	104,614	54.2%	10.48	21.60	15.57
1996	606,801	1,197,527	1,804,328	33.6%	52,538	49,319	101,857	51.6%	11.55	24.28	17.71
1997	641,856	1,427,847	2,069,703	31.0%	52,147	52,794	104,941	49.7%	12.30	27.05	19.72
1998	535,741	1,050,550	1,586,291	33.8%	48,794	34,255	83,049	58.8%	10.98	30.67	19.10
1999					44,081	41,019	85,100	51.8%			
2000					42,903	46,231	89,134	48.1%			

주 : ABC 지역은 상베르나르두와 상까에따노의 조립 공장들을 합산한 것임.
출처 : SMABC-DIEESE(2003a).

량은 8배나 증가하여, ABC 지역의 생산이 줄어드는 동안에도 신공장 건설과 생산 확장이 여타 지역들을 중심으로 꾸준히 전개되고 있었음을 알 수 있다. 브라질 자동차 산업의 전반적인 성장세 속에서 ABC 지역은 상대적인 비중뿐만 아니라 절대적인 규모에서도 위축되는 반면, 여타 지역의 자동차 생산은 급격하게 팽창했음을 알 수 있다.

ABC 지역의 생산 규모가 줄면서 고용 규모도 축소되었다. ABC 지역의 자동차 산업 고용 규모는 지속적으로 위축되어 1990년에는 브라질 전체 규모의 59.4%로 떨어졌으며, 2000년 현재 48.1% 수준까지 내려갔다. 개별 완성차 업체들 수준에서도 ABC 지역 공장의 고용 규모를 감축하면서 여타 지역의 고용 규모는 확대하고 있었다. 1997~2001년 사이의 고용 규모 변화를 보면(CCD02:28), 폭스바겐의 경우 상베르나르두 공장에서는 1만9,740명에서 1만3,690명으로 33.8% 인력 감축을 실시하면서 헤센데 공장에서는 59명에서 10.8으로 79.7%가 늘었다. 포드의 경우 상베르나르두 공장에서는 5,463명에서 3,183명으로 41.7% 감축하면서 동시에 바이아 공장(2001년)을 건설하고 있었다. 또한 지엠의 경우도 상주제도스 깜뽀스 공장에서 1만454명에서 8천 명으로 23.5% 감축하면서 그라바타이 공장(2000년)을 건설하고 있었다.

ABC 지역 자동차 산업의 생산 규모와 고용 규모의 급격한 축소는 브라질 자동차 산업의 쇠퇴를 의미하는 것이 아니라 브라질 자동차 산업이 신공장 건설로 ABC 지역과 여타 지역의 이중 구조를 형성하고 있으며, 생산의 중심이 급격하게 ABC 지역에서 벗어나고 있음을 의미한다.

3. ABC 지역의 산업 활성화 시도

자동차 산업의 지리적 재편과 함께 ABC 지역의 자동차 산업이 위축
되면서 이 지역의 자동차 산업뿐만 아니라 지역 경제도 상당한 타격을 입
었다. 이런 추세 속에서 ABC 지역의 산업을 활성화해 지역 경제를 복원
하려는 노력들이 전개되었는데 그 가운데 대표적인 시도들로는 1991~93
년 자동차 산업 부문 협의회, 1990년대 후반부터 활발하게 추진된 광역
ABC 지역의 지역개발 운동, 룰라 정부 출범 후의 경쟁력 포럼을 꼽을 수
있다.

1) 1990년대 초 자동차 산업 부문 협의회(1991~93년)

1980년대 후반 가파르게 치솟기 시작한 물가 상승률은 1986년 65%,
1987년 416%에 달했으며, 이듬해인 1988년에 1,000%를 넘어서면서 내
수 시장이 붕괴되고, GDP가 마이너스 성장률을 기록했다. 전형적인 스
태그플레이션 현상이 전개되는 가운데 자동차 산업도 큰 타격을 입었다.
1988~89년도까지 1백만 대 수준의 생산 규모를 유지했으나 꼴로르 정부
의 급격한 시장 개방 정책으로 자동차 수입이 급증하기 시작하는 1990년
에는 91만 대로 9.7%가 감소했다〈표 4-1〉 참조). 또한 ABC 지역의 경우
에는 〈표 5-1〉에서 보듯이 15.5%가 줄어 자동차 산업의 위축 현상은 주
로 ABC 지역을 중심으로 전개되었다.

생산이 줄면서 ABC 지역을 중심으로 공장폐쇄와 대규모 인력 감축이 시작되었다. 포드는 1991년 말 상베르나르두 엔진 공장을 폐쇄하고 7백 명을 정리 해고하겠다는 내용의 계획을 발표했다. 이에 ABC 지역 금속 노조, SMABC 대표단이 디트로이트 포드 본사를 항의 방문했으며, 뒤이 어 브라질 재무장관과 면담을 하는 과정에서 노사정 3주체가 참여하는 자동차 산업 단위의 산업 활성화 노력이 필요하다는 점에 공감하게 되었 다. 기존의 산업별 부문 협의회는 주로 인플레이션 억제를 위한 가격 문 제에 치중했기 때문에 CNM/CUT 노동조합들은 참여하지 않았으나, 자 동차 산업의 문제점들을 정밀하게 진단하고 자동차 산업의 발전을 위한 공통의 목표들과 중장기 프로그램들을 논의하기로 하면서, 1991년 12월 17일 CNM/CUT가 참여해 자동차 산업 부문 협의회가 재출범했다.[3]

자동차 산업 부문 협의회는 정부 측 대표단, 완성차 업체와 부문 업체 대표단, CNM/CUT와 FS 대표단[4]이 참여하는 명실상부한 노사정 기구

3) 자동차 산업 부문 협의회의 추진 과정 및 합의 내용에 대해서는 Camargo(2003a, 102-139), Martin(1997), SMABC(1993; 1994), SMBD(1992), Conceição 면담(2003), Arbix(1997), Rodrigues(1997a), Krein 면담(2003), Arbix 면담(2003), Rodrigues 면담(2003) Lopes 면담 (2003)을 참조.

4) FS 측에서는 상까에따노(São Caetano), 상파울루, 꾸리찌바(Curitiba) 노조가 참여했고, CNM/CUT 측에서는 SMABC, 따우바떼, 뽀르뚜알레그레, 베팀(Betim) 노조가 참여했다. 하지 만 CUT 내에서도 집권파 아치꿀라상오 측이 적극적으로 참여하는 반면 소수파인 아뗴흐나띠 바는 노사정 기구 참여를 노사협조주의로 비판하며 반대함으로써 지엠 공장이 있는 상주제도 스깜뽀스 노조는 불참했다(Lopes 2003). 부문 협의회를 둘러싼 CUT 내 역학에 대해서는 이 책 의 제3장을 참조.

로 재출범하면서 6개 실무 위원회로 나누어 활동을 시작했다. 부문 협의회는 브라질 자동차 산업의 현안들로 생산과 판매의 정체, 일관성 없는 자동차 산업 정책, 중하층 소비자들을 위한 저가 모델의 결여, 세계 최고 수준의 차량 구입 세금, 생산품의 낮은 품질 수준 및 세계시장 수출 경쟁력 결여, 1990년 점진적 관세 자유화에 따른 완성차 수입 증대, 생산과정 기술 수준의 낙후성 및 투자 부진, 작업 조직의 합리화 및 노동자 숙련 형성의 필요성을 지적했다. CNM/CUT 측 대표단은 SMABC를 중심으로 구성되었으며 범노동계 연구 기관인 DIEESE와 CUT의 정책 연구실 DESEP의 조직적 지원을 받으며 참여했다. 노동조합 측은 중장기 발전 방안으로 완성차 가격 조정, 최종 생산 품종의 혼합, 수출 촉진 인센티브, 수출관세 인하, 생산 증대, 고용 및 임금 증진 등을 제안했다. 부문 협의회는 1992년 3월 27일과 1993년 2월 15일 두 차례에 걸쳐 합의를 도출하는 데 성공했다.

1992년 3월 27일의 1차 합의 내용은 세 부분으로 나누어 볼 수 있다. 첫째, 판매를 촉진하기 위해 승용차 및 경상용차 가격을 즉각 22% 인하하되, 12%는 연방-주 정부 자동차 판매세를 인하함으로써, 나머지는 완성차 업체, 부품 업체, 판매 업체의 이윤 마진을 축소해 달성한다. 또한 수출 촉진 프로젝트를 추진하고 내수 판매를 증진하기 위해 자동차 구입 신용을 제공하는 데 1.5억 달러를 지원한다. 둘째, 중장기 투자와 생산 목표를 설정하기 위해 5개년 완성차 투자 프로그램을 작성하고, 2000년 2백만 대 생산 목표를 설정하며 생산 체계 재구조화에 대한 미래 계획을 준비한다. 셋째, 임금 및 노사 관계와 관련해서는 기존의 고용수준을 유지하고 매월 전월 물가 상승 지수에 연동하여 임금을 조정하고, 단체협약에 관한 논의를 위한 작업팀을 구성하는 한편, 4월 만료 예정인 단체협약을 6월까지 연장해 노사 관계의 안정을 추진한다.

1차 합의는 승용차와 경상용차를 중심으로 즉각적인 판매 신장을 가져오면서 고용 규모의 감축 추세를 멈추게 하는 성과를 낳았다. 1992년은 1991년에 비해 승용차 생산은 15.7%, 경상용차 생산은 10.4%가 증가했다(〈표 4-2〉 참조). 생산 증대 추세는 ABC 지역보다 여타 지역들을 중심으로 전개되었지만 ABC 지역에도 1차 합의의 성과가 있었다. 상파울루 주의 완성차 생산수준을 보면, 생산 규모가 최고에 달했던 1988년 4월 수준과 비교해 1차 합의가 타결된 1992년 3월 현재 65% 수준에 불과했으나 1년 뒤인 1993년 3월에는 75% 수준까지 증가했으며 자동차 산업의 정리 해고 계획들이 백지화되었다(Camargo 2003, 109-110). 고용 규모도 자연 감원 부분을 제외하면 대체로 안정적 수준을 유지했고, 실질임금 수준도 일정 정도 회복되었다.

1차 합의가 공장폐쇄와 인력 감축 추세를 중단시키고, 생산 규모의 확대를 통해 자동차 산업 활성화에 박차를 가하자 부문 협의회는 더욱 활발하게 가동할 수 있게 되었고, 1993년 2월 15일 2차 합의가 이루어졌다. 2차 합의는 1차 합의와 같은 생산 및 판매 증진 등 단기적 대책뿐만 아니라 좀 더 구체화된 중장기 자동차 산업 발전 계획을 포함했다. 단기 대책은 1차 합의를 거의 반복하는 것으로서, 첫째, 자동차 판매 가격을 엔진 배기량에 따라 10~15% 추가 인하해 중저가 차량을 중심으로 판매 신장을 추진하되, 이를 위해 관련 세금의 8%를 인하하고 완성차 업체, 부품 업체와 판매 업체의 이윤 마진을 5% 감축한다. 둘째, 고용 규모를 현 수준에서 유지하되 1993~94년 두 해 동안 완성차 4천, 부품 업체 8만2천, 판매 업체 5천 개 일자리 등 총 9만1천 신규 고용을 창출한다. 셋째, 물가 상승률에 따라 매월 임금수준을 재조정하는 정책을 지속하되 세 차례로 나누어 실질임금을 20% 인상하여 1995년 3월까지 1989년 수준을 회복한다. 넷째, 관행적으로 1년 단위로 체결되는 단체협약을 2년 단위로 체결하되 6개월 연장을 허용하고, 단체교섭 일자를 점진적으로 통일시키도록 한다.

한편 중장기 발전 계획과 관련해서는 첫째, 1992년 110만 대에서 1993년 120만 대, 1994년 135만 대, 1995년 150만 대 등 연도별 생산 규모 증대 규모를 설정하여 2000년까지 2백만 대 생산 규모를 실현한다. 둘째, 생산 및 고용 증대 목표를 달성하기 위해 1993년에서 2000년까지 2백억 달러를 신규로 투자하되, 완성차 업체는 6개월 단위로 총투자액을 공개하는 한편 실무 위원회를 구성하여 재정 지원 방식 개선을 모색한다. 셋째, 생산기술 및 품질 향상을 위한 자동차 산업 현대화를 실현하기 위해 업체들의 연구 개발 활동을 점검하고 품질 및 생산성 향상을 위한 공동의 노력을 전개하는 한편, 노사 공동 기구를 구성하여 생산 및 고용 목표의 달성 과정을 점검·감독한다.

2차 합의 이후 판매 증진 효과로 생산 규모는 1993년 생산 목표 120만 대를 초과해 139만 대를 생산했고, 1994년에도 목표치를 23만 대 초과하여 158만 대를 생산함으로써 최고치 기록을 연이어 갱신했다(〈표 4-1〉 참조). 기대 이상의 생산 증대 성과에 힘입어 1993~94년 두 해 동안 1천5백 명 정도 고용이 늘기도 했다. 자동차 산업 부문 협의회가 상당한 성과를 내자 부문 협의회는 여타 산업들로 급격하게 확산되어 1993년 8월 현재 25개 부문에서 부문 협의회가 가동되었다. 자동차 산업의 업계와 노동계 모두가 자동차 산업 부문 협의회의 활동을 긍정적으로 평가하며, 부문 협의회를 적극적으로 활용해 산업 발전을 이루고자 했지만, 1993년 5월 까르도주가 재무장관이 되고 이듬해 1월 대통령에 취임하면서 전 산업에 걸쳐 부문 협의회가 무력화되기 시작했다. 까르도주는 인플레이션 억제를 경제정책의 최고 목표로 설정하고, 부문 협의회 같은 케인스주의적 시장 개입 정책은 인플레이션을 억제하는 데 방해가 된다는 이유로 산업 발전은 시장에 맡기고 적극적인 시장 개방을 통해 가격 인상을 억제하는 정책을 전개했다. 결국 부문 협의회는 1994년 4월 다시 물가 상승 억제를 주요 기능으로 설정했던 1991년 12월 이전의 모습으로 돌아갔으며, 부문 협의회를 통해 자동차 산업을 발전시키려는 노력은 막을 내리게 되었다.

2) 광역 ABC 지역개발 운동(1997~)

그린필드의 신공장 건설로 ABC 지역의 자동차 산업이 위축되면서 ABC 지역의 실업률이 상승하는 한편 산업구조도 변화하고 있었다(SMABC-DIEESE 2003a, 94-103; Magalhães 2002). 1989년 ABC 지역 전체 취업 인구의 51%를 점하던 산업부문이 10년 뒤인 1999년에는 30%로 감축된 반면, 상업 부문과 서비스 부문은 같은 기간 동안 각각 13%에서 22%로,

36%에서 48%로 급격하게 팽창했다. 1988~97년 사이에 광역 ABC 지역5)에서 공식 부문의 고용 상황이 어떻게 변했는지를 살펴보면, 전체 고용 규모는 1990년 56만7,274명에서 48만7,541명으로 14.1% 감축하여 고용 문제가 얼마나 심각한지를 잘 보여 주고 있다. 한편 같은 기간 동안 지역 산업의 핵심이며 산업 연관 효과가 큰 자동차 산업을 포함한 수송 기계 제조업은 11만4,071명에서 7만4,168명으로 35.0% 감축했고, 금속 산업은 5만2,097명에서 2만8,829명으로 44.7% 감축했으며, 기계 산업은 3만4,536명에서 1만3,943명으로 59.6% 감축해 자동차 산업의 위축이 지역 고용 문제 악화의 진원지임을 확인할 수 있다. 한편 화학·의약 산업은 같은 기간 동안 4만7,844명에서 3만6,971명으로 감축해 감축 폭이 23%로서 자동차·금속 산업에 비해 감축 속도가 상대적으로 완만함을 보여 준다. 한편 자동차 산업을 중심으로 한 산업 위축의 문제를 해결하고자 하는 지역 차원의 노력이 1990년부터 가시화되기 시작했다.

1990년 말 광역 ABC 지역 7개 도시들은 상또안드레(Santo André) 시장인 세우소 다니에우(Celso Daniel)의 주도하에 '광역 ABC 지역 컨소시엄'(Consórcio Intermunicipal do Grande ABC, 이하 컨소시엄)을 구성했다. 컨소시엄의 목표는 광역 ABC 지역의 공통된 이해관계를 논의·대변하며, 이 지역의 산업 인프라를 개선하기 위해 집합적 노력을 경주하고, 구체적

----

5) 광역 ABC 지역 7개 도시의 고용 규모 분포를 보면 1999년 현재 상대적으로 규모가 큰 ABCD 지역이 전체 광역 ABC 지역 고용 규모의 90.8%를 점한다(SMABC-DIEESE 2003a, 102).

인 지역개발 정책들을 수립·추진한다는 것이었다. 1994년에는 지방자치 단체 정부들과 시민사회의 의사소통 경로를 구축하기 위해 지역 언론, 노동조합들, 지역 경제인협회들, 생태 운동 단체들과 종교단체들을 포함하는 시민사회 세력들을 중심으로 '광역 ABC 지역 시민 포럼'(Fórum da Cidadania do Grande ABC, 이하 시민 포럼)을 조직했다. 이러한 노력의 성과에 기초해 컨소시엄, 시민 포럼과 상파울루 주 정부가 참여하여 1997년 3월에는 '광역 ABC 지역 협의회'(Câmara Regional do Grande ABC, 이하 지역 협의회)를 조직했다. 뒤이어 1998년 10월에는 지역 발전을 위한 전략적 계획과 구체적 정책을 개발하는 NGO로 '광역 ABC 지역 경제 개발 기구'(ADEGABC, 이하 지역개발 기구)를 조직했다. 이처럼 지방정부들을 중심으로 지역개발 운동을 전개한 것은 까르도주 정부가 시장 개입과 산업 정책을 거부하고 있어 까르도주가 취임한 1994년 이후에는 자동차 산업 발전 혹은 ABC 지역 산업 공동화 문제 해결을 위한 어떠한 조치도 연방 정부로부터 기대할 수 없다는 절박감의 발로였다.

현재 지역개발 운동은 지역 협의회에서 시민사회와 지방정부들 사이의 공론화와 협의 과정을 거치며, 지역개발 기구가 구체적인 정책 대안들을 개발·추진하고, 컨소시엄이 이를 행정적으로 지원하는 방식으로 진행되고 있다. 1998년 지방자치 단체장 선거에서 7개 도시 가운데 세우소 다니에우를 포함하여 상대적으로 규모가 큰 상또안드레·상베르나르두·지아데마(Diadema) 3개 도시에 노동자당 후보들이 시장으로 선출되면서 지역개발 운동은 더욱 활발하게 전개될 수 있었다.[6]

지역 협의회는 1997년 5월 국제 컨퍼런스를 개최하여 독일 루르 지방,

이태리 세스또 산 죠바니, 미국 디트로이트 등 외국의 지역개발 전략 사례들을 검토하는 등 활동 방향을 모색했고, 이후 지역의 주 정부, 시 정부, 상공인, 노동조합, 의회, 시민 단체, 대학 대표들이 참여해 지역개발을 위한 다양한 현안들을 교섭하는 공간으로 기능했다. 지역 협의회는 1997년 11월과 1998년 8월 합의들을 포함해 몇 차례 합의를 도출하는 등 상당한 성과를 거두었다. 합의 도출 과정을 보면 1997년 합의의 경우 먼저 실무 위원회들이 101개 주요 과제들을 선정하고 그 가운데 31개를 우선 과제로 지정한 다음, 지도부 모임에서 9개 과제로 축약해 합의 내용을 발표했다.

1997년 11월 합의 내용을 보면, ① 광역 ABC 지역에 지역개발 기구를 조직하여 지역의 사회경제적 정보를 체계화하고, 지역 마케팅 사업을 수행하며 기업 지원 활동을 전체적으로 조정한다. ② 지역의 침수 문제를 해결하기 위해 빗물을 저수하는 시스템을 구축하고, 지역의 도로 사정을 개선하기 위해 안치따-이미그란떼 진입로, 인디오 띠비히까 도로, 기타 새 도로들을 건설한다. ③ 생산 체인의 경쟁력을 높이기 위해 저리의 재정 지원과 기술 확산-숙련 형성 지원 프로그램을 실시해 중소 영세 업체들의 기술을 현대화한다. ④ 2000년까지 23만5천 명의 신규 고용을 창출한다는 계획으로 지역 고용 사정 개선 과정을 지속적으로 점검한다. 그

---

6) 룰라 정부가 출범하기 이전 광역 ABC 지역개발 운동의 전개 과정 및 성과에 대해서는 Leite (2003, 면담 2005), Camargo (2003a; 2003b), Magalhães(2002), Reis(2006), SMABC-DIEESE (2000a; 2003b), ADEGABC(2005), Tadashi 면담(2005), Rodrigues 면담(2005)을 참조.

외에도 관광산업 발전을 위해 지역 환경을 개선하고 기초 자료의 연구와 상호 교환을 활성화하고, 청장년 문맹 문제를 해결하기 위해 3만2천 명 정도의 탈문맹화를 추진하는 내용 등이 포함되어 있다. 합의 사항의 이행 정도를 보면, 먼저 광역 ABC 지역에 지역개발 기구를 창설했고, 빗물 저수 단위 6개를 건설했으며 17개의 추가 건설을 추진하고 있고, 계획된 도로 건설 사업들은 대부분 완성했고, 2년간 1만2천 명을 조직해 숙련 형성 프로그램을 실시했고, 관광 가이드를 출판하는 등 합의 사항들은 거의 모두 이행되었다. 다만 산업 경쟁력 제고와 관련해서는 자동차 산업부문의 경우 1998년 상반기에는 일정 정도 논의가 진전되었으나 하반기부터 더 이상의 진전 없이 유명무실해짐으로써, 주로 플라스틱 제조업과 석유화학 산업 부문에 한정되는 한계를 보였다.

1차 합의의 긍정적 성과에 힘입어 1998년 8월 12개 항목들을 중심으로 2차 합의가 이루어졌다. 2차 합의는 자동차 산업과 석유화학 산업 등의 기술 확산을 지원해 산업 경쟁력을 높이고, 생산 체인의 경쟁력을 제고시키기 위해 중소 영세 사업장의 기술 현대화를 추진하며, 도로 교통 체계를 개선하는 등 1차 합의 내용의 연장선상에서 좀 더 구체화된 내용들을 담고 있다. 2차 합의 이후 기술 현대화에 1천만 헤아우를 지원하고 2000년까지 23만5천 명의 직업훈련을 실시하는 등 일정한 성과를 내기도 했지만, 2차 합의는 지방자치단체 선거와 정부-의회의 업무 부담으로 인해 1차 합의에 비해 성과가 상대적으로 미흡했다는 평가를 받게 되었다.

이후 2000년 1월 21개 항의 합의에 이어 2002년 5월 6일 좀 더 구체적인 정책 프로그램들을 포함하는 11개 항의 합의를 이루었다. 2002년

합의 내용을 보면, ① 마우아(Mauá)와 지아데마에 주립기술교육센터를 설립하고, ② 화장품 산업, 기계 제조업, 플라스틱 산업에 기술 지원·확산 센터를 설립하고, ③ 중소 영세 기업들에 대한 재정 지원을 확대하고, ④ 그 외에도 도로 교통 체계 및 환경위생 개선, 빗물 저수 설비 및 주립 병원 2단계 건설, 청소년 사회교육 확대 등 다양한 지역개발과 삶의 조건 개선을 위한 사항들이 포함되어 있다.

지역 협의회는 1990년 컨소시엄 조직을 주도하며 지역개발 운동을 이끌었던 상또안드레 시장 세우소 다니에우가 2002년 암살되면서 잠시 침체기를 맞았으나 룰라 정부 들어서 연방 정부의 적극적 지원에 힘입어 다시 활성화되기 시작했다(Reis 2006; ADEGABC 2005; ADEGABC noticia 2004/11/04). 2003년부터 연방 정부는 ABC 지역개발 운동을 지원하기 위해 지역 협의회의 숙의회의(Conselho Deliberativo)에 참여하기 시작하여 지역 컨소시엄과 다양한 협약을 체결했다. 다음해 6월에는 지역 컨소시엄의 제안을 받아들여 연방의회에서 공적 기구들의 컨소시엄에 법적 지위를 부여하는 법안을 통과시켜 지방자치단체들 사이의 협의·협력 기구들의 활동을 지원했다. 또한 경제사회개발은행, 중소기업청(SEBRAE), 산업훈련청(SENAI) 등 연방 정부 기구들로 하여금 광역 ABC 지역개발 운동을 적극 지원하도록 했다. 경제사회개발은행은 지역개발 기구와 상호 방문하며 지역개발 운동을 지원하기 위한 다양한 정책 방안을 모색·추진하는 한편, 광역 ABC 지역 지사를 통해 지역 중소기업들의 신규 투자와 기술 개발을 위한 정책금융을 실시했다.[7] 중소기업청과 산업훈련청 역시 지역 기구들을 이용하여 지역개발 기구의 사업들에 결합하도록 했고, 뿐만 아니라 국유 기업인 뻬뜨로브라스로 하여금 ABC 지역에 대한 투자를 적극적으로 모색하여 ABC 지역의 플라스틱·석유화학 산업의 발전과 지역 경제 활성화에 기여하도록 했다.

지역개발 운동은 수출 활동 지원, 지역사회 삶의 질 개선 등 다양한 사업을 전개했으나 그 가운데 지역개발 사업의 핵심은 기업 창업 지원 사업(APL)과 기업 인큐베이팅 사업(Incubadora)이라 할 수 있다(ADEGABC 2005; ADEGABC Noticia 2007/04/02, 2007/04/10; Bresciani 면담 2007). 창업 지원 사업은 중소기업청의 기술·재정 지원을 받으며 지역 내 중소기업의 창업을 지원하고 촉진하는 사업으로서, 지역에 산재해 있던 중소기업청 지부들의 복잡한 업무 구조를 2003년부터 통괄하여 운영해 오다가 2004년 8월 창업 지원 사업으로 공식 발족했다. 창업 지원 사업은 아직 플라스틱 산업, 자동차 부품 산업, 기계 가공 산업에 한정되어 있으며, 플라스틱 산업에서 가장 활발하게 추진되고 있다. 2007년 초 현재 상또안드레 시 플라스틱 산업의 경우 23개 기업을 지원하고 있으며, 창업 지원 사업은 아직 시험 단계에 머물고 있는 것으로 평가되고 있다. 인큐베이팅 사업은 중소기업의 시장 경쟁력을 강화하여 안착시키는 사업으로서 산업훈련청과 중소기업청의 사업 지원을 받는다. 광역 ABC 지역 7개 도시

---

7) ADEGABC(2005)이 보고한 바에 따르면, 경제사회개발은행 지사의 지원을 받는 기업들이 산업별로는 제조업 47%, 서비스업 31%, 상업 및 농업 21%이며, 지원 대상 기업들의 94%가 중소 영세 기업들이며 대기업은 6%에 불과했다.

들 가운데 마우아의 기업 인큐베이팅 센터(IEBM)가 2001년에, 상또안드레의 기업 인큐베이팅 센터(InNova)가 2002년에 설립되어 인큐베이팅 사업을 주도하고 있다. 인큐베이팅 사업은 지역개발 기구에 소속되어 있지만 예산은 해당 지방정부로부터 지원받고 있으며, InNova의 경우 상또안드레 시 정부로부터 예산의 85%를 지원받고 있고, IEBM도 마우아 시 정부로부터 비슷한 수준의 지원을 받고 있는 것으로 알려져 있다. 인큐베이팅 사업은 시장 경쟁력이 취약한 중소기업들을 대상으로 재정적·기술적으로 지원하는 한편, 기업 경영 및 마케팅 관련 자문과 함께 경영 전략 수립을 지원하며, 교육 훈련 사업도 실시하고 있다. 현재 상또안드레의 InNova의 경우 18개 기업을 지원하고 있으며, 주로 신상품을 개발하거나 신생산기술을 시작하는 기업들을 대상으로 기술혁신과 기술 개발을 지원하는 데 주안점을 두고 있다.

광역 ABC 지역의 지역개발 운동은 7개 도시 가운데 주로 노동자당이 집권한 시 정부들이 주도하며, 룰라 정부 출범 이후 연방 정부의 지원을 받으며 활발하게 전개되어 왔다. 한편, 브라질사민당(PSDB)이 집권해 온 상파울루 주 정부는 ABC 지역의 지역개발 운동에 소극적으로 관여해 왔으나, 2004년 2월 들어 마침내 브라질사민당 주지사 아우키민(Geraldo Alckmin)은 광역 ABC 지역개발 운동이 상파울루 주뿐만 아니라 브라질 전국 수준에서도 훌륭한 '성공 모델'임을 인정하고 컨소시엄 참여 지자체들과 다양한 협약들을 체결하기 시작했다. 브라질사민당 소속 주지사가 다른 지자체들도 벤치마킹할 것을 촉구하고 나설 만큼 지역개발 운동은 지역 경제 활성화의 성과를 인정받게 되었다. 광역 ABC 지역개발 운동은 상파울루 주뿐만 아니라 전국적으로 확산되었고, 상파울루 주의 경우 깜삐나스와 준다이(Jundai) 지역 등에서 일정한 진전을 보이고 있는 것으로 평가되고 있으며, 2006년 11월 현재 상파울루 주 내에 75개의 인큐베이팅 사업이 진행 중인 것으로 확인되고 있다(ADEGABC noticia 2004/02/19, 2006/11/21).

지역 협의회는 산하에 21개 소위원회를 두었는데 양대 축은 자동차 산업과 석유화학 산업이었다. 자동차 산업 소위원회의 경우 완성차 업체들의 철수로 무기력해졌으나, 플라스틱 산업을 포함한 석유화학 산업 소위원회의 경우 상당한 성과를 내면서 활발하게 가동되었다.

지역개발 운동이 플라스틱·석유화학 산업에서 성과를 볼 수 있었던 데에는 다양한 요인들이 작용한 것으로 평가되고 있다(ADEGABC 2005; ADEGABC noticia 2007/04/23; Bresciani 면담 2007; Leite 면담 2005). 첫째, 브라질 플라스틱 산업의 8천5백 개 업체들 가운데 50% 이상이 상파울루 주에 위치해 있고, 그 가운데 5백 개 업체가 광역 ABC 지역에 밀집되어 있어 동일한 노동시장과 산업 경제 인프라에 근거하여 상당한 이해관계를 공유하고 있으며, 오랜 기간 동안의 상호작용과 협력의 네트워크가 잘 구축되어 있다. 둘째, 광역 ABC 지역개발 운동은 7개 도시들이 컨소시엄을 구성하여 추진하기 시작했다는 점에서 확인할 수 있듯이 지역개발 운동의 추동력이 지방정부들에서 비롯되었으며, 지역개발 운동을 주도한 세우소 다니에우가 석유화학 산업 소위원회를 주관하고 있어서 리더십뿐만 아니라 지방정부들의 적극적 역할이 담보되었다. 셋째, 석유화학 산업 소위원회에 참여한 12개 대기업들 가운데 벨기에 자본 소유인 소우바이(Solvay)를 제외한 나머지 기업들은 뻬뜨로브라스, 뻬뜨로끼미까 우니아오(Petroquímica União), 뽈리에띨레노스(Polietilenos), 수사노뻬뜨로끼미까(Suzano Petroquímica) 등 모두 브라질 국적 자본이었다. 초국적 자본들에 비해 브라질 국적 자본들에게는 상파울루 주와 ABC 지역이 상대적으로 더욱 중요했으므로 자본 이전이 쉽지 않으며, 국내에 의사 결정 주체가 있고, 시장이나 노조 지도자 등 지역 인사들과 상호작용의 경험을 갖고 있거나 연결망을 공유하고 있어 합의를 모색하기 용이하다. 넷째, 뻬뜨로브라스는 브라질 국적 자본일 뿐만 아니라 국유 기업으로서 연방 정부의 경제 산업 정책 방향에 호응하며, 특히 룰라 정부가 출범한 이후 지역개발 운동에 대한 적극적 지원 방침에 입각하여 ABC 지역에 상당한 재원을 투자했고, 거대 기업으로서 동 산업 내에 기업들 간 상호 호혜적 관계를 구축하는 데 앞장섰다. 다섯째, 정유 업체인 뻬뜨로브라스에서 시작하여 최종 소비재 제품을 생산하는 업체들에 이르기까지 플라스틱·석유화학 생산 체인의 모든 부분이 참여해 원재료 구입과 생산품 판로 확보에 유리하다. 특히 뻬뜨로브라스 등 원재료 생산 업체들이 산업 네트워크 구축에 적극적으로 나서는 것은 중소 영세 업체들에게 큰 도움이 되고, 중소 영세 업체들의 경우 시장 경쟁력이 취약하여 정부나 뻬뜨로브라스 같은 거대 원재료 생산 업체들의 지원과 협력이 절실하며, 중소 영세 업체들이 협력하여 공동으로 원재료를 구입하고 관련 기술들을 공유함으로써 생산원가 절감과 생산성 향상을 기할 수 있었다.

　반면, 자동차 산업 소위원회의 경우 완성차 업체들이 처음부터 소극적으로 관여하다가 1999~2000년에는 완전 철수하게 되었고, 완성차 업체들이 철수하면서 부품 업체들이 적극적으로 참여할 인센티브가 없어졌다. SMABC라는 금속 산업 노동조합이 어느 다른 노동조합들보다 먼저 지역 개발 운동을 주창했음에도 불구하고 결국 자동차 산업 소위원회는 동력을 잃게 되었다. 완성차 업체들이 지역개발 운동을 회피한 것은 이들이 초국 적 기업으로서 국적 자본에 비해 상대적으로 자본 이동이 자유롭고 특정 지역의 경제 활성화에 이해관계를 갖지 않는다는 점, 개별 업체들이 세계 수준의 기술력과 판매망을 갖고 있어서 특정 지역 수준에서 협력할 필요 성을 느끼지 못하며 시장을 둘러싼 경쟁 관계일 뿐이라는 점, 완성차 업체 들이 원하는 정책 변화는 이자율 인하, 자동차 판매 세율 및 법인 세율 인 하, 해외시장 개척 지원 등 지방정부가 아니라 연방 정부가 담당하는 부분 이었으나 연방 정부가 지역개발 운동의 주체가 아니었다는 점, 완성차 업 체는 경제적 영향력으로 인해 지방정부뿐만 아니라 연방 정부에 대해서도 상당한 교섭력을 지니고 있어 필요한 부분에 대해서는 직접 연방 정부를 상대로 로비를 해 해소할 수 있다는 점 등이 지적되고 있다.

3) 룰라 정부 시기 자동차 산업 경쟁력 포럼

룰라 정부는 적극적인 개입 정책 외에도 자동차 산업 활성화를 위한 의미 있는 정책들을 추진했는데, 그 대표적인 사례가 부문 협의회를 재현 하기 위한 경쟁력 포럼이었다. 여기에서는 경쟁력 포럼의 조직 과정 및 배경, 운영 방식 및 한계를 검토한다.

(1) 부문 협의회 실험 재개의 공론화

브라질 자동차 산업은 까르도주 정권하에서 부침을 거듭하며 1997년 연 생산 2백만 대를 넘었으나 이후 크게 감축하여 1997년 수준을 회복하지 못하고 있었다. 자동차 산업 침체 현상은 고용 문제를 가져왔다. 자동차 산업 고용 규모는 1986년 12만9천 명에서부터 꾸준히 축소되어 까르도주 정권 마지막 해인 2002년에는 8만1천 명까지 하락했다. 심화되는 생산 위축과 고용 불안 속에서 가장 심각한 문제의식을 지닌 쪽은 자동차 산업 노동조합이었다.

자동차 산업 노동조합들은 까르도주 정부하에서 자동차 산업 부문 협의회가 폐기된 후 자동차 산업 발전을 위한 정부 차원의 적극적 개입이 없다는 데서 문제의 원인을 찾고, 부문 협의회 구성과 정부의 적극적 개입을 유도하기 위해 2002년 대통령 선거 과정을 활용했다. 2002년 대통령 선거 과정에서 SMABC가 중심이 되어 CUT는 룰라를 포함한 유력한 대통령 후보들에게 차기 정부가 자동차 산업 발전을 위해 추진해야 할 7개 목표(SMABC 2002)를 제시했다. 여기에서 SMABC와 CUT는 내수 시장을 통한 자동차 생산의 증대, 수출 증대로 산업의 무역 흑자 증대, 자동차의 교체와 재활용 지원, 브라질 기술에 의한 완성차와 자동차 부품의 설계 및 개발에 대한 인센티브 제공, 알코올 차량의 생산 및 판매의 인센티브 제공, 자동차 산업의 전국 단일 단체협약 체결 등을 요구했으며, 최우선순위로 자동차 산업의 발전과 모니터링을 위해 자동차 산업 부문 협의회를 조직할 것을 요구했다.[8] 세하 후보가 전국 단일 단체협약 체결과 관련해서는 향후 검토하겠다는 의견을 표명한 것을 제외하면 유력한 대통령 후보들은 거의 모든 사항을 전적으로 수용했다. 특히 부문 협의회에 대해서는 모든 후보가 적극적인 의지를 표명했으며, 룰라는 부문 협의회를 포함한 7개 사항 모두를 자신의 선거공약으로 채택했다(Conceição 면담 2003).

2000년 5월부터 까르도주의 임기가 끝나기 전까지 플라스틱·건설·섬유·전자·의약 산업 등 8개 산업부문에 노사정 경쟁력 포럼이 설립되어 가동되고 있었지만, 산업 정책이 아니라 인플레이션을 억제하기 위한 물가 관련 논의에 치중하고 있었다. 이처럼 경쟁력 포럼은 1990년대 초의 부문 협의회와 달리 노동조합이 산업 차원의 정책 결정 과정에 개입할 수 있는 여지를 허용하지 않았기 때문에, CUT 노동조합들은 참여하지 않고 있었다. SMABC를 중심으로 한 CUT 노동조합들은 1991~93년 부문 협의회의 실험을 재현하고자 했으며, 그러한 입장이 7개 목표의 제시로 나타났던 것이다.

룰라는 취임 직후부터 부문 협의회 조직 등 선거공약 사항들을 실천하기 위한 노력을 시작했으며, 부문 협의회 경험의 재현도 즉각적으로 추진했다. 룰라가 2003년 2월 17일 산업과 상업의 발전을 촉진시키기 위한 적

---

8) SMABC와 CUT 등 노동조합 지도부들(Grana 면담 2005; Feijoó 면담 2005; Sanches 2005; 2007)은 거의 모두 자동차 산업 부문 협의회가 1991~93년 당시 정리 해고를 포함한 구조 조정을 중단하고 생산량 증대와 고용 안정을 가져왔다는 점에서 부문 협의회를 긍정적으로 평가하고 있었다. 하지만 CUT 내 강경 소수파인 아뼤흐나띠바는 자본과의 협력 모델에 대해 비판적이어서 부문 협의회에도 불참했으며 경쟁력 포럼에도 반대 입장을 분명히 했다.

극적 정책 수단으로 경쟁력 포럼 프로그램을 강화할 것을 천명하면서 경쟁력 포럼의 목표와 역할은 재규정되었다. 플라스틱 산업이나 건설 산업과 같이 이미 가동되고 있던 경쟁력 포럼은 재조직되어 운영되기 시작했고, 경쟁력 포럼이 설치되지 않았던 자동차 산업, 항공 산업, 철강 산업, 의약 산업, 자본재 산업 등의 경우는 새로 조직되었다. 룰라 정부가 출범한 직후인 2003년 3월 25일 재출범한 플라스틱 산업 경쟁력 포럼을 필두로 2003년 한 해 동안 재출범 혹은 신설된 경쟁력 포럼은 모두 13개에 달했으며, 그 외에도 보석, 생명 기술, 제지, 알루미늄 산업 등 다수의 산업들에 대해 경쟁력 포럼 설치 필요성 여부를 검토하는 등 1990년대 초 부문 협의회처럼 경쟁력 포럼도 룰라 정부 초기부터 확산되는 추세였다.

　룰라 정부 들어 재조직되거나 신설된 경쟁력 포럼은 까르도주 시기 경쟁력 포럼과는 다른 새로운 목표와 역할을 부여받았다(MDICE 2007a; 2007b; 2007c; 2005a; 2005b; 2002). 경쟁력 포럼은 3단계 전략을 채택했으며, 첫 번째 단계에서는 노사정 3주체의 적극적 참여를 통해 문제를 진단하고 합의를 통해 구체적인 실천과 목표를 설정하고, 두 번째 단계에서는 해당 생산 부문의 경쟁력 향상을 위한 애로 사항을 해결하는 한편, 기회를 활용하여 생산 체인의 경쟁력을 향상하고, 세 번째 단계에서는 국가 발전의 거시적 목표를 실현하겠다는 것이었다. 이와 같은 전략적 접근을 통해 경쟁력 포럼은 고용을 창출하고 소득을 증대시키며, 지역의 산업적 발전과 산업의 지리적 확산을 이루고, 수출을 증대하고, 수입 상품과 국제적 서비스에 대항하는 내수산업의 경쟁력을 높이며, 경쟁력 향상을 위한 요인과 조건들을 검토하여 확보하고, 기술력을 제고하여 생산성·품질 등에서 브라질 산업들의 경쟁력을 높이는 것을 목표로 삼았다. 경쟁력 개념도 생산비용·품질·혁신과 마케팅 같은 개별 기업 수준의 미시 경제적 경쟁력, 시장 및 기술과 관련된 생산요소들 및 생산 조건들에 해당되는 생산 부문 수준의 구조적 경쟁력, 국제시장, 인프라, 재정, 정치경제 제도적 요소들과 관련된 거시 경제적 수준의 체계적 경쟁력으로 구분하여 접근하고 있다. 룰라 정부는 경쟁력 포럼이 생산 부문 대신 생산 체인 개념에 입각하여, 노사정 합의를 통해 문제를 분석하고 해결책을 모색하며, 정부의 적극적인 참여와 사적 부문과의 협의를 통해 합의를 도출하고, 구체적 실천 방안들의 우선순위를 설정하며, 단기적 접근뿐만 아니라 중장기적 접근을 추진한다는 점에서 기존의 경쟁력 포럼과는 다른 혁신적 요소들을 갖추고 있다는 점을 강조하고 있다. 이 점에서 룰라 정부의 경쟁력 포럼은 1990년대 초 활성화되었던 부문 협의회와 매우 유사한 모습을 띠고 있지만 훨씬 더 정교하고 체계적인 형태로 재현되고 있으며, 산업통상부를 중심으로 정부 기구들이 이를 적극적으로 주도하고 있다.

(2) 자동차 산업 경쟁력 포럼의 활성화 배경

자동차 산업의 경우 룰라 정부가 출범하기 전까지는 경쟁력 포럼이 구성되지 않았으나, 자동차 산업의 발전과 산업 정책 개발을 위한 노사정 협의 기구 구성을 제일 먼저 제안한 것은 노동계였으며, SMABC와 CUT는 2002년 대선 기간을 활용해 이를 쟁점화시킨 바 있다. 한편, 자동차 산업 업계에서도 자동차 산업의 장기 침체로 점차 위기의식을 갖게 되었다.

자동차 생산은 1997년 2백만 대를 넘어섰으나 뒤이은 경제 위기로 급격하게 감소한 다음 조금 회복되었으며 2001~02년 연간 180만 대 수준에 머물고 있었다.

완성차 업체들의 위기의식은 무엇보다도 내수 시장 침체에 근거한 것이었다(RadioBras 2003/03/14; *NYT* 2005/03/11; *Automotive News* 2003/02/03; *Business Week* 2003/08/25). 지속적인 고금리정책으로 인해 2002년 12월 중앙은행 책정 이자율은 세계 최고 수준인 25.5%로서 자동차 산업 업체들 특히 부품 산업 중소 업체들의 투자를 어렵게 할 뿐만 아니라 자동차 구매에 대한 신용 대출 이자율이 50% 수준에 이르러 신용판매가 거의 불가능했다. 자동차 판매에 수반되는 각종 세금을 합하면 세율은 33%에 달해 중국 등 신흥 시장들의 두 배 수준으로서 추가적인 자동차 가격 인상 요인으로 작용하고 있었다. 또한, 연평균 1% 수준의 GDP 성장률이 지속되면서 실업률이 상승하여 13% 수준을 유지하게 되는 상황에서 고용 불안으로 미래가 불확실해지자 소비자들은 자동차 구입을 기피했다. 자동차 내수 판매는 1997년 194만 대에서 2002년 148만 대로 24% 감소했으며, 자동차 업계는 수출 판매 신장에 의존하게 되었다. 경제 위기 직후 일시적으로 하락했던 수출 판매가 다시 수직 성장세를 회복하여 2002년에는 1999년에 비해 54%나 신장된 42.4만 대를 기록하여 내수 시장 침체의 타격을 다소 완화시켜 주고 있었다. 하지만 최대 수출 대상국이었던 아르헨티나는 경제 위기로 인해 내수 시장이 붕괴되어 회복되지 않고 있었고, 브라질 통화 헤아우는 여전히 고평가되고 있어 수출 판매의 획기적 신장을 어렵게 했다.

　　자동차 산업의 침체는 룰라 정부가 출범한 뒤에도 지속되어 2003년 3
월 현재 320만 대의 생산능력을 갖춘 브라질 완성차 업체들의 설비 가동률
은 56%에 머물렀다(RadioBras 2003/03/14). 완성차 업체들은 2003년 들어
비관적 전망 속에서 구조 조정을 추진하게 되었다(*Brazil Monitor* 2003/12;
IMF News 2003/07/18; *Business Week* 2003/08/25; *Automotive News* 2003/
06/16, 07/28, 2004/02/02). 거의 모든 완성차 업체들은 오버타임 금지, 유
연한 노동시간 운영, 노동시간 단축을 실시했고, 더 나아가 인력 구조 조
정을 시도하기도 했으며, 7월에 들어서는 자동차 산업 침체와 인력 감축
을 둘러싼 노사 갈등이 절정을 이루었다. 7월 들어 피아트는 1천 명을 강
제 휴가 조치했고, 르노도 빠라나 공장에서 새로운 월드 카를 생산하려던
계획을 백지화하는 한편 2천8백 명을 강제 휴가 조치했으며, 포드는 2천
8백 명을 고용한 상베르나르두 공장을 6월 23일에서 27일까지, 7월 21일
에서 8월 1일까지 두 차례나 폐쇄했고, 지엠도 상까에따노 공장의 8천5
백 명 노동자 가운데 350명에 대한 정리 해고 계획을 발표했다가 노동조
합의 저항에 부딪쳐 노동조합과의 협의를 거쳐 자발적 명예퇴직을 실시
했다. 가장 공세적인 구조 조정 시도는 2003년 18.5%의 판매 감축을 겪
으며 브라질 내수 시장 판매 1위 자리에서 3위로 밀려난 폭스바겐에서
있었다. 폭스바겐은 7월 22일 4천 명의 정리 해고 계획을 발표했으며, 이
는 전체 폭스바겐 2만5천 명 노동자의 16%에 달했다. 정리 해고 대상 사
업장은 따우바떼와 안치에따(Anchieta) 공장이었다. 하지만, 최소 2004
년까지 구조 조정 대상 노동자들을 폭스바겐의 다른 사업장으로 재배치
함으로써 고용을 보장한다는 고용 안정 협약(Autovisão Brasil)에 입각하

여 노동조합이 거세게 저항하면서 정리 해고 계획을 철회하고 자발적 명예퇴직과 재훈련으로 계획을 수정했다.

이러한 자동차 산업의 위기 속에서 자동차 업계는 룰라 정부 출범 직후부터 내수 판매 신장을 위한 자동차 판매 세율 인하 및 이자율 인하, 중소 부품 업체들에 대한 특별 금융 지원, 신규 시장 개척 및 수출 경쟁력 강화를 위한 무역협정 및 해외시장 개척 등 정부의 적극적 개입을 요구하며 적극적으로 로비 활동을 전개해 왔다(RadioBras 2003/03/14; *NYT* 2005/03/11). 이 과정에서 중장기적으로 자동차 산업에서 30만 신규 고용을 창출한다는 목표를 설정하고, 이를 위해 정부는 자동차 판매 세율을 인하하고, 완성차 업체들은 가격 인상이나 정리 해고를 하지 않는다는 점에 동의하면서, 8월 1일 자동차 산업의 경쟁력 포럼을 출범시켰다.

⑶ 자동차 산업 경쟁력 포럼 운영

자동차 산업 경쟁력 포럼에 정부 측에서는 산업통상부·재무부·과학기술부·노동부·경제사회개발은행 등이 참여하고, 업계 측에서는 자동차 생산업체협회와 부품생산업체연합을 중심으로 관련 단체들 및 소속 업체들이 참여했으며, 노동 측에서는 CUT를 중심으로 CGT를, FS, 사민주의노조연맹(SDS) 및 소속 노동조합들이 참여했다(MDICE 2005c). 경쟁력 포럼을 주관하는 산업통상부 장관 푸란은 당면 현안이 아니라 자동차 산업의 구조적 문제들에 대한 해결책을 모색하는 것이 경쟁력 포럼의 목표라는 점을 강조하여 현안 문제에 치중하는 업계 측과 확연한 입장 차이를 드러냈다(*ESP* 2003/08/01). 정부 측의 목표는 두 가지로서 내수 시장에서의 판매를 촉진해 자동차 산업 유휴 생산능력을 활용하고 고용을 창출하는 것, 그리고 핵심 부품으로 업체들을 중심으로 부품 생산 업체들 사이의 부품 공급 체인을 구축하는 것이었다. 자본 측의 목표는 중앙은행 이자율 인하, 자동차 판매 세율 인하, 부품 업체들 중심의 금융 지원, 수출 증진을 위한 적극적 자유무역협정 체결 등이었으며 주로 정부의 경제·산업 정책에 대한 요구들이었다. 노동 측의 목표는 자동차 산업의 장기적 전망을 확보함으로써 고용을 보장받는 것으로서 정부 측에 대해 적극적 산업 정책을 요구하는 한편, 자본 측에 대해 고용 보장을 요구하는 것이었다.

자동차 산업 경쟁력 포럼은 4개 소위원회(GT grupo de trabalho), 즉 생산물 시장 소위(GT de mercado), 자동차 부품 소위(GT de autopeças), 기술 체계 소위(GT de tecnologia), 사회 통합 소위(GT de inclusão social)를 두고 가동할 계획을 세웠고, 기술 체계 소위를 제외한 나머지 세 소위들이 먼저 조직, 가동되기 시작했다(MDICE 2004c; Sanches 2005). 생산물 시장 소위는 내수 시장과 해외시장으로 나누어 내수 시장에 대해서는 판매망, 차량 교체와 재활용 프로그램을 위한 기술적 점검, 재정 금융 체계, 투자, 수송, 엔진 문제 등을 검토하고 해외시장에 대해서는 신시장 개척, 국제 협약, 수출금융 및 메르꼬수르 지역 통합 문제들을 검토했다. 자동차 부품 소위는 부품 업체 발전, 수입 대체 경쟁력, 재정 금융 지원 문제 등을 검토하며, 사회 통합 소위는 주로 노동조건, 교육 훈련, 노사 관계, 기업의 사회적 책임, 빈곤 문제, 환경문제 등을 담당했다.

218

경쟁력 포럼은 브라질 자동차 산업의 주요 문제점으로 높은 유휴설비 비중, 내수 시장 위축, 부품 공급 체인의 와해, 국제경쟁력을 지닌 기술 개발 미흡, 전자 기술 적용 부품의 낮은 경쟁력, 국제 기준 대비 높은 물류비용 등을 꼽았다. 이러한 문제점들을 극복하기 위해 수행할 과제들로 내수 판매와 수출 증진을 통한 유휴 설비 문제 해소, 신모델을 위한 플랫폼 개발을 통한 국내 엔지니어링 강화와 국산 부품 구입 증대, 중소 영세 업체들에 대한 재정 지원 체계 개선, 에탄올의 내수 판매와 수출 증대를 가져오는 멀티 퓨얼 엔진 장착 차량 확대를 위한 정책적 지원, 바이오 디젤(biodiesel) 활용 증대 등을 우선적 과제로 설정했다. 한편, 산업·기술·통상 정책과 관련된 거시적 목표들로 유휴설비 감축을 통한 자동차 산업 체인의 경쟁력을 향상하고, 포럼 참여 단위들의 파트너십을 통해 재정·수송·내수의 문제를 해결할 구체적인 프로젝트를 추진하며, 수출 증진을 지속하기 위한 조치를 강구하고, 수입품의 대체에 박차를 가하며, 신기술의 개발·활용을 촉진하는 사업들을 설정했다. 또한 거시적 목표를 수행하기 위한 구체적 실천 방안으로 부품 수출 증진에 대한 장애요인 제거, 수입 부품을 대체하기 위한 부품 업체들의 경쟁력 제고, 생산성과 품질 수준에서 잠재력이 큰 중소 영세 부품 생산 업체들의 발굴 및 지원책 모색, 자동차 산업 업체들의 사회적 책임 수행 프로젝트를 지원하는 사업들을 추진하기로 했다(MDICE 2004a; CNM/CUT 2003; *ESP* 2003/08/01).

자동차 산업 경쟁력 포럼은 SMABC와 CUT가 제안하여 룰라 정부가 적극적으로 추진하고 있는 데서도 확인할 수 있듯이, 노-정이 주체가 되어 자본 측을 견인하는 양상이었다. 이러한 노정의 협력은 자동차 포럼이 당면한 최우선 과제 두 가지 가운데 하나로 설정한 트럭 부문 현대화 프로젝트 MODERCARGA에서 잘 확인되고 있다. MODERCARGA는 트럭의 생산과 판매를 증진하기 위한 프로젝트이며, ABC 지역의 자동차 산업이 승용차에서 상용차로 중심이 이동했다는 점에서 ABC 지역 산업 활성화 시도의 일환으로 해석될 수 있다. 이 프로젝트는 CNM과 CUT가 제안하고 룰라가 수용하여 긴급하게 추진할 것을 지시한 다음 자동차 포럼이 채택한 것으로서, 노-정의 의도가 어디에 있는지를 잘 보여 준다. 경제사회개발은행이 브라질 트럭으로 교체하려는 고객들에게 특별 금융을 제공하되, 이 프로젝트로 혜택을 받는 완성차 업체는 사회경제적 의무 사항을 이행해야 한다는 것이었다. CNM-CUT가 제안한 의무 이행 사항들 가운데 핵심적인 사항들을 보면 다음과 같다. 첫째, 현재 40~44시간 노동제로 2만1천 명 정도를 고용하고 있는 트럭 부문의 고용 문제를 해결하기 위해 주당 40시간을 초과하는 업체들은 임금 삭감 없이 40시간 이하로 주당 노동시간을 감축하며, 모든 업체는 직접·간접 직무의 창출 계획을 제출해야 한다. 둘째, 트럭 부문의 초임은 484헤아우와 1천2백 헤아우 사이에서 업체별로 큰 차이를 보이고 있는데, 수혜 업체들은 최저 850헤아우 이상을 보장해야 한다. 셋째, 내수 판매량과는 별도로 수출 목표를 제시하고 달성해야 한다. 넷째, 수혜 업체들은 내수 부품 사용 비율의 최저 수준을 충족시켜야 하며 수입 대체 목표를 설정하여 집행해야 한다.

자동차 산업 경쟁력 포럼은 출범 직후 자동차 판매세에 대해 한시적으로 4개월 동안 4%를 감축하기로 하고, 완성차 업체들도 그에 상응하는 가격 인하를 실시하도록 하는 등 합의를 도출해 실행하기도 했다. 자동차 산업 경쟁력 포럼은 경쟁력 포럼의 네 단계, 즉 ① 준비 단계, ② 진단·분석 단계, ③ 결정 단계, ④ 항구적 가동 단계 가운데, 세 번째 단계에 진입하고 있었으나, 자본 측, 특히 완성차 업체들이 강한 참여 인센티브를 갖지 못하게 되면서 별다른 성과를 내지 못하고 유명무실해졌다(Sanches 2005, 2007; Salerno 면담 2007; *ESP* 2003/08/01; Valeparaibano 2003).

완성차 업체들이 자동차 포럼에 적극적으로 참여하지 않게 된 가장 중요한 요인은 2003년 말부터 경기 부활과 더불어 자본 측이 위기의식에서 벗어나 낙관적 전망을 갖게 되었다는 점이다. 2003년 8월까지 내수 판매가 월 10만 대 수준으로 2000~02년 같은 기간에 비해 크게 떨어졌으나 2003년 9월 12만5천 대로 상승세를 시작하여 12월에는 16만7천 대로 2000~02년 수준을 훨씬 뛰어넘었다. 수출 판매 또한 신장세를 지속해 2003년 한 해 53만6천 대로 2000~02년의 37만1천 대, 38만8천 대, 40만 8천 대에 비해 큰 폭으로 증가했다. 내수 판매와 수출 판매는 2004년에도 성장세를 지속해 각각 157만9천 대와 65만 대로 전년 대비 10.5%와 21.2%로 증가해, 총생산 규모가 221만1천 대로 사상 최대 규모를 기록하며 전년 대비 20.9%의 신장세를 보였다(Anfavea 2003; 2005a; 2005b). 이러한 자동차 산업의 화려한 부활은 GDP가 2003년 마이너스 성장에서 2004년 5.2%로 높은 성장률을 회복하는 경제 전반의 호황 속에서 전개되고 있다는 점에서 자동차 산업 자본 측이 위기의식을 버리기에 충분했다. 낙관적인 전망 속에서 자동차 산업은 2004년 들어서면서 지엠이 그라바타이 공장에 2억 4천만 달러의 신규 투자와 1천5백 명 신규 고용 창출 계획을 발표하는 등 2003년 7월 위기의식 속의 공장폐쇄와 구조 조정 시도를 전개하던 상황이 완전히 반전되었음을 보여 주었다. 자본 측이 사상 최고의 호황을 누리게 되면서 산업 구조 개혁과 노동 측에 대한 양보를 강요당할 수 있는 경쟁력 포럼을 기피하는 것은 자연스런 일이었고, 2004년 들어 자동차 산업 고용 규모가 전년 대비 12.2%나 증대되고 있는 상황에서 노동 측도 정부를 압박하여 자본 측을 강제할 만한 근거를 갖지 못하게 되었다.

자동차 산업 경쟁력 포럼이 무력화된 또 다른 원인은 경쟁력 포럼의 구조적인 요인에서 비롯된 것이다. 정부 측은 국면적 현안보다 자동차 산업의 구조적 문제점들에 초점을 맞추고자 한 반면, 자본 측은 당면 현안 해소책을 정부 측에 기대했다. 자동차 판매 세율 인하는 한시적이나마 경쟁력 포럼 출범 즉시 이루어졌고, 중앙은행의 이자율은 2003년 6월 26.5% 수준까지 달했으나 12월 들어 16.5%로 인하되었으며, 룰라 정부는 메르꼬수르 중심의 중남미 경제통합을 추진하는 등 자본 측의 요구가 일정 부분 달성되고 있었다. 또한 이자율의 추가 인하와 주요 해외시장들과의 자유무역협정 체결 등은 경제정책의 문제로서 자동차 산업 경쟁력 포럼에서 결정할 수 있는 범위를 넘어서고 있으며, 핵심 쟁점이었던 고금리정책은 2004년 경제 활성화와 정부의 확고한 인플레이션 억제 의지로 인해 변화될 여지도 별로 없는 것이었다. 뿐만 아니라, MODERCARGA의 의무 사항들에서 확인된 바와 같이 자동차 산업 경쟁력 포럼을 통해 완성차 업체가 지게 될 부담은 자동차 산업 구조 개선이라는 정부 측 요구에 더하여 고용 및 노동조건에서의 양보라는 노동 측 요구까지 추가되어, 득실 계산에서 불리하다는 결론을 얻게 된 것이다. 정부 측 또한 고금리정책이 경쟁력 포럼에서 핵심 표적이 될 것이 자명한 상황에서 고금리정책을 양보할 수 없다는 입장을 고수하고 있었고, 자동차 판매 세율 인하 문제는 의회에서 조세 체계 전반의 개정에 대한 논의가 진행 중이었고 자동차 산업의 판매 신장 추세가 시작되고 있는 상황에서 완성차 업체들의 요구 조건들을 수용할 필요성을 느끼지 못했기 때문에 자동차 산업 경쟁력 포럼을 적극적으로 추진할 수 없었던 것이다.

이처럼 자동차 산업 활성화와 경제정책에 의한 제약은 자본 측이 경쟁력 포럼을 활용할 필요성을 축소시켰으며, 노동 측에 대한 양보와 정부 측의 완성차 업체 구조 개혁 요구는 자본 측으로 하여금 자동차 산업 경쟁력 포럼을 기피하게 함으로써 결국 자동차 산업 경쟁력 포럼은 유명무실해졌다. 한편, 플라스틱 산업 등에서는 경쟁력 포럼이 잘 가동되고 있었다. 그 이유는 핵심 기업들이 브라질 국적 기업들로서 초국적 기업들에 비해 의사 결정 주체가 브라질 국내에 위치해 있고 노조와의 협의가 상대적으로 용이하다는 점, 업체들이 세계적 수준의 초국적 기업들로 구성된 자동차 산업의 완성차 업체들에 비해 국제시장에서의 경쟁력이 상대적으로 취약하여 정부의 지원을 절실하게 필요로 한다는 점,9) 원재료 생산 업체들을

---

9) 산업통상부(MDICE 2007a)는 2004년 9월 1일 당시 가동 중이던 15개 경쟁력 포럼들을 내수 시장 경쟁력과 수출 시장 경쟁력으로 나누어 '상'(Excelente Potencial), '중'(Muito Bom Potencial), '하'(Bom Potencial)로 분류했다. 내수 시장 경쟁력에 있어 15개 산업들 가운데 6개 산업이 '상'으로 평가되고 있으며, 플라스틱 산업은 자동차 산업과 함께 '상'으로 분류되었다. 한편, 수출 시장 경쟁력은 '상' 6개 산업, '중' 6개 산업, '하' 3개 산업으로 분류되었는데, 자동차 산업은 '상'으로 분류된 반면 플라스틱 산업은 '하'로 분류되었다. 이처럼 주로 브라질 국적 중소 사업체들로

포함하여 생산품 공급 체인의 거의 모든 부문이 경쟁력 포럼으로 조직화되어 있어 경쟁력 포럼 내 협의를 통해 원재료의 저가 취득이 가능해 생산원가를 감축할 수 있다는 점, 중소 사업체들이 많아서 원재료 공동구입 등 협력을 통한 시너지 효과가 발생하기 쉽다는 점 등이 지적되고 있다(Salerno 면담 2007; Bresciani 면담 2007; MDICE 2007a, 2007b).

4. 토론 및 맺음말 :
산업 공동화의 정책 대안과 산업 활성화의 정치

1) 산업 공동화를 극복하기 위한 시도와 정책 대안

산업 공동화를 극복하려는 시도들은 자동차 산업과 지역 경제의 위기가 심화되었을 때 노사정 협력 형태로 전개되었다. 구체적 정책 대안들은 연방 정부와 지방정부 수준이 서로 달랐다.

연방 정부와 전체 자동차 산업 수준의 정책 대안들은 부문 협의회와 경쟁력 포럼에서 확인할 수 있다. 첫째, 내수 시장의 활성화를 위해 정부

구성된 플라스틱 산업이 세계 자동차 산업을 선도하는 초국적 대규모 완성차 업체들로 구성된 자동차 산업에 비해 경쟁력이 열악한 것으로 평가되고 있었다.

는 세율을 인하하고 완성차 업체들과 부품 업체들은 이윤 마진을 축소하여 자동차 판매 가격을 낮추는 한편, 정부는 중앙은행의 기초 이자율을 내리고 저금리 대출 자금을 지원하여 신용판매를 증진시킨다. 둘째, 수출 판매를 증진하기 위해 정부는 적정 환율을 유지하고 지역 경제블록 구성 등을 통해 수출 시장 개척에 앞장서며, 국책은행을 활용하여 적극적인 수출금융 지원을 실시한다. 셋째, 자동차 산업의 기술력을 향상하기 위해 업체들은 신기술 도입, 설비 개선과 연구 개발 활동에 대해 적극 투자하고 정부는 재정적·기술적으로 적극 지원한다. 넷째, 자동차 부품 산업의 활성화를 위해 정부는 부품 업체들의 설비투자를 적극 지원하고, 완성차 업체들은 글로벌소싱을 배제하는 한편 자체적으로 플랫폼을 개발하여 국산 부품 활용도를 높인다. 다섯째, 중장기적 생산 목표, 고용 창출 및 설비투자 계획을 노사정이 함께 확정하여 완성차 업체는 정기적으로 생산 증대 및 고용 창출 성과를 발표하고 총투자액과 투자 내역을 공개하도록 해 이행 상황을 점검하며, 중간 목표치를 성실하고 투명하게 이행하는 업체들에 대해서는 일정한 정책적 인센티브를 제공한다.

광역 ABC 지역개발 운동에서 보았듯이 지방정부와 지역 경제 수준에서도 가능한 산업 활성화 정책 대안들이 있다. 도로를 건설하는 등 산업 인프라를 구축·개선하고, 업체들의 기술 개발 및 설비투자에 대한 특별 정책금융을 실시하고, 수출 대상 국가들의 정보 수집 등 마케팅을 지원하며, 청소년들과 노동자들을 대상으로 교육·훈련 프로그램을 실시하고, 중소 영세 업체들이 공동으로 발주하고 원재료를 구입하며, 기술을 공유하고 공동으로 기술을 개발할 수 있도록 지원하며, 지역의 환경과 치안 등 주거 조건을 개선하여 입지 경쟁력을 높이는 등 다양한 정책 방안들이 시도되었다.

2) 룰라 정부 시기 자동차 산업과 지역 경제 활성화 시도

자동차 산업의 위축과 상파울루 지역의 경제 침체에 맞선 활성화 노력들은 노사정 협력 모델로 시도되었으며 룰라 정부 출범 이후 훨씬 더 활발하게 전개되었다. 까르도주 정부가 시장 불개입 원칙을 고수하며 긍정적 성과를 거두었던 부문 협의회도 폐기한 반면, 룰라 정부는 경제와 산업에 대한 적극적 개입 전략을 채택했다. 룰라 정부는 노사정이 참여하는 경제사회개발위원회를 조직하여 전체 경제 수준에서 정책 방향을 조율·설정하도록 했으며, 산업별로 노사정 협의 기구인 경쟁력 포럼을 조직·재조직하는 한편, 지역 수준의 지역 경제 활성화 시도를 적극 지원했다. 자동차 산업 경쟁력 포럼은 부문 협의회의 성공을 재현하기 위해 조직·운영되었고 광역 ABC 지역개발 운동은 더욱 활기를 띠게 되었다.

경쟁력 포럼과 광역 ABC 지역개발 운동은 다른 산업·지역 경제 활성화 시도들과 마찬가지로 모두 1990년대 초의 자동차 산업 부문 협의회를 모델로 삼았으며, CUT와 SMABC 등 노동조합들이 적극적으로 주창하여 노사정 협의 기구로 출범했다는 공통점을 지니고 있다. 자동차 산업과 지역 경제 활성화를 위한 노사정 협의 기구에 대한 경제주체들의 입장은 상당한 편차를 보였다(〈표 5-2〉 참조). 룰라 정부와 노동조합들이 적극적

	적극적 참여	조건부 참여	적극적 거부
정부	룰라 정부 (적극적 개입주의)	-	까르도주 정부 (시장 불개입 원칙)
자본	플라스틱-석유화학 산업, 중소 사업체	완성차 업체	-
노동	CUT, SMABC	FS	CUT 내 소수 강경파 (아떼흐나띠바)

인 입장이었던 반면, 완성차 업체들은 경쟁력 포럼과 광역 ABC 지역개발 운동 모두 참여하지 않음으로써 자동차 산업 경쟁력 포럼은 폐기되었고, 광역 ABC 지역개발 운동은 플라스틱·석유화학 산업을 중심으로 추진되어 상당한 성과를 거두었다.

3) 노사정 참여의 비용과 편익

자동차 산업과 지역 경제 활성화 시도들의 성패는 노사정 세 주체의 참여에 의해 좌우되며, 특히 완성차 업체의 참여 여부가 관건이 되었다. 노동조합이나 룰라 정부와 달리 완성차 업체들의 참여 여부는 조건부였다. 이러한 경제주체들 사이의 편차는 산업 활성화를 위한 노사정 협의 기구 참여에 따른 비용과 편익(cost-benefit)의 차이에서 비롯되며, 그러한 비용과 편익의 상대적 크기는 경제 상황과 정부의 성격에 따라 변하는 것이다.

　노사정 각 주체들이 산업 활성화를 위한 노사정 협력 모델에 참여함으로써 얻는 편익은 각 주체들의 요구 조건들로 나타난다.

　노동의 참여 인센티브는 자동차 산업의 중장기적 발전 전망을 확고히 해 공장폐쇄와 정리 해고 없이 고용 안정을 보장받고, 실질임금 인상 등 노동조건 개선을 이루는 것이다. 한편 자본의 목표는 내수 시장과 수출 시장에서 판매를 늘려 이윤을 극대화하는 것이다. 따라서 정부에 대해 내수 시장의 활성화를 위해서는 금리 및 세율 인하를 요구하고, 수출 촉진을 위해서는 적극적인 수출금융 지원과 경제블록 추진 등 수출 시장 개척을 요구한다. 한편, 정부는 산업 발전을 통해 고용 감축을 피하고 신규 고용을 창출하여 실업 문제를 해소하고, 자동차 산업 완성차 업체들과 부품 업체들의 기술력 향상과 구조 개혁을 통해 안정적 산업 발전을 이루기를 원한다. 이처럼 노동과 정부가 중장기적인 산업 발전과 자동차 산업의 구조적인 문제점을 해결하는 데 초점을 맞추는 반면, 자본은 정부 측이 당면 현안들을 해결하기를 원한다. 따라서 자동차 산업이 위기에 처하게 되면 노사정 모두 산업 발전을 통해 각자의 이해관계를 추구하는 윈윈 게임이 가능하지만 위기 상황이 해소되면 자본 측이 이탈할 가능성이 높아지는 것이다.

　한편, 노사정 각 주체들이 산업 활성화 시도에 참여함으로써 치를 수 있는 비용은 서로 상대측에 요구하는 형태로 전개되기 때문에 상호 이해관계가 충돌할 가능성이 높고, 따라서 노사정 협력 구도를 파기하는 요인으로 작용할 수 있다.

　노동 측 참여의 비용이 미미하다는 것은 2002년 대선 과정에서 부문 협의회의 부활을 가장 강력하게 촉구한 것이 노동 측이었다는 데서도 확인될 수 있다. 2003년 중하반기 단체교섭 과정에서도 파업 투쟁을 전개했고 만족할 만한 교섭 성과를 얻은 것에서 볼 수 있듯이, 노동 측은 참여와 투쟁을 병행할 수 있으며 노동 측에 대한 산업 평화 요구 여부 및 강도는 정부의 성향에 의해 크게 좌우될 수 있다.

반면, 자본 측에게는 상당한 참여의 비용이 요구될 수 있다. 가격 인상을 억제하고 이윤 마진을 축소하는 것은 산업 위기의 해소와 판매 증진이 가져다주는 효과로 상쇄될 수 있다. 그러나 공장폐쇄, 정리 해고, 고용 감축 등을 중단하는 문제는 그것이 위기 극복 기간에 한시적으로 부과되는 것이 아니라 제도화되는 것이라면 장기적으로 유연한 노동력 활용을 어렵게 하는 것이다. 또한 자동차 산업 업체들의 설비투자와 구조적 합리화 조치는 상당한 투자를 수반하는 것이며, 게다가 생산량, 고용 창출, 설비투자의 목표치를 설정하여 이행토록 강제하고 투자와 연구 개발 내역을 공개하게 하는 것 역시 자본 측으로서는 높은 참여 비용이 된다.

한편, 정부 측의 경우 세율을 인하하더라도 판매 증대로 상쇄되므로 세수 감축 문제가 발생하지 않는다. 하지만, 고금리정책 철회 등 정부의 경제정책에 대한 수정 요구는 부담으로 작용할 수 있으나, 이는 의제의 범위가 어떻게 규정되는가에 따라 달라진다.

이와 같이 참여의 비용은 노동 측이 가장 작고, 자본 측이 가장 크며, 정부의 성격이 친노동적/친자본적이냐에 따라 이러한 참여 비용의 격차가 더욱 커질 수도 있고 작아질 수도 있다. 결국 산업 활성화 시도의 성패에서 관건은 자본 측의 참여 여부로 결정되며, 자본 측은 산업의 위기 정도와 정부의 성격에 따라 참여 유인과 비용의 크기를 계산하여 참여 여부를 결정하게 되는 것이다.

4) 자본의 참여 여부와 산업 공동화의 정치

자동차 산업 완성차 업체들은 부문 협의회와 경쟁력 포럼에는 참여했으나 지역개발 운동에는 참여하지 않았다(〈표 5-3〉 참조). 자본 측의 유인은 내수 시장의 활성화와 수출 판매 촉진을 위한 이자율·세율·환율·통상 등 연방 정부의 경제·산업 정책의 영역에 해당된다. 따라서 자본 측은 연방 정부가 참여하지 않는 지역개발 운동에 참여할 이유가 없었다. 결국 지역개발 운동은 지역 경제에서 절대적 영향력을 행사하고 있는 자동차 산업이 배제된 채 석유화학 산업과 중소 영세 업체들을 중심으로 전개되었던 것이다.

자동차 산업의 위기와 연방 정부의 참여는 자본 측 참여의 필요조건들이다. 자동차 산업 부문 협의회가 출범하던 1990~91년과 경쟁력 포럼이 출범하던 2002~03년은 모두 브라질 자동차 산업이 위기에 처해 있던 시기였다. 생산 위축과 그에 따른 공장폐쇄, 고용 감축은 자본의 이윤율, 노동의 고용 안정성에 타격을 주며 국가의 산업 기초와 경제 기반을 위협하고 노사 갈등을 수반한다는 점에서 노동과 자본뿐만 아니라 연방 정부에도 위기 상황이었다. 이러한 위기 상황에서 산업 위기를 극복하기 위한 산업 활성화는 노사정 각 주체에게 윈윈 게임이었으며, 그래서 노사정 세

| 표 5-3 | 자동차 산업 및 지역 경제 활성화 시도와 완성차 업체의 참여 여부 결정 요인 |

	자동차 산업 부문 협의회(1991~93)	광역 ABC 지역 개발 운동(1997~)	자동차 산업 경쟁력 포럼(2003~)
출범 배경	자동차 산업 위기	지역 경제 위기	자동차 산업 위기
완성차 업체 참여 여부	적극 참여	불참	참여 후 철수
완성차 업체 참여 편익	세율 인하	없음 (연방 정부 불참)	금리, 세율 등 현안 (경제 회복으로 퇴색)
완성차 업체 참여 비용	생산 증대, 투자 증대	투자 증대, 협력 업체 관계 및 지역 입지	기업 경영 전략 제약

주체 모두 부문 협의회와 경쟁력 포럼에 참여했던 것이다.

그러나 부문 협의회는 성공했지만 경쟁력 포럼은 자본 측의 기피로 무력화되었는데, 결과가 달랐던 것은 두 가지 변인으로 설명할 수 있다.

첫째 변인은 경제·산업 여건의 변화이다. 1992~93년과 2003~04년 모두 노사정의 산업 활성화 시도가 시작된 다음 자동차 생산 규모에서 긍정적 추세가 나타나기 시작했다. 1992~93년의 경우 부문 협의회의 직접적 성과로 생산 및 판매 증대가 이루어졌으며, 연 1,200% 수준의 인플레이션으로 내수 시장과 거시 경제 상황은 아직 불안정성을 벗어나지 못하고 있어서, 여전히 부문 협의회의 역할을 필요로 하고 있었다. 반면, 2003~04년의 경우 경쟁력 포럼의 성과와는 무관하게 생산 증대가 이루어졌으며, 경제는 마이너스 성장을 벗어나 안정적 성장세를 회복함으로써 경쟁력 포럼의 효용가치는 크게 하락했다.

두 번째 변인은 정부 정책의 기대 효과 크기였다. 1992년은 높은 인플레이션율하에서 내수 시장을 활성화하기 위한 세율의 추가 인하 등 적극적인 개입이 요구되고 있었으나, 정부의 정책 방향이 확정되지 않았기 때문에 부문 협의회에서의 협의 결과에 따라 결정될 여지가 컸다. 반면 2003~04년의 경우 이미 정부는 메르꼬수르 중심의 경제블록 추진과 경제사회개발은행을 통한 수출금융 지원 정책을 적극적으로 추진하는 한편, 한시적으로 세율을 인하하고 이자율을 크게 낮춤으로써 이미 자본 측 요구 사항이 상당 정도 실천되고 있었다. 그러나 자본 측이 문제시하는 고금리정책과 헤아우화 고평가 정책은 자동차 산업 정책의 수준을 넘어선 경제정책의 영역이며, 룰라 정부의 입장이 확고하여 자동차 산업 부문 경쟁력 포럼에 의해 경제정책의 기조가 변화될 여지는 거의 없었다.

이와 같이 2003~04년의 경우, 1992~93년에 비해, 자본 측의 참여 편익은 거의 사라진 반면 공장폐쇄 및 정리 해고 금지 등 노동력 사용의 경직화, 설비투자와 구조 합리화, 경영 정보 공개와 경영참가 가능성 등 자본 측의 참여 비용은 그대로 남아 있었던 것이다. 게다가 자본 측은 룰라 정부의 친노동적 성격이 노동과 자본의 비용 격차를 더욱 크게 할 수 있다는 우려를 갖게 되었고, 또한 CUT의 전국 자동차 산업 단일 단체협약 체결 요구 등이 추가로 제기될 가능성이 매우 높다는 점에서 자본 측 참여의 비용은 훨씬 더 커질 수 있다고 판단하게 되었다.

한편, 이자율 인하 문제는 자동차 산업에만 국한된 현안이 아니라 전체 경제 차원의 문제였으므로 자동차 산업 경쟁력 포럼에서 논의된다면 수익은 모든 산업의 자본 전체가 공유하고 비용은 자동차 산업 완성차 업체들이 전담하게 된다. 또한, 이자율 인하 문제는 경제정책의 핵심으로서 룰라 정부로부터 양보를 얻어 내기가 쉽지 않을 뿐만 아니라, 이자율 인하를 얻어 낸다 하더라도 상당한 비용을 치러야 하는 것이다. 따라서 이 자율 인하를 위해 치러야 하는 비용은 전체 자본 차원에서는 합리적일지 몰라도 개별 산업 차원에서는 합리적이기 어려운 것이다.

결국, 자동차 산업의 완성차 업체는 세율 인하와 수출 지원 등 자신들의 요구 사항이 상당 정도 해결되었고 내수 시장 회복과 수출 증진으로 자동차 산업의 위기가 이미 극복되었기 때문에 경쟁력 포럼 참여로부터 얻게 되는 추가적 편익은 큰 유인이 되지 못한 반면, 룰라 정부의 친노동적인 성격으로 인해 노동과 자본 사이의 참여 비용 격차가 더욱 커질 것이 분명한 상황에서 경쟁력 포럼에서 철수한 것은 비용-편익 분석에 입각한 합리적 행위라 할 수 있다. 또한 이자율 인하라는 양보를 얻어 내기 위해 자신들이 참여 비용을 전담하는 비합리적 선택을 거부한 것은 전체 자본 차원의 합리성 대신 자동차 산업 차원의 합리성을 선택한 결과라 할 수 있다.

5) 지역개발 운동과 산업 간 차별성

광역 ABC 지역개발 운동의 경우 연방 정부가 주도하지 않았다는 점에서 전국 수준의 노사정 협력 모델에 비해서도 완성차 업체들의 참여 편익이 훨씬 더 적다. 완성차 업체들이 요구하는 자동차 판매세·법인세율 인하, 이자율 인하, 중소 협력 업체 재정 금융 지원, 해외시장 개척 등은 시 정부들에게 기대할 수 없으며 연방 정부의 참여를 필요로 하는 것이기 때문이다.

그러나 플라스틱·석유화학 산업 대기업들은 경쟁력 포럼뿐만 아니라 광역 ABC 지역개발 운동에도 적극적으로 참여했다는 점에서 산업 간, 업체 간 차별성도 추가적 변인으로 작동했음을 확인할 수 있다.

첫째 변인은 자본의 국적 차이다. 플라스틱·석유화학 산업 대기업들은 거의 모두 브라질 국적 자본들로 구성되어 있어 초국적 대기업들로 구성된 완성차 업체들에 비해 자본의 이동성이 낮고, 의사 결정 주체가 브라질에 위치하며 브라질 자동차 산업과 ABC 지역 경제의 활성화에 대한 이해관계가 크다.

둘째 변인은 생산 체인의 통합 정도다. 플라스틱·석유화학 산업은 자동차 산업의 완성차 업체들과는 달리 연구 개발과 완성품 생산에서 원재료 생산에 이르기까지 생산 체인의 모든 부분이 산업과 지역 내적으로 통합되어 있어 산업·지역 협의 기구가 시너지 효과를 창출할 수 있는 여지가 크다. 특히 플라스틱·석유화학 산업의 최대 기업인 뻬뜨로브라스는 국유 기업으로서 정부의 정책적 입장이 철저하게 관철되기 때문에 원재료의 저가 공급과 투자 증대 등으로 산업·지역 경제 활성화에 적극적으로 기여할 수 있었다.

룰라 정부의 계급적 성격

　제3부는 노동자당이 성장하여 집권할 수 있게 된 계급적 기초를 분석하고, 그렇게 등장한 룰라 정부의 경제정책과 사회정책의 내용을 정책 선택의 의도와 함께 설명하면서 룰라 정부의 특성을 검토한 다음, 룰라 정부가 재선에 승리하는 과정에서 계급 투표가 어떻게 작동했는지를 규명한다.

　제6장은 노동자당의 룰라가 승리한 2002년 대선에서 계급 간 투표 행위의 차별성은 없었는지, 룰라 지지자와 세하 지지자 사이에 계급적 차별성이나 사회 정치의식에서 차별성이 존재하지는 않았는지를 규명한다. 이를 위해 2002년 실시된 세 차례의 여론조사 자료를 분석한다.

　노동자당이 노동계급 정당으로 창당된 이래 순수 계급정당에서 계급 연합 대중정당으로 발전한 것은 사실이지만, 2002년 대선에서 계급 간 투표 후보의 차별성은 유의미하게 존재했다. 이는 노동자당이 계급 연합 대중정당으로 전환하며 노동계급적 성격이 약화되었다 하더라도 타 정당들에 비해 여전히 노동계급적 성격이 강했으며, 이런 차별성이 유권자들의 선택에 영향을 미쳤음을 의미한다.

　정책 역량 평가와 지지 후보 선택은 거의 일치했으며, 룰라는 고용 창출과 빈곤 해소 등 사회적 문제들에서 높은 해결 능력을 지닌 것으로 평가하고 있었다. 까르도주 정부의 신자유주의 경제정책으로 인플레이션이 제압되고 경제 안정이 회복되면서 시민들은 사회문제들을 해결할 수 있는 적임자를 찾게 되었다. 즉 1994년과 1998년 대선에서 경제 투표(economic voting) 형태로 전개되었던 쟁점 투표(issue voting)가 2002년 대선에서는 사회 투표(social voting)로 바뀐 것이다.

　룰라 지지자는 세하 지지자에 비해 지배 세력과 국가기구에 대한 불신이 크며 지배 질서의 변화를 요구했고, 경제정책에서도 신자유주의 경제정책을 대체할 새로운 경제정책 패러다임을 원했다. 또한 룰라 지지자는 사회주의에 대해서도 세하 지지자에 비해 좀 더 긍정적으로 평가하고 있어 사회의 급진적 변화를 추구하는 이념적 진보성을 보여 주었다.

2002년 대선에서 룰라에 대한 투표는 계급 투표, 사회 투표, 지배 질서 거부 및 사회 변화 열망이 구현된 투표라 할 수 있다. 룰라와 세하 지지자들 간에 계급적 구성과 사회 정치적 태도의 차이가 없었다는 기존의 연구 결과들은 경험적 근거가 없는 것으로 확인된 것이다.

제7장은 룰라 정부가 까르도주 정부와 비교해서 어떤 점에서 연속성을 보이고 어떤 점에서 차별성을 보이는지를 분석한다. 룰라 정부는 변화를 약속하며 출발했지만 기대되는 변화를 가져오지 못했다는 비판을 받고 있고, 그 비판은 주로 경제정책에 대한 것이다. 룰라 정부의 경제정책은 까르도주 정부의 경제정책과 다를 바 없는 신자유주의 경제정책이라는 것이다.

룰라 정부는 막대한 외채와 정부 부채 및 인플레이션의 재발 조짐 속에서 출발했기 때문에 선택할 수 있는 경제정책의 폭에 상당한 제약을 안고 있었다. 룰라 정부는 인플레이션을 억제하고 외채와 정부 부채를 감축하기 위해 긴축재정 정책과 고금리정책을 중심으로 하는 통화주의 정책을 실시하는 한편, 경제성장과 사회 통합적 경제 운용을 위해 사회적 합의주의 모델과 수출 촉진 및 산업 인프라 구축에 적극 개입하는 개입주의 경제정책을 동시에 펼치고 있다. 까르도주 정부의 통화주의 정책과 신자유주의 경제정책의 조합이 룰라 정부에서는 통화주의 정책과 개입주의 경제정책의 조합으로 바뀐 것이다. 룰라 정부는 통화주의 정책에서 연속성을 보인 반면, 개입주의 경제정책에서 차별성을 보인 것이다.

룰라 정부는 외채와 정부 부채의 확대를 제어하고 인플레이션을 억제하는 동시에, 2004년에는 모든 산업에 걸쳐 생산 증대를 이룩하면서 높은 경제성장률과 상당한 고용 창출을 이루었다. 룰라 정부는 2004년의 경제 회복을 고금리정책 중심 통화주의 정책의 성과로 평가했다. 2004년 성공 요인에 대한 잘못된 해석과 높은 재선 가능성으로 인해 룰라 정부는 고금리정책 중심의 통화주의 정책을 쉽게 포기할 수 없게 되었다. 또한 경제 호황은 자본 측의 양보를 얻어 내기 어렵게 함으로써 사회적 합의 기구들은 활성화되지 못했고, 신자유주의 경제정책과 대비되는 룰라 정부의 개입주의 경제정책은 부각되기 어려웠다. 결국 변화를 약속하며 출범한 정부가 '성공(?)의 덫'에 걸려 변화를 시도하지 못하게 된 것이다.

제8장은 사회정책을 중심으로 룰라 정부의 계급적 정체성을 분석하고 룰라 정부의 선택을 설명한다. 세계 최고 수준의 불평등 문제는 노동계급 계급정당의 최대 과제가 될 수밖에 없었다.

룰라 정부의 사회정책은 빈곤선 이하의 시민들에 대한 재정적 지원, 농촌 지역의 무토지 농민들에 대한 토지 및 경작 자원 제공, 빈곤층 현상 및 임금 불평등 문제의 개선을 위한 최저임금 인상 정책이 핵심을 이루고 있다. 룰라 정부의 사회정책을 분석함으로써 몇 가지 사실을 확인할 수 있었다.

첫째, 막대한 정부 부채와 그에 따른 긴축재정 정책은 사회정책을 통한 불평등 해소에 상당한 제약을 주었으나, 룰라 정부는 사회정책 예산을 크게 증대함으로써 사회정책을 통한 불평등 개선 의지를 실천했다.

둘째, 불평등 해소 전략은 저소득층의 생활수준을 향상시켜 경제적 불평등을 해소하고자 한 것이었고, 시민들로부터 빈곤 문제 해결에 큰 성과를 거두었다는 평가를 받았다. 룰라 정부의 사회정책으로부터 수혜를 받은 주요 집단은 비공식 부문 비정규직 노동자, 무토지 농민과 빈민층이었다. 이처럼 룰라 정부의 사회정책은 노동계급 정체성을 유지하되 좀 더 구체적으로 노동계급 내 비특전적 부분을 사회정책의 전략적 대상으로 설정한 것이었다. 이런 전통적 지지 기반과 사회정책 수혜 집단의 불일치 현상은 노동자당 안팎의 다양한 갈등과 저항을 유발할 소지를 지니고 있었다.

셋째, 룰라 정부는 공적 부문 퇴직자의 연금 수령액을 사적 부문 수준으로 하향 조정하고 연금 수령액 상한선을 낮추는 연금제도 개혁을 실시하여 노동자당 의원들과 공공 부문 노동자들에게서 거센 저항을 받았다. 하지만 연금제도가 막대한 규모의 정부 부채와 재정 적자의 원인이 되고 있다는 점에서 시민들의 절대다수는 연금제도 개혁에 동의했으며 CUT도 정부의 연금제도 개혁안을 수용했다.

제9장은 좌파 정권의 등장이라는 거시적 현상의 설명에 대한 미시적 기초를 제공하고자 하며, 이를 위해 브라질의 2002년과 2006년 대통령 선거에서의 투표 행위를 중심으로 비교 분석한다. 브라질을 중심으로 한 중남미의 좌파 정당의 집권 추세가, 높은 불평등 수준과 광범위한 빈곤층의 존재라는 사회구조적 조건에 더해 신자유주의 경제정책의 폐해라는 요인으로 설명될 수 있다는 것에는 이견이 없다. 하지만 이러한 거시적 수준의 인과관계는 미시적 수준에서 개별 시민들의 투표 행위에 기초하

여 나타나는 현상임에도 불구하고, 아직 그에 대한 연구는 일천하다.

대통령 선거 분석을 통해 필자는 계급 투표 현상과 관련하여 몇 가지 사실을 확인할 수 있었다.

첫째, 계급 투표 현상은 2002년과 2006년 대선에서 모두 유의미하게 나타났으며, 2006년 대선에서는 계급 투표 경향이 더욱 강화되어 계급 투표론의 타당성을 경험적으로 입증해 주었다.

둘째, 2006년 대선에서는 계급 투표 경향이 강화되었을 뿐만 아니라, 비특전적 계급 범주들을 중심으로 한 친룰라 블록과 특전적 계급 범주들을 중심으로 한 반룰라 블록으로 양극화되어, 계급 범주별 계급 위치(class location)와 계급 입장의 상응성도 강화되었다는 점에서 진정한 의미의 계급 투표가 이루어졌다고 할 수 있다.

셋째, 2002년과 2006년 사이 룰라 지지율의 변화를 보인 계급 범주들의 경우, 대체로 특전적 계급 범주들의 룰라 지지율은 하락한 반면, 비특전적 계급 범주들의 룰라 지지율은 상승했다. 이는 룰라 정부의 계급적 성격을 간접적으로 확인해 주는 것이기도 하다.

넷째, 룰라 정부를 둘러싼 특전적 부문과 비특전적 부문 사이의 양극화와 그에 따른 계급 투표 경향의 강화는 계급 범주들 사이에서뿐만 아니라 개별 계급 범주들 내에서도 전개되었다.

다섯째, 2002년 대선에 비해 2006년 대선에서 계급 지형도가 양극화된 것은 사회경제적 양극화는 신자유주의 경제정책하에서 진전된 반면, 이데올로기적 양극화는 좌파 정권인 룰라 정부하에서 크게 진전되었음을 의미한다.

6
노동자당의 집권과 계급적 기초[*]

1. 들어가는 말

2002년 브라질 노동자당 룰라의 대통령 선거 승리는 브라질에서는 노예제 철폐에 맞먹는 역사적 계기로 평가되었으며(*Folha de São Paulo* 2002/10/29), 세계적으로는 동구권 붕괴 이후 실종된 사회주의 실험의 부활 가능성을 확인시켜 준 계기로 평가되었다. 룰라와 노동자당의 대선 승리에 대해 브라질 안팎에서 크게 주목했던 것은 변혁적 노동계급 정당이 집권하여 향후 급진적 사회변혁을 추진할 것이라는 점이었다. 뿐만 아니라 브라질처럼 경제 위기 이후 10여 년간 신자유주의 경제정책을 경험한 여타 중남미 국가들도 브라질과 유사한 사회경제적 조건에 놓여 있어 브라질에서 좌파의 대선 승리는 여타 중남미 국가들에도 파급될 것으로 예

---

[*] 이 글은 『동향과 전망』 통권 제72호에 실린 필자의 글을 수정·보완한 것이다. 게재를 허락해 준 한국사회과학연구소와 박영률 출판사에 감사를 드린다.

측되었고, 이후 그러한 예측은 현실화되었다.

노동자당은 노동조합 활동가들에 의해 노동계급 정당으로 창당되었으며, 2002년 대통령에 당선된 룰라 자신도 초등학교 중퇴 학력의 금속 노동자로서 노동자당의 기초가 된 신노동조합운동을 주도한 노동조합 활동가 출신이다. 2002년 룰라의 대선 승리는 세계적으로도 노동계급 정당 집권과 변혁 프로그램 실험의 계기로 평가되었지만, 2002년 브라질 대선을 분석한 연구자들은 룰라 지지자들과 경쟁 후보 세하 지지자들 사이에 계급 구성뿐만 아니라 사회 정치적 태도와 의식에서도 차이가 존재하지 않는다는 연구 결과들을 내놓았다.

노동계급 정당의, 노동자 출신 대통령 후보에 투표한 유권자들이 경쟁 후보에 투표한 유권자들과 차별성이 없다는 것은 납득하기 쉽지 않다. 더욱이 브라질은 세계적으로 불평등의 수준이 가장 높은 나라이고, 2002년 대선은 신자유주의 경제정책이 최소 8년간에 걸쳐 공세적으로 추진된 직후 치러졌다는 점에서 기존 연구 결과들은 더욱 믿기 어려운 것이다.

그렇다면 2002년 브라질 대선에서 계급 간 투표 행위의 차별성은 없었는가? 룰라 지지자와 세하 지지자 사이에 계급적 차별성이나 사회 정치 의식의 차이가 존재하지 않았는가? 이 질문들에 답하는 것이 이 장의 목적이다. 본 연구는 2002년 실시된 세 차례의 여론조사 자료를 분석하여 계급 간 투표 행위의 차별성과 두 후보 지지자들 사이의 차이를 확인하고 설명하고자 한다.

2. 노동계급 정당의 딜레마와 브라질 대통령 선거

여기에서는 노동계급 정당이 창당 후 선거제도와 관련하여 겪는 변화 과정을 설명하는 노동계급 정당 딜레마론을 검토한 다음, 브라질 2002년 대통령 선거에 대한 기존 연구 결과와, 역대 대통령 선거에서 룰라와 경쟁 후보가 얻은 득표율 추이를 검토하며 노동계급 정당 딜레마론의 경험적 타당성을 확인하고자 한다.

1) 노동계급 정당의 딜레마론

노동계급이 계급정당을 결성하는 동기는 노동계급의 이해관계를 보호하고 실현하려는 것이며, 노동계급의 이해관계는 당면 계급 이익과 근본 계급 이익으로 구성된다.[1] 노동계급의 당면 계급 이익은 임금, 복지, 노동조건, 고용 안정성 등 기존의 생산관계 내에서 노동자들의 물질적 조건을 개선하는 것이며, 근본 계급 이익은 기존의 생산관계 자체를 거부하며 대안적 생산관계로 대체하는 것이다.

노동계급 정당은 노동계급에 의해 혹은 노동계급의 대변자에 의해 노동계급의 계급 이익을 실현하기 위해 만들어진 정당이다. 따라서 노동계

---

1) 노동계급의 계급 이익에 대해서는 Wright(1985; 1997)와 조돈문(2004)을 참조.

급 정당이 노동계급의 이해관계를 보호·신장하는 것을 최우선순위에 두
고 실천하며, 노동계급 구성원들이 노동계급 정당의 주요 구성원인 동시
에 지지 기반이 되는 것은 당연하다. 하지만 노동계급 정당과 노동계급 사
이에 괴리가 발생하는 것은 피하기 어려우며, 이것이 바로 노동계급 정당
의 딜레마라는 것이다(Przeworski 1980; 1985; Esping-Andersen 1990; 1991;
Piven 1991).

노동계급 정당 딜레마론에 따르면, 노동계급 정당이 창설되면 세 단계
의 딜레마를 거친다고 한다. 첫 번째 딜레마는 제도 정치에 참여할 것인
가 여부, 둘째는 순수 계급정당으로 남을 것인지 아니면 계급 연합을 통
한 대중정당으로 전환할 것인지 여부, 셋째는 개혁 혹은 혁명 사이의 선
택이다. 각 단계에서 노동계급 정당은 선택을 강요당하지만 단계마다 직
면하는 두 선택지들 가운데 어느 하나도 버릴 수 없는 반면, 두 선택지들
을 동시에 선택할 수도 없다는 점에서 딜레마인 것이다.

노동계급 정당이 결성되어 제일 처음 직면하게 되는 딜레마는 선거제
도를 포함한 제도 정치에 참여할 것인지의 여부를 선택해야 한다는 것이
다. 선거제도에 참여하게 되면 자본계급 지배를 재생산하는 국가기구의
정당성을 인정함으로써 법적으로 허용된 제도적 경로를 통해서만 활동
해야 한다. 그 과정에서 노동계급 구성원들은 변혁 운동에 대한 적극적
참여 대신 대의 기구 구성을 위한 투표 행위에 소극적으로 참여하게 되며
사회혁명의 목표를 상실하게 될 수도 있다. 하지만 선거제도에 참여하지
않으면 대의 기구에서 의석을 확보할 수 없어 노동계급의 이해관계를 대
변할 수 없게 되는 반면, 선거에 참여하면 선거를 통해 노동계급을 조직

하고 선동하는 한편 노동자 대중의 의식과 조직력을 평가할 수 있으며 사회주의 시대를 위한 경험을 축적할 수 있기 때문에 노동계급 정당은 선거제도에 참여하는 것을 선택하게 된다.

노동계급 정당이 선거제도에 참여하기로 선택하고 나면 국가권력을 장악하기 위해 선거전에서 승리하는 것이 당면 목표가 되면서 두 번째 딜레마를 맞게 된다. 노동계급이 전체 계급 구조에서 과반수를 차지하지 못하므로 노동계급 구성원들의 지지만으로는 선거전에서 승리할 수 없고, 따라서 선거에서 승리하기 위해서는 타 계급 구성원들의 지지를 필요로 한다는 것이다. 타 계급의 지지를 확보하려면 노동계급 정당은 노동계급의 이해관계만을 대변할 수 없으며, 타 계급들의 이해관계도 대변해야 하는데, 이 과정에서 노동계급의 이해관계가 다소 희생될 수 있다. 노동계급 정당이 선거제도에 참여하기로 선택한 이상 선거전에서 승리하기 위해 순수한 노동계급의 계급정당으로 남을 수 없고, 노동계급과 타 계급들을 포함한 계급 연합 형태의 대중정당으로 전환하게 되는 것이다.

계급 연합 정당을 선택하고 나면, 노동계급 정당은 개혁과 혁명 사이에서 세 번째 딜레마를 맞는다. 노동계급은 사회혁명을 위해 계급정당을 구성했지만, 노동계급의 이해관계뿐만 아니라 계급 연합에 참여한 여타 계급들의 이해관계도 대변해야 하기 때문에 노동계급만을 위한 사회혁명을 선택할 수 없다. 설혹, 노동계급 정당이 사회혁명의 경로를 선택한다고 하더라도 노동계급 구성원들의 적극적인 참여를 기대할 수 없기 때문에 더더욱 노동계급 정당은 개혁의 경로를 선택하지 않을 수 없게 된다.

세 단계의 딜레마 가운데 노동계급 정당과 노동계급 사이의 괴리 문제가 직접적으로 나타나는 것이 두 번째 딜레마이며, 그것은 노동계급 정당의 선택이 노동계급 구성원들의 계급 정체성과 계급의식에 미치는 영향 때문이다. 두 번째 단계의 딜레마에서 노동계급 정당이 순수 노동계급 정당의 정체성을 포기하고 대중정당으로 전환하게 되면, 노동계급 정당은 노동계급과 계급 연합한 파트너 계급의 이해관계도 수렴하는 정책을 추진하게 된다. 대중정당으로의 전환은 노동계급 구성원들이 노동계급 정당에 대해 지녀 왔던 충성심뿐만 아니라 계급 정체성과 계급의식까지도 약화시킬 수 있다. 그것은 노동계급 정당이 계급 간 이해관계의 대립을 강조하기보다 대중정당으로서 상이한 계급들 간의 공존 가능성과 모든 계급을 아우르는 사회적 통합을 강조하게 되기 때문이다. 이러한 노동계급 정당의 전략은 타 계급들이 노동계급에 대해 갖고 있는 적대감이나 거리감뿐만 아니라 노동계급이 타 계급들, 특히 계급 연합 파트너 계급들에 대해 갖고 있는 적대감이나 거리감도 약화시킴으로써 계급 정체성 및 계급의식 형성에 부정적인 영향을 주게 된다.

노동계급 정당의 딜레마로 인한 노동계급 정당과 노동계급 사이의 괴리는 극복될 수 없는가? 이 문제에 있어 에스핑-안데르센이 쉐보르스키에 비해 좀 더 낙관적인데, 그것은 정책 수렴 가능성을 더 높게 평가하기 때문이다. 서구의 역사에서 보면, 노동계급 정당은 계급 연합 파트너로서 제2차 세계대전 전후의 스웨덴에서와 같이 농민 계급을 선택하기도 했지만, 점차 중간계급을 주요 파트너로 삼게 되었다. 에스핑-안데르센은 노동계급 정당이 노동계급과 중간계급의 이해관계를 동시에 충족시킬 수 있는 정책 대안들을 개발해 실행한다면 계급 연합 정당으로 전환하더라도 노동계급의 충성도가 약화되지 않을 수 있다는 점을 강조한다. 스웨덴 사회민주당이 1959년 추가 연금제도 도입을 통한 연금제도 개혁, 1970년대 추진한 공동 결정제 등 산업민주주의 정책, 1970년대 후반에서 1980년대 초반까지 추진한 임노동자 기금제 같은 경제민주주의 정책 등이 대표적인 사례로 지적되고 있다.

노동계급 정당의 선택에 따라 노동계급 정당에 대한 노동계급 구성원들의 지지의 의미도 변하게 된다. 노동자들이 노동계급 정당에 투표하는 것은 해당 정당과 자신을 동일시하거나 해당 정당이 자신의 이해관계를 잘 대변한다고 판단하기 때문이다. 노동계급 정당이 순수 계급정당으로 남아 있을 경우 동일시에 따른 투표 경향이 높으나 계급 연합 정당으로 전환하면 동일시에 따른 투표 경향은 약화된다. 이해관계 대변에 있어서도, 순수 계급정당의 경우 당면 계급 이익뿐만 아니라 근본 계급 이익도 대변하지만, 계급 연합 정당의 경우 주로 근본 계급 이익보다 당면 계급 이익을 대변하게 된다. 따라서 계급 연합 정당에 대한 노동자들의 지지는 도구적, 조건부 선택이 되어 어떤 정당이 노동계급의 당면 계급 이익을 더 잘 대변하는가에 따라 지지 정당도 바뀔 수 있는 것이다.

2) 2002년 브라질 대통령 선거 연구

룰라가 승리한 2002년 대통령 선거에 대한 연구들은 대체로 룰라 지지자들과 세하 지지자들 사이에 차이가 없고 계급들 사이에도 투표 행태에 차별성이 없었다고 보고함으로써 노동계급 정당 딜레마론의 설명력을 입증하고 있다. 새뮤엘스(Samuels 2004a, 2004b)는 2002년 대통령 선거 여론조사 자료들을 분석하여 노동자당 지지 여부를 설명하는 변수들의 유의미성 여부를 검증했다. 농촌 노동자, 프티부르주아, 주택 소유, 군인 경찰, 자유직업, 실업자는 노동자당 지지 여부에 부(-)의 영향을 미치나 유의미하지는 않은 것으로 나타났다. 비숙련-숙련 노동자, 비공식 부문, 연금 생활자는 노동자당 지지 여부에 정(+)의 영향을 미치나 유의미하지 않은 것으로 나타났다. 성별, 인종, 연령, 가구 소득 등도 유의미하지 않은 것으로 나타난 반면, 유일하게 교육 수준(+)과 정치의식(+)만이 유의미한 것으로 나타났다. 이처럼 사회적 계급은 노동자당 지지에 영향을 미치지 못하는 것으로 나타남으로써 2002년 대통령 선거에서 계급 간 투표 행태의 차별성은 존재하지 않았음을 보여 주었다.

2002년 대통령 선거에서 룰라 지지자들과 세하 지지자들 사이에 계급적 차이가 없었을 뿐만 아니라 사회적 태도와 의식에서도 별다른 차이가 없었음이 확인되었다. 니시무라(Nishimura 2004)는 2002년 대통령 선거 1차 투표 결과를 분석하여 룰라 지지자들의 성 분업에 대한 태도나 낙태에 대한 태도에서 거의 차이를 발견하지 못했으며, 동성애자에 대한 태도에서 보인 상대적 진보성도 크지 않음을 확인했다. 노동자당 당내 여론 분석 전문가들과 전략가들(Meneguello 면담 2007; Venturi 면담 2007; Azevedo 면담 2007)도 2002년 대통령 선거에서는 룰라 지지자와 세하 지지자 사이에 계급 기반 차이가 거의 없었다는 분석에 동의하며, 노동자당이 노동계급 정당으로 창당되어 초기에는 노동계급의 지지에 크게 의존했으나 점차 계급 연합 대중정당으로 전환하며, 지지 기반도 확대되어 노동자당 지지자들과 타 정당 지지자들 사이의 계급적 차별성이 크게 약화되고 있음을 인정하고 있다.

노동자당 당내 분석가들뿐만 아니라 학계 연구자들도 대체로 브라질 유권자들의 투표 행위 양식이 변화하고 있음을 지적한다(Meneguello 2002, 2005b, 면담 2005c; Teixeira & Venturi 1994; Moisés 1995; Tavolaro & Tavolaro 2007). 이들은 1980년대 후반부터 시작된 연 1,000% 수준의 인플레이션과 경제 위기로 인해 1989년 대통령 선거부터 인플레이션 억제와 재정 적자 해소 등 경제문제가 유권자들의 최대 관심사가 되었다고 보고 있다. 계급 투표 대신 경제 투표 혹은 쟁점 투표가 자리를 잡은 것으로 평가되고 있다. 1994년 대통령 선거를 앞두고 룰라가 압도적 지지율 차이로 1위를 유지하고 있었으나, 까르도주의 뻴라노 헤아우가 인플레이션을 제압하며 성공한 것으로 평가되면서 까르도주가 대선 후보로 급부상했다. 까르도주는 1994년 1차 투표에서 과반수 득표로 승리했고, 4년 뒤 1998년 대통령 선거에서도 1차 투표에서 과반수 득표로 승리했다. 1994년과 1998년 대통령 선거에서 까르도주가 승리한 것은 브라질 유권자들이 누가 인플레이션을 제압하고, 재정 적자를 해소하며 경제성장을 주도할 수 있을 것인가에 대한 평가에 최우선순위를 부여했음을 의미한다. 대통령 후보를 선택하는 기준이 자신의 계급적 위치, 정당의 계급적·이념적 성격, 민주화 기여도에 대한 평가에서 경제정책의 내용과 정책 역량에 대한 평가로 옮겨 갔음을 의미한다.

투표 행태의 변화는 모든 연구에서 일관되게 지적되고 있으나, 변화 추세가 부문별로 편차를 보이고 있다는 점도 지적되고 있다(Balbachevsky & Holzhacker 2004; Coutinho & Figueiredo 2003). 유권자들이 점차 후보자와의 동일시보다 후보자의 정책·통치 역량을 중시하는 경향으로 바뀌고 있다는 것이다. 하지만 세하가 룰라에 비해 정치적 역량, 지적 역량, 준비된 정도 등 통치 역량 평가에서 월등히 높은 점수를 받았음에도 불구하고 룰라에게 패배했다. 정책 역량을 중시하는 경향은 전반적 추세이지만, 룰라 지지자들은 여전히 정책·통치 역량보다 후보와의 동일시를 중시하는 것으로 나타났다. 이는 룰라 지지자들의 경우 여전히 계급 투표 성향을 지닐 수 있음을 의미한다.

3) 역대 대통령 선거와 2002년 선거

1994년부터 2002년까지 세 차례 대통령 선거에서 노동자당의 룰라는 브라질사민당 후보와 경합을 벌였다. 1994년과 1998년 대선에서는 1차 투표에서 사민당 까르도주 후보에게 패배했고, 2002년 대선에서는 1차 투표에서 과반수 득표자가 나오지 않아 결선투표에서 사민당 세하 후보를 누르고 룰라가 승리하여 대통령에 당선되었다. 전문 여론조사 기관 다따폴랴(Datafolha)가 발표한 1994~02년 대선 후보 지지율 관련 설문조사 결과들은 〈표 6-1〉과 같이 소득수준별 대통령 후보 지지율을 제시하고 있어 계급 투표 경향의 존재 여부를 확인할 수 있게 해준다.

가구당 소득수준을 최저임금 5배 미만, 5~10배, 10배 이상 등 세 집단

표 6-1 | 1994~02 대통령 선거 가구 소득수준별 룰라 대 사민당 후보 지지율 비교

가구당 소득*	-5SM	5-10SM	10SM+
1994.9.20(1차)	21/45	23/47	23/51
1994.9.27(1차)	22/47	25/46	24/49
평균	21.5/46(-24.5)	24/46.5(-22.5)	23.5/50(-26.5)
1998.9.17(1차)	26/48	27/50	20/55
1998.9.25(1차)	25/45	23/50	25/53
평균	25.5/46.5(-21)	25/50(-25)	22.5/54(-21.5)
2002.9.26(1차)	44/19	50/17	50/22
2002.10.2(1차)	45/20	48/20	50/21
평균	44.5/19.5(25)	49/18.5(20.5)	50/21.5(28.5)
2002.10.18(2차)	61/32	64/29	61/35
2002.10.23(2차)	59/31	63/30	60/33
평균	60/31.5(28.5)	63.5/29.5(34)	60.5/34(26.5)

주 : 1998년 조사 범주는 10SM(최저임금) 이하, 10-20SM, 20SM 이상으로 타 년도들과 다름 ; 각 칸의 숫자는
　　룰라의 지지율/사민당 후보의 지지율이며, 두 차례 여론조사의 평균치에서 괄호 안 숫자는 룰라의 지지율과
　　사민당 후보 지지율의 격차임.

출처 : Datafolha(http://datafolha.folha.uol.com.br/folha/datafolha).

으로 나누어 대통령 후보 지지율을 비교해 보면, 1994년 선거에서는 저
소득층에서 룰라의 지지율이 중상층에 비해 다소나마 낮아 계급 투표 현
상 대신 경미하나마 역계급 투표 현상을 보이고 있는 반면, 1998년 선거
에서는 저소득층과 중간층이 고소득층에 비해 룰라 지지율이 높아, 고소
득층의 경우 사민당 후보 지지율도 같이 높게 나타나 사민당 후보 대비
룰라의 지지율 열세는 저소득층과 고소득층에서 비슷하며 상대적으로
중간층에 비해 작은 것으로 나타났다. 반면, 2002년 대선의 경우 사민당
후보 대비 룰라의 우세는 1차 투표에서는 고소득층과 저소득층에서 높은
반면 중간층에서 낮게 나타났고, 2차 투표에서는 룰라의 우세가 중간층

에서 도리어 높게 나타났다. 이러한 대선 투표 성향을 종합하면 소득수준별 룰라-사민당 후보 지지율에는 일정한 유형이 없음을 보여 준다. 이처럼 다따폴랴 여론조사 결과의 소득수준별 대선 후보 지지율 자료에서도 계급 투표의 징후를 발견하기 어려워, 계급 투표 경향이 부재하다고 결론 내린 새뮤엘스 등의 연구 결과와 일치하며 노동계급 정당 딜레마론을 지지하는 것으로 보인다.

3. 노동자당과 2002년 대통령 선거의 구조적 조건

선거 자료를 분석하기에 앞서, 여기에서는 노동자당이 노동계급 정당의 딜레마 속에서 성장하며 겪은 변화를 대통령 선거와의 관련성에 초점을 맞추어 검토한 다음, 2002년 브라질 대통령 선거 당시 브라질의 사회구조적 조건을 확인하고, 본 연구의 분석에 사용될 자료와 변수 형성을 설명한다.

1) 노동자당의 성장과 변화

노동자당의 역사는 노동계급 정당으로 출범해 성장하며 계급 연합 대중정당으로 발전하는 과정이었다. 노동자당은 군부독재 정권하에서 ABC

지역을 중심으로 발달한 신노동조합운동에 기초하여 1980년 창당된 노동계급 정당이다. 노동자당은 선거제도에 참여하는 것을 기본 전제로 조직되었고, 신자유주의 경제정책 폐해, 빈곤층 확대와 불평등 심화, 지배 집단의 부패, 노동자 및 서민들의 권력 소외 문제 등 계급적 쟁점들을 중심으로 선거운동을 전개해 왔다(Singer 2001). 노동자당은 꾸준히 성장하여 1982년과 2002년 사이 연방 하원 득표율이 3.2%에서 18.4%로 크게 상승하며 하원 제1당으로 부상했고 2002년 대선에서도 승리하여 집권하게 되었다. 이러한 노동자당의 성장은 집권 지자체들을 통해 참여 예산제(participatory budgeting), 취학 지원금, 인민은행 등 소외 세력들의 참여와 빈곤·불평등 문제 해소를 위한 독자적 정책들을 성공적으로 수행하여 행정 능력을 입증함으로써 사회적 신뢰를 확보할 수 있었기 때문으로 분석되고 있다(Samuels 2004a; 2004b; Meneguello 2002; Guidry 2003; 오삼교 2004). 물론 행정 능력뿐만 아니라 계급 연합 대중정당 전략과 선거 전략도 노동자당 성장의 주요 요인으로 꼽히고 있다.

노동자당도 노동계급 정당의 딜레마를 확인하고 중간계급의 지지를 확보하기 위한 계급 연합 대중정당 전략을 선택했으며 그 결정적 계기는 1989년 대통령 선거였다. 노동자당은 1989년 대선 결선투표에서 46%를 득표하면서 미래의 대선 승리 가능성을 확인하게 되었고, 노동계급을 넘어 지지 기반의 확대를 추구하기 시작했다. 이러한 노동자당의 전략적 선택으로 노동계급의 조직화에 비해 전문적 정책 생산 역량의 중요성이 상대적으로 강화되었으며, 이 과정에서 당원 및 당 지도부 구성도 변화를 겪게 되었다(Rodrigues F. 2006; Rodrigues L. 2006; Eisenberg 2003; Flynn

2005; Guidry 2003). 노동자당 출신 주지사, 상하원 의원, 전국 지도부 자리들은 대학교수·의사·은행원 등 창당 시기 주역이었던 노동계급과는 다른 중간계급 구성원들로 채워졌고, 당내 중간 간부층에서도 중간계급이 과다 대표되었다. 노동자당의 기초를 이루는 노동조합 총연맹 CUT의 내부 구성도 금속 산업 생산직 노동자의 중심성이 약화되고, 은행원, 교사, 사회복지 및 기타 공공 부문 노동자 등 화이트칼라 출신들의 비중이 높아짐으로써 중간계급의 비중이 강화되는 데 한 몫을 했다.

노동자당은 전략 변화에도 불구하고 1994년과 1998년 대선에서 까르도주에 연이어 패배했고, 1998년 대선 패배 직후 룰라와 노동자당 핵심은 집권을 위해 좀 더 적극적인 작업들을 수행하게 되었다. 비당원 지식인들도 포용하여 조직한 시민연구소(Instituto Ciudadania)를 중심으로 대선 전략 기획과 함께 정책 개발 기능을 수행하게 한 것도 이런 계기에서였다. 이때부터 노동자당 자체도 선거 승리를 위한 캠페인 기구로서 미국식 기업형 정당(company party)의 성격을 강화하게 되었다고 한다. 노동자당은 점차 사회주의적 변혁보다 정치적·경제적 안정을 강조하게 되었고, 노동계급 정당의 성격보다는 중간계급 친화적인 대중정당의 성격을 강화했다. "모두에게 기회를", "우리는 모두 같은 배를 탔다"와 같은 2002년 대선의 노동자당 핵심 슬로건들을 1982년 선거 슬로건 "노동자는 노동자에게 투표한다"와 비교하면 노동자당 선거 전략의 변화를 확인할 수 있다(Miguel 2006; Tavolaro & Tavolaro 2007; Guidry 2003). 2002년 6월 룰라의 "브라질인들에게 보내는 서한"(Carta ao Povo Brasileiro)이 안정과 연속성을 강조한 것은 이러한 대중정당 선거 전략에 입각해 체계적으로 기획된 것이었다고 한다(Lula 2006; Stuart 면담 2005; Meneguello 면담 2007).

룰라가 브라질인들에게 보내는 서한에서 중간계급을 겨냥해 물가 안정과 시장 질서에 기초한 정치경제적 안정을 약속한 것은 노동계급에서 중간계급으로 노동자당과 룰라의 중심을 이동한 것이 아니라 계급적 지지 기반을 확대하기 위한 선거 전략이다. 무엇보다도 룰라의 노동자당은 집권 지방자치단체들을 중심으로 참여 예산제와 취학 지원금 제도 등 빈민층을 지원하고 불평등을 완화하는 한편, 소외 세력들의 정치과정 참여를 제도화하는 정책들을 펼쳐 오면서 노동계급을 포함한 사회적 배제 세력들의 신뢰와 지지를 받을 수 있었다. 선거운동 과정에서도 룰라와 노동자당은 선거 공약들로 빈곤 및 불평등 완화를 위한 '빈곤 퇴치'(fome zero) 운동 추진, 경작 지원을 수반한 60만 가구 농지개혁, 최저임금 두 배 인상 및 노동관계법 개정 등 노동계급을 겨냥한 정책 대안들을 부각시키면서 노동계급의 지지 기반을 재생산하기 위한 노력도 잊지 않았다. 실제 룰라는 2002년 대선에서 생산직 노동자들이 주도하는 CUT와 무토지 농민들의 농촌무토지노동자운동(MST)의 조직적 지지를 받기도 했다.

2) 브라질의 신자유주의 경제정책과 사회구조적 조건

서구 국가들의 포드주의적 계급 타협과 복지국가 시기에, 중남미를 포함한 제3세계 국가들은 군사독재 정권과 억압적 계급의 지배하에 놓여 있었다. 자주적·민주적 노동조합 조직은 탄압받고, 좌파 정당은 불법화되었으며, 복지국가를 통한 자원 재분배 대신 선 성장 후 분배 정책하에서 빈곤층은 확대되고 불평등은 심화되었다. 물질적 빈곤과 불평등 문제 해결은 여전히 민주화 이후의 과제로 미루어져 있었다. 민주화 이후에도 사정은 별로 나아지지 않았다. 브라질의 경우 민주화 시점부터 10년 정도 기간 동안 연평균 100%가 넘는 인플레이션을 겪었고, 1990년대 중반 들어 인플레이션은 억제되었으나 신자유주의 경제정책이 강도 높게 추진되면서 물질적 생존 문제는 여전히 해결될 수 없었다.

까르도주는 프랑코 정권하에서 1993년 5월 재무장관에 임명된 다음 쁠라노 헤아우라는 경제 안정화 프로그램을 통해 물가 안정을 이루는 데 성과를 거두었다. 까르도주는 두 차례 대통령 임기 동안 '워싱턴 컨센서스'에 충실한 경제정책을 추진했다.[2] 까르도주의 경제정책은 재정 긴축, 화폐 고평가, 시장 개방, 국유 기업 사유화 등을 핵심으로 하는 전형적인 신자유주의 경제정책이었다. 신자유주의 경제정책은 연 1,000%에 달하던 인플레이션을 잡고 물가 안정을 이루는 데 성공하는 등 단기적으로는 경제적 성과를 가져왔지만 사회적 측면의 부정적 효과는 감추기 어려웠다.

신자유주의 경제정책은 국유 기업 사유화와 제조업의 구조 조정에 따른 고용 감축으로 실업률을 높였다. 또한 비정규직 비중이 낮은 제조업 부문에 비해 비정규직 비중이 높은 서비스산업의 상대적 팽창에 더해 노동 시장 유연화 정책으로 비정규직이 증대했다. 실업률의 상승과 비정규직

---

2) 까르도주 정권의 신자유주의 경제정책과 그 결과에 대해서는 이 책의 제2장과 제3장을 참조.

	1998.12	2002.12		
		과제	개선	개악
실업	49 (1)	34 (1)		19 (1)
빈곤	5 (4)	15 (2)		4
치안	3	14 (3)		10 (2)
보건	10 (2)	7 (4)	19 (1)	7 (3)
교육	7 (3)	3	10 (2)	4
경제 일반	4 (5)	3	9 (3)	5 (5)
사회 일반			2	
인플레	-	5 (5)	6 (4)	6 (4)
합계	100	100	100	100

주 : 개선-개악은 까르도주 재임 기간 중 가장 크게 개선된 것과 가장 크게 개악된 것, 기타 항목들과 무응답을
　　제외했다. ( )안의 숫자는 순위를 지칭.
출처 : Datafolha(2002, 2004).

비율의 증대로 인해 고용 불안정은 확산되고 빈곤과 불평등 문제를 개선
하기 어려웠다. 물가 안정으로 인한 일시적 소득 구조 개선 효과는 있었지
만, 까르도주 재임 기간 동안 최상위 10%의 소득 점유율과 빈곤선 이하의
인구, 지니 지수 등 불평등 지표들에서 개선된 징후를 찾기 어렵다.[3]

　신자유주의 경제정책하에서 악화된 사회구조적 조건은 시민들의 평
가에서도 잘 확인될 수 있다. 브라질의 대표적 여론조사 기관인 다타폴랴

----

3) 불평등 지표 추이에 대해서는 IPEADATA(http://www.ipeadata.gov.br/), Banco Central do
　Brasil(http://www.bcb.gov.br/)을 참조.

가 실시한 여론조사에 따르면 〈표 6-2〉와 같이 브라질인들은 1998년 12월 가장 중요한 사회문제로 실업-보건-교육-빈곤의 순서로 지적했으며, 4년 후 2002년 조사에서는 실업-빈곤-치안-보건의 순서로 나타나는 등 실업과 빈곤 문제는 브라질 사회의 최대 현안으로 인식되고 있었다. 이처럼 까르도주 정부하에서 인플레이션이 억제되고 경제적 안정이 확보되면서 시민들의 관심은 고용·빈곤·불평등과 같은 사회적 문제들로 이행하게 된 것이다.

3) 자료 및 변수 형성

본 연구에서 분석하는 자료는 전문 여론조사 기관 끄리떼리움(Criterium)에서 실시한 '정치기구 평가 국민 여론조사'(Pesquisa de Opinião e Avaliações de Políticas Públicas)의 결과들이다. 끄리떼리움은 2002년 1, 2차 대선 투표를 앞두고 여러 차례에 걸쳐 여론조사를 실시했으며, 그 가운데 본 연구가 분석에 활용하는 자료들은 유의미한 변인들을 다수 포함하고 있는 7월, 9월, 10월 조사 자료들이다. 자료는 대면적 면접법을 이용하여 수집되었으며, 24개 주 131개 지자체들의 유권자들을 모집단으로 하여 성별, 연령, 지리적 분포에 따른 할당 표집 방법을 활용했다.

본 연구에 사용된 끄리떼리움 설문조사에 포함된 문항들은 기본 문항과 특별 문항으로 나누어지며, 기본 문항은 취업 형태, 소득수준, 교육 수준, 지지 후보 등으로 매 회 설문지에 포함되지만, 영역별 후보 역량 평가,

국가기구 및 사회 세력 신뢰도 등 특별 문항들은 특정 설문지에만 포함되어 있다. 따라서 본 연구의 분석은 중요 변수들을 망라한 모델 검증이 어렵다는 한계를 지니고 있으며, 기본 문항들의 분석과 특별 문항들의 분석에서 포함된 변수들에 따라 표본의 크기와 후보 지지율에 차이가 있다는 점에 주의가 필요하다.

계급 변수 형성을 위해 사용된 문항은 취업 형태로서 3계급 모형과 6계급 모형으로 조작화했다. 3계급 모형은 자본계급, 프티부르주아, 임금노동 계급으로 구성된다. 설문 자료에는 생산 체계에서의 역할과 관련한 정보가 없어 노동계급과 중간계급을 구분할 수 없기 때문에 노동계급과 중간계급을 모두 포함한 전체 피고용자들의 임금노동 계급 범주를 사용한다. 6계급 모형은 프티부르주아를 전문직 프티, 공식 부문 프티, 비공식 부문 프티로 나누고, 임금노동 계급을 등록 노동자와 비등록 노동자로 나누어 포함하고 있다. 공식 부문과 비공식 부문은 사회보장세(ISS) 납부 여부로 구분하며, 전문직 프티, 공식 부문 프티와 등록 노동자는 공식 부문 노동시장에 속하는 반면, 비공식 부문 프티와 비등록 노동자는 비공식 부문에 속한다. 등록 노동자는 공공 부문 노동자, 대기업과 중대 기업 등록 노동자들로 구성되며, 공공 부문과 사적 부문의 비정규직 노동자들이라 하더라도 사회보장세 납부 기업의 경우 등록 노동자에 포함된다.[4] 반

---

4) 비등록 임금노동자는 거의 모두 노동계급에 소속된다고 할 수 있으나, 등록 임금노동자는 노동 조건이 상대적으로 양호한 노동계급과 중간계급을 포괄한다.

계급	빈도	백분율 (%)	6계급 모델 (%)	3계급 모델 (%)
비취업	3,184	44.7		
자본계급	69	1.0	1.7	1.7
전문직 프티	64	.9	1.8	
공식 부문 프티	265	3.7	6.7	43.3
비공식 부문 프티	1,380	19.4	35.0	
등록 임금노동자	1,635	22.9	41.5	
비등록 임금노동자	530	7.4	13.4	54.9
합계	7,128	100.0	100.0	100.0

면, 비등록 노동자는 중소·영세기업 비등록 노동자들로 구성되며 모두 비정규직 노동자로 볼 수 있다.

교육 수준은 브라질 여론조사들의 구분 기준에 따라 초등학교 졸업 이하, 고등학교 졸업 이하, 대학 재학 이상으로 나누었으며, 교육 연수로 환산하면 초졸 이하는 1~8년 교육 연수, 고졸 이하는 9~11년 교육 연수, 대재 이상은 12년 이상 교육 연수를 의미한다. 소득수준은 개인 소득을 의미하며, 최저임금 배수로 구분하여 최저임금 이하, 최저임금 이상 2배 수준 이하, 최저임금 2배와 5배 수준 사이, 최저임금 5배와 10배 수준 사이, 최저임금 10배 수준 이상으로 다섯 범주로 나눈다.

조사 자료의 계급별 분포를 보면 〈표 6-3〉과 같다. 전체 성인 남녀의 65%가 취업하고 있으며, 취업자들을 3계급 모델로 범주화하면 자본계급은 1.7%, 프티부르주아는 43.3%, 노동계급과 중간계급을 합한 임금노동계급은 54.9%를 점한다.

표 6-4	계급별 소득수준, 교육 수준 평균		
계급	소득수준 (1,5)	교육 수준 (1,3)
비취업	2.1789	1.3360
자본계급	3.8371	1.7999
전문직 프티	3.5261	2.4768
공식 부문 프티	2.9479	1.4522
비공식 부문 프티	2.2172	1.2932
등록 임금노동자	2.8914	1.7412
비등록 임금노동자	2.2337	1.4020
합계	2.4125	1.4447

프티부르주아와 임금노동 계급의 내적 이질성을 고려하여, 계급 위치를 6계급 모델로 세분화할 수 있다. 6계급 모델에서, 프티부르주아의 경우 전문직 프티 1.8%, 공식 부문 프티 6.7%, 비공식 부문 프티 35.0%로 나누어질 수 있으며, 프티부르주아 내 비공식 부문의 비중이 매우 높음을 알 수 있다. 임금노동 계급의 경우 등록 노동자 41.5%와 비등록 노동자 13.4%로 구성된다. 교육 수준과 소득수준을 최저 수준에서 최고 수준까지 각각 1~3점과 1~5점 척도로 환산하여 계급별 평균을 내면 〈표 6-4〉와 같으며, 계급별 소득수준과 교육 수준을 보면 프티부르주아와 임금노동 계급의 내적 이질성을 확인할 수 있다.

전문직 프티부르주아의 경우, 소득수준은 프티부르주아 가운데 월등히 높지만 자본계급에는 조금 못 미치는 수준이며, 교육 수준은 프티부르주아의 다른 부문들에 비해 매우 높을 뿐만 아니라 자본계급을 포함한 모든 계급 부문들을 포함해서도 최고 수준을 보인다. 임금노동 계급 또한 등록 노동자가 비등록 노동자에 비해 소득수준과 교육 수준이 더 높은 것으로 나타난다. 이처럼 프티부르주아와 임금노동 계급은 노동시장 위치에 따른 내적 이질성이 크다는 판단하에 본 연구에서는 3계급 모델과 함께 6계급 모델을 사용하며 양자의 설명력을 비교할 수 있도록 한다.

본 연구의 주된 종속변수는 '룰라 투표'로서 2002년 대선 결선투표에서 룰라에게 투표하겠다는 사람은 1, 그렇지 않은 사람은 0의 값을 갖는다. '지지 후보' 변수는 룰라, 세하, 기타로 범주화된다. 한편 사회 세력에 대한 신뢰도와 경제정책 변화를 묻는 문항들이 2002년 7월 조사에만 포함되어 있어 본 연구에서 제한적으로 분석된다. 연방 정부, 사법부, 경찰, 군대, 군 치안대, 상하원 의원들, 시의회 의원에 대해 신뢰한다는 응답에 +1, 신뢰하지 않는다는 응답에 −1, 중립적 응답에 0의 값을 주어 그 평균값으로 '국가기구 신뢰도' 변수를 만든다. 텔레비전 등 언론과 기업주에 대한 신뢰도 역시 같은 방식으로 평균값을 취하여 '지배 블록 신뢰도' 변수를 만들고, 사회운동, 노조 운동, MST에 대한 신뢰도 역시 같은 방식으로 평균값을 구해 '사회운동 신뢰도' 변수를 만든다. '경제정책 변화 희망' 변수는 경제정책에 대해 큰 변화를 원하는 사람은 +1, 부분적 변화를 원하는 사람은 0, 변화를 원하지 않는 사람은 −1로 범주화한다.

4. 2002년 대통령 선거와 노동자당 계급적 기초 분석

1) 계급 투표와 계급 내적 이질성

계급 효과를 측정하기 위해 3계급 모델을 사용하여 계급 위치별 룰라 지지도를 비교하면 〈표 6-5〉와 같다. 자본계급에 비해 프티부르주아와 임금노동 계급이 상대적으로 높은 룰라 지지율을 보이고 있으나, 프티부르주아와 임금노동 계급 사이에는 룰라 지지도에 있어 별다른 차이가 나타나지 않는다. 이러한 3계급 모델에 의한 계급별 룰라 지지도의 차이는 분산분석(Anova) 검증 결과 .05 수준에서 유의미하지 않은 것으로 확인되었다. 2002년 대선에서 계급 투표 현상이 없었다는 기존 연구 결과들이 타당성을 지닌 것으로 나타났다.

프티부르주아와 임금노동 계급이 노동시장 위치에 따른 내적 이질성을 지니고 있을 뿐만 아니라 〈표 6-4〉처럼 소득수준과 교육 수준에서도 편차를 보이고 있기 때문에, 계급 내 내적 이질성을 무시한 3계급 모델을 이용한 통계적 검증으로 계급 투표 부재를 단정하는 데는 한계가 있다. 따라서 프티부르주아와 임금노동 계급을 세분화한 6계급 모델을 이용해 계급 투표의 존재 여부를 검증해 볼 필요가 있다. 계급별 룰라 지지도를 6계급 모델에 기초해 비교하면 〈표 6-6〉과 같다. 계급별 룰라 지지도는 6계급 모델을 사용할 경우 분산분석 검증에서 유의도 .000으로 유의미하게 나타났다. 2002년 대선에서 계급 투표가 유의미하게 존재했음을 의미하는 것이다.

표 6-5 | 계급 위치별 룰라 지지도 : 3계급 모델

계급	룰라 투표		룰라 지지도 분산분석 검증	Sum of Squares	df	Mean Square	F	Sig.
비취업	.5369		계급(1,3)	1.286	2	.643	2.638	.072
자본계급	.4530							
프티부르주아	.5732							
임금노동 계급	.5869							
합계	.5600							

표 6-6 | 계급별 룰라 지지도 비교 및 분산분석 검증 : 6계급 모델

계급	룰라 투표		룰라 지지도 분산분석 검증	Sum of Squares	df	Mean Square	F	Sig.
비취업	.5369		계급(1,6)	8.134	5	1.627	6.719	.000
자본계급	.4530							
전문직 프티	.6761							
공식 부문 프티	.4572							
비공식 부문 프티	.5908							
등록 임금노동자	.6050							
비등록 임금노동자	.5312							
합계	.5600							

계급 투표 현상이 3계급 모델에서는 유의미하지 않게 나타났으나 6계급 모델에서 유의미하게 나타났다는 것은 프티부르주아와 임금노동 계급 내 내적 이질성이 룰라 지지도에 유의미한 영향을 미치고 있음을 의미한다. 계급 내 룰라 지지도 차이는 〈표 6-7〉에서 보듯이, 분산분석 검증에서 프티부르주아의 경우 유의도 .000, 임금노동 계급의 경우 유의도 .003으로 계급 내 부문 간 룰라 지지도 차이가 유의미한 것으로 확인되었다.

표 6-7 | 프티부르주아와 임금노동 계급 내 룰라 지지도 비교 및 분산분석 검증

프티부르주아 : 부문 간 룰라 지지도 편차					
룰라 지지도 분산분석 검증	Sum of Squares	df	Mean Square	F	Sig.
계급(2,4)	4.671	2	2.336	9.638	.000

임금 노동 계급 : 부문 간 룰라 지지도 편차					
룰라 지지도 분산분석 검증	Sum of Squares	df	Mean Square	F	Sig.
계급(5,6)	2.178	1	2.178	9.011	.003

프티부르주아의 경우 전문직 프티가 가장 높은 룰라 지지도를 보이는 반면 공식 부문 프티에서 룰라 지지도가 가장 낮으며, 비공식 부문 프티가 그 중간에 위치하고 있다. 전문직 프티의 경우 진보적 지식인들을 다수 포함하고 있으며, 룰라에 대한 이들의 지지도가 상대적으로 높은 것은 교육 수준에 따른 비판적 문제의식의 배양 때문으로 볼 수 있다. 반면, 공식 부문 프티는 비공식 부문 프티에 비해 상대적으로 높은 가치의 물적 자본을 보유하고 있고 자본계급으로 상승할 전망이 높다는 점에서 잠재적 자본계급이라 할 수 있으며, 이런 물적 존재 조건으로 인해 자본계급과 같은 수준의 보수적 성향을 보인다. 한편, 비공식 부문 프티는 프티부르주아 가운데 물적 존재 조건이 가장 열악해, 물적 자본을 거의 보유하지 않으며 시장 개방과 내수 시장 침체의 피해를 가장 크게 보고 있다는 점에서 룰라 집권을 통한 변화를 희망하고 있는 것으로 이해될 수 있다.

한편, 임금노동 계급의 경우 등록 노동자가 비등록 노동자에 비해 룰라 지지도가 상대적으로 높다. 비등록 노동자들의 경우 임금수준이 낮고 고용 불안정성이 높아 물적 조건이 열악해 상대적으로 불만 수준이 높을 것임에도 불구하고 보수적 성향을 보이는 것은, 기업의 존속 자체가 불확실한 상황에서 기업 존속의 이해관계를 기업주와 공유할 뿐만 아니라, 기업 규모가 작아 대면 접촉이 빈번하므로 기업주와 자신을 동일시하는 경향이 많기 때문이라 할 수 있다. 반면, 물적 조건이 상대적으로 양호한 등록 노동자들 사이에서 룰라 지지 성향이 더 높은 것은 기업의 경제적 안정성 수준이 높고 기업 규모가 커서 기업-기업주와의 동일시 정도가 낮고, 노동조합 조직률이 높기 때문이다. 이러한 현상은 CUT가 노동자당의 핵심 기반이기 때문에 CUT 노조원들은 노동자당에 대해 거의 절대적인 수준의 지지를 보였으며, CUT와 대척적 관계에 있는 FS의 경우도 FS 지도부가 상대적으로 사민당 후보와 친화성을 보이며 정치적 중립을 선언했음에도 불구하고 룰라에 대한 FS 노조원들의 투표율이 70%로서 평균 수준을 상회했다는 사실에서도 확인될 수 있다(Kjeld 면담 2005).

이처럼 3계급 모델로는 계급 투표의 존재를 확인할 수 없었지만, 6계급 모델로 이를 확인할 수 있었다. 노동시장 내 위치와 물적 조건의 차별성에 기초한 프티부르주아와 임금노동 계급의 내적 이질성을 고려할 때 계급별 투표 성향은 유의미하게 나타나는 것이다. 계급 투표의 내용을 보면, 자본계급과 예비 자본계급이라 할 수 있는 공식 부문 프티부르주아가 가장 낮은 룰라 지지도를 보인 반면, 높은 교육 수준과 안정적 시장 지위를 지닌 전문직 프티부르주아가 가장 높은 룰라 지지도를 보였으며, 임금노동 계급이 평균 수준의 지지도를 보였다. 거의 모든 계급에서 구성원의

		Sum of Squares	df	Mean Square	F	Sig.
Main Effects	(Combined)	5.398	11	.491	2.029	.022
	계급	2.868	5	.574	2.372	.037
	소득수준	.961	4	.240	.993	.410
	교육 수준	.760	2	.380	1.571	.208
2-Way Interactions	(Combined)	9.599	38	.253	1.044	.395
	계급 * 소득수준	4.292	20	.215	.887	.604
	계급 * 교육 수준	2.271	10	.227	.939	.496
	소득수준 * 교육 수준	2.899	8	.362	1.498	.152
	Model	18.838	49	.384	1.590	.006

과반수 이상이 룰라를 지지한 반면, 자본계급과 공식 부문 프티처럼 물적 자본을 보유한 유산계급들은 룰라에 대한 지지도가 절반에도 못 미쳐 분명한 대조를 이루었으며, 교육 수준이 높은 전문직들의 경우 룰라 지지도가 상대적으로 높았다.

계급 투표 현상이 계층 투표 현상과 상호 간섭한다는 점을 고려하면 계층 효과를 통제해도 여전히 계급 효과가 유의미한 수준으로 남아 있는지 검토할 필요가 있다. 〈표 6-8〉에서 보듯이 계층을 구성하는 소득수준과 교육 수준의 효과 및 상호작용 효과들을 동시에 고려했을 때에도 계급 효과는 .05 수준에서 여전히 유의미하다. 반면, 소득수준과 교육 수준은 부가 효과와 상호작용 효과 모두에서 유의미하지 않은 것으로 나타났다. 결국 계층 효과는 없으되 계급 효과는 유의미하며, 계층의 구성 변인들의 효과를 통제해도 계급 효과는 여전히 유의미하다고 결론 내릴 수 있다.

2) 쟁점 투표와 사회 투표

쟁점 투표는 시민들이 사회가 직면한 핵심 과제들을 해결하는 데 가장 적합하다고 판단되는 후보를 선택하는 투표 행태를 말한다. 여섯 가지 정책 영역에 대해 각각 "어느 후보가 해당 분야의 역량이 가장 뛰어나다고 봅니까?"라는 질문을 던졌고, 그 결과는 〈표 6-9〉와 같다.

룰라가 가장 뛰어난 역량을 지녔다는 평가는 평균 28.9%로 나타났고, 세하가 가장 뛰어난 역량을 지녔다는 평가는 평균 15.1%로 나타났다. 룰라는 개별 항목들에서도 모두 세하에 비해 역량이 우월하다는 평가를 받았고, 이런 역량 평가의 차이는 모든 항목에서 .001의 유의수준에서 유의미한 것으로 확인되었다.

역량 평가에서 룰라가 세하에 비해 두 배 수준의 높은 평가를 받고 있는 데 비해 지지율에서의 차이는 훨씬 적었다. 후보의 역량 평가와 지지율의 괴리는 룰라에 비해 세하가 더 컸다. 이는 룰라에 비해 세하가 정책 역량이 뛰어남에도 불구하고 시민들이 룰라를 선택했다는 기존 연구들(Balbachevsky & Holzhacker 2004; Coutinho & Figueiredo 2003)의 주장이 경험적 근거가 취약함을 보여 준다. 후보별 능력 평가와 지지 여부를 비교해도 기존 연구 결과들과 상반된 것으로 나타났다(〈표 6-10〉 참조).

룰라가 정책 능력이 가장 뛰어나다고 판단한 시민들이 룰라를 지지하는 비율은 85.0%인 반면 세하를 지지하는 비율은 12.0%에 불과하고, 세하가 정책 능력이 가장 뛰어나다고 판단한 시민들이 세하를 지지하는 비율은 82.7%인 반면 룰라를 지지하는 비율은 14.1%에 불과한 것으로 나

	룰라	세하	룰라-세하	기타 후보	모두	아무도	모르겠다
경제 안정	25.2	19.9	5.3	28.0	1.4	9.4	17.1
빈곤 해결	32.7	13.2	19.5	23.7	0.9	16.9	12.5
인플레이션 억제	26.7	17.3	9.4	24.9	1.3	13.1	16.6
고용 창출	35.4	12.8	22.6	24.4	1.7	11.3	14.4
범죄 폭력 해결	24.4	11.3	13.1	27.0	1.4	18.8	17.0
경제성장	29.0	15.9	13.1	27.3	1.6	10.2	15.9
평균	28.9	15.1					
지지율	47.4	39.8					

타났다. 이처럼 정책 능력 평가와 후보 지지는 거의 일치하고 있으며, 이 점에서 룰라 지지자와 세하 지지자 모두 공통된 양상을 보이고 있다.

룰라와 세하 사이의 상대적 경쟁력의 차이는 정책 영역들에 따라 일정한 편차를 보이고 있는 것이 사실이다. 〈표 6-9〉처럼 역량 면에서 룰라는 전반적으로 더 높이 평가를 받고 있지만, 상대적으로 불리한 부문이 경제 영역이다. 경제 안정 5.3%, 인플레이션 9.4%로서 경제 부문에서 룰라의 우위는 전체 항목 평균치인 13.8%에 크게 못 미쳤다. 반면, 룰라의 상대적 우위가 크게 나타난 영역은 고용 창출 22.6%, 빈곤 해결 19.5%로 주로 사회 영역이었다.

까르도주 정부가 인플레이션을 제압하고 경제 안정을 이룩했다는 점에서 까르도주와 같은 사민당 출신인 세하의 경쟁력이 여타 정책 영역들에 비해 높게 나타나는 것은 당연하다. 인플레이션 억제와 경제 안정 문제는 1994년과 1998년 대선을 좌우했던 최대 쟁점이었지만, 〈표 6-2〉에

| 표 6-10 | 후보별 능력 평가와 지지율 | | | 단위 : % |

정책 분야	룰라 능력 최고	세하 능력 최고	전체 평균
경제 안정	87.2 / 10.0	16.6 / 78.8	47.4 / 39.8
빈곤 해결	83.8 / 13.0	12.8 / 85.0	47.4 / 39.8
인플레이션 억제	85.6 / 11.6	18.5 / 78.6	47.4 / 39.8
고용 창출	81.0 / 15.0	9.0 / 87.1	47.4 / 39.8
범죄 폭력 해결	84.8 / 12.5	15.2 / 82.5	47.4 / 39.8
경제성장	87.5 / 10.1	12.7 / 84.2	47.4 / 39.8
평균	85.0 / 12.0	14.1 / 82.7	47.4 / 39.8

주 : 칸의 숫자는 "룰라 지지율/세하 지지율"을 의미함.

서 확인한 것처럼, 까르도주 정부의 성과로 인해 브라질 사회의 최대 현안은 인플레이션 억제와 경제 안정 문제로부터 실업과 빈곤 문제 등 사회적 문제로 이행했다.

새롭게 대두된 사회적 문제들, 즉 고용 창출과 빈곤 해결 영역에서 룰라가 세하에 비해 역량이 월등히 뛰어나다고 시민들은 평가하고 있다. 2002년 대선에서 시민들이 룰라를 선택한 것은 룰라의 정책 역량 결핍을 간과해서가 아니라 사회적 문제들을 해결하는 데 룰라가 적임자라고 판단했기 때문이다. 이처럼, 2002년 대선에서 쟁점 투표는 경제 투표가 아니라 '사회 투표' 형태로 나타난 것이다. 고용과 빈곤 같은 사회문제들은 계급 위치와 관련성이 높기 때문에 사회 투표 현상은 계급 투표 경향성을 보강하는 효과도 가져왔다고 할 수 있다.

3) 지배 세력에 대한 불신과 사회 변화에 대한 열망

룰라 투표는 계급 투표와 사회 투표를 반영하는 동시에 기존 사회질서의 변화를 의미하며 지배 세력에 대한 불신과 사회변혁에 대한 열망을 표현하는 것으로 나타났다. 〈표 6-11〉은 룰라 지지자와 세하 지지자가 국가기구, 지배 블록 및 사회운동에 대한 신뢰도에서 차이를 보이고 있음을 확인시켜 준다.

해당 사회 세력에 대한 신뢰도를 불신 −1과 신뢰 +1의 값으로 측정하면 룰라 지지자는 세하 지지자에 비해 국가기구와 지배 블록에 대한 불신의 정도가 높은 반면 사회운동에 대해서는 신뢰도가 더 높은 것으로 나타났으며, 이런 차이들은 t-검증 결과 모두 .001수준에서 유의미했다. 이는 룰라에 대한 지지가 입법·사법·행정부를 망라한 국가기구에 대한 높은 불신5)과, 언론과 자본계급을 포함한 지배 블록에 대한 강한 불신에서 비롯되었음을 의미한다. 사회운동·농민운동·노동운동 등 사회운동 세력이 국가기구와 지배 블록에 대항해 지배 질서의 변화를 가져올 주체라는 점에서 이들에 대해 룰라 지지자들이 상대적으로 높은 신뢰도를 보이는 것은 당연한 귀결이다.

---

5) 브라질의 선거는 투표 매수 행위가 광범하게 일어날 만큼 정치적 부패 현상이 만연하며, 브라질 사회의 경우 여타 중남미 국가들에 비해 의회·정당·국가기구들에 대한 불신이 월등히 높다 (Lopes 2004; Lagos 2000; Alcántra & Freidenberg 2002; Speck 2003). 지배 정치제도들의 부패와 그에 대한 시민들의 강한 불신은 기존 지배 질서 밖에서 성장한 노동자당을 지배 질서에 대한 대안 세력으로 간주하고 지지하는 배경이 되었다.

표 6-11 | 지지 후보별 사회 세력 신뢰도

지지 후보	국가기구 신뢰도	지배 블록 신뢰도	사회운동 신뢰도
룰라	-.2507	-.2238	-.1342
세하	-.1082	-.1073	-.2232
전체 평균	-.2013	-.1871	-.2020
룰라-세하 차이	-.14253	-.11654	.08895
t 값	-6.966	-5.361	4.190
자유도	2113	2113	2113
유의도	.000	.000	.000

이처럼 룰라 지지자들의, 지배 세력에 대한 불신과 지배 질서 변화를 향한 열망은 경제정책에 대한 선호도에서도 확인된다. "경제 문제에 대해 어떻게 하는 것이 좋은가?"라는 질문에 대한 답변을 보면, 〈표 6-12〉처럼 '큰 변화를 원한다'는 응답자들은 룰라 지지율 51.6%, 세하 지지율 32.0%로서 룰라에 대한 지지율이 상대적으로 높은 반면, '대부분 지속하기를 원한다'는 응답자는 룰라 지지율 39.1%, 세하 지지율 54.1%로서 세하에 대한 지지율이 상대적으로 높았다.

까르도주 정부의 경제정책은 전형적인 신자유주의 경제정책이라는 점에서, 신자유주의 경제정책의 지속을 원하는 세하 지지자들과는 대조적으로, 룰라 지지자들은 상대적으로 신자유주의 경제정책을 폐기하고 대안적 경제정책을 추진할 것을 요구하고 있는 것이다. 이처럼 룰라 지지자들이 신자유주의 경제정책을 반대하는 것은 지배 질서의 변화와 함께 경제정책의 변화도 희망하는 것이며, 일자리 부족, 빈곤 확대, 불평등 심

표 6-12 | 지지 후보별 경제정책 선호

표 6-12 | 지지 후보별 경제정책 선호　　　　단위 : %

경제정책	룰라 투표	세하 투표	기타	합계(사례 수 / %)
큰 변화	51.6	32.0	16.4	100.0 (921 / 38.0)
부분 변화	47.4	42.9	9.7	100.0 (989 / 40.8)
대체적 지속	39.1	54.1	6.8	100.0 (399 / 16.5)
기타 응답	42.6	27.0	30.4	100.0 (115 / 4.7)
전체 평균(사례 수)	47.4 (1,149)	39.9 (966)	12.7 (309)	100.0 (2,424 / 100.0)

카이 자승 값 107.576, 자유도 6, 유의도 .001

화 등 신자유주의 경제정책의 사회적 폐해를 해결하는 데 룰라가 적임자라고 평가하며 룰라에게 투표하는 사회 투표 경향성과 상응하는 것이다.

　　룰라 지지자와 세하 지지자는 지배 질서와 경제정책 변화 선호도에서 차이를 보일 뿐만 아니라, 더 나아가 브라질 사회의 장기적 발전 방향에서도 선호도가 달랐다(〈표 6-13〉 참조). '사회주의가 과거에도 대안이 아니었고 현재도 대안이 아니다'라고 보는 응답자들에게서 룰라의 지지율 우세는 14.3%에 불과했으나, '사회주의가 여전히 대안이다'라고 보는 응답자들의 경우 룰라의 지지율 우세는 29.1%로 크게 나타났다. 이처럼 룰라 지지자는 세하 지지자에 비해, 브라질 사회에 지배 세력 교체를 포함한 지배 질서의 변화와 경제정책 패러다임 전환에 더해, 장기적 관점에서 급진적 방향의 사회경제 체제 변화가 필요하다고 보는 것이다. 이는 룰라 지지자가 세하 지지자에 비해 이념적으로 진보적임을 의미하며, 룰라 지지자와 세하 지지자 사이에 태도와 의식의 차별성이 없다는 기존 연구 결과를 반박하고 있다.

표 6-13	지지 후보별 사회주의 대안 평가				단위 : %
사회주의 대안 평가	전혀 대안 아님	더 이상 대안 아님	여전히 대안임	기타 응답	합계
룰라 투표	53.7	57.6	61.6	51.3	57.1 (1,360)
세하 투표	39.4	32.4	32.5	32.2	32.9 (785)
합계	100.0 (188)	100.0 (373)	100.0 (1,065)	100.0 (757)	100.0 (2,383)
룰라-세하	14.3	25.2	29.1	19.1	24.2

카이 자승 값 62.992, 자유도 6, 유의도 .001

5. 토론 및 맺음말

1) 계급 투표, 사회 투표, 변화 열망

노동자당이 노동계급 정당으로 창당된 이래 순수 계급정당에서 계급 연합 대중정당으로 발전한 것은 당의 정책과 당원 구성 변화로도 확인할 수 있었다. 노동자당은 대중정당화하며 계급적 지지 기반 확대를 위한 계급 연합 전략이 선거운동을 통해 구체화되었고, 노동자당의 슬로건 변화는 노동계급 정당 딜레마론의 설명력을 입증해 주었다. 하지만 계급 투표가 사라질 만큼 노동자당과 노동계급 사이의 괴리가 심화되지는 않은 것으로 나타났다.

2002년 대통령 선거에서도 계급 간 투표 후보의 차별성이 존재했다. 3계급 모델로는 포착되지 않았지만 6계급 모델에는 계급 투표 현상이 포착되었으며, 이는 프티부르주아와 임금노동 계급 내 계급 내적 이질성이 존재하기 때문이다. 계급 투표의 내용을 보면, 자본계급과 공식 부문 프티처럼 물적 자본을 보유한 유산계급들이 가장 낮은 룰라 지지율을 보이며 여타 계급들과 대조를 이루는 양상이었다. 교육 수준이 높은 전문직 프티가 가장 높은 룰라 지지율을 보였으며, 임금노동 계급 가운데서는 신자유주의 경제정책의 피해를 크게 입고 열악한 노동조건에 처해 있는 비등록 임금노동자가 등록 임금노동자에 비해 더 낮은 룰라 지지율을 보였다. 등록 임금노동자가 비등록 임금노동자보다 룰라 지지율이 높은 것은 노동조건이 상대적으로 양호함에도 불구하고 상대적으로 기업주와의 동일시 정도가 낮고, 노동조합 조직률이 높으며, CUT 영향력이 강하기 때문이라 할 수 있다. 이처럼 계급 투표가 여전히 유의미한 투표 행태로 남아 있는 것은 노동자당이 계급 연합 대중정당으로 전환되어 노동계급적 성격이 약화되었다 하더라도 여전히 타 정당들, 특히 세하의 사민당에 비해 노동계급적 성격이 더 강하며 저소득·소외 계층을 더 잘 대변하는 것은 사실이기 때문이다.

정책 역량 평가와 지지 후보 선택은 거의 일치했으며, 시민들은 룰라의 정책 역량 열위를 인지하면서도 룰라에게 투표했다는 기존 연구 결과는 경험적 근거가 없는 것으로 나타났다. 룰라는 모든 정책 영역에서 세하보다 높게 평가되고 있었으며, 특히 룰라의 정책 역량이 높게 평가되는 부분은 고용 창출과 빈곤 해소 등 사회적 문제들이었다. 고용과 빈곤 문제는 2002년 대선 전후 브라질 사회의 최대 과제들이었으며, 유권자들은 사회문제 해결 능력을 우선시하는 쟁점 투표를 한 것이다. 1994년과 1998년 대선 투표를 주도했던 경제 투표 현상이 2002년 대선에서는 사회 투표로 바뀐 것이다. 까르도주의 신자유주의 경제정책의 성과로 인플레이션이 제압되고 경제 안정이 회복되어 사민당의 비교 우위에 대한 사회적 필요성이 경감하게 된 반면, 신자유주의 경제정책의 부정적 효과로 실업, 고용 불안, 빈곤, 불평등 등 사회문제들이 신자유주의 경제정책을 대체할 대안적 정책 패러다임을 요구하고 있었다. 이 같은 신자유주의 경제정책의 성과와 부정적 효과가 룰라에게는 유리하게, 세하에게는 불리하게 작용했으며, 신자유주의 경제정책의 부정적 효과로 심화된 사회문제들은 계급 관련성이 높아서 사회 투표 현상은 계급 투표 경향성을 보강했다. 따라서 룰라에 대한 투표 행위를 계급 투표와 사회 투표로 분해하는 것은 불가능하지만, 사회 투표로 보강되었다는 점을 고려하면 계급 투표 현상이 그렇게 강했다고 할 수는 없다.

룰라 지지자와 세하 지지자 사이에 태도와 의식의 차이가 존재하지 않았다는 기존의 연구 결과와 달리 상당한 차이가 존재한 것으로 확인되었다. 룰라 지지자는 세하 지지자에 비해 지배 세력과 국가기구에 대해 높은 불신을 보인 반면, 지배 질서 변화의 주체인 사회운동 세력에 대해서는 높은 신뢰를 보였다. 노동자당과 룰라는 지배 질서 밖에서 형성되어 지배 질서에 도전하는 세력으로 각인되어 지배 질서의 변화를 원하는 시민들이 룰라를 지지하는 것은 자연스럽다고 하겠다. 경제정책에서도, 신자유주의 경제정책의 지속을 요구하는 세하 지지자와 대조적으로 룰라 지지자는 새로운 경제정책 패러다임을 요구했다. 또한 사회주의에 대해서도 룰라 지지자가 세하 지지자에 비해 긍정적으로 평가하고 있어, 룰라 지지자가 상대적으로 좀 더 사회의 급진적 변화를 추구하고 있으며 이념적으로도 좀 더 진보적임이 확인되었다.

2002년 대선에서 룰라에 대한 투표 행위는 계급 투표, 사회 투표, 지배 질서에 대한 거부와 사회 변화에 대한 열망이 구현된 투표라 할 수 있다.

2) 변화 추세와 본 연구의 한계

2002년 대선의 투표 행위 분석은 몇 가지 변화 추세를 확인할 수 있게 했다. 노동자당이 순수 계급정당에서 계급 연합의 성격을 갖는 대중정당으로 변화하고 있었으며, 이는 계급 투표가 약화되는 여건을 조성했다. 계급 투표는 약화되고 있었지만 여전히 유의미한 투표 행태로 남아 있었으며, 동시에 쟁점 투표도 정착되고 있었다. 다만 쟁점 투표의 유형도 변하고 있어 경제 투표에서 사회 투표로 바뀌었으며, 이러한 변화는 신자유주의 경제정책의 성과와 한계를 반영한다. 한편, 지배 세력에 대한 불신과 지배 질서에 대한 거부 현상은 지배 집단과 제도 정치에 대한 브라질인들의 높은 불신에서 비롯되었다. 이는 민주화 당시 최대 정당이었던 PMDB와 PFL의 대통령 후보들이 한 번도 결선에 진출한 적이 없다는 사실에서도 잘 확인될 수 있으며, 변화의 추세라기보다 브라질 대선 투표 행위의 주요한 부분을 구성하고 있는 것이다.

2002년 대선 분석 결과는 향후 투표 행태의 변화 방향을 가늠하는 주요 근거 자료가 될 수 있다. 노동자당의 당원과 지지 기반의 구성에서 노동계급의 상대적 비중은 축소되고 중간계급의 상대적 비중은 꾸준히 확대되고 있어 노동자당의 대중정당화 현상은 돌이키기 어려우며, 그런 만큼 약화된 계급 투표가 다시 강화되기는 쉽지 않다. 까르도주 정부의 인플레이션 억압과 경제 안정 회복의 성과와 한계로 인해 쟁점 투표 유형이 경제 투표에서 사회 투표로 이행했고, 그러한 변화로 룰라의 대선 승리가 가능했다. 하지만 노동자당이 집권하여 사회적 문제 해결에 일정한 성과를 보이게 되면, 경제성장 등 경제문제가 다시 핵심적 과제로 대두될 수 있으며, 그 결과 쟁점 투표 유형이 다시 사회 투표에서 경제 투표로 전환될 수 있다.

마지막으로 본 연구는 자료의 제약으로 인한 한계로부터 자유로울 수 없었음을 밝히고자 한다. 본 연구에 활용된 설문조사들은 출구 조사가 아니라 결선투표를 상당 기간 앞두고 실시된 것으로, 부동층이 크게 존재해 결측치를 높였다. 생산과정에서의 역할에 대한 정보가 부족하여 임금노동 계급을 중간계급과 노동계급으로 범주화할 수 없어 정교한 계급 모델 분석을 실시하기도 어려웠다. 또한 설문 조사들에 포함된 설문 문항들이 일치하지 않아 비교분석에 활용할 수 있는 변수들이 제한되기 때문에 계급 투표의 인과적 메커니즘을 체계적으로 분석하는 수준까지 나아갈 수 없었다.

7

룰라 정부 집권 2년의 경제정책과 '성공(?)의 덫'[*]

1. 들어가는 말

룰라는 변화를 약속했었다. 룰라 선거운동의 핵심 문건으로 꼽히는 "브라질인들에게 보내는 서한"에서 룰라는 "브라질은 변화하기를 원한다. 성장, 포용, 평화를 위한 변화"(2002년 6월 22일)를 역설하며 변화는 경제 발전과 사회정의를 가져온다고 강조했다. 대통령에 당선된 직후에도 "어제, 브라질은 변화를 위해 투표했다. 희망이 두려움을 극복하고, 유권자들은 나라를 위한 새로운 길을 선택했다"(2002년 10월 28일)며 변화에 대한 의지를 거듭 확인해 주었다.

노동자당의 창당 멤버였던 상파울루 국립대의 올리베이라(Francisco de Oliveira) 교수는 룰라의 승리를 "노예제 철폐, 공화국 수립, 1930년 혁

<hr>

* 이 글은 『경제와 사회』 제67호에 실린 필자의 글을 수정·보완한 것이다. 게재를 허락해 준 비판사회학회와 도서출판 한울에 감사를 드린다.

명과 같은 브라질 역사의 기념비적인 분수령"(*FSP* 2002/10/29)으로 규정하며, 룰라 정부가 이전 정권들과는 다른 정책을 펼치며 브라질 사회에 중대한 변화를 가져올 것임을 예견한 바 있다. 하지만 올리베이라는 룰라 정부가 출범한 지 1년도 채 지나지 않은 2003년 말 브라질 주요 일간지(*FSP* 2003/12/15)에 룰라 정부가 까르도주 정부와 전혀 다를 것이 없다고 비판하며 노동자당을 탈당했다. 기대했던 변화는 오지 않았다는 비판인 것이다. 룰라 정부가 임기의 절반을 지나면서 룰라 정부의 정책은 룰라가 비판했던 전임 까르도주 정부와 비교해 달라진 것이 없으며, 변한 것은 룰라 자신이라는 평가가 좌파 지식인들을 중심으로 확산되기 시작했다.[1]

룰라 정부에 대해 가장 신랄하게 비판을 가하는 것은 좌파들이며 그들의 비판은 주로 경제정책에 집중되었다. 중남미 좌파들은 룰라에게 외채 이자 지급 중단을 요구했으나 룰라는 대선 과정에서 다른 후보들과 함께 외채 상환을 약속했고, 취임 이후 외채 이자를 성실히 변제해 왔다는 점에서 룰라 정부는 혁명정부가 아닌 것은 분명했다. 하지만 좌파들의 실망과 비판은 그렇게 높은 기대 수준에서 비롯되는 것도 아니었다. 룰라 정부의 경제정책에 대한 비판의 핵심 내용은 룰라 정부의 경제정책이 룰라와 노동자당이 극렬하게 비판했던 까르도주 정부의 경제정책과 동일한 신자유주의 경제정책이라는 점이었다.

---

1) 룰라 정부에 대한 비판들에 대해서는 Pochmann et al(2005), Boito(2003, 2004a, 면담 2005), Oliveira(2002, 2003, 면담 2004)를 참조.

룰라 정부의 경제정책은 까르도주 정부의 경제정책과 다르지 않은가? 룰라 정부는 차별화되는 변화를 시도하지 않았는가? 시도하지 않았다면 왜 시도하지 않았는가? 시도했다면 왜 별다른 변화를 가져오지 못했는가? 본 연구는 이러한 물음들에서 출발한다.

이 장에서는 룰라 정부의 경제정책이 어떤 점에서 까르도주 정부와 연속성을 보이며 어떤 점에서 차별성을 보이는가, 어떠한 점에서 신자유주의적이고 어떤 점에서 신자유주의와 차별화되는가, 왜 차별화에 성공하지 못했는가를 규명하고자 한다. 이를 위해 먼저 룰라 정부의 정책 선택에 대한 구조적 제약을 검토한 다음 룰라 정부의 경제정책을 인플레이션 억압을 위한 통화주의 정책과 경제성장을 위한 개입주의 정책으로 나누어 분석하고자 한다.

2. 룰라 정부 경제정책의 배경

1) 브라질 경제의 구조적 조건

룰라 정부 출범 시 경제 구조적 조건은 룰라 정부의 정책 목표 설정에 영향을 주는 동시에, 선택할 수 있는 경제정책에 일정한 제약을 부과했다. 그 대표적 요소들로 외채와 정부 부채, 인플레이션 위험, 의회 내 소

연도	GDP 성장률 (%)	인플레이션 (%)	외채 (10억 달러)	외환 보유고 (10억 달러)	정부 부채 (10억 헤아우)	정부 부채 (GDP %)	실업률 (전국, %)	실업률 (상파울루 주 %)
1985	7.85	235.13	105.2	11.6				
1986	7.49	65.04	111.2	6.8				
1987	3.53	415.95	121.2	7.5				
1988	−0.06	1,037.53	113.5	9.1				
1989	3.16	1,782.85	115.5	9.7				
1990	−4.35	1,476.71	123.4	10.0				
1991	1.03	480.23	123.9	9.4				
1992	−0.47	1,157.84	135.9	23.8			4.0	
1993	4.67	2,708.17	145.7	32.2			3.8	
1994	5.33	1,093.85	148.3	38.8	153.2	43.9	-	
1995	4.42	14.77	159.3	51.8	208.5	29.5	3.7	
1996	2.15	9.33	179.9	60.1	269.2	31.9	4.1	15.1
1997	3.38	7.48	200.0	52.2	308.4	32.8	4.7	16.0
1998	0.04	1.71	241.6	44.6	385.9	39.4	5.4	18.2
1999	0.25	19.99	241.5	36.3	516.6	48.5	5.9	19.3
2000	4.31	9.80	236.2	33.0	563.2	47.7	-	17.6
2001	1.31	10.40	226.1	35.9	680.1	52.2	5.7	17.6
2002	2.66	26.41	227.7	37.8	896.1	60.6	5.6	19.0
2003	1.15	7.66	235.4	49.3	933.6	54.9	6.0	19.9
2004	5.71	12.13	220.2	52.9	982.0	50.6	5.6	18.7
2005	3.16	1.23	188.0	53.8	1,035.3	48.2	5.9	16.9
2006	3.96	3.80	199.4	85.8	1,112.7	47.0	5.3	15.8
2007	6.09	7.90	240.5	180.3	1,200.8	45.1	5.1	14.8
2008	5.14	9.11	267.1	206.8	1,153.6	38.4	-	13.4

주 : 전국 실업률과 상파울루 지역 실업률은 각각 IBGE와 DIEESE가 산정한 것임.
출처 : Giambiagi et al(2005), IBGE, IPEA, Banco Central, DIEESE에서 종합.

수 세력의 한계 등을 꼽을 수 있으며,2) 거시 경제지표들의 추세는 〈표 7-1〉과 같다.

(1) 외채 위기와 정부 부채

브라질의 외채는 꾸준히 증가하여 1998년 말 아시아와 러시아 경제 위기 속에서 외채 위기를 맞으며 IMF와 협약을 체결하고 대기 자금을 제공받게 되었다. 이후 까르도주 정부의 남은 4년 임기 동안 외채 위기는 해소되지 못하여 IMF와 후속 협약을 체결해 왔고, 2002년 말 룰라를 포함한 대통령 후보들이 IMF 협약을 준수하겠다는 협약에 서명했다.

2002년 9월 6일 까르도주 정부는 IMF와 307억 달러 대기 자금 제공 협약을 체결했으며, 룰라가 당선한 뒤인 12월 19일 첫 번째 리뷰를 하고 룰라 정부에 대한 체크리스트를 작성했다. 체크리스트에는 인플레이션과 통화안정 등 브라질 경제에 대한 신뢰를 회복할 것, 공공 부채를 감축하기에 충분한 수준으로 공공 부문의 기초 재정 흑자(superavit, primary budget surplus)를 유지할 것, 연금제도와 조세제도 등 재정 구조 개혁을 실시할 것, 중앙은행의 자율성을 보장할 것 등이 우선적으로 준수해야 할 내용들에 포함되어 있었다. 룰라 집권 직전인 2002년 말 외채는 외환 보유고의 6배로서 한 해 수출 총액의 3.5배 규모를 기록하고 있어 여전히 외채 문제가 심각한 상황을 벗어나지 못하고 있었다.[3]

----

2) 룰라 정부 출범 시 구조적 제약에 대해서는 Giambiagi et al(2005), Giambiagi(2005), Franco (2005), Ramos & Mendonça(2005), Baer(2001), Baumann(2002), Guidry(2003)를 참조.

3) 브라질보다 한 해 먼저 외채 위기를 겪은 한국의 경우 이미 외환 보유고가 외채 규모를 넘어서고 있었고, 총외채가 수출 총액의 70~80% 수준이었음을 고려하면 룰라 정부가 출범할 당시 브라질의 외채 문제가 얼마나 심각했는지를 잘 알 수 있다.

까르도주 정부의 대대적인 공기업 사유화에도 불구하고 재임 기간 동안 정부 부채는 4배 이상 증가했다. 2002년 말 정부 부채는 총외채의 1.4배에 달하는 8,961억 헤아우로서 GDP의 60% 수준이었으며, 정부 부채에 대한 이자 상환 지출액만 하더라도 2002년 1,140억 헤아우로서 원금의 12.9%에 달해 GDP의 8.1%로서 정부의 재정 운용에 심대한 제약을 주고 있었다. 한편 재정 적자를 야기하는 핵심 요인으로는 정부 부채와 이자 부담 다음으로 연금 재정의 부실화가 꼽히고 있었다.

(2) 인플레이션과 경제성장률

인플레이션율은 1980년 연 100%를 넘어서기 시작해 1988~94년 7년 동안 연 1,000% 이상을 기록했으나 까르도주의 뻴라노 헤아우로 진화되기 시작하여 1995년에는 10%대로 억제될 수 있었다. 그러나 인플레이션이 억제된 대신 경기가 위축되어 〈표 7-1〉에서 보듯이 1998년 경제 위기 이래 2000년을 제외하면 줄곧 낮은 경제성장률 혹은 마이너스 성장을 기록했다.

1980년부터 시작된 연 100% 이상의 악성인플레이션으로 인해 브라질인들은 인플레이션에 대해 극도의 공포심을 갖게 되었다. 1987년부터 7년간 연 1,000% 이상의 인플레이션을 기록한 뒤 경제 안정을 확보한 지 겨우 8년이 지났을 뿐인데, 2002년 하반기 들어 선거 국면에서 물가 상승률이 다시 고개를 들기 시작해 2002년 말 월 인플레이션율이 3%에 달했다. 이는 1년 기준 41%에 해당되어 인플레이션 부활에 대한 공포심을 다시 자극했다.

게다가 룰라가 집권하면 대대적 변혁과 자본 유출로 인해 정치경제적
혼란이 야기되고 경제적 안정이 파괴될 수 있다는 우려가 제기되었다. 이
에 자본 진영뿐만 아니라 집권 정당의 대통령 후보와 보수 언론들을 중심
으로 하는, 룰라의 집권을 저지하려는 기득권 세력들은 룰라의 집권을 인
플레이션 부활·및 경제적 불안정과 동일시함으로써 시민들의 우려를 증
폭시키는 역할을 했다.4)

⑶ 의회 내 과반수 미달과 정당 연대

룰라 정부 출범 당시 노동자당은 상원 의석 81석 가운데 14석으로 의
석 17%를 점유한 제3당, 하원 의석 513석 가운데 91석으로 제1당의 위
치에 있었으나 의석 점유율은 18%에 불과해 의회 내 과반수에는 턱없이
부족했다. 따라서 법안 개정을 위한 의석수를 확보하기 위해서는 의회 내
좌-중도-우파 정당들과 연대하는 전략을 택했다.

룰라 정부와 노동자당은 우파-중도 우파의 PL(하원 26석/상원 3석),
PMDB(74/20), PDT(21/5), 중도좌파-좌파의 PTB(26/3), PSB(22/4), PPS
(14/1), PCdoB(12/0), PV(5/0)와 연립정부를 구성하여 하원 291석으로
56.7%, 상원 50석으로 61.7%를 확보하게 되었다.5) PMDB는 상원 제1

---

4) 룰라 정부 출범 시 브라질의 투자위험 지수는 2300에 달했는데, 1년 뒤 룰라 정부하에서 400으
로 하락했다는 것을 보면 당시 룰라에 대한 불신과 거부감이 얼마나 강했는지를 알 수 있다.

당, 하원 제3당으로서 노동자당이 의회 내에서 과반수를 확보하는 데에 결정적으로 기여한 세력으로서 룰라 정부가 출범한 초기에 장관 2석이 할애되었다. PMDB는 군사정권에 의해 만들어진 정당으로서, 민주화 이후 모든 정권의 연정 구성에 참여한 기회주의 우파 정당으로서 브라질인들에게 정치 부패의 상징이었다는 점에서 룰라 정부의 개혁적 정책 수립에 상당한 제약을 가할 수 있었다. 또한 연방 정부의 정책을 집행하는 과정에서 절대적으로 필요한 것이 주 정부의 협력인데, 주 정부 27개 가운데 노동자당은 3개 주의 주지사밖에 확보하지 못했다는 점에서 출범 당시 정책 집행의 어려움을 안고 있었다.

2) 까르도주 정부의 유산과 룰라 정부의 제약 조건

까르도주는 연평균 1,000% 이상에 달하는 악성인플레이션을 제압하기 위해 1994년 2월 쁠라노 헤아우를 실시하며 달러와의 교환 비율을 1대 1로 고정한 다음, 7월에는 새로운 화폐 헤아우를 도입했다. 또한 고이자율-고환율 정책을 병행하며 인플레이션을 억제하고자 했으며, 높은 이자율로 소비 급증을 억제하고, 헤아우의 고평가와 수입 개방으로 물가 상승 요인을 제거함으로써 물가 상승을 억제할 수 있었다.

---

5) 브라질 정당들의 이념적 성향 및 의석 분포에 관해서는 Meneguello(2005a, 면담 2005c), Guidry(2003), *LAWR*(2003/02/04, 2004/01/27)을 참조.

까르도주 정부는 인플레이션 억제 정책을 펴는 한편, 산업 활성화를 위한 산업별 부문 협의회와 노동법 개정을 위한 노사정 등 국가와 시민사회가 시장에 개입하는 것을 거부하고, 산업 정책 포기, 상품·자본 시장 개방, 국유 기업 사유화, 사회적 지출의 감축을 통한 국가 기능 축소 등을 골자로 하는 경제정책을 추진했다. 워싱턴 컨센서스로 대변되는 신자유주의 경제정책의 핵심은 국유 기업 매각, 시장 불개입 및 자본 규제 완화, 상품·금융시장의 개방, 정부의 재정지출 삭감 및 정부 보조금 제거, 노동시장 유연화라는 점에서 까르도주 정부의 경제정책은 워싱턴 컨센서스에 충실한 신자유주의 경제정책이었다.

이처럼 까르도주 정부의 경제정책은 인플레이션을 억제하기 위한 통화주의 정책과 시장에 대한 불개입을 원칙으로 하는 신자유주의 경제정책으로 구성되어 있다.6) 결국 낮은 경제성장률, 무역수지 악화, 재정 적자 심화 등 경제·재정 부문에서 부정적인 결과를 가져왔으며, 1998년 말에는 외채이자 지불 불능 사태를 맞게 되었다.

까르도주 정부 경제정책의 유산은 룰라 정부 경제정책의 출발점이 되었다. 까르도주 정부하에서 제압된 인플레이션의 재발을 억제하며 경제 안정을 유지하는 동시에, 외채와 정부 부채를 감축하기 위해 경제성장과 무역 증대를 이룩하는 것이 룰라 정부의 경제정책의 목표가 된 것이다. 경제

---

6) 까르도주 정부의 경제정책과 그 결과에 대해서는 Baer(2001), Baumann(2002) 및 이 책의 제2장과 제3장을 참조.

안정과 경제성장은 룰라 정부 내에서 끊임없이 긴장과 갈등을 연출하며 경
제정책을 생산했다. 경제 안정을 책임지는 재무부와 중앙은행은 노동자당
부위원장 출신인 빨로시(Antonio Palocci)와 보스턴 은행 최고 경영자 출신
메이렐레스(Henrique Meirelles) 등 통화주의자들이 담당했고, 경제성장을
추진하는 산업통산부와 경제사회개발은행은 레사(Carlos Lessa)와 푸란(Luís
Fernando Furlan) 등 개입주의자들이 담당하게 되었으며 푸란에 비해 레사
가 훨씬 더 적극적인 개입을 주장했다. 경제 안정을 위한 인플레이션 억제
정책은 룰라 정부하에서도 여전히 통화주의자들에 의해 추진되고 있다는
점에서 까르도주 정부와 상당한 연속성을 보이는 반면, 경제성장과 발전을
위한 개입주의 정책은 까르도주 정부의 시장 불개입 원칙에 대한 거부로서
까르도주 정부와 상당한 차별성을 보이게 되었다.

3. 인플레이션 억제 통화주의 정책 : 룰라 정부의 연속성

1) 정부 부채와 긴축재정 정책

정부 부채는 2002년 말 8,810억 헤아우로서 GDP의 56.5%를 차지했
다. 정부 부채의 이자율은, 전체 부채의 42%는 달러 가치에, 9%는 인플레
이션율에, 나머지는 거의 전부 셀릭(SELIC, Sistema Especial de Liquidação

e Custodia) 기본 금리에 연동되어 있었다. 룰라 정부는 정부 부채 구조를 개선하기 위해 2003년의 주요 재정 운영 목표로 국내 부채를 70%에서 73%로 높이고, 고정 이자율 부분을 2.2%에서 5~15%로 높이고, 기본 금리 및 환율 등에 연계된 부채를 줄이고, 상환 기간을 33.2개월에서 34~38개월로 연장하는 것으로 설정했다. 2003년 정부 부채에 대한 한 해 이자 지급액만 하더라도 2003년의 경우 1,539억 헤아우로서 총부채의 17.3% 규모로 GDP의 9.8%에 달해 부채 이자가 정부 부채 확대와 재정 적자의 주요 요인임을 보여 주었다.

2003년의 기초 재정 흑자7) 규모는 GDP의 3.75%로 IMF와 합의한 바 있으나, 룰라 정부는 목표치를 상향 조정하여 GDP의 4.75%를 기록했다. 2004년에도 4.6%로서 전년도에 이어 목표치를 상회하는 흑자를 기록했고, 이러한 긴축·흑자재정 운영 계획은 2005년에도 지속되었다. 이러한 초긴축 재정 정책을 통해 정부 부채는 2002년 말 GDP 대비 60.6%에서 2003년 말 54.9%로 억제된 다음, 2005년 들어서면서 GDP의 절반 수준 이하로 줄어들 수 있었다. 한편 정부의 국내 부채 가운데 환율에 연계된 부분도 2002년 40%에서 2004년 말 13%로 크게 축소되었고, 고정 이자

---

7) 기초 재정 흑자는 공공 부채에 대한 이자 상환을 제외한 재정 흑자를 의미하며, IMF가 정부 재정 건전성에 대한 의지와 역량을 측정하는 기준이다. 기초 재정 흑자의 폭이 클수록 정부는 부채 원금을 좀 더 많이 청산할 수 있고, 새로운 부채를 빌릴 필요가 감소함으로써 정부에 대한 신뢰도를 높이고 통화안정을 가져오는 한편, 외채 규모도 감축할 수 있게 된다. 재정 긴축정책과 부채 감축에 대해서는 *LAEB*(2003/01, 2005/02, 03, 04), *LAWR*(2003/01/07), Gambiagi (2005), Gambiagi et al(2005), Fonseca(2005)을 참조.

율 부채 부분은 20% 수준까지 확대되었다. 이러한 정부 부채의 규모 축소와 구조 개선에 힘입어 이자 상환액도 2002년과 2003년 각각 GDP의 8.1%와 9.8% 수준에서 2004년에는 6.84% 수준으로 줄일 수 있었다.

이러한 정부 부채 감축은 재정 긴축정책이 의도한 목표였으며, 2003년 말부터 시작된 GDP 상승 추세로 조세수입이 급증한 효과도 있었다. 이는 조세부담률이 룰라 정부 두 해 동안 평균 40% 수준으로서 30% 수준에 머물던 까르도주 시기의 평균치를 크게 상회하고 있다는 점에서도 확인될 수 있다. 또한 집권 초기 외채 규모 대비 외환 보유고 비율이 16.6%에 불과했으나 외채 감축과 외환 보유고 확대 정책을 통해 2005년 3월말 30% 수준을 넘어서면서 마침내 IMF와의 협약 종결을 선언할 수 있게 되었다.

2) 고금리정책과 물가 안정

룰라 정부는 인플레이션 재발 가능성을 차단하고 물가 안정을 유지하기 위해 고금리정책을 추진했다. 1998년 외채 위기 시 50%에 달했던 기본 금리가 이후 하락하여 2001년에는 17.31%까지 떨어졌으나 2002년 하반기 인플레이션 재발 징후로 인해 다시 상승하기 시작하여 2002년 말에는 19%를 넘어섰다. 룰라 정부 들어 중앙은행은 금리 인상을 거듭해 2003년 2월 19일에는 26.5%까지 인상했다가 2003년 6월 들어 26.0%로 인하한 다음 단계적으로 인하해 2004년 4월에는 최저 수준인 16.0%로 5

개월 정도 지속되었다. 그러나 9월 15일 16.25%로 인상한 다음 이후 8개월 동안 매월 이자율을 인상해 2005년 4월에는 19.50%에 달했다.

고금리정책과 더불어 2002년 연 26.4%를 기록했던 물가 상승률은 2003년 7.7%, 2004년 12.1%로 억제되기는 했지만 물가 상승 징후들이 여전히 남아 있어 룰라 정부는 고금리정책을 포기할 수 없었다. 룰라 정부의 경제정책에 대한 논란은 끊이지 않았고, 그 중심에는 고금리정책이 있었다. 고금리 정책이 인플레이션을 효과적으로 제압하고 있다는 룰라 정부의 주장에 대해 고금리정책은 효과적인 인플레이션 억제 수단이 되지 못한다는 주장이 제기되면서 설득력을 얻기 시작했다. 인플레이션의 주요 원인은 이라크 전쟁 등 국제 정세 변화에 따른 국제 유가 인상, 중국의 높은 수요로 인한 철강 등 산업 중간재들의 가격 상승, 전기와 가스 같은 에너지 가격 및 전기통신 요금 상승 등으로서 가격이 국제시장에서 결정되거나, 인플레이션율에 연동되거나, 정부에 의해 결정되기 때문에 이자율 인상에 의해 영향을 받지 않는다는 것이었다. 이처럼 인플레이션이 내수 과열에서 비롯된 것이 아니기 때문에 금리 인상을 통해 인플레이션을 억제할 수 없고 연이은 금리 인상은 부작용만 낳을 뿐이라는 것이었다.

한편, 2003년 마이너스 성장을 기록했던 GDP도 2004년에는 5.2%로 성장을 회복한 것으로 나타나면서, 재무장관과 중앙은행장을 중심으로 한 통화주의자들은 이를 고금리정책으로 경제성장에 제약을 주지 않으면서 인플레이션을 억제할 수 있다는 증거로 제시하게 되었다. 그 결과 정부 내 통화주의 경제정책 핵심의 입지는 크게 강화되었지만, 반대파들의 비판은 수그러들지 않았다. 비판적 해석은 2004년의 경제성장률이 회복했던 것은 2003년에 억제되었던 내수 시장의 수요가 2004년 들어 되살아나면서 발생한 결과일 수 있다는 것이었다. 그러한 징후는 26.6% 생산이 증가한 자동차 산업과 18.7% 생산이 증가한 백색 가전산업 등 내구소비재 산업이 2004년 경제성장을 주도했다는 데서 확인될 수 있었다. 높은 이자율은 기업의 투자와 가계의 소비를 위축시켜 내수 침체를 가져옴으로써 경제성장을 방해해 고용 창출을 어렵게 하고, 투기자본의 유입으로 인해 헤아우가 고평가됨으로써 수출을 어렵게 하는 한편, 정부 부채에 대한 이자 부담을 가중시켜 정부 부채 감축 정책에도 역행한다고 할 수 있었다.

개입주의자들은 고금리정책이 인플레이션 억제 수단으로서 비효율적이며 경제성장을 억압해 저성장에 따른 실업과 생활수준 하락 등 상당한 폐해를 가져왔다고 지적했다. 또한 CUT 중심의 노동계와 사회운동 단체들은 고금리정책이 은행과 금리 소득자에게 소득을 전이시킴으로써 소득 불평등을 더욱 심화시키고 있다고 비판했다. 한편, 고금리정책은 전국산업협회(CNI) 등 재계와 경제학계뿐만 아니라 노동자당과 정부 내부에서도 심각한 비판을 받게 되었다.[8] 산업통상장관 푸란은 2005년 1월 고금리정책과 환율 정책을 신랄하게 비판했으며, 룰라와 재무장관 빨로시

---

8) 상파울루 산업협회 회장 스까프(Paulo Skaf)는 세계경제가 2003~06년 4년 동안 평균 19% 성장하고, 개도국 경제는 28.32% 수준의 고성장을 기록하는 반면, 브라질은 13.48%에 불과해 브라질은 개도국 평균은 고사하고 세계 평균 수준에도 크게 못 미칠 것으로 예상되는데 이는 고금리정책 때문이라고 지적했다. 고금리정책에 대한 다양한 비판에 대해서는 *LAEB*(2005/01, 02, 03, 04), *GIN*(2005/03/28), *NYT*(2004/12/24)을 참조.

는 푸란을 즉각 소환하여 해명을 요구했으나, 농업장관 호드리게스
(Roberto Rodrigues)와 노동자당 지도급 인사들이 푸란을 옹호하는 등 고
금리정책에 대한 비판이 수그러들지 않았다. 부통령 알렌까(José Alencar)
도 고금리정책을 반대했으며, 대통령 룰라까지도 2005년 4월 20일 금리
인상에 대해서 실망의 뜻을 피력한 것으로 알려졌고, 중앙은행장도 금융
통화정책위(COPOM) 회의 직전 추가적 금리 인상은 없을 것이라고 발표
했던 점을 고려하면 금융통화위의 지속적 금리 인상 정책은 룰라 정부 핵
심의 지지도 잃어 가고 있었지만 중앙은행장과 룰라도 통제하기 어려운
수준에 달했음을 보여 주었다.

3) 소결

인플레이션을 억제하기 위한 고금리정책과 재정 긴축정책은 까르도
주 정부 시기부터 적극적으로 추진된 것이라는 점에서 경제정책 연속성
의 핵심이다. 하지만 정부 부채가 막대한 국가에서 재정 긴축정책은 피하
기 어려운 선택이었음은 분명하다. 한편, 고금리정책의 경우 인플레이션
억제를 위해 채택되었지만 그 실효성은 의문시되고 있었다.

룰라 정부의 경제정책에 대한 비판은 집권 첫해 중반부터 이미 시작되
었다. 2003년 6월 2백 명이 넘는 경제학자들이 재무장관과 중앙은행장의
경제정책을 정면으로 비판하는 한편, 당시 최대 현안이었던 높은 실업률
문제를 해결하기 위해서는 정부가 시장에 적극적으로 개입해야 한다고

주장하며 외국자본 규제와 공공 지출 증대 등 7가지 대안적 정책 조치들을 제시한 바 있다(*GIN* 2003/06/17). 이후 룰라 정부의 경제정책에 대한 비판은 지속되었지만, 비판의 핵심은 경제정책의 다양한 부문들로부터 점차 고금리정책으로 모아졌다. 노동계, 재계, 노동자당뿐만 아니라 정부 내 경제성장 정책을 책임지는 부문의 개입주의자들과 부통령조차도 강경하게 비판해 왔지만 고금리정책은 지속되었다. 그러나 신자유주의 경제정책을 펼치는 한국과 일본뿐만 아니라 대표적 신자유주의 국가인 미국도 저금리정책에 의존하고 있다는 점에서 금리 수준이 신자유주의 경제정책의 척도가 될 수는 없다. 따라서 룰라 정부의 통화주의 경제정책이 까르도주 정부의 경제정책과 연속성을 보이는 것은 사실이지만 통화주의 경제정책을 근거로 룰라 정부의 경제정책을 신자유주의 경제정책이라고 규정하는 것은 적절하지 않다.

4. 개입주의 경제정책 : 룰라 정부의 차별성

1) 사회적 합의 모델과 시장의 사회적 규제

룰라 정부는 일방적으로 경제·사회정책을 수립·집행하기보다 사회적 합의 속에서 정책 방향을 설정해 이를 추진하고자 했다. 룰라는 브라질 경제를 되살리기 위해 필요한 구조 개혁들을 논의하고자 대통령 직속 기구로 경제사회개발위원회 등 다양한 사회적 합의 기구들을 구성했다. 경제사회개발위원회 위원들은 룰라가 직접 선임했고, 전체 위원의 50%는 재계, 15%는 노조 그리고 나머지는 시민사회단체들의 저명인사들로 구성되었다. 경제사회개발위원회는 7개 주제별 위원회로 출범한 다음 2개를 추가하여 사회보장, 세제 개혁, 노동 개혁, 중기 개혁, 청년 취업, 비공식 부문 등 전체 9개 주제별 위원회를 가동하기 시작했다.[9]

경제사회개발위원회는 사회보장제도 개혁, 재정·세제 개혁, 공공 민간 파트너십 등의 주제들을 논의하여 다양한 제안서를 대통령에게 제출했으며, 연금제도 개혁의 경우 경제사회개발위원회의 제안에 입각해 만들어진 정부 법안이 의회에 제출되어 수정 통과되었다. 그러나 경제사회개발위원회는 다양한 의견을 수렴할 뿐 주요 정부 정책을 결정하는 데는 별다른 영향을 주지 못함으로써 사회적 합의 기구로서 제 역할을 수행하지 못했다는 비판을 받았다.

경제사회개발위원회는 재계가 과다 대표되고 있어 다양한 이해관계와 사회 세력을 대변하기에 부족했다. 그뿐만 아니라 무엇보다도 개별 위원들이 특정 단체의 직책을 맡고 있는 경우가 많아 사회적 합의 기구로서 구조적 한계를 지니고 있으므로 성과를 내기 어려웠다고 할 수 있다. 사

---

9) 경제사회개발위원회의 활동과 평가에 대해서는 CDES(2005), Wagner(2005), Conceição 면담(2005), Sochaczewski 면담(2005), *GIN*(2005/01/13)을 참조.

회적 합의 기구는 이해관계를 둘러싼 교섭이 중요한 부분에서는 효과를 발휘할 수 있었지만, 경제사회개발위원회의 경우 예컨대 CUT 위원장 마리뇨(Luiz Marinho)도 CUT 위원장이 아니라 개인으로 의견을 표명하고 표결에 참여하는 것이기 때문에 경제사회개발위원회는 교섭을 통해 사회적 합의를 도출하는 기구가 되지 못했다.

여성운동 조직 여성주의연구자문센터(CDEMEA)의 공동대표 올리베이라(Nathalia Oliveira)와 브라질사회경제분석연구소(IBASE)의 환경문제 전문 연구자 산또로(Maurício Santoro)는 "시민사회는 사회적 쟁점들에 대해서 발언하지만, 경제는 전적으로 재계와 관료들의 몫이다"라며 경제사회개발위원회와 각종 시민사회 참여 기구들이 정부 정책의 핵심 부분들에는 전혀 영향을 미치지 못한다고 비판했다(*GIN* 2005/01/13). 상프란시스꼬(São Francisco) 강 문제처럼 시민 단체 참여자들 절대다수의 반대에도 불구하고 정부는 물길 돌리기 프로젝트를 강행하여, 정부가 자신들의 정책 결정을 정당화하는 수단으로 경제사회개발위원회 같은 기구들을 활용한다는 지적도 제기되었다.

한편, 2000년 1월 설립된 경쟁력 포럼은 산업 정책 대신 주로 인플레이션 억제를 위한 물가 관련 논의에 치중했고 노동조합은 가끔 초대되었으나 참여하지 않음으로써 유명무실화되어 있었다. 하지만 SMABC는 CUT를 경유하여 1991~92년 상당한 성과를 가져왔던 산업별 부문 협의회를 재현할 것을 2002년 대선 과정에서 대통령 후보들에게 제출하여 긍정적 답변을 받았으며, 룰라의 선거공약으로 채택되기도 했다.[10] 룰라 정부가 출범하면서 노동조합의 적극 참여로 경쟁력 포럼은 활기를 띠기 시작했고, 그 핵심에 있는 자동차 산업 경쟁력 포럼은 생산물 시장, 자동차 부품 산업, 노사 관계와 사회 통합, 기술 체계 등 네 개의 소위원회로 구성되어 가동되었다. 자본 측은 세금 혜택과 현지 조달률 등과 관련된 기대로 참여했고, 한때 자동차 판매 증대를 위해 대중형 승용차 3% 감세와 자동차 가격 3% 인하를 합의하기도 했으나 2004년 경기가 회복되면서 경쟁력 포럼은 별다른 성과를 내지 못한 채 활기를 잃게 되었다.[11]

2) 개입주의 경제정책

달러 대비 헤아우의 환율은 까르도주 정부 마지막 해인 2002년 1 대 2.92헤아우에서 2004년 3.2헤아우까지 올랐으나 룰라 정부의 고금리정책과 무역 흑자의 효과가 나타나 외환이 급격히 유입되면서 헤아우는 꾸준히 고평가되어 2005년 4월에는 1 대 2.6헤아우까지 떨어졌다. 세계 주요 통화들 가운데 어느 다른 통화보다도 브라질 헤아우의 달러 대비 환율이 크게 떨어진 것이다. 산업통상장관 푸란과 농업장관 호드리게스는 1 대 3헤아우 정도를 적정 환율로 상정하고 중앙은행이 외환시장에 적극 개입하지 않으면 수출에 큰 지장을 받을 것이라고 경고했지만, 중앙은행장 메이렐레스와 재무장관 빨로시는 환율을 방어하기 위한 시장 개입을

---

10) 부문 협의회의 내용과 노동계의 요구에 대해서는 SMABC(2002)와 이 책의 제3장을 참조.
11) 경쟁력 포럼에 관해서는 Sanches(면담 2004, 면담 2005), Rodrigues 면담(2005)을 참조.

거부해 왔다.[12]

　재무부와 중앙은행의 통화주의와는 달리 경제사회개발은행과 산업통상부를 중심으로 성장주의-개입주의 경제정책도 추진되고 있었으며, 수출 촉진과 산업 발전을 위한 시장 개입과 인프라 구축이 크게 강조되었다. 전반적인 긴축재정 정책에도 불구하고 무역 흑자를 통해 외채를 감축하기 위해 경제사회개발은행은 2005년 들어 전해에 비해 예산을 50% 증액하여 수출금융에 집중 투입했으며 그 결과 수출의 80% 정도가 이 은행에서 제공된 신용을 통해 이루어지게 되었다(Sanches 면담 2005). 또한 수출 촉진을 위해 미국 중심의 전(全) 아메리카 자유무역지대(FTAA) 통합 전략에 대항하여 아르헨티나·파라과이·우루과이 등과 함께 지역 공동시장 메르꼬수르 중심의 지역 경제통합을 추진하는 한편, 더 나아가서 중남미 국가들을 모두 포괄하는 거대한 남미 제국의 통합을 지향하고 있었다. 미국을 배제한 경제통합 전략은 미국의 패권과 대립하며 미국과의 외교통상 마찰을 빚게 되었으며, 브라질은 아르헨티나와 베네수엘라를 중심으로 중남미 통합에 박차를 가하는 동시에 아랍-아프리카-아시아 제국들과의 연대를 통해 제3세계의 세력화도 추구해 왔다.[13] 헤아우의 고평

---

12) 룰라 정부는 예외적으로 환율 방어를 위해 시장에 개입하기도 했지만 통상 시장 불개입 원칙을 천명하며 시장 개입 사실을 인정하지 않았다. 환율과 정부 정책에 관해서는 *LAEB*(2005/01, 03), *LAWR*(2005/01/11), *GIN*(2005/03/28)을 참조.
13) 브라질은 2003년 Cancun-G20 회의에서 인도·중국 등과 함께 미국·유럽연합·일본 등지의 농업 보조금 제도를 공격했으며, WTO에 미국 정부의 면화 산업에 대한 보조금 제도를 제소하여 2005년 3월 3일 WTO 분규 패널로부터 불법 판정을 받아 냈다. 룰라는 대통령 취임 직후 까

가에도 불구하고 수출 촉진 정책은 성과가 있었다. 만성적인 무역수지 적자에 허덕이던 까르도주 시기와는 달리 큰 폭의 무역 흑자를 기록해 외환 획득에 큰 진전을 이룰 수 있었으며, 이는 외채 감축을 통해 2005년 3월 말 IMF와의 협약 종결 선언을 가져올 수 있게 한 결정적 요인이었다(*NYT* 2005/03/29).

　브라질의 낙후된 도로·철도·항만 등 산업 인프라를 개선하기 위해 정부-민영 공동 프로젝트 PPP를 추진해 2004년 12월 22일 마침내 합작 사업을 추진할 수 있도록 법제화했다.[14] 기업은 연방 정부가 지원하는 공공 프로젝트에 최단 5년에서 최장 35년에 이르는 기간 동안 최소 2천만 헤아우를 투자해야 하며, 정부는 조세수입과 정부 소유 자산에서 60억 헤아우를 조성해, 공공 프로젝트에 대한 사기업의 투자에 일정 수준의 수익을 보장한다는 것이 법안의 골자였다. 정부는 개발은행을 통한 재정 지원, 이자율 인하, 조세 혜택 등을 통해 PPP 프로젝트의 정부-민간 협력 사업을 적극 지원함으로써 인프라를 개선해 산업·경제 발전을 도모한다

르도주 정부하에서 의회에서 통과된 전투기 12대 구입 계획을 골자로 하는 F-X 프로그램을 보류한 다음 같은 해 10월 공식적으로 프로그램 연기를 발표했으며, 2004년 11월 다시 연기를 선언했다. 룰라 정부의 대외 정치·경제정책에 대해서는 PRB(2005), Stuart 면담(2005), Rivers (2005), *GIN*(2005/03/03), *LAWR*(2005/03/22)를 참조.
룰라 정부가 까르도주 정부의 신자유주의 정책을 그대로 답습했다고 비판하는 세력들도 대미 자주 외교에 대해서는 긍정적으로 평가했다(Oliveira 면담 2004; Boito 면담 2004b, 면담 2005).
14) PPP와 조세개혁 및 개입주의 경제정책 일반에 대해서는 Lessa(2003), DIEESE-CUT(2004b), Conceição 면담(2005), Sochaczewski 면담(2005), *NYT*(2004/12/24)을 참조.

는 것이었다. 또한 룰라 정부는 2003년 12월 17일 세제 개혁 법안을 상원에서 통과시켜 연방간접세(COFINS)를 거래세에서 부가가치세로 전환하여 주 정부들 사이의 이중과세를 폐지하고 과세 기준을 통일하는 등 조세 체계를 합리화·단순화함으로써 기업의 불합리한 조세 부담을 경감하고 주 정부들 사이의 소모적인 재정 전쟁을 피할 수 있게 했다.

3) 소결

수출 촉진을 위한 수출금융 적극 지원 및 메르꼬수르 중심의 경제블록 추진 정책과 낙후된 산업 인프라를 개선하기 위한 정부-민영 공동 프로젝트 등은 시장 불개입 원칙을 고수하는 까르도주의 경제정책, 즉 신자유주의 경제정책과는 정면으로 배치되는 것이었다. 특히 까르도주 정부는 노동조합을 포함한 사회 세력들이 국가의 경제·산업 정책에 개입해 시장 질서를 어지럽힐 수 있다는 이유로 경제사회개발위원회와 경쟁력 포럼 같은 사회적 합의 기구들을 단호하게 거부했다. 이런 사회적 합의 기구들을 중심으로 한 개입주의 경제정책은 룰라 정부의 경제정책을 신자유주의 경제정책으로 규정하는 것을 불가능하게 하며, 까르도주 정부의 경제정책과 가장 분명한 차별성을 보이는 부분이다.

하지만 사회적 합의 기구들은 제대로 가동되지 않거나 경제정책에 큰 영향을 주지 못했다. 사회적 합의 기구들의 역할이 기대 수준에 크게 못 미치게 된 것은 무엇보다도 통화주의자들에 의해 주도되는 경제정책이 사회적 합의 기구들의 영향력 밖에 존재하고 있었다는 점 때문이었다. 따라서 노동계와 재계 등 시민사회의 거의 모든 부문에서 반대했음에도 고금리정책이 지속되었던 것이다. 게다가 2004년은 GDP 성장률 5.2%라는 높은 경제성장률과 함께 거의 모든 산업에서 생산 규모가 확대되면서 150만 명 이상의 고용이 창출됨으로써 1980년대 후반 이래 최고의 호황을 기록했다. 이런 경제 호황기에 재계는 정부의 도움을 필요로 하지 않았으며, 그 결과 정부의 규정력은 약화되고 재계를 압박할 인센티브도 부족했던 것이다. 결국 룰라 정부는 까르도주 정부의 신자유주의 경제정책과는 확연하게 차별화되는 사회적 합의 모델 등 개입주의 경제정책을 추진했지만 그 성과가 미흡해짐으로써 까르도주 정부와의 차별성은 크게 부각되지 못했다.

5. 토론 및 맺음말

1) 룰라 정부의 연속성과 차별성

룰라 정부는 어떤 점에서 까르도주 정부와 유사하고, 어떤 점에서 다른가?

물론, 룰라 정부의 경제정책은 연속성과 차별성을 함께 보여 준다. 〈표 7-2〉에 정리되어 있듯이, 까르도주 정부의 경제정책을 통화주의 정책과 신자유주의 경제정책의 조합이라고 한다면, 룰라 정부의 경제정책

표 7-2 | 까르도주 정부와 룰라 정부의 경제정책 비교

비교 기준	신자유주의 관련성	까르도주 정부	룰라 정부	룰라 정부 원인
연속성				
정부 재정 운영	낮음	재정 긴축	재정 긴축	정부 부채
이자율	낮음	고금리	고금리	인플레이션 억제
통화 헤아우 평가(환율)	낮음	고평가	고평가	고금리 결과
환율 시장 개입	높음	불개입	불개입 원칙	부분적 개입
차별성				
공기업 사유화	높음	사유화 추진	사유화 중단	개입주의
시장 개방	높음	적극 개방	조절	외채, 외환 보유고 고려
수출 정책	높음	불개입	수출 촉진	외채, 외환 보유고 고려
중남미 경제통합	높음	불개입(미국 중심 통합)	메르꼬수르 중심	미국 중심 FTAA 저항
경제정책 사회적 합의 모델	높음	합의 모델 거부	합의 모델 도입	개입주의
산업별 노사정 부문 협의회	높음	무력화	적극 활용 시도	개입주의

은 통화주의 정책과 개입주의 경제정책의 조합이라고 할 수 있다. 통화주의 정책에서 연속성이 있는 반면, 신자유주의 경제정책이 개입주의 경제정책으로 바뀌었다는 점에 룰라 정부의 차별성이 있는 것이다.

룰라가 단절 없는 외채 이자 상환을 약속한 이상 외채 감축과 그를 위한 정부 부채의 감축을 정책 목표로 설정하여 재정 긴축 정책을 추진하는 것은 불가피했으며, 그를 통해 물가 상승 압력을 낮추는 결과도 기대할 수 있었다. 또한 고금리정책은 초기 단계를 지나면서 그 정책적 효율성이 의심받게 되었지만 인플레이션 억제를 위해 도입되어 전 사회적인 저항에도 불구하고 계속되었다. 헤아우 고평가는 고금리정책과 재정 긴축정책의 결과라고 할 수 있다. 이런 통화주의 정책들은 까르도주 정부의 경제정책과 상당한 연속성을 유지하고 있지만 신자유주의 경제정책의 본질과는 무관하며, 외환 보유고의 5.6배에 달하는 막대한 외채와 외채 규모의 1.4배에 달하는 정부 부채, 그리고 인플레이션 재발 가능성이라는 구조적 조건에 의해 강제된 것으로서 룰라 정부의 자발적 선택으로 볼 수 없다.

반면, 룰라 정부는 까르도주 정부하에서 공세적으로 추진하던 국유 기업 사유화를 중단했다. 또한 산업 인프라를 구축하기 위한 적극적 시장 개입, 수출 촉진과 미국에 대항하는 대안적 경제블록 추진 정책은 까르도주 정부의 시장 불개입, 개방정책과 대조된다. 특히 룰라 정부가 시도한 경제사회개발위원회와 경쟁력 포럼 같은 사회적 합의 기구들은 까르도주 정부가 거부했던 것들이다. 이런 사회적 합의 모델을 중심으로 한 개입주의 정책들은 까르도주 정부와 차별성을 보이는 부분이며, 신자유주의 경제정책과는 양립할 수 없는 것들이다.

까르도주 정부와 비교하면 룰라 정부는 인플레이션 억제를 위한 통화주의 경제정책에서 연속성을 보이는 반면 경제성장과 발전을 추진하는 개입주의 경제정책에서는 확연한 차별성을 보여 주었다. 이러한 연속성과 차별성의 조합은 룰라 정부의 내적 이질성으로 재생산되고 있었다. 금리·환율 정책에서 보듯이 룰라 정부 경제팀은 재무부와 중앙은행을 중심으로 한 통화주의와, 산업통상부와 경제사회개발은행을 중심으로 한 개입주의로 나뉘어져 있다. 룰라 정부 출범 초기부터 헤게모니는 통화주의에 있었고, 2004년 경제지표들에 대한 긍정적 해석·평가에 기초하여 룰라는 통화주의와 개입주의 가운데 통화주의 쪽의 손을 들어 주면서 통화주의의 입지를 더욱 확고하게 했다.[15]

2) 룰라 정부의 '성공(?)의 덫'

통화주의 경제정책은 전 사회적인 비판에도 불구하고 왜 지속되었는가? 까르도주 정부와 차별화된 정책을 전개함에도 불구하고 왜 차별성은 부각되지 못했는가?

룰라 정부는 까르도주 정부 출범 당시와 비교하면 연 1,000%에 달하던 인플레이션이 까르도주 정부의 인플레이션 억제 정책으로 잡혔다가 2002년 말 인플레이션의 부활 조짐으로 바뀌었을 뿐, 막대한 규모의 외채와 정부 부채라는 다른 구조적 조건들은 동일했다. 결국 룰라 정부는 인플레이션을 억제하고 외채 및 정부 부채를 줄이기 위해 고이자율과 헤아우의 고평가를 통한 통화안정, 긴축재정 정책이라는 까르도주 정부가 사용했던 정책 수단들을 그대로 답습했다. 2004년의 경제적 성과는 고금리정책 중심의 통화정책을 통해 인플레이션 억제와 경제성장을 동시에 성취하는 것처럼 보였다.

2004년의 성과를 통화주의 경제정책의 성공으로 평가한 '해석의 오류'는 룰라 정부가 경제정책의 전환을 통한 위험부담을 감수하지 않고 통화주의 경제정책, 특히 고금리정책을 2005년에도 계속 고수하게 했다.16)

---

15) 통화주의와 개입주의의 대립 구도 속에서 룰라는 2004년 11월 18일 경제사회개발은행장 레사를 해임했고, 중앙은행장 메이렐레스가 선거법 위반으로 기소될 위험에 직면하자 중앙은행장직을 장관급으로 격상하여 기소로부터 보호해 주었다. 하지만 2005년 4월 20일 중앙은행의 이자율 추가 인상에 대한 룰라의 반응에서 보았듯이 룰라도 공개적인 표현은 자제하지만 통화주의에 대한 우려를 보이고 있었던 만큼 통화주의의 헤게모니가 약화될 수 있음을 암시했다. Sanches 면담(2005), *LAWR*(2004/11/23; 2005/04/12)을 참조.

16) *LAWR*(2005/02/15), *LAEB*(2005/01~04)을 참조.

룰라 정부는 '해석의 오류'와 높은 재선 가능성[17]으로 인해 '성공(?)의 덫'
에서 벗어나지 못한 것이다. 결국 룰라 정부는 변화를 주창하며 출범했지
만 경제정책의 변화를 시도하지 못하고 사회경제적 변혁 요구에 저항하
는 역설적인 모습을 보여 주게 되었다.

한편, 까르도주 정부가 거부했던 사회적 합의 기구들은 다양한 사회
세력들의 참여를 통해 사회적 합의를 형성함으로써 저항과 혼란의 비용
을 최소화하며 시장에 대한 사회적 규제를 실시하고 사회경제적 변혁을
실천에 옮길 수 있게 하는 장치들로서, 노동자당은 이미 자치단체 수준에
서 시민사회의 참여와 동원을 위한 참여 예산제 등 다양한 제도적 장치들
의 경험을 축적한 바 있다. 이러한 노동자당의 축적된 경험과 정체성에
입각하여 룰라 정부가 의욕적으로 조직·가동한 것이 경제사회개발위원
회와 경쟁력 포럼 같은 사회적 합의 기구들이었다. 하지만 개입주의 경제
정책의 핵심으로서 기대를 모았던 사회적 합의 기구들은 제 기능을 수행
하지 못했다.

경제사회개발위원회가 성과를 내기 어려웠던 것은 대표성을 지닌 교
섭 기구가 아니라는 구조적 한계와 경기회복 국면에서 자본 측의 양보를
얻어 내기 어렵다는 국면적 특성에서 그 원인을 찾을 수 있다. 그에 비해

---

17) 룰라의 대통령직 수행에 대한 평가는 줄곧 70% 수준의 긍정적 평가를 받아 왔고, 2006년 대선
을 앞두고 실시된 예상 가능한 대통령 후보들과의 가상 대결에서도 10~40% 정도의 차이로 압
도하고 있었다. 각종 여론조사들에 대해서는 Datafolha(2004), Ibope(2003/05), *LAWR*
(2005/ 04/05)을 참조.

경쟁력 포럼이 1990년대 초의 부문 협의회만큼 성과를 내지 못한 것은 경쟁력 포럼의 구조적 한계보다는 전적으로 경기회복이라는 국면적 특성에서 비롯되었다. 무엇보다도 국면적 제약을 극복하며 사회적 합의 기구들을 활성화시키지 못한 것은 룰라 정부의 의지가 부족했기 때문이며, 그 배경에는 통화주의와 2004년의 성과 및 그에 대한 해석의 오류가 있었다. 이와 같이 개입주의 경제정책들이 제대로 추진되지 못함으로써 괄목할 만한 성과를 낼 수 없었고, 그 결과 룰라 정부의 차별성은 부각되기 어려웠다.

8
룰라 정부의 사회정책과 계급 정체성[*]

1. 들어가는 말

룰라 정부1)는 노동자·농민·빈민 등 피지배계급들의 기대를 한 몸에 받
고 출범했지만, 얼마 가지 않아 지배계급에 포섭되어 피지배계급들을 배반
했다는 비난을 받기 시작했다. 룰라 정부에 대한 기대와 실망의 교차는
2003년 1월과 두 해 뒤인 2005년 1월 뽀르뚜알레그레 세계사회포럼 행진
의 구호 변화에서도 확인될 수 있었다. 2003년 참여자들은 "룰라야 어디
있나? 나는 너를 보러 여기 왔다!"(Lula Cadê Você? Eu vim aqui sô para te
ver!)며 룰라에 대한 애정과 기대를 보였다. 하지만 2005년에는 "웬 배신인

* 이 글은 『동향과 전망』 통권 65호와 이성균·신광영·조돈문의 공저 『세계화와 소득 불평등 : 한
국, 미국, 브라질의 사례 연구』(2007)에 실린 필자의 글을 수정·보완한 것이다. 게재를 허락해
준 한국사회과학연구소와 박영률 출판사, 아산재단과 도서출판 집문당에 감사를 드린다.
1) 이 장은 룰라 정부 1기(2003~06년)를 중심으로 분석하며, 별도의 언급이 없는 한 '룰라 정부'란
  1기를 지칭한다.

가! 노동자 출신이 엘리트를 위해 통치하다니, 얼마나 슬픈 일인가!"(Que traição! Que coisa triste ex-operario governando para elite!), "우리는 룰라의 신자유주의 개혁을 부술 것이다. 룰라는 자신을 도와준 노동자 대중을 배신했다!"(Queremos derrotar as reformas neoliberais de Lula! Lula traiu o povo trabalhador que lhe deu a mão!)며 실망과 배반감을 표현했다.[2]

브라질은 광범한 빈민층이 존재하고 경제적 불평등이 세계 최악의 수준이며, 그 최대 피해자들이 바로 노동자당의 지지 기반이었다. 불평등 문제와 빈곤 문제를 해결하는 것은 노동자당이 노동계급 계급정당으로서 피할 수 없는 최대의 정책적 과제가 될 수밖에 없었다. 따라서 사회정책은 룰라 정부의 계급적 정체성을 판정하는 시금석이 될 수 있다.

룰라 정부의 사회정책이 어떤 특성을 갖는지를 평가하려면 룰라 정부가 사회정책을 집행하며 어떤 변화들을 시도했는지, 불평등과 빈곤 문제를 해소하기 위해 어떤 사회집단을 겨냥했으며 어떤 노력을 기울였는지, 불평등과 빈곤 문제를 악화시키지는 않았는지가 검토되어야 할 것이다. 이 장에서는 룰라 정부의 사회정책을 총괄적으로 소개·분석하는 대신 불평등과 빈곤 문제와 관련해 룰라 정부가 실시한 새로운 시도들을 중심으로 룰라 정부의 사회정책이 갖는 계급적 성격을 검토하고자 한다.

---

2) 2003년 개막식 행진은 노동자당이 주도했지만 2005년 행진에서는 노동자당의 역할은 후퇴하고 사회주의통합노동자당(PSTU), 사회주의민주당(PSol) 등 노동자당에 반대하는 트로츠키주의 정당들이 주도했다는 점 자체가 룰라에 대한 시민들, 특히 좌파들의 평가가 부정적으로 바뀌었음을 의미하며, 룰라 정권에 대해 비판적인 구호들이 풍미하게 됐다고 할 수 있다.

2. 브라질의 사회문제와 사회정책의 과제

1) 브라질의 사회문제와 룰라 정부의 정책 과제

까르도주 정부의 시장 개방, 국유 기업 사유화, 경제구조 변화 등으로 일자리를 잃은 사람들이 급증하면서 신빈민층 문제가 대두되었고 임기 후반부에는 실업률도 크게 높아졌다.3) 〈표 8-1〉에서 보듯이, 까르도주 정부 후반부인 1998년 말과 2002년 말 여론조사에서 브라질 시민들은 실업 문제를 가장 중요한 과제로 꼽았으며, 실업 문제는 룰라 정부 들어서도 여전히 최대의 과제였다. 실업 문제는 곧 실업률 문제로서 경제정책의 영역에 해당되며, 룰라 정부는 경제성장을 위한 수출 촉진과 산업 인프라 구축 등 적극적 개입주의 정책을 추진했으며, 2004년 5.7%의 경제성장을 달성하며 150만 개 이상의 고용을 창출함으로써 실업률이 급격하게 하락하기 시작했다. 물론 고금리정책 중심의 통화주의 경제정책으로 제약을 받고 있는 것은 사실이지만 룰라 정부는 2004년의 경제성장과 고용 창출로 실업 문제 해결에 어느 정도 성과를 거두었다고 할 수 있다.4)

한편, 까르도주 정부 말기 들어서면서 빈곤 문제의 중요성이 더욱 부각되기 시작하여 정권 교체 시기에는 실업 문제 다음으로 심각한 문제로

---

3) 까르도주 정부의 경제정책과 그 결과에 대해서는 이 책의 제2장과 제3장을 참조.
4) 룰라 정부의 경제정책과 성과 및 고금리정책을 둘러싼 공방에 대해서는 이 책의 제7장을 참조.

표 8-1 | 브라질의 가장 중요한 사회문제(1998~2004년)　　단위 : %

	1998년 12월	2002년 12월			2003년 3월	2003년 12월			2004년 12월		
		과제	개선	개악		과제	개선	개악	과제	개선	개악
실업	49 (1)	34 (1)		19 (1)	31 (1)	41 (1)	3	26 (1)	36 (1)	4	21 (1)
빈곤	5 (4)	15 (2)		4	22 (2)	15 (2)	27 (1)	4 (4)	15 (2)	15 (1)	5 (4)
치안	3	14 (3)		10 (2)	18 (3)	13 (3)	1	9 (2)	14 (3)	1	10 (2)
보건	10 (2)	7 (4)	19 (1)	7 (3)	6 (4)	8 (4)	4 (4)	7 (3)	10 (4)	5 (4)	10 (2)
교육	7 (3)	3	10 (2)	4	4 (5)	4 (5)	6 (2)	3 (5)	4 (5)	7 (3)	4
경제 일반	4 (5)	3	9 (3)	5 (5)	2	2	4 (4)	2	1	8 (2)	2
사회 일반			2		-	1	5 (3)	2	2	5 (4)	2
인플레	-	5 (5)	6 (4)	6 (4)	2	1	1	1	1	1	1
합계	100	100	100	100	100	100	100	100	100	100	100

주 : 개선-개악은 까르도주-룰라 재임 기간 중 가장 크게 개선된 것과 가장 크게 개악된 것, 기타 항목들과 무응답을
　　제외했다. 괄호 안 숫자는 순위를 지칭.

출처 : Datafolha(2002, 2004).

지목되고 있었다. 실업 문제가 경제정책의 영역이라면 빈곤 문제는 사회
정책의 영역이라 할 수 있다.

2) 경제적 불평등과 빈민층 규모

빈곤선 이하의 인구란 생존에 필요한 1인당 하루 최저 수준의 열량인 2
천1백 칼로리의 식단을 확보하는가로 정의되는데, 〈표 8-2〉에서 보듯이
1985년에는 빈곤선 이하가 5,492만 명이었으며, 이후 민주 정권 들어 부
침을 거듭하기는 했지만 별로 감축되지 않고 비슷한 규모로 남아 있었으
며 빈민층은 주로 대도시들과 북동부 지역에 집중적으로 분포되어 있었

표 8-2 | 빈민층 규모 및 소득 불평등 추세(1985~2002년)

연도	빈곤선 이하 인구 (%)	빈곤선 이하 인구 (만 명)	최상위 10% 소득 점유율 (%)	최하위 20% 소득 점유율 (%)	최하위 50% 소득 점유율 (%)	지니 계수	타일 지수
1985	42.07	5492	47.75	2.54	12.46	0.598	0.727
1986	26.45	3400	46.95	2.67	13.02	0.588	0.717
1987	38.77	5065	47.75	2.36	12.22	0.601	0.741
1988	43.64	5796	49.47	2.17	11.46	0.616	0.779
1989	41.41	5607	51.50	2.01	10.62	0.636	0.889
1990	41.99	5821	48.78	2.14	11.45	0.614	0.773
1991	-	-	-	-	-	-	-
1992	42.17	5902	45.78	2.36	13.11	0.583	0.695
1993	43.04	6103	48.64	2.26	12.31	0.604	0.772
1994	-	-	-	-	-	-	-
1995	35.08	5178	47.85	2.31	12.35	0.601	0.733
1996	34.72	5179	47.52	2.16	12.09	0.602	0.732
1997	35.18	5345	47.67	2.21	12.12	0.602	0.738
1998	33.97	5207	47.80	2.31	12.34	0.600	0.734
1999	35.26	5618	47.27	2.41	12.69	0.594	0.711
2000	-	-	-	-	-	-	-
2001	35.13	5788	47.45	2.32	12.58	0.596	0.727
2002	31.27	5236	47.02	2.52	12.98	0.589	0.710

출처 : IPEADATA(http://www.ipeadata.gov.br/) indicadores sociais.

다.[5] 다만 총인구의 증가로 인해 빈곤 인구의 상대적 비중이 하락하여 룰라 정권 출범 직전인 2001~02년에는 31~35% 수준이었다.

브라질은 빈민층이 광범하고 남미 국가들 가운데서도 가장 불평등한 국가로 평가되어 왔다. 최하위 소득 계층 20% 대비 최상위 소득 계층

---

5) IBGE(2004a), DIEESE(2005a, 2005b)을 참조.

20%의 소득 점유율 배수는 룰라 정권이 출범하기 전인 2001년에는 18.67배 수준을 유지함으로써 같은 시기 칠레의 11.18배, 아르헨티나의 10.58배, 멕시코의 6.55배에 비해 훨씬 심각한 소득 불평등을 보였다 (CEPAL 2003; 2004).

소득 분위별 소득 점유율뿐만 아니라 지니계수와 타일 지수 등 어떠한 소득 불평등 지표들을 검토해 봐도 1985년 민주화 이후 불평등 정도가 개선되었다는 징후는 찾기 어렵다. 다만 민주화 이후 1990년대 초반까지 상위 소득 계층의 소득 점유율이 조금 증대하는 한편 하위 소득 계층의 소득 점유율이 조금 감소함으로써 불평등 정도가 약간 악화되었다가, 까르도주 정부 시기 다시 반대 현상이 전개되며 불평등 정도가 조금 개선되었으나 이런 변화의 폭은 매우 경미한 수준에 불과했다. 결국 1985년 민주화 이후 룰라 정부가 출범하기까지 일련의 민주 정부들은 불평등 현상을 개선하는 데 별다른 성과를 거두지 못한 것이다.

3) 불평등 문제와 룰라 정부

룰라와 노동자당은 빈곤과 불평등 문제를 브라질 사회의 최대 과제로 지적해 왔고, 룰라 선거운동 진영은 브라질의 절대 빈곤층 930만 가족 4천4백만 명을 사회정책의 핵심 표적으로 설정했다. 룰라 진영의 대선 전략을 기획하던 시민연구소는 2000년에 '빈곤 퇴치' 운동을 개념화한 다음 이를 이후 선거운동 과정에서 대선 필승 전략(Coligação 'Lula Presidente')

의 핵심 선거공약으로 공포하며 11개의 세부 프로그램을 제시한 바 있다 (*ESP* 2000/11/08; 2001/08/20).

룰라는 2002년 대통령 선거에서 승리한 뒤 취임하기 직전 빈곤 퇴치 운동을 가장 중요한 정책 과업으로 선언했고, 2003년 1월 취임 직후에는 빈민층이 밀집한 삐아우이 주의 오지를 방문하여 빈곤 퇴치 운동의 출범을 선언했다. 이런 과정을 거치면서 빈곤 퇴치 운동은 룰라 정부 사회정책의 핵심 주제어가 되었고, 이와 같은 일련의 현상들은 룰라 정부가 빈곤 퇴치와 불평등 완화를 중심으로 한 사회정책에 어느 정도 높은 의미를 부과하고 있는지를 확인할 수 있게 해준다. 또한 불평등과 빈곤 문제를 해소하기 위해 룰라와 노동자당은 빈곤 퇴치 운동 외에도 임기 4년 동안 40만 무토지 농민 가족들에게 토지를 배분하고 노동 빈곤 문제를 해소하기 위해 최저임금을 두 배로 인상하겠다고 약속했다.

룰라 정부는 불평등과 빈곤 문제를 해소하기 위한 정책 대안들로 빈곤 퇴치 운동, 적극적 농지개혁, 최저임금 인상 정책 등을 제시했으며 취임 직후부터 이를 적극적으로 추진하기 시작했다. 이처럼 룰라 정부 사회정책의 핵심 전략은 빈곤층의 생활수준을 향상시켜 빈부 격차 문제를 해소하는 것이었다. 한편 룰라 정부는 까르도주 정부로부터 GDP의 57%에 달하는 막대한 규모의 정부 부채를 물려받았으며, 정부 부채 증대의 핵심적 요인이 되고 있던 연금제도의 재정 적자 문제를 해소하기 위해 연금제도를 대대적으로 개혁했다. 이런 연금제도 개혁은 생활수준의 하향평준화로, 빈곤 문제 해소에 역행하는 결과를 낳는다는 비판을 받기도 했다. 아래에서는 룰라 정부가 불평등과 빈곤 문제 해소를 위해 적극적으로 추진한 빈곤 퇴치 운동과 사회부조 정책, 농지개혁 정책, 최저임금 정책을 다루는 한편, 많은 논란을 불러일으켰던 연금제도 개혁도 분석한다.

3. 불평등 문제와 룰라 정부의 사회정책

불평등과 빈곤 문제와 관련해 쟁점이 되고 있는 룰라 정부의 사회부조 정책, 노동시장 정책, 농지개혁 정책과 사회보장제도를 분석하기 전에 먼저 룰라 정부의 사회정책을 개관해 보자.

1) 룰라 정부의 사회정책

사회정책은 사회보장, 사회부조, 농지개혁과 최저임금 정책들 외에도 〈표 8-3〉에서 보듯이 실업·임금 보전 및 노동시장 정책, 보건 의료 정책, 교육정책 등이 포함되어 있다.[6]

실업보험 제도는 1986년 도입, 1990년과 1994년 제도 개혁을 거치며

---

[6] 브라질 사회정책의 전반적 특성과 룰라 정부의 차별성에 대해서는 MF(2005), BCB(2004, 2005), Samuels(2003), Andrews(2004), Draibe(2004), Finger(2002), Amadeo & Camargo (1997)을 참조.

표 8-3 | 사회 예산 항목별 지출 내역(2001~04년)

직접 지출 항목	2001~02년 평균	2003년	2004년	2004년/ 2001~02년 평균
사회보장	114,769.5	146,226	168,252	1.466
보건 의료	22,594.0	26,524	31,794	1.407
사회부조	9,375.5	12,858	16,237	1.732
교육	9,105.5	11,087	13,038	1.432
실업·임금 보전	7,440.5	9,008	10,130	1.361
농촌 농업	1,400.5	1,316	2,382	1.701
주거 위생	1,509.5	863	1,357	0.899
공공 부문 종사자 지원	2,198.0	2,453	2,659	1.210
노동시장	2,896.0	2,857	3,000	1.036
직접 지출 합계	170,789.0	213,191	248,848	1.457
사회 예산 합계	196,999.0	236,911	280,693	1.425
총예산 수입	298,400.0	361,300	402,200	1.348

정착되었으며, 브라질은 중남미 국가들 가운데 칠레·아르헨티나·베네수엘라 등과 함께 실업보험 제도를 갖춘 몇 안 되는 나라에 포함된다. 고용 등록카드(carteira)를 지참한 노동자가 실직 전 3년간 최소 6개월 이상 취업하여 보험금을 납입하면 실업수당을 수령할 수 있는 자격을 갖게 된다. 보험금 납입 횟수에 따라 3~5개월 동안 실업수당을 받을 수 있으며, 실업수당 액수는 마지막 3개월 동안 받은 급여의 평균치로 산정하되 상한과 하한이 설정되어 있어, 2003년 말 현재 하한은 최저임금인 240헤아우였으며 상한은 449.04헤아우로서 최저임금의 두 배에 조금 못 미치는 액수였다. 한편 최저임금의 두 배 이하를 받는 불완전취업 상태의 노동자들에 대해 정부는 최저임금의 상당 액수를 보조해 줌으로써 임금을 보전해 주도록 되어 있었다. 또한 기업 측의 고용 창출을 돕기 위해 창업과 투자를

지원하는 한편, 노동자들의 숙련 형성과 취업을 지원하기 위해 노동조합과 중소 사업장의 각종 교육 훈련 프로그램에 신용 대출과 조세 인센티브를 제공하기도 했다.

분절화와 비효율성에 시달리던 보건 의료 체계는 1988년 헌법 제정과 함께 보건 의료 통합 체계(SUS)라는 새로운 공공 의료 체계로 정비되었다. SUS의 의료 서비스는 무료로 제공되지만 설비와 서비스가 부족하고 낙후되어, 중상층 시민들은 고급 전문 인력, 최신 설비와 함께 양질의 서비스가 제공되는 고가의 사적 부문 의료 시설들을 활용했다. 현재 사적 부문 의료보험 가입자들은 이미 전체 인구의 1/4을 넘어섰으나, 인구의 1/3은 아직도 정기적인 의료 서비스를 받지 못하고 있다. 연방 정부는 주 정부와 지방정부에 대한 재정 자원의 지원 규모를 늘려 SUS에 대한 시민들의 접근성과 서비스의 질을 향상시키기 위해 노력해 왔다. 룰라 정부 또한 보건 의료 예산의 55% 정도를 SUS에 투입하되 재정 자원을 주·지방정부에 지원하여 주·지방정부가 의료 서비스를 관리하도록 하고 빈곤층의 SUS 접근성을 높이는 정책을 추진해 왔다.

브라질은 교육 부문에 대한 공공 지출 규모가 GDP의 5%를 넘으며 개발도상국들 가운데에서는 가장 높은 수준에 속한다. 교육 시스템은 8년 초등교육, 3년 중등교육, 4~6년 고등교육의 체계를 지니며 연방·주립·시립 등 공립학교는 무상교육이 실시된다. 하지만 공립학교의 시설과 교육의 질이 낮아서 중상층 이상의 자녀들은 사립학교를 택해 보건 의료 체계와 마찬가지로 양극화 현상을 보여 왔다. 1990년대 각종 기금과 프로그램들을 개발하여 초등교육을 지원한 결과, 1998년 현재 7~14세 연령

대의 어린이들 가운데 95.8%가 취학하고 있어 1991년의 83.8%에 비해
취학률이 크게 높아졌다. 그러나 초등교육 8년을 마치지 못한 인구가 여
전히 18%에 달해 초등학교에 취학한 다음 중도 포기하는 빈곤층 어린이
들이 초등교육을 마치도록 하기 위해 사회부조 정책의 일환으로 아동 취
학 지원금(bolsa escola) 제도를 도입하여 자녀를 꾸준히 학교에 보내는
빈곤층 가족들에 대해 보조금을 지원했다. 룰라 정부는 빈곤층 자녀의 취
학과 연계한 보조금 제도들을 확충하여 빈곤층 자녀들의 취학률을 높이
기 위해 노력해 왔다. 한편 브라질 헌법은 주 정부와 지방정부가 예산의
25%를 교육 부문에 투자할 것을 강제하고 있어 룰라 정부의 정책적 차별
성은 그렇게 크지 않다.

　룰라 정부의 차별성은 사회정책 항목별 지출 규모 증감에서 잘 나타나
는데, 2003년 예산편성이 까르도주 정부하에서 이루어졌다는 점에서
2004년 예산편성은 룰라 정부의 특성을 잘 나타내 준다고 볼 수 있다.
2001~02년 까르도주 정부 마지막 두 해의 평균치와 비교해 보면 2004년
총 사회 예산은 42.5% 증가했고, 이런 증가율은 총예산 증가율 34.8%를
크게 상회하는 것으로서 그 가운데 신용 대출, 세금 감면 등 간접 지원을
제외한 직접 지출 부문은 45.7% 증가했다.7) 직접 지출 항목들 가운데 실

----

7) 2001~02년과 비교해 2004년의 경우 총예산에서 차지하는 사회 예산과 직접 지출 부문은 각각
　 66.0%에서 69.8%, 57.2%에서 61.9%로 크게 증가했다. 이는 룰라 정부 정책의 우선순위를 반
　 영하는 것으로서 불평등과 빈곤 문제를 해결하겠다는 강한 의지를 확인할 수 있다. 이처럼 총예
　 산에서 차지하는 사회 예산 비중이 커졌을 뿐만 아니라 총예산 자체도 크게 증가하여 2002~02

업·노동시장, 보건 의료, 교육 부문의 지출은 평균 증가율에 못 미치는 것으로 나타났다. 반면, 사회부조, 농촌 농업 부문과 같이 룰라 정부가 강조하는 부분들은 평균 이상이었으며, 재정 적자 문제로 대대적인 개혁을 실시한 연금제도를 포함한 사회보장 부문 역시 지출의 증가율이 평균을 조금 상회했다. 이처럼 평균 이상의 증가율을 보였던 사회정책 항목들을 집중적으로 살펴보자.

2) 빈곤 퇴치 운동과 사회부조 정책

사회부조 정책은 사회 예산의 직접 지출 부문들 가운데 사회보장과 보건 의료 부문 다음으로 비중이 높으며, 노약자 및 원주민 부조 등 다양한 부조 프로그램들이 있으나 가장 비중이 큰 부분은 빈민층에 대한 부조 프로그램이다. 룰라 정부가 역점을 둔 빈곤 퇴치 운동도 바로 이러한 빈민층 부조 프로그램을 재조직하며 강화하는 것이었다.

빈곤 퇴치 운동은 빈곤선 이하의 시민들에게 물질적·재정적으로 지원해 빈곤을 퇴치함으로써 불평등을 완화하기 위해 룰라 정부가 출범 즉시 박차를 가한 정책이었다. 빈곤 퇴치 운동은 단순히 빈민들만을 위한 경비

년에 비해 34.8%나 세수를 확대했다. 기업 조세제도 정비와 수입 정체로 인해 법인세와 수입관세 세수의 증가율이 상대적으로 낮을 뿐, 세수 증대는 소득세와 연방 간접세를 중심으로 전 부문에 걸쳐 이루어졌다(BCB 2004, 2005).

지출이 아니라 전체 사회 차원의 투자라고 강조했다. 4천4백만에 달하는 빈민층이 식량 소비를 늘린다면 식량 생산이 증가할 것이고, 가족농 형태의 35만 개 고용 창출 효과가 있고, 25억 헤아우의 세수 증대 효과가 발생할 뿐만 아니라 영양 상태가 호전되어 의료 부문 경비가 크게 줄어들 것이기 때문이다. 또한 빈곤 퇴치 운동은 연방 정부 내에서는 사회개발부(Ministério do Desenvolvimento Social)가 총괄하고 있으나 정부가 일방적으로 추진하는 것이 아니라 시민사회도 적극적으로 참여하여 사회운동으로서 사회 문화를 바꾸는 노력도 전개했다. 연방 정부의 식품 영양 정책 방향을 설정하는 자문위원회인 식품영양안정위원회는 정부와 시민단체 대표들이 1 대 2의 비율로 구성되어 있으며, 각 주 단위에서도 동일한 구조의 위원회를 두도록 했다.

빈곤 퇴치 프로그램은 빈곤가족들에 대한 식량 배분과 재정 지원으로 구성되어 있다.8) 식량 배분 프로그램으로 2004년 6월까지 150만 바스켓(cestas)의 식량이 배분되었으며, 수혜자들은 무토지 노동자 23만4천 가족, 도주 노예 공동체(quilombo) 150개의 1만5천 가족, 인디안 원주민 공동체 89개의 3만5천 가족, 댐 건설과 홍수·한발 등 자연재해 피해자 11만4천 가족 등이었다. 2004년 6월까지 모두 1만1천 톤의 식량이 배분되

---

8) 빈곤 퇴치 프로그램의 내용과 평가에 대해서는 MF(2005), MSFZ(2004a, 2004b, 2005a), da Rocha(2004), PT(2005), PT-SP(2004), GFB(2004a), Ananias & Betto(2004), Boito(2003, 2004a, 면담 2005), *LAWR*(2003/10/18, 2005/02/08), *GIN*(2003/09/25, 2005/03/22)를 참조.

었는데 이는 6만 가족농에게서 구입한 것으로, 이를 통해 농촌 지역 가족 농의 생산 증대와 고용 창출에 크게 기여했다고 정부는 평가했다. 식량 배분 프로그램은 계속 확대되어 2004년에는 총 70만9천 가족에게 배분 되었고, 2005년은 120만 가족으로 목표치를 높였다. 식량 배분과 더불어 급수 부족에 시달리는 지역 주민들을 위해 주로 북동부 지역을 중심으로 빗물받이 탱크 만들기 사업을 전개했으며, 2004년 말까지 7만 5천 개 정 도를 만들었고, 2005년에는 5만 개를 추가로 만든다는 계획이었다. 시민 단체와 공동 추진하는 사업까지 포함하면 2005년 말까지 총 20만 개를 만들 수 있으며, 8백여 시민 단체들이 동참하여 2008년까지 총 1백만 개 를 만든다는 계획을 세웠다.

빈곤 퇴치 프로그램의 또 다른 축인 가족 지원금 제도(bolsa familia)는 별도로 운영되고 있던 네 가지 빈곤가족 수입 보전 프로그램 즉, 아동 취 학 지원금, 식품 구입 지원금(bolsa alimentação), 식품 구입 카드 입금제 (cartão alimentação), 연료비 지원금(auxílio gás)을 통합해 2003년 10월 시작했다.9) 프로그램들을 통합하면서 1인당 수입이 월 50헤아우 이하인 가족들에게는 월 50헤아우를 지급하고 1인당 수입이 월 1백 헤아우 이하 인 가족에게는 미취학 연령 어린이 1인당 15헤아우씩 최대 45헤아우까 지 지급하는 등 다양한 소득 지원 프로그램을 실시하는 한편, 개별 가족

---

9) 가족 지원금 제도는 MSFZ(2004c, 2005b), GFB(2004b), Boito(2003, 2004a), *LA WR*(2003/ 10/18), *GIN*(2005/03/22)을 참조.

에 할당되는 지원금 총액의 상한을 100~120헤아우로 설정하여 중복 수혜에 따른 문제점을 해소하는 한편 수혜자를 확대할 수 있게 되었다. 수급자는 자녀들을 학교에 보내고 예방접종할 것, 수급자 자신도 정기적으로 건강검진을 받을 것, 영양, 문맹 퇴치, 직무 훈련 등의 강의들을 수강할 것 등 일련의 의무 사항을 이행하도록 했다. 2004년에는 2003년 4개 프로그램에 배정되었던 예산 26억 헤아우의 두 배인 53억 헤아우로 증액하여 가족 지원금 제도에 할당, 2002년 까르도주 정부가 투입했던 예산의 세 배를 배정했다. 2004년 12월 지출 내역을 보면 전체 657만 가족들에게 4억3,987만 헤아우를 지원하여 수혜 가족들은 월평균 66.93헤아우를 지원받았으며, 이 외에도 4개 프로그램에 개별적으로 지원된 액수도 1억4,034만 헤아우로서 가족 지원금 총액의 32%에 달했다. 정부는 2005년에 수혜 가족을 870만 가족으로 확대하고, 2006년에는 영양 섭취 위기에 처한 1,140만 가족 모두를 포함할 계획을 세웠는데, 이는 평균 가족 크기 4.7명을 고려하면 5,358만 명으로서 브라질 전체 인구의 30%에 달하는 규모였다.

빈곤 퇴치 프로그램은 긴축재정 정책으로 인해 충분한 예산 지원을 받기 어렵다는 점 외에도 실행상의 문제점들이 지적되었다. 주 정부와 지방정부를 통해서 집행되기 때문에, 연방제 국가에서 27개 주 정부 가운데 3개 주에만 집권하고 있는 룰라 정부로서는 전달 체계의 비효율성 문제점을 극복하기 어려웠다. 결국 주·지방정부 공무원들이 자신의 친인척들을 수급자 명단에 끼워 넣는 등 각종 부정부패 사례들이 발생해 텔레비전 글로보(Globo) 등 언론의 신랄한 비판을 받았으며, 룰라도 2005년 2월 상파울루 외곽 도시 과룰류스(Guarulhos)의 연설에서 가족 지원금 제도 등의 추진 과정에서 부정부패로 인해 자원이 낭비되었음을 인정한 바 있다.

3) 농지개혁 정책

브라질의 농지 소유 구조는 소득 배분 구조보다 훨씬 더 불평등하며10) 무토지 농민과 영세농을 중심으로 농촌 지역에 광범한 빈곤 인구가 밀집되어 있다. 룰라 정부 출범 당시의 농지 소유 구조를 보면, 〈표 8-4〉와 같이 5백 헥타르 이상의 농지를 보유한 상위 3.5%가 전체 농지의 56.1%를 차지한 반면, 25헥타르 이하를 보유한 영세농 57.6%는 전체 농지의 6.3%를 나누어 갖고 있었다. 460만 정도에 달하는 농촌 가족은 토지 없이 절대 빈곤 상태에 살고 있는 반면, 사유재산으로 등록된 농지 4억2천만 헥타르 가운데 실제로 경작되고 있는 농지는 15%에 불과하며 대규모 농지들의 상당 부분은 제대로 경작되지 않고 있었다.

룰라 정부는 까르도주 정부가 경작에 부적절한 척박한 토지들을 배분했으며 경작에 필요한 수단들을 지원하지 않았다고 비판하며, 경작에 적

---

10) 0(절대 평등)-1(절대 불평등) 척도에서 소득 배분은 0.6인 데 비해 농지 배분은 0.8로 나타났다(PRB05:11). 룰라 정부의 농업정책 및 농지개혁 정책 및 성과, MST의 평가 및 전략에 대해서는 GFB(2004c), MDA(2005), PRB(2005), *FSP*(2005/02/08), *GIN*(2003/07/09, 07/17, 11/22, 2004/04/05, 04/14, 2005/03/21, 05/16, 05/19), *LAWR*(2005/04/12)을 참조.

농지 규모(ha)	농지 소유 단위(%)	총면적(%)	단위당 면적(ha)
10 이하	31.6	1.8	5.7
10~25	26.0	4.5	17.2
25~50	16.1	5.7	35.3
50~100	11.5	8.0	69.3
100~500	11.4	23.8	207.6
500~1,000	1.8	12.4	694.4
1,000~2,000	0.9	12.1	1,381.8
2,000 이상	0.8	31.6	4,110.8
합계	100.0	100.0	99.2

출처 : MDA(2005, 11).

절한 토지를 제공하되, 신용 대출, 농업용수, 기계 설비, 기술 자문, 판매 지원 등을 지원하여 가족농[11]을 중심으로 정상적인 경작과 수입 획득이 가능하도록 만드는 농업정책을 기획했다. 룰라 정부는 재임 기간 4년 동안 40만 무토지 가족에게 토지를 제공해 정착시키고, 이미 정착한 50만 가족들에게는 소유 증서를 제공하고, 그 밖의 13만 가족들에게 신용 대출을 지원하며 농촌 지역에서 207만 개의 일자리를 창출한다는 농지개

---

11) 가족농은 전체 농지의 30%와 전체 신용 대출의 25.3%를 차지하며 총생산량의 37.8%를 생산함으로써 기업농에 비해 높은 생산성을 보이는 한편, 기업농이 67헥타르 당 한 명의 고용을 창출하는 데 비해 가족농은 8헥타르 당 한 명의 고용 창출을 함으로써 고용 창출 효과가 뛰어나며 전체 농촌 지역 노동력의 77%를 고용하고 있었다. 이처럼 상대적으로 생산성과 고용 창출 효과가 크다는 이유로 룰라 정부는 가족농 중심의 농업 생산구조로의 재편을 농지개혁의 목표로 설정했다(MDA 2005, 12-13).

혁 정책을 추진했다.

까르도주 정부 8년 동안 52만 농민 가족을 정착시켰다는 점을 고려하면 룰라 정부 4년의 40만 가족 정착 계획은 양적인 측면에서도 까르도주 정부를 훨씬 능가하는 것이다. 룰라 정부는 4년 동안 농지 취득에만 총 51억 헤아우를 투입하여 2003년 3만 가족, 2004년과 2005년에는 각각 11만5천 가족, 2006년에는 15만 가족에게 농지를 배분한다는 계획을 세웠다. 정부 발표에 따르면 2003~04년 두 해 동안 11만7,555가족들[12]이 농지를 수령하여 목표치 14만5천 가족의 81%를 달성했다고 한다. 그러나 2005년 2월 당년도 농지개혁 예산을 당초의 37억 헤아우에서 17억 헤아우로 대폭 감축한 데 대해 농촌개발장관 호세또(Miguel Rossetto)가 거세게 항의하고 룰라를 설득하여 4억 헤아우를 증액했지만, MST는 증액분을 감안하더라도 7만5천 가족밖에 정착시킬 수 없다는 점에서 2005년 목표치인 11만5천 가구에는 크게 미달한다고 주장하며 반발했다.

MST는 당초 룰라 정부 임기 4년 동안 1백만 가족을 정착시킬 것을 요구했으나 40만 가족 정착 목표라도 달성할 수 있도록 룰라 정부를 압박하는 수준으로 후퇴했다. MST 지도부는 까르도주 정부를 적으로 규정했던 반면 룰라와 노동자당을 동맹 세력으로 규정해 왔다. 하지만 룰라 정부

---

12) MST는 정부 통계치의 신뢰도에 의문을 제기했으며, 정부 발표치의 2/3 정도가 이전에 제공되었으나 수령 거부된 토지를 대체하는 것에 불과하다고 주장했지만 토지 수령 가족 수 자체를 부정하지는 않았다(*GIN* 2005/05/16).

의 농지개혁 실적이 기대에 미치지 못하자, 2006년 대선에서 룰라의 재선을 지원할지 여부는 조건부로서 '룰라의 마지막 기회'(a última chance de Lula)(*FSP* 2005/02/08)라며 압박했다. MST 지도자 스떼딜레(João Stedile)는 2005년에는 대중 동원이 많을 것이라고 경고하고 이는 "반정부가 아니라 정부의 경제정책 변화를 압박하기 위한 것"임을 분명히 했다.[13] MST는 2003~04년도의 미흡한 농지개혁 실적과 2005년 예산 삭감에 경각심을 갖고 2005년 5월 2일 2백 킬로미터 행진을 시작해, 17일에는 브라질리아에 도착, 1만5천 명이 브라질리아 사상 최대 규모의 시위를 전개하기도 했다.[14]

4) 최저임금 인상과 노동시장 정책

사회정책의 일환으로 다양한 노동시장 정책들이 펼쳐졌으며, 그 전형적인 유형이 실업자들의 생활보장을 위한 실업보험 제도, 불완전취업 노

---

13) 스떼딜레는 2005년 4월 30일 "농지개혁은 대통령이나 농촌개발장관 호세또에 의해 억제되는 것이 아니라 정부 내 일련의 집단에 의한 것"(*LAWR* 2005/05/03)이라며 산업통상장관 푸란과 농업장관 호드리게스가 수출 지향 대규모 농업자본들을 대변하는 것이 문제라고 지적해, 룰라 정부에 대한 전면 투쟁보다는 룰라 정부의 정책 방향에 영향을 주는 데 주력하고 있었음을 알 수 있다.

14) MST는 이 시위에서 임기 내 43만 가족 정착의 약속을 지킬 것, 농민들에 대한 신용 대출을 확대할 것 등 농지개혁 정책과 관련된 것들 외에도 FTAA 거부, 금리 인하, 재정 흑자를 주거·보건·교육에 투자할 것 등 16개 항의 요구 조건을 제시했다(*GIN* 2005/05/19).

동자들을 위한 임금 보전, 중소 영세 사업장 창업과 설비투자 및 고용 창출에 대한 재정 지원을 골자로 하는 실업·고용정책이라고 할 수 있다. 그 외에도 노동자들의 직업훈련을 지원하고 노동자들의 복지를 증진하기 위한 다양한 노동시장 프로그램들(Sistema S)을 운영했으며, 특히 공공 부문 노동자들을 위한 식품비·수송비·의료비 지원 등 공공 부문 종사자 지원 정책을 집행했다. 하지만 이런 노동시장 정책들에 대한 2004년도의 연방 정부 지출은 2001~02년 평균치에 비해 각각 36.1%, 3.6%, 21.0% 증가해 사회정책 직접 지출 증가율 45.7%에 크게 못 미쳤다.

실업-고용정책, 직업훈련-복지 증진 프로그램, 공공 부문 지원 정책의 수혜자들은 거의 대부분 고용 등록 카드를 보유한 공식 부문 노동자들로서 전체 노동계급 가운데 상대적으로 특전적인 부분이라 할 수 있다. 한편 고용 등록 카드 없는 비공식 부문 노동자들의 경우 위와 같은 노동시장 정책들보다 빈곤 퇴치 운동 같은 사회부조 정책으로부터 좀 더 많은 혜택을 받을 수 있었다. 이러한 사회부조 정책에 대한 2004년 예산 지출이 2001~02년 평균치에 비해 73.2%나 증가하여 여타 노동시장 정책들의 예산 증가율을 훨씬 능가한다는 것은 룰라 정부의 사회정책이 노동계급의 특전적 부분보다 비특전 부분인 노동 빈곤층을 겨냥하고 있음을 확인시켜 주는 것이다. 이와 같은 맥락에서 룰라 정부는 노동 빈곤층의 임금 인상을 통해 전체 노동계급의 임금수준을 높이는 동시에 경제적 불평등도 해소하고자 했으며, 그것이 최저임금 인상 정책으로 추진되었다.

최저임금 인상 정책은 불평등 해소를 위한 노동시장 정책의 핵심이라 할 수 있으며, 룰라는 대선 공약으로 임기 내 최저임금 두 배 인상을 약속

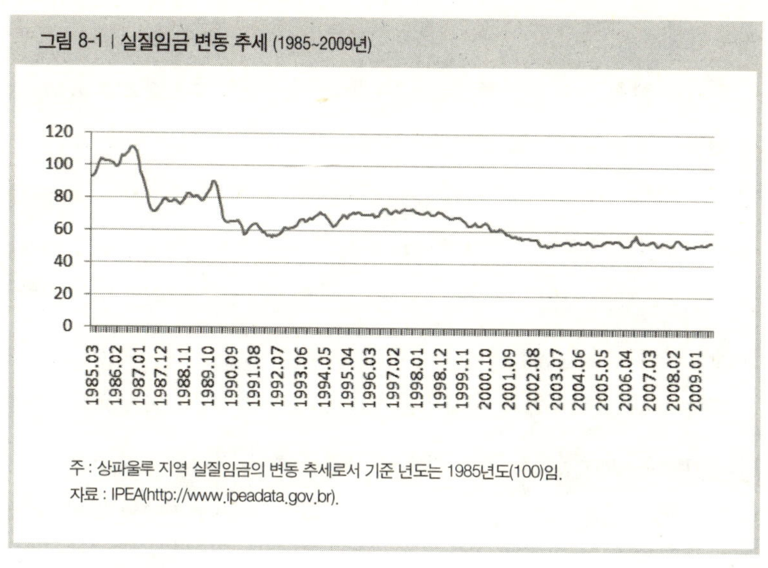

주 : 상파울루 지역 실질임금의 변동 추세로서 기준 년도는 1985년도(100)임.

자료 : IPEA(http://www.ipeadata.gov.br).

한 바 있다. 룰라 정부는 최저임금을 2003년 5월 2백 헤아우에서 240헤아우로 인상했고, 2004년 최저임금을 다시 240헤아우에서 280헤아우로 인상하는 법안을 제출하는 등 최저임금의 단계적 인상을 추진하고 있었다. 그러나 재정 문제를 이유로 정부는 CUT와 노동자당 좌파들의 반대에도 불구하고 260헤아우로 하향 조정된 법안을 제출하여 6월 2일 하원에서 통과시켰다. 하지만 상원은 6월 17일 원안을 44 대 31로 부결하고 275헤아우로 인상하는 수정안을 채택하여 하원으로 회부했으나, 하원은 상원의 안을 부결하고 260헤아우 원안을 확정하여 5월부터 소급 적용했다. 이후 2004년 12월 통과된 법안에 따라 2005년 5월부터 최저임금은 3백 헤아우로 인상되었다.[15] 룰라 정부 출범 후 2년 반 만에 최저임금이

50% 인상된 것이다.

이러한 최저임금 인상 조치는 사적 부문 비정규직 노동자들을 중심으로 저임금 노동자들의 임금수준에 직접적 인상 효과를 가져왔다. 2002년 12월과 2004년 12월 사이 공공 부문 노동자와 사적 부문 정규직 노동자들의 실질임금 수준이 각각 1.56%와 1.53% 하락한 반면 사적 부문 비정규직 노동자들의 실질임금은 2.44% 상승했다.[16] 그 결과 사적 부문 비정규직 노동자들의 실질임금은 같은 기간 동안 사적 부문 정규직의 53.4%에서 55.5%로, 공공 부문 노동자의 37.5%에서 39.0%로 상승하여 노동자들 사이의 임금격차가 축소되었다. 이런 추세는 지속되어 2005년 5월 현재 임금격차는 각각 66.2%와 45.5%로 축소 경향이 지속되고 있음을 확인해 주었다. 하위 계층의 임금 인상 현상은 전체 취업자들의 임금 인상 효과도 가져와, 〈그림 8-1〉에서 보듯이, 실질임금은 경제 위기 직전인 1997~98을 정점으로 까르도주 정부 종료 시점까지 계속 떨어졌으나 룰라 정부에 들어와서 그 추세가 제어될 수 있었다.

법정 최저임금은 퇴직연금, 실업수당 및 다양한 공적 부조금들의 지급 자격과 수령액 산정의 기준들에 연계되어 있어, 최저임금 인상은 공공 지출을 증가시키고 재정 적자를 유발하는 결과를 가져올 수 있다. 이러한

---

15) 최저임금 인상을 둘러싼 갈등과 과정에 대해서는 DIEESE-CUT(2004a), Sochaczewski 면담(2005), Rodrigues 면담(2005), *LAWR*(2004/06/22), *LAEB*(2004/06)을 참조.

16) 취업자 부문별 실질임금 변동 추세에 대해서는 IBGE-PME(http://www.ibge.gov.br)를 참조.

재정 적자 증대라는 연관 효과로 인해 최저임금을 파격적으로 인상함으로써 불평등을 완화하려던 전략은 차질을 빚게 되었다. 룰라 정부 또한 이런 연관 효과로 인해 최저임금 두 배 인상 공약을 실현하는 것이 쉽지 않다는 판단에서 퇴직연금과 각종 공적 부조금 제도로부터 최저임금 연계 산법을 해소할 필요성을 절감하고 있었으나 법제화하지는 못했다.

5) 연금제도 개혁과 사회보장제도

브라질의 사회보장제도는 사적 부문 종사자들의 연금제도인 RGPS(Regime Geral da Previdência Social)와 공적 부문 종사자들의 연금제도인 RJU(Regime Jurídico Único)로 이루어져 있으며, 전체 사회 예산 직접 지출 부문의 2/3를 점했다. 상병수당, 출산 지원금, 재해 보상금 등 다양한 사회보장제도들이 퇴직연금 제도와 통합되어 운영되고 있으며, 고령·장애·사망 등으로 인한 퇴직연금 부분이 80~90%를 차지하며 중심을 이루고 있었다. 연금제도는 인구의 고령화 추세로 인해 연금 수령 기간이 점차 길어지는 한편, 연금 보험금 납입자에 비해 연금 수령자 비율이 빠르게 상승함으로써 재정적 불균형 현상을 보이게 되었고, 1994년부터는 재정 적자가 발생하기 시작해 급격하게 확대되고 있었다. 팽창 일로의 막대한 정부 부채는 연금제도의 재정 적자 누적으로 인해 더욱 심각한 상황을 맞게 되었다.

룰라 집권 직전인 2002년 정부 부채는 8,811억 헤아우로서 GDP의

56.5%에 달하는 수준으로 당해 연도 정부 부채 이자 상환 지출액만 해도 1,140억 헤아우로서 GDP의 8.1%에 달했다. 이처럼 막대한 정부 부채와 이자 상환으로 인해 재정 압박을 심각하게 받으면서 출범했기 때문에 룰라 정부는 재정 긴축정책을 피할 수 없었다. 실제 룰라 정부의 재정 긴축정책 덕분에 정부 부채는 2004년 말 8,267억 달러로 크게 줄어듦으로써 GDP 대비 51.8% 수준으로 감축하여 일정한 성과를 거두었다.[17] 다른 한편, 정부 부채 상환과 이자 지급 다음으로 정부 재정 상황을 악화시키는 주요 원인으로 연금제도의 적자를 지목할 수 있다.

연금제도의 한 해 적자 규모(BCB 2004)는 1997년 28억 헤아우로 GDP의 0.32%에서 점차 확대되어 2001년은 128억 헤아우로서 GDP의 1.07%, 2002년에는 170억 헤아우로 GDP의 1.26%로 급격히 증대되고 있었다. 사회보장장관 베르소이니(Ricardo Berzoini)에 따르면, 연금제도에서 적자가 계속 확대되어 2003년 말이면 410억 헤아우에 달해 GDP의 2.9%에 이를 것이라고 경고했다.[18] 룰라 정부가 추진한 연금제도 개혁의 핵심 내용은 공적 부문과 사적 부문 퇴직자들의 연금제도를 통합해 공적 부문 퇴직자의 연금 혜택을 하향 조정함으로써 공적 부문과 사적 부문 간의

---

17) 정부 부채와 부채 이자 상환 지출액에 대해서는 Giambiagi et al(2005)과 Banco Central (http://www.bcb.gov.br)을 참조.

18) 2003년 연금제도 적자는 264억 헤아우로서 GDP의 1.70%로 베르소이니가 경고했던 수준에는 못 미쳤지만 전년도에 비해 크게 확대되었으며, 개혁 연금제도가 적용되기 시작한 2004년에도 320억 헤아우로서 GDP의 1.81%로 증가율이 다소 완화되기는 했지만 여전히 확대되고 있었다(TN 2005).

퇴직자 연금 혜택의 형평성을 높이는 한편 연금제도의 적자를 해소하는 것이었다.[19]

CUT는 전반적으로 기존의 연금제도를 선호하고 있어 연금제도 개정 내용에서 정부와 의견 대립을 보여 주었다. 공적·사적 부문 연금 수령액의 통일된 상한을 CUT는 20배를 요구했지만 정부는 당시 최저임금의 10배에 해당하는 2천4백 헤아우로 조정하고자 했는데, 이러한 조정 연금 수령액 상한은 공적 부문의 경우 상한의 하향 조정이지만 사적 부문의 경우 월 1,869헤아우에서 소폭이나마 상향 조정된 셈이다. 정부는 상한액 이상의 연금을 수령하려면 사적 부문의 보충 연금 기금을 이용하도록 하는데, CUT는 보충 연금 기금도 공적 연금 기금으로 만들 것을 요구했다. 정부는 연금 소득도 과세 대상으로 포함하려는 데 비해 CUT는 연금 소득 과세에 반대했고, 연금 수령 최저 연령도 정부가 기존의 근속년수 남 35년, 여 30년에 남 60세, 여 55세로 연령 기준을 추가하려는 데 비해, CUT는 연령 기준을 추가하지 않고 순수하게 근속년수를 기준으로 삼는 것을 선호했으며 타협안으로서 과도기를 둘 것을 요구하기도 했다. 물론 연금

---

19) 사적 부문 퇴직자 2천만 명의 2/3 정도는 월 최저임금에 해당되는 57달러를 수령하여 퇴직과 동시에 급격한 수입 감축을 경험하는 데 비해, 퇴직한 정부 공무원(연방·주·지방정부 포함)은 사적 부문 퇴직자들에 비해 평균 8배나 많은 연금을 수령하고 있는 것으로 알려졌다. 룰라 정부가 사적 부문과 공적 부문 퇴직자들 사이의 연금 혜택의 형평성 결여 문제를 사적 부문 퇴직연금의 상향 조정이 아니라 공적 부문 퇴직연금의 하향 조정으로 해소하고자 한 것은 연금 재정 적자와 정부 부채 부담에 따른 것이라 할 수 있다. 연금제도 개혁과 노동조합 투쟁과 관련해서는 *GIN*(2003/01/02)와 *LAWR*(2003/07/15~08/12)을 참조.

납입금 부담률은 수혜자와 고용주가 1 대 2의 비율을 유지했고, CUT의 양보와 수정 제안에도 불구하고 모든 부분에서 정부는 CUT와 타협하지 않았으며 당초 계획대로 법안을 제출했지만 CUT는 정부안을 수용했다.

연금제도 개혁안은 2003년 8월 6일 하원에서 358 대 126(기권 9)으로 72.6%의 찬성으로 통과되었다. 반대표들 가운데 노동자당 하원 의원 3명이 있었고 기권한 하원 의원 9명 가운데 8명이 노동자당이었다. 이어 이 법안은 같은 해 12월 12일 상원에서 51 대 24, 68% 찬성으로 통과되어 같은 달 19일 공포되었다. 연금제도 개혁으로 인해 향후 7년 동안 2백억 헤아우를, 20년 동안 5백억 헤아우를 절약할 수 있는 것으로 추산되어, 재정 적자 요인을 해소하고 정부 부채의 확대를 억제하는 데 큰 도움이 되는 것으로 주장되었다.

연금제도 개혁안에 대해 노동자당의 하원 의원 71%, 상원 의원의 거의 100%가 반대 의견을 지니고 있었는데, 반대의 주된 이유는 공공 부문 연금 수령액 상한이 너무 낮다는 것이었다. 한편, 2003년 5월 9일 여론조사에 따르면 시민들의 85%는 연금제도 개혁이 중요하다고 보았고, 78%는 의회에 제출된 연금제도 개혁안을 지지하는 것으로 나타났다. 한편, CUT는 정부의 연금제도 개혁안을 결국 수용했으나 개혁안의 최대 피해자인 공공 부문 노동조합들은 극렬한 투쟁을 전개했다. 공공 부문 노동조합들은 2003년 7월 초 연금제도 개혁 백지화를 요구하며 한 달 이상 파업 투쟁을 전개했는데, 주로 연금 수령액 상한을 초과하는 공공 부문 고액 소득자들이 중심이었다.

4. 토론 및 맺음말

1) 사회정책과 룰라 정부의 딜레마

사회정책은 소득재분배를 통해 불평등을 완화시키는 효과를 갖는다. 룰라 정부는 사회 예산을 까르도주 정부에 비해 크게 늘렸으며, 사회 예산 증가율이 전체 예산 증가율을 크게 상회하면서, 총예산 가운데 사회 예산이 차지하는 비중과 직접 지출이 차지하는 비중이 함께 증가했다.

룰라 정부는 GDP 대비 3% 이상의 기초 재정 흑자를 유지하기로 한 1998년 IMF와의 차관 협약을 준수해야 했으며, 2003년과 2004년 두 해 모두 약정치 3%를 넘어 4.5% 이상의 기초 재정 흑자를 기록하는 예산상의 제약 속에서 사회 예산의 증대가 이루어진 것이다. 룰라 정부가 핵심 정책으로 추진한 빈곤 퇴치 운동을 포괄하는 사회부조 정책의 전체 예산이 GDP의 0.9%에 불과한 데 비해, 기초 재정 흑자는 사회부조 정책 전체 예산의 5배가 넘는 엄청난 액수였다. 뿐만 아니라 국유 기업 사유화를 중단하여 국유 기업 매각 수익금이라는 주요 재원을 상실함으로써 까르도주 정부보다 훨씬 심각한 재정 압박을 받고 있었다.

막대한 규모의 정부 부채와 그에 따른 긴축재정 정책은 사회정책에 대한 구조적 제약 요인으로 작용하여 사회정책을 통한 불평등 완화의 획기적 진전을 어렵게 한다는 데 룰라 정부의 딜레마가 있었다. 하지만 그러한 재정 압박하에서도 사회 예산 지출을 꾸준히 증대하는 것은 룰라 정부가 사회정책을 통해 불평등을 완화하려는 강한 정책 의지를 지니고 있었음을 반영하는 것이라 할 수 있다.

2) 불평등 해소 전략과 사회정책의 계급 정체성

룰라 정부가 추진한 불평등 해소 전략은 저소득층의 소득수준을 향상시켜 불평등 문제를 완화시킨다는 전략이며, 이는 사회정책 내 사업의 우선순위와 예산 배분 방식에서 발견될 수 있다. 룰라 정부는 불평등 해소를 위한 구체적 정책들로서 빈곤가족들을 재정적으로 지원하는 빈곤 퇴치 정책과, 무토지 농민들에 대해 토지와 경작 소요 자원들을 제공하는 농지개혁 같은 소득과 부의 재분배 정책을 추진해 왔다. 또한 취업 빈민층의 임금수준을 높여 취업자들 간 임금 불평등을 완화하는 최저임금 인상 정책도 병행해 왔다.

이런 룰라 정부의 불평등 해소 전략은 사회 예산의 항목별 배분에서도 확인될 수 있다. 공식 부문 종사자들을 주요 수혜 집단으로 하는 실업보험과 임금 보전 정책, 공공 부문 종사자 지원 정책, 직업훈련 중심의 노동시장 정책에 대한 예산 지출 증가 정도는 사회 예산 평균 증가율에 크게 못 미친다. 반면, 가족 지원금 제도 중심의 사회부조 정책과 농지개혁 중심의 농업정책 부문에 대한 예산 지출은 사회 예산 평균 증가율을 훨씬 상회하는 수준으로 급격하게 팽창했다. 이처럼 급격하게 팽창한 정책들의 수혜 집단은 공식 부문 종사자들이 아니라 비공식 부문 노동자, 무토지 농민과 빈민층이었다. 룰라 정부는 불평등과 빈곤 문제 해결을 위해 공식 부문보다는 비공식 부문, 정규직 노동자보다는 비정규직 노동자, 노동계급 특전적 부분보다는 최저 소득층 비특전적 부분을 집중적으로 지원하는 전략을 전개한 것이다.

룰라와 노동자당의 전통적 지지 기반은 CUT를 중심으로 한 공식 부문, 정규직, 조직노동자들로서 룰라 정부 사회정책의 핵심적 대상이 되고 있는 집단들과는 다르다. 룰라 정부의 사회정책은 노동계급 가운데 상대적으로 더 특전적인 공식 부문 조직노동자들보다는, 주로 비공식 부문 미조직노동자들을 겨냥한 것이다. 따라서 룰라 정부의 사회정책이 갖는 노동계급 정체성은 부정할 수 없으나, 룰라와 노동자당의 전통적 지지 기반과 사회정책의 수혜 집단이 일치하지 않으므로 전통적 지지 기반의 불만과 반발의 여지는 있다고 할 수 있으며, 연금제도 개혁에 대한 공공 부문 노동자들의 반발이 전형적인 예라 할 수 있다.

3) 연금제도 개혁과 룰라 정부의 사회정책에 대한 시민 평가

룰라 정부의 사회정책에 대한 가장 신랄한 비판은 연금제도 개혁을 겨냥한 것이었다. 공적 부문과 사적 부문 사이의 연금 수령액 차이를 해소하되 공적 부문 퇴직자의 수령액 수준으로 상향 조정하지 않고 사적 부문 퇴직자의 수령액 수준으로 하향 조정하고 연금 수령액 상한선을 제한한 것은 반노동계급적 내용이라는 비판을 받을 소지는 있었다. 연금 수령액 상한선의 인하는 당시 연금제도 개혁에 대한 불만의 핵심을 이루고 있었으나, 개정 법안의 상한선은 2천4백 헤아우로서 법 개정 당시 기준으로 최저임금의 10배에 해당되는 큰 액수였다.

연금제도 개혁의 논란이 절정에 달했던 2003년 6월 현재 공공 부문 취업자들의 평균 임금은 사적 부문 취업자의 평균임금보다 61.3%나 높았으며, 사적 부문 비정규 노동자들의 2.3배에 달하는 높은 수준으로서 취업자들 사이의 임금격차는 매우 심각한 수준이었고 공공 부문 취업자들은 상대적으로 특전적 집단에 속했다.[20] 또한 전체 취업자들의 임금 분포를 보면(IBGE 2004a, 175), 2003년 당시 기준으로 최저임금 미만의 임금 취득자가 전체 취업자들의 39.3%였고, 최저임금 1배 이상 2배 미만의 임금 취득자가 26.0%로서 전체 취업자들의 65.3%가 최저임금 2배 미만의 임금을 받고 있었다. 반면 연금 수령액 상한선에 의해 피해를 입을 수 있는 최저임금 10배 이상의 수령자는 전체 취업자의 4.1%에 불과했다. 결국 연금제도 개혁으로 큰 피해를 입는 부분은 공공 부문의 변호사와 교수 등 소수 특전적 부분에 한정되었던 것이다. 게다가 막대한 규모의 정부 부채와 재정 적자 상황을 고려하면 연금제도 개혁을 반노동계급적 조치로 해석하는 것은 적절하지 않다고 할 수 있다.

룰라 정부의 연금제도 개혁안은 노동자당 의원들로부터 극렬한 저항을 받았지만 시민들은 78%에 달하는 압도적 지지를 보내고 있었다. 노동

---

20) 취업자 부문별 임금격차에 대해서는 IBGE-PME(http://www.ibge.gov.br)을 참조.

자당 의원들의 저항은 연금 수령액의 낮은 상한선에 대한 불만뿐만 아니라 공공 부문 노동조합들이 노동자당과 룰라의 전통적인 지지 기반이었다는 사실에도 기인하고 있었다. 공공 부문 노동자들의 연금제도 개혁에 대한 저항은 상당 부분 룰라에 대한 배반감의 표현이라 할 수 있으며(Salum 면담 2004), 이를 다른 정당과 정치 분파들이 정치적으로 활용한 측면도 컸다. 그러나 정부 부채와 재정 적자 문제는 외채 문제와 더불어 군사독재 정권 시기부터 브라질 경제를 불안정하게 만들어 왔으며 연금제도는 정부 부채 이자 상환과 함께 재정 적자와 정부 부채 증대의 핵심적 요인임은 널리 알려진 사실이었고, 시민들은 연금제도 개혁이 불가피하다는 것을 받아들이고 있었던 것이다. 연금제도 개혁안에 대해 공공 부문 노동조합들이 집요하게 저항했음에도 불구하고 CUT가 정부의 연금제도 개혁안을 수용한 것도 이러한 맥락에서 해석될 수 있다.

룰라 정부에 대한 실망이 표현되고 있음에도 룰라 정부에 대한 대중적 지지도는 매우 높았다. 룰라의 대통령직 수행에 대한 평가에서 2004년 6월 71%로 최저치를 기록한 이래 줄곧 70~80% 수준의 우호적 평가를 받아 왔고, 대통령 후보군들 사이의 가상 대결에서도 다른 유력 후보들을 10~40% 정도 차이로 압도해 왔다.[21] 이러한 룰라와 룰라 정부에 대한

---

21) 룰라의 일시적 지지도 하락은 정책 집행 내용보다는 노동자당의 핵심 인사들을 중심으로 한 정치자금 및 부패 스캔들에 기인한 바가 컸다고 할 수 있다. Datafolha(2004), Ibope(2003-5), *LAWR*(2005/04/05)을 참조.

시민들의 우호적 평가는 상당 정도 룰라 정부의 사회정책에 대한 긍정적 평가에 기초해 있었음을 부인할 수 없을 것이다. 2003년 12월과 2004년 12월에 실시된 여론조사 결과를 보면, 〈표 8-1〉처럼 2003년과 2004년 모두 룰라 정부가 가장 크게 개선한 부분을 빈곤 문제 해결이라고 지적하는 응답이 가장 많았으며, 2순위 개선 부분 응답자 수의 2배를 넘고 있었다. 까르도주 정부하에서는 빈곤 문제가 개선되었다는 응답이 거의 전무했다는 점을 고려하면, 막대한 정부 부채와 긴축재정 정책에 따른 사회정책의 예산 부족과 주·지방정부의 비협조와 부패로 인한 비효율성에도 불구하고 시민들은 룰라 정부가 빈곤과 불평등 문제 해결을 위해 전개한 사회정책의 성과를 대단히 긍정적으로 평가하고 있었던 것이다.

9
룰라의 2006년 재선과 계급 투표[*]

1. 문제 제기

중남미 좌파 정권들의 등장 시점을 고려하면 사회구조적 조건 외에도 신자유주의 경제정책이 좌파 정당 집권에 기여했을 것으로 추정하게 한다. 중남미는 1980년대의 '잃어버린 10년'으로 불리는 경제 침체 이후 1990년대 들어 워싱턴 컨센서스에 입각한 신자유주의 경제정책으로 경제적 안정을 회복하는 듯 했으나 점차 빈곤이 확대되고 불평등이 심화되는 등 사회적 폐해만 가시화되었다. 이런 역사적 맥락에서 2000년대 들어서며 좌파 정권 집권 추세가 형성되었다는 점에서 신자유주의 경제정책의 최대 피해자인 노동계급과 빈민층의 반신자유주의 좌파 정당에 대

* 이 글은 『라틴아메리카연구』 제22권 제1호에 실린 필자의 글을 수정·보완한 것이다. 게재를 허락해 준 한국라틴아메리카학회에 감사를 드린다.

한 투표, 즉 계급 투표가 이루어졌을 것으로 추정할 수 있다.

불평등과 같은 사회구조적 조건과 신자유주의 경제정책의 폐해가 중남미에 좌파 정당 집권을 가져왔다는 데 대해서는 이론의 여지가 없다. 이런 거시적 변화와 거시적 수준의 인과관계는 미시적 수준에서 개별 시민들의 투표 행위에 기초하여 이루어진 것이다. 하지만 미시적 수준의 연구는 아직 일천하다. 이 장에서는 브라질의 2002년 대통령 선거와 2006년 대통령 선거에서의 투표 행위를 비교·분석함으로써 좌파 정권 등장이라는 거시적 현상의 미시적 기초를 규명하고자 한다.

2002년 대통령 선거에서 룰라의 승리를 계급 투표의 결과로 볼 수 있는가 하는 문제에는 이견이 있다. 또한 룰라 정부의 계급적 성격 여부도 집권 초기부터 줄곧 논란이 되어 왔다. 이런 논란 가운데 2006년 대통령 선거에서 룰라가 재선에 성공했다. 따라서 두 차례 대통령 선거에서 계급 투표가 있었는지의 여부와 함께 룰라의 지지 기반이 변화되었는지에 관심을 갖는 것은 자연스런 것이며, 이는 룰라 정부의 계급적 성격에 대한 간접적 평가도 가능하게 한다는 점에서 의의가 크다고 할 수 있다.

2002년과 2006년 대통령 선거에서 계급 투표 경향이 존재했는가? 계급 투표 경향이 존재했다면, 그러한 경향성의 정도는 강화되었는가, 아니면 약화되었는가? 계급 범주들 사이의 룰라 지지 여부 관련 유형은 룰라 정부하에서 변화했는가, 그대로 유지되었는가? 룰라 정부의 계급적 성격 여부는 투표 행위에 어떻게 반영되었는가? 이런 물음들에 대한 답변을 구하는 것이 본 연구의 목적이다.

이를 위해 이 장에서는 2002년과 2006년의 대통령 선거 투표 행위를 분석하여 계급 투표 경향성이 존재했는지의 여부와 함께 계급 투표 경향성이 강화 혹은 약화되었는지를 검토한다. 이를 통해서 2002년 대통령 선거에 이어 2006년 대통령 선거에서도 계급 투표 경향성이 존재했을 뿐만 아니라, 더욱 강화되었으며 계급 투표의 내용도 변화했음을 확인할 수 있었다.

2. 계급 투표의 이론적 논의와 연구방법

1) 계급 투표론과 계급 투표 소멸론

좌파 정당은 국가권력을 이용하여 시장에 적극적으로 개입함으로써 시장 능력의 차이에 따라 삶의 조건에서 차이가 발생하는 것을 억제하며 소득 및 부의 재배분을 통해 평등을 실현하고자 한다. 따라서 좌파 정당에 대한 지지 여부는 유권자의 계급적 위치에 의해 크게 영향을 받게 된다는 것이다. 이것이 전통적인 계급 투표론이다.

계급 투표란 노동계급은 생산 현장에서의 착취 관계와 시장에서의 열등한 구매력을 극복하기 위해 국가의 적극적인 시장 개입과 자원 재분배를 원하기 때문에 좌파 정당에 투표하는 반면, 자본계급과 중간계급은 생산 현장과 시장에서의 특권적 위치를 보호하고 시장 개입과 자원 재분배를 차단하기 위해 국가의 시장 개입을 최소화하는 것을 원하기 때문에 우파 정당에 투표하는 현상을 지칭한다. 노동계급이 좌파 정당에 투표하는 것이나 자본계급과 중간계급이 우파 정당에 투표하는 것은 모두 물질적·경제적 동기에서 비롯된 투표 행위라는 점에서, 계급 투표론은 투표 행위의 핵심적 동기를 경제적 동기로 간주한다.

좌파 정당이 영향력을 강화하고 국가권력을 장악하기 위해서는 노동계급 구성원들의 계급 투표 행위가 선행되어야 한다. 노동계급의 경제적 동기에 기초한 계급 투표가 지배적 투표 행태로 자리 잡기 위해서는 자신의 계급 위치에 따른 객관적 계급 이해관계를 인지하고, 계급 이익의 실현을 위해서는 계급 갈등을 피할 수 없다는 계급 관계의 모순적 성격을 파악하는 계급의식이 발달해야 한다. 이러한 "계급 위치 → 계급 이익 → 계급의식 → 계급 투표" 메커니즘이 작동하는 정도는 노동조합의 조직력이 어느 정도 높은지, 사회경제적 조건 등 외적 요건들이 얼마나 유리하게 작동하는지에 따라 크게 다르다. 계급 투표론은 이러한 메커니즘을 통해 서구의 사회민주주의와 복지국가 발달 과정에서의 국가 간 편차를 설명한다.[1]

한편, 노동계급의 계급 투표가 좌파 정당의 성장을 가져왔고 사회민주주의와 복지국가의 기초가 되었다는 점은 인정하면서도 계급 투표 성향

---

1) Korpi(1978), Przeworski(1985), Esping-Andersen(1985, 1990), Hicks(1999), Huber & Stephens(2001)를 참조.

이 크게 약화되었거나 소멸되었다는 주장들이 제기되고 있다. 이러한 계급 투표 소멸론은 제2차 세계대전 이후 영국 노동자들이 노동당 대신 보수당에 투표하는 추세가 확인되면서 '노동계급 보수주의'라는 개념으로 제기되기 시작했다. 최근에는 미국 노동자들이 민주당 대신 공화당의 레이건과 부시에 투표하는 현상을 둘러싸고 '공화당 프롤레타리아', '노동계급 공화당' 논의로 전개되는 등 계급 투표 소멸론은 경험적 근거와 함께 끊임없이 제기되고 있다.[2] 계급 투표 소멸론이 제시하는 인과적 메커니즘은 세 가지로 정리할 수 있다.

가장 먼저 등장한 것은 노동계급의 계급의식 약화로 계급 투표 소멸을 설명하는 이론이다.[3] 전후 경제성장에 기초한 포드주의적 계급 타협과 복지국가의 발달로 인해 물질적 생활수준이 향상된 노동자들이 중간계급의 태도를 갖게 되었다는 것, 광산, 선박 제조, 철강업 등 전통적 산업들이 쇠퇴되면서 단일 산업을 중심으로 형성된 노동자 주거 공동체가 와해되고 그 결과 노동자 문화가 약화되어 노동자들이 지배 이데올로기에 쉽게 포섭되었다는 것, 교통 통신수단의 발달과 도시의 팽창으로 노동자 주거지역이 확대되며 노동자들 간의 대면적 접촉 기회가 줄어들고 노동자들 사이에 개인주의적 생활양식이 확산되면서 노동자들이 집합적 의식을 상실하게 되었다는 것이 주요한 요인들로 지적된다.

---

2) Parkin(1967), Mertes(2004), Wiener(2005)를 참조.
3) Parkin(1967), Goldthorpe et al(1968), Newby(1977), Westergaard(1970)를 참조.

둘째는 선진 자본주의 국가들이 산업화 단계를 넘어 탈산업사회로 이행하면서 계급 간 문화적 차별성이 소멸하게 되었다는 이론이다.[4] 물질적 삶의 조건이 크게 향상되면서 소비 행위는 생존을 위한 소비에서 정체성 표현을 위한 소비로 바뀌고, 시민들이 다양한 집단들에 소속됨에 따라 개인의 정체성과 생활양식이 더욱 복잡 다양하고 가변적이 되어, 소비 유형과 생활양식에서 개인 간 차별성이 존재해도 계급 간 차별성은 사라지게 되었으며, 그 결과 주관성과 가치관에서도 차이를 발견하기 어렵게 되었다는 것이다.

셋째는 노동계급의 계급의식이 약화되고 계급 간의 차별성이 소멸되면서 계급 투표 행위 양상이 사라지고 있다는 앞의 두 이론을 넘어서, 새로운 정치 문화 속에서 새로운 투표 행위 유형이 자리 잡고 있다는 이론적 주장이다.[5] 정치의 핵심은 더 이상 계급적 이해관계와 물질적 문제들이 아니라 환경, 평화, 여성 인권, 성 취향, 자율성 등 탈계급적·탈물질적 삶의 질 문제들로 바뀌었다는 것이다. 이처럼 계급 정치에서 삶의 질 중심의 문화정치로 이행하면서, 투표 동기도 물질적·경제적 동기가 아니라 탈물질적, 정체성 동기로 바뀌게 되어 계급 투표 행위 대신 탈물질주의 투표 행위가 자리 잡게 되었다는 것이다. 이러한 탈물질주의 투표 성향에

---

4) Bell(1974), Baudrillard(1981), Giddens(1991), Featherstone(1991)를 참조.
5) Clark(2001), Inglehart(1997), Inglehart & Rabier(1986), Achterberg(2006), Nieuwbeerta(2001), Hecter(2004)를 참조.

따르면 노동계급이 좌파 정당 대신 보수정당에 투표하는 것은 자연스런 현상이다. 예컨대, 노동자들은 환경문제에서 환경보호 대신 성장주의에 친화적이고, 자유주의-순응주의 문제에서는 성 소수자, 사회질서, 성 분업, 낙태 등과 관련하여 순응주의적이기 때문에 좌파 정당에 투표하지 않는다는 것이다. 반면, 중간계급이 환경문제와 자유주의-순응주의 문제에서 진보성을 보이면서 좌파 정당에 투표한다는 것이다.

선진 자본주의 국가들을 중심으로 계급 투표 소멸 여부를 경험적으로 검증한 후속 연구들은 계급 투표 성향이 약화되었으나 소멸되지 않았음을 확인해 준다.[6] 이런 경험적 연구들은 또한 계급 투표 성향이 여전히 유의미하지만 문화정치의 발달과 더불어 탈물질주의 투표 성향이 강화되는 추세와 병존하고 있음도 보여 준다. 그러나 계급 투표의 소멸 여부에 대한 경험적 연구들은 주로 선진 자본주의 국가들에 한정되어 있을 뿐, 제3세계에 대한 연구는 별로 진행되지 않았다. 따라서 선진 자본주의 국가들의 계급 투표와 탈물질주의 투표 성향 관련 연구 결과들이 제3세계에서도 경험적으로 타당한지를 확인하기 위해서는 추가적 연구들이 필요하다.

---

6) Andersen & Heath(2002), Andersen et al(2006), Evans(1999), Manza et al(1995), Weakliem & Western(1999), Charnock(1997), Brooks et al(2006)을 참조.

2) 자료 및 연구방법

본 연구는 2002년 대통령 선거와 2006년 대통령 선거에 앞서 끄리떼리움에서 실시한 일련의 여론조사 자료를 이용하여 투표 행위 변화 여부를 분석한다. 계급 투표를 검토하고 비교연구를 하기 위해, 2002년과 2006년 대통령 선거를 앞두고 실시된 여론조사들 가운데 동일한 계급 위치 관련 설문 문항과 가구 소득 설문 문항을 포함한 여론조사 자료들을 분석 대상으로 택했다. 2002년 조사는 7월, 9월, 10월 세 차례, 2006년 조사는 10월에 두 차례 실시되었다. 본 연구에 활용된 여론조사들은 브라질 전국 성인 남녀들을 대상으로 실시되었으며, 총유권자 집단의 인구학적 분포에 맞춰 가중치들이 주어졌다. 이런 과정을 거쳐 본 연구에 사용된 사례들은 2002년 대통령 선거 여론조사의 경우 7,209명, 2006년 대통령 선거 여론조사의 경우 9,644명이다.

2002년과 2006년 대통령 선거 사이에 발생한 변화 추세가 역사적 연속성을 지니고 있는지 아니면 단절성을 지니고 있는지를 검토하기 위해 1994년 대통령 선거 여론조사 자료도 2002년과 2006년 대통령 선거 조사 자료와 함께 추가적으로 분석한다. 1994년 대통령 선거 투표 행위 양상을 분석하기 위해 사용된 자료는 다타폴랴에 의해 1994년 8월 중 두 차례에 걸쳐 실시된 여론조사 자료들이다. 1994년 다타폴랴 조사 자료는 2002년과 2006년 끄리떼리움 조사 자료와 계급 위치 관련 설문 문항과 소득수준 관련 문항 등에서 다소 차이가 있다. 설문 문항들이 일치하지 않는 경우에는 비교 가능하도록 변수 범주들을 통합 혹은 재조정했다.

표 9-1 | 계급 모델의 범주화 방식

3계급 모델	6계급 모델	2블록 모델
자본계급	자본계급	특전적 계급 블록
프티부르주아	전문직 프티	
	공식 부문 프티	
	비공식 부문 프티	비특전적 계급 블록
임금노동 계급	등록 임금노동자	
	비등록 임금노동자	
비취업	비취업	

끄리떼리움과 다타폴랴 설문지들은 자본주의사회를 구성하는 4계급들 가운데 중간계급과 노동계급을 구분하기 위해 필요한 기술재와 조직재 관련 정보를 포함하지 않고 있어, 자본계급, 프티부르주아, 임금노동계급의 3계급 모델을 사용한다(〈표 9-1〉 참조).

하지만, 프티부르주아는 자본재뿐만 아니라 대학 졸업자로서 기술재까지 소유한 전문직 프티부르주아, 자본재 크기가 상대적으로 일정 규모에 달하여 시장에서 비교적 안정적 지위를 차지하고 자본계급으로 성장하는 경로에 위치한 공식 부문 프티부르주아, 그리고 자본재의 규모가 영세하고 기술재도 보유하지 않아서 시장에서 매우 불안정한 지위를 차지하고 공식 부문의 일자리 대안을 지니지 못한 비자발적 영세 자영업자들로 구성된 비공식 부문 프티부르주아로 구성되어 있다. 전문직 프티부르주아와 공식 부문 프티부르주아는 자본계급과 함께 특전적인 유산계급으로 분류될 수 있지만, 비공식 부문 프티부르주아는 공식 부문의 임금노동자 자리를 구하지 못해 자영업자로 내몰린 위장된 프롤레타리아

(disguised proletariat)에 불과하다는 점에서 노동시장 최하위층에 소속된 집단이라고 할 수 있다.

프티부르주아가 이처럼 이질적인 세 계급 범주로 구성된 반면, 임금노동 계급의 경우 본 연구가 사용하는 조사 자료로 중간계급과 노동계급으로 범주화할 정보는 없으나 사회보장세를 납부하며 기본적인 사회보장 혜택을 받고 있는 등록 임금노동자와 사회보장세를 납부하지 않음으로써 사회보장 혜택으로부터 배제되어 있는 비등록 임금노동자로 나눌 수 있다. 등록 임금노동자 집단은 주로 공공 부문 사업장 혹은 사적 부문 중·대기업에 종사하는 임금노동자들로 구성된 반면 비등록 임금노동자 집단은 소규모·영세기업에 종사하는 노동자들로 구성되어 있어, 전자의 경우 정규직의 비중이 높은 반면, 후자의 경우 비정규직의 비중이 높다.

이렇게 프티부르주아를 세 개의 하위 계급 범주로, 임금노동 계급을 두 개의 하위 계급 범주로 세분화하여 6개의 계급 범주들을 포함한 6계급 모델도 사용한다. 한편 실업자, 연금 생활자, 학생, 주부 등 비취업자들은 통제 범주로 3계급 모델과 6계급 모델에 포함하여 분석함으로써 브라질 유권자 전체의 투표 성향을 파악할 수 있도록 했다.

소득수준은 월 단위 가족 소득을 기준으로 최저임금 이하, 최저임금 초과부터 최저임금 2배 이하, 최저임금 2배 초과부터 최저임금 5배 이하, 최저임금 5배 초과로 나누고, 교육 수준은 교육 연수 1~8년의 초등학교 학력, 교육 연수 9~11년의 고등학교 학력, 교육 연수 12년 이상의 대학교 학력으로 나누어 사용한다. 계급 범주별 소득수준과 교육 수준을 비교하면 〈표 9-2〉와 같이 프티부르주아와 임금노동 계급의 계급 내적 이질성

계급	2002년		2006년	
	소득수준	교육 수준	소득수준	교육 수준
비취업	2.1329	1.3360	2.1452	1.5047
자본계급	3.4673	1.7999	3.3705	1.9539
프티부르주아	2.3306	1.3623	2.4012	1.6007
전문직 프티	3.2479	2.4768	3.0845	2.3557
공식 부문 프티	2.8460	1.4522	2.7440	1.7167
비공식 부문 프티	2.1910	1.2932	2.1934	1.4596
임금노동 계급	2.6486	1.6582	2.6758	1.8498
등록 임금노동자	2.7921	1.7412	2.7836	1.9168
비등록 임금노동자	2.2026	1.4020	2.2568	1.5920
전체	2.3518	1.4447	2.3622	1.6229

을 잘 보여 주고 있으며, 특히 프티부르주아의 경우 전문직·공식 부문 프티부르주아와 비공식 부문 프티부르주아 사이의 소득수준 및 교육 수준 격차는 매우 크게 나타나고 있다.

이처럼 프티부르주아에 특전적 계급 범주와 비특전적 계급 범주가 혼재되어 있어 계급 투표 현상을 분석하기 위해서는 계급 내적 이질성을 고려하여 전체 계급 범주들을 특전적 계급 블록과 비특전적 계급 블록으로 양분하여 함께 검토할 필요성이 제기된다. 이렇게 계급 범주들을 양대 계급 블록으로 양분하면, 특전적 계급 블록에는 자본계급, 전문직 프티부르주아와 공식 부문 프티부르주아가 소속되고, 비특전적 계급 블록에는 비공식 부문 프티부르주아, 등록 임금노동자와 비등록 임금노동자가 소속되며, 통제 집단이 비취업자 집단도 노동시장으로부터 배제된 집단으로 비특전적 계급 블록으로 분류될 수 있다.

3. 계급 범주별 룰라 지지율과 대통령 선거 계급 지형도 변화

룰라는 2002년 대통령 선거에서는 결선투표에서 브라질사민당 세하 후보를 누르고 당선되었고, 2006년에는 역시 결선투표에서 브라질사민당 아우키민 후보를 이기고 당선되었다. 룰라의 득표율은 2002년 63.0%, 2006년 60.8%로 거의 비슷한 수준으로 나타났다.

설문조사 자료를 분석하여 2002년과 2006년 대통령 선거의 계급별 룰라 지지율[7]을 산출하면 〈표 9-3〉과 같다. 룰라 지지율은 2002년에는 56.00%, 2006년에는 56.62%로 거의 비슷하게 나타났다. 본 조사 자료의 룰라 지지율이 룰라가 결선투표에서 득표한 실제 득표율에 미달하는 것은 설문조사 당시에는 아직 지지 후보를 결정하지 않았으나 투표 직전에 후보를 결정한 부동층이 상당했기 때문이다.

계급 간 룰라 지지율 편차는 통제 집단인 비취업자를 포함할 경우

---

7) 설문 문항은 "대통령 선거 결선투표가 오늘 실시된다면, 귀하는 ○○○에게 투표하시겠습니까"였으며, 2002년 조사에서는 룰라와 세하, 2006년 조사에서는 룰라와 아우키민이 선택지로 주어졌다. 본 연구는 룰라에 투표하겠다는 응답을 1의 값을 주고, 아우키민을 선택했거나, 아무에게도 투표하지 않겠다, 모르겠다는 응답들은 0의 값을 주어 "룰라 지지" 변수를 만들었다.

계급	룰라 지지율		평균차 검증			
	2002	2006	평균차	t-value	자유도	유의도
자본계급	.4530	.4158	-.03723	-.508	206	.612
프티부르주아	.5732	.5616	-.01161	-.729	3933	.466
임금노동 계급	.5869	.5629	-.02399	-1.646	4623	.100
비취업	.5369	.5746	.03768	3.308	7878	.001
합계	.5600	.5662	.0062	-.802	16646	.423
사례 수	7,128	9,644				
〈분산분석 검증〉						
F값	2.638 (5.909)	5.882 (4.811)				
유의도	.072 (.001)	.003 (.002)				

출처 : 칸의 F값과 유의도는 비취업자를 제외한 계급 간 분산분석 검증 결과이며, 괄호 속 값은 비취업자를 포함한 검증 결과 값임.

2002년과 2006년 대통령 선거에서 모두 유의미하게 나타났다. 분산분석 검증 결과에 따르면, 통제 집단인 비취업자를 제외할 경우 계급 간 편차 는 2002년의 경우 .05 수준에서 유의미하지 않았으나 2006년에는 .001 수준에서도 유의미하게 나타났다. 2002년에 비해 2006년 대선에서 계급 투표 성향이 더 강하게 나타났다고 할 수 있다.

계급 집단별로 룰라에 대한 투표율의 변화를 보면, 비취업자 집단만 유의미한 수준에서 룰라에 대한 지지율이 상승했을 뿐, 임금노동 계급, 프티부르주아, 자본계급 등 세 계급에서는 모두 지지율이 하락했으나 그 정도는 유의미하지 않은 수준이었다. 한편, 계급 간 룰라 지지율 편차 유 형을 보면 2002년과 2006년 대통령 선거에서 나타나는 계급 지형도는 거의 동일하다. 임금노동 계급과 프티부르주아가 두 차례 대선에서 모두

계급	룰라 지지율		평균차 검증			
	2002	2006	평균차	t-value	자유도	유의도
자본계급	.4530	.4158	-.03723	-.508	206	.612
전문직 프티	.6761	.4838	-.19233	-2.715	264	.007
공식 부문 프티	.4572	.4727	.01546	.410	780	.682
비공식 부문 프티	.5908	.6026	.01185	.648	2885	.517
등록 임금노동자	.6050	.5663	-.03871	-2.344	3586	.019
비등록 임금노동자	.5312	.5501	.01892	.611	1035	.542
비취업	.5369	.5746	.03768	3.308	7878	.001
합계	.5600	.5662	.0062	-.802	16646	.423
사례 수	7,128	9,644				
〈분산분석 검증〉						
F값	6.719 (7.622)	8.864 (7.829)				
유의도	.000 (.000)	.000 (.000)				

주 : 칸의 F값과 유의도는 비취업자를 제외한 계급 간 분산분석 검증 결과이며, 괄호 속 값은 비취업자를 포함한 값임.

룰라의 확고한 지지 기반을 구성한 반면, 자본계급은 룰라를 거부하는 세력의 핵심을 구성하고 있다. 한편, 비취업자 집단의 경우 2002년 대선에서는 중립적이었으나 2006년 대선에서는 친룰라 블록으로 편입되었다.

계급 위치를 6계급 모델로 좀 더 정교하게 세분하면 2002년 대선과 2006년 대선의 공통점과 차별성을 좀 더 잘 포착할 수 있다. 6계급 모델로 분석하면, 분산분석 검증 결과 비취업자의 포함 여부에 관계없이 계급 간 룰라 지지율 편차는 2002년 대선과 2006년 대선에서 모두 .001 수준에서 유의미하게 나타났다(〈표 9-4〉). 6계급 모델 역시 3계급 모델과 같이 계급 투표 현상의 존재를 확인해 주며, 3계급 모델에 비해 6계급 모델

분석에서 F값이 커지고 유의도가 강화된 것은 정교한 6계급 모델의 설명적 우위를 반영한다.

2002년 대선과 2006년 대선 사이의 계급별 룰라 지지율 변화를 보면, 비취업자, 비등록 임금노동자, 공식 부문 프티부르주아, 비공식 부문 프티부르주아 순으로 룰라 지지율이 상승한 반면, 전문직 프티부르주아, 등록 임금노동자, 자본계급 순으로 지지율이 하락했다. 이 가운데 전문직 프티부르주아와 등록 임금노동자의 지지율 하락과 비취업자의 지지율 상승은 .05 수준에서 유의미했다.

계급별로 룰라 지지율의 변화를 검토하면, 먼저 자본계급의 경우 두 대선에서 모두 가장 반룰라적인 투표 행태를 보였을 뿐만 아니라 유의미하지는 않지만 지지율도 소폭 하락했다. 이는 자본계급이 두 차례 대선에서 모두 룰라 거부 세력의 핵심을 구성하고 있으며 룰라 정부하에서 룰라에 대한 거부감이 약화되기는커녕 도리어 소폭이나마 강화되었음을 의미한다.

프티부르주아의 경우 전문직 프티부르주아의 룰라 지지율이 크게 떨어진 반면, 공식 부문 프티부르주아와 비공식 부문 프티부르주아의 룰라 지지율은 유의미한 수준에는 미치지 못했으나 소폭 상승했다. 전문직 프티부르주아의 경우 2002년 대선에서는 룰라에 대한 지지율이 가장 높았으나 2006년 대선에서는 지지율이 크게 떨어졌다. 그 결과 2002년 대선에서 전문직 프티가 가장 높은 룰라 지지율을 보였으나, 2006년 대선에서는 비공식 부문 프티가 가장 높은 룰라 지지율을 보였다.

한편, 임금노동 계급의 경우 등록 임금노동자의 지지율이 유의미하게 하락한 반면, 비등록 임금노동자의 지지율은 소폭이나마 상승했다. 프티부르주아와 마찬가지로 임금노동 계급 내에서도 특전적 부분의 지지율이 상대적으로 하락한 반면 비특전적 부문은 지지율이 상대적으로 상승했다.

2002년과 2006년 대선을 6계급 모델로 비교분석하면 계급 지형도의 변화를 확인할 수 있다. 룰라의 핵심적 지지 기반은 2002년 대선에서 전문직 프티부르주아, 등록 임금노동자, 비공식 부문 프티부르주아로 이루어졌으나, 2006년 대선에서는 전문직 프티부르주아가 이탈하고 비등록 임금노동자와 비취업자가 합류했다. 룰라에 대한 거부 세력의 핵심은 2002년 자본계급과 공식 부문 프티부르주아였으나 2006년 대선에서는 전문직 프티부르주아가 합류했다. 한편 2002년 비취업자와 비등록 임금노동자를 중심으로 존재했던 완충적 중간 지대의 계급 범주들이 2006년 대선에서는 모두 룰라의 핵심 지지 기반으로 편입되었다. 그 결과, 2002년 대선에서 친룰라, 중간, 반룰라 블록 등으로 삼분되었던 계급 지형도가 2006년 대선에서는 친룰라 블록과 반룰라 블록으로 양분되었다. 2006년 대선에서 등록·비등록 임금노동 계급, 비공식 부문 프티부르주아와 비취업자가 친룰라 블록을 구성한 반면, 자본계급, 전문직 프티부르주아와 공식 부문 프티부르주아 등 특전적 유산계급 범주들이 반룰라 블록을 구성했고, 이런 대선에서의 계급 지형도 변화는 룰라 정부하에서 브라질 사회의 이데올로기적 양극화가 상당 정도 진행되었음을 의미한다. 이처럼 3계급 모델 분석에서는 2002년 대선의 계급 지형도가 2006년 대선에서도 유지되는 것으로 나타났지만, 6계급 모델로 분석하면 양극화라는 계급 지형도의 내용 변화를 확인할 수 있다.

표 9-5	특전-비특전 계급 블록 사이 룰라 지지율 차이 검증					
	룰라 지지율		평균차 검증			
	2002	2006	평균차	t-value	자유도	유의도
특전적 계급 블록	.4917	.4661	-.02563	-.846	1254	.398
비특전적 계급 블록	.5640	.5761	.01210	1.505	15390	.132
지지율 차이	.0723	.1100				
〈분산분석 검증〉						
F값	13.766	36.061				
유의도	.000	.000				

2002년 대선과 2006년 대선 사이에 진행된 양극화 현상은 계급 범주들을 특전적 계급 블록과 비특전적 계급 블록으로 나누어 검토하면 잘 확인할 수 있다. 〈표 9-5〉에서 보듯이 2002년 대선에 비해 2006년 대선에서 특전적 계급 블록의 룰라 지지율은 .026만큼 하락한 반면, 비특전적 계급 블록의 룰라 지지율은 .012만큼 상승함으로써 양대 계급 블록 사이의 룰라 지지율 차이는 .0723에서 .1100으로 확대되었다.

각 계급 블록의 2002년과 2006년 사이 룰라 지지율 상승과 하락의 정도는 작아서 유의미한 수준에는 달하지 못하지만, 분산분석 검증 결과 F값이 2002년에 비해 2006년에 크게 증가한 것은 특전적 계급 블록과 비특전적 계급 블록 사이의 투표 경향성 차이가 그만큼 확대되어 이데올로기적 양극화가 일정 정도 진전되었음을 확인해 준다.

이처럼 3계급 모델이나 6계급 모델 혹은 양대 계급 블록 모델로 분석해도 계급 투표 현상은 2002년 대선과 2006년 대선 모두 유의미하게 나

타났으며, 2002년 대선과 2006년 대선 사이 룰라 정부하에서 이데올로
기적 양극화가 진행되며 계급 투표 현상이 다소 강화되었음을 확인할 수
있었다. 이는 룰라 투표 여부가 계급 현상으로 전개되었으며, 룰라 정부
는 두 번의 대선에서 모두 계급 투표의 결과로 탄생했음을 의미한다. 또
한 룰라 집권 기간은 룰라 정부의 계급적 성격을 정책들을 통해 실천함으
로써 각 계급들의 계급적 이해관계에 대한 자각을 진전시키게 되었고, 그
결과 계급 투표 경향성이 강화됨으로써 2006년 대선에서는 양극화된 계
급 지형도가 연출되었다.

4. 소득수준 및 교육 수준과 계급 내 부문별 룰라 지지율 변화

소득수준과 교육 수준은 사회 구성원들의 사회경제적 지위와 관심을
다양화·이질화하며 이런 과정은 동일 계급 내에서도 전개된다. 소득수준
과 교육 수준은 그 자체로 투표 행위에 영향을 줄뿐만 아니라 시간 경과
와 함께 그 영향의 방향 및 정도도 변화를 겪을 수 있다.

2002년 대선과 2006년 대선을 가족 소득수준에 따라 4등분할 때, 분
산분석 검증 결과 소득수준에 따른 룰라 지지율 차이가 2002년에는 .10
수준에서 유의미하지 않았으나 2006년 대선에서는 .001 수준에서도 유
의미해졌다(〈표 9-6〉).

2002년 대선과 2006년 대선 사이 최저임금 2배 이하 소득 집단들의

표 9-6 | 소득수준별 룰라 지지율 변화

소득수준	룰라 지지율		평균 차 검증			
	2002	2006	평균차	t-value	자유도	유의도
1 SM 이하	.5463	.6873	.14107	9.169	3932	.000
1-2 SM	.5561	.5800	.02395	1.706	5090	.088
2-5 SM	.5690	.5325	-.03659	-2.433	4461	.015
5SM 초과	.5765	.4367	-.13977	-7.161	2613	.000
합계	.5606	.5696				
〈분산분석 검증〉						
F값	1.120	84.111				
유의도	.339	.000				

경우 모두 룰라 지지율이 유의미하게 상승한 반면, 최저임금 2배를 초과하는 소득 집단들의 경우 룰라 지지율이 모두 유의미하게 하락했다. 이처럼 소득수준에 따라 룰라의 재집권을 둘러싸고 이데올로기적 양극화가 진행되었다. 따라서 2002년 대선에서 유의미한 수준은 아니었지만 소득수준이 높을수록 룰라 지지도가 높고 소득수준이 낮을수록 룰라 지지도가 낮게 나타난 반면, 2006년 대선에서는 소득수준과 룰라 지지율 사이의 상관관계가 뒤집어졌다. 2006년 대선에서는 저소득층일수록 룰라 지지율이 높은 반면, 고소득층일수록 룰라 지지도가 급격하게 낮아졌다.

저소득 집단의 룰라 지지율 상승과 고소득 집단의 룰라 지지율 하락 추세가 전개됨으로써, 2002년 대선과는 달리 2006년 대선에서는 저소득 집단들이 룰라 재집권의 핵심을 구성한 반면, 고소득 집단들은 룰라 재집권 저지의 핵심을 구성하게 되었다. 이는 룰라 정부의 지속 여부가 그만큼 소득수준에 따라 차별화된 이해관계와 밀접하게 연관되어 있음을 의

교육 수준	룰라 지지율		평균차 검증			
	2002	2006	평균차	t-value	자유도	유의도
초등	.5389	.6222	.08328	8.255	9506	.000
고등	.5919	.5365	−.05535	−3.992	5500	.000
대학	.5923	.4272	−.16506	−6.696	1837	.000
합계	.5582	.5661				
〈분산분석 검증〉						
F값	9.524	88.236				
유의도	.000	.000				

미한다.

한편, 교육 수준별 룰라 지지율 변화를 검토하면, 〈표 9-7〉에서 보듯이 교육 수준에 따른 룰라 지지율 차이는 2002년 대선과 2006년 대선에서 모두 .001 수준에서 유의미하게 나타났다. 하지만 교육 수준과 룰라 지지율 사이의 상관관계는 뒤집어졌다.

2002년 대선과 2006년 대선 사이에 고등학교 학력자들과 대학교 학력자들의 룰라 지지율은 유의미하게 하락한 반면, 초등학교 학력자들의 룰라 지지율은 유의미하게 상승한 것으로 나타났다. 따라서 2002년 대선에서는 교육 수준이 높아질수록 룰라 지지율이 상승했지만, 2006년 대선에서는 교육 수준이 낮아질수록 룰라 지지율이 상승했다. 이는 전문직 프티부르주아의 지지율이 크게 하락하고 비등록 임금노동자의 지지율이 상승한 결과라고 할 수 있다. 그 결과 학력 수준 간 룰라 지지율 차이가 더욱 커졌으며, 학력 수준과 룰라 지지율 사이의 상관관계가 뒤집어지면서 룰라

표 9-8 | 계급 내 소득수준별 룰라 지지율 : 2002년과 2006년 대선

계급 \ 가족 소득수준	1SM이하	1~2SM	2~5SM	5SM 초과	합계
2002년 대통령 선거					
자본계급	1.0000[8]	.4356	.4837	.4151	.4427
전문직 프티	.8423	.7660	.5867	.6703	.6714
공식 부문 프티	.5679	.5170	.3805	.4567	.4549
비공식 부문 프티	.5855	.5861	.5967	.6210	.5926
등록 임금노동자	.6057	.5898	.5910	.6427	.6054
비등록 임금노동자	.4987	.5078	.6006	.5532	.5349
비취업	.5269	.5427	.5602	.5321	.5400
합계	.5469	.5579	.5707	.5800	.5623
2006년 대통령 선거					
자본계급	.4420	.6226	.4215	.3733	.4271
전문직 프티	.8388	.6529	.5039	.3321	.4842
공식 부문 프티	.6703	.4466	.4870	.3921	.4677
비공식 부문 프티	.7366	.5999	.5125	.5312	.6066
등록 임금노동자	.6589	.5979	.5919	.4777	.5722
비등록 임금노동자	.6104	.5708	.5444	.4051	.5549
비취업	.6828	.5806	.5042	.4255	.5775
합계	.6879	.5804	.5311	.4393	.5696

의 핵심적 지지 기반은 고학력 집단에서 저학력 집단으로 바뀌었다.

이처럼 2002년 대선에서는 고소득·고학력 집단들이 저소득·저학력 집단들에 비해 룰라에 대해 높은 지지율을 보였으나, 2006년 대선에서는 저소득·저학력 집단들을 중심으로 룰라의 지지 기반이 형성된 반면, 고

---

8) 자본계급 가운데 최저임금 이하 소득수준의 사례는 1명에 불과하여 룰라 지지율 1.0은 일반화하기 어려우며, 자본계급으로서 최저임금에 못 미치는 수입을 벌고 있다는 것은 사실일 수도 있으나 측정 오차의 가능성도 배제할 수 없다.

소득·고학력 집단들은 룰라 재집권에 대한 거부 세력을 형성했다. 이처럼 소득수준과 교육 수준의 영향력 방향 변화는 계급 내 범주들 사이의 룰라 지지율 편차의 유형도 변화되었다.

각 계급 내 소득수준별 룰라 지지율 편차를 보면, 〈표 9-8〉에서 보듯이 2002년 대선과 2006년 대선은 상이한 유형을 보여 준다. 2002년 대선에서 자본계급, 전문직 프티부르주아와 공식 부문 프티부르주아 집단들은 소득수준이 상승할수록 룰라 지지율이 하락하는 반면, 비취업자, 비공식 부문 프티부르주아, 등록 임금노동자와 비등록 임금노동자 집단들은 소득수준이 상승할수록 룰라 지지율이 상승하는 경향성을 보여 준다. 이렇게 계급 내 소득수준과 룰라 지지율 사이의 상관관계가 정(+)의 상관관계와 부(−)의 상관관계가 뒤섞여 있을 뿐만 아니라, 이들 상관관계도 일관된 방향성을 지닌 직선형적(linear) 관계가 아니라 상관관계의 방향이 휘어지는 곡선형적(curvilinear) 관계를 보여 준다. 이처럼 2002년 대선에서 각 계급 내 소득수준의 룰라 지지율 효과는 정(+)과 부(−)의 효과가 뒤섞여 있는 가운데 정(+)의 상관관계가 조금 더 강하여 소득수준이 증가할수록 룰라 지지율도 상승하는 양상을 보여 주었다.

한편, 2006년 대선을 보면 각 계급 내 소득수준과 룰라 지지율 사이의 상관관계는 일관되게 부(−)의 상관관계를 보여 준다. 또한 상관관계 유형도 자본계급을 제외하면 직선형적 관계로서 소득수준이 높아질수록 룰라 지지율이 일관되게 낮아지고 있다. 이러한 소득수준과 룰라 지지율 사이의 부(−)의 상관관계는 룰라 정부의 정책, 특히 사회정책들이 모든 소득 계층에게 동등한 수준으로 혜택을 주는 것이 아니라 고소득 집단들

계급 \ 교육 수준	초등	고등	대학	합계
2002년 대통령 선거				
자본계급	.3374	.4477	.7320	.4530
전문직 프티	.6098	.6152	.7086	.6761
공식 부문 프티	.4601	.4284	.5206	.4572
비공식 부문 프티	.5851	.6114	.5659	.5908
등록 임금노동자	.5828	.6301	.6056	.6050
비등록 임금노동자	.5324	.5407	.4612	.5312
비취업	.5164	.5897	.5758	.5370
합계	.5406	.5940	.5949	.5600
2006년 대통령 선거				
자본계급	.5733	.4109	.2383	.4158
전문직 프티	.7592	.3952	.3985	.4838
공식 부문 프티	.5252	.5083	.2227	.4727
비공식 부문 프티	.6344	.5640	.5019	.6026
등록 임금노동자	.6475	.5457	.4966	.5663
비등록 임금노동자	.5949	.5200	.4392	.5501
비취업	.6225	.5366	.3993	.5746
합계	.6229	.5366	.4278	.5662

보다는 저소득 집단들에 좀 더 많은 혜택을 부여한 결과라고 할 수 있다. 따라서 저소득 집단들은 실질적인 물질적 혜택 속에서 룰라 지지로 선회하거나 룰라 지지를 더욱 강화하게 된 것이다. 한편, 고소득 집단들은 저소득 집단들에 우호적인 룰라 정부의 정책들로 인해 소외감을 느끼게 되었으며, 그 결과 고소득 집단들 가운데 2002년 대선에서 룰라에게 투표했던 구성원들도 상당 부분 지지를 철회하게 되었다고 할 수 있다.

계급 내 소득수준별 룰라 지지도 편차를 보면, 룰라 지지율에 대한 소득수준의 부(−)의 효과가 최저임금 수준 이하의 소득 계층에게서 더욱 크게 나타남으로써 최저임금 수준 이하의 소득 계층과 그 이상의 소득 계층들과의 룰라 지지율 차이가 더욱 크게 벌어졌다. 이는 저소득층이 룰라 정부의 빈곤 퇴치 정책과 가족 지원금 제도, 적극적 최저임금 인상 정책 및 농지개혁 프로그램의 직접적 수혜자가 된 반면, 소득수준이 높은 계층들은 소외감을 느끼게 되었기 때문이다.

각 계급 내 교육 수준별 룰라 지지율 편차를 보면, 〈표 9-9〉에서 보듯이 2002년과 2006년 대선은 소득수준의 경우보다 더 명백한 대조를 이루고 있다. 2002년 대선의 경우 곡선형적 관계와 직선형적 관계가 혼재되어 있으나 초등학교 학력자 집단과 고등학교 학력자 이상 집단으로 대별하면 교육 수준과 룰라 지지율 사이의 상관관계는 정(+)의 직선형적 관계가 확인된다.

한편, 2006년 대선을 보면 모든 계급에서 교육 수준과 룰라 지지율은 정(+)의 직선형적 관계를 보여 준다. 각 계급 범주 내에서 교육 수준이 상승할수록 룰라 지지율은 일관되게 하락하고 있는 것이다. 이처럼 2002년 대선에서 소득수준이 상승할수록 룰라 지지율이 상승하는 현상이 약하게나마 나타난 반면, 2006년 대선에서는 소득수준이 상승할수록 룰라 지지율이 급격하게 낮아졌다. 이는 교육 수준이 높은 사람들일수록 능력주의와 시장 원리에 대한 신뢰 정도가 높기 때문에 룰라 정부의 평등주의적 사회정책에 대한 거부감이 발달하게 된 결과로 볼 수 있다.

이처럼 2002년 대선에서는 각 계급 내에서 상대적으로 고소득·고학력 집단들이 좀 더 높은 룰라 지지율을 보인 반면, 2006년 대선에서는 각 계급 내에서 상대적으로 저소득·저학력 집단들이 고소득·고학력 집단들에 비해 월등히 높은 룰라 지지율을 보여 주었다. 이는 룰라 정부의 정책들이 고소득·고학력을 특성으로 하는 특전적 집단들 대신 저소득·저학력을 특성으로 하는 비특전적 집단들을 지향한 결과로 추정될 수 있다.

5. 대통령 선거 투표 행태의 연속성과 변화

2006년 대통령 선거의 계급 지형도를 2002년 대통령 선거뿐만 아니라 1994년 대통령 선거와 비교하면 역사적 연속성과 변화를 잘 확인할 수 있다. 1994년 대선은 1998년 대선과 마찬가지로 브라질사민당의 까르도주 후보가 1차 선거에서 과반수를 확보하며 2위 득표자인 룰라를 이겼다. 1994년 대선과 1998년 대선은 룰라와 까르도주의 득표율도 각각 28 대 55와 30 대 56으로 유사할 뿐만 아니라 지지 기반도 변화가 없는 것으로 확인된다.

1994년 대선에서 자본계급과 공식 부문 프티부르주아의 룰라 지지도는 각각 17%와 26%밖에 되지 않아 까르도주의 주요 지지 기반을 구성했다(〈표 9-10〉). 한편, 등록·비등록 임금노동자, 비공식 부문 프티부르주아, 비취업자와 함께 전문직 프티부르주아가 1994년 대선에서 상대적으로 높은 룰라 지지율을 보여 주었으며 2002년 대선에서도 룰라의 핵심적 지지 기반을 구성했다.

표 9-10 | 역대 대통령 선거 룰라 지지율 변화(1994~2006년) 단위 : %

계급	룰라 지지율			시기별 변화(증감률)		
	1994	2002	2006	1994~2002	2002~2006	1994~2006
비취업	.3089	.5369	.5746	.2280 (73.8%)	.0377 (7.0%)	.2657 (86.0%)
자본계급	.1657	.4530	.4158	.2873 (173.4%)	−.0372 (−8.2%)	.2501 (150.9%)
전문직 프티	.3277	.6761	.4838	.3484 (106.3%)	−.1923 (−28.4)	.1561 (47.6%)
공식 부문 프티	.2604	.4572	.4727	.1968 (75.6%)	.0155 (3.4%)	.2123 (81.5%)
비공식 부문 프티	.3135	.5908	.6026	.2773 (88.5%)	.0118 (2.0%)	.2891 (92.2%)
등록 임금노동자	.3519	.6050	.5663	.2531 (71.9%)	−.0387 (−6.4%)	.2144 (60.9%)
비등록 임금노동자	.3393	.5312	.5501	.1919 (56.6%)	.0189 (3.6%)	.2108 (62.1%)
전체	.3203	.5600	.5662	.2397 (74.8%)	.0062 (1.1%)	.2459 (76.8%)
〈특전·비특전 블록〉						
특전적 계급 블록	.2531	.4917	.4661	.2386 (94.3%)	−.0256 (−5.2%)	.2130 (84.2%)
비특전적 계급 블록	.3293	.5640	.5761	.2347 (71.3%)	.0121 (2.1%)	.2468 (74.9%)
비특전 - 특전 블록	.0762	.0723	.1100	−.0039 (−5.1%)	.0377 (52.1%)	.0338 (44.4%)

1994년 대선과 2002년 대선의 차이점으로 먼저 1994년 대선 계급 지형도는 특전적 계급 블록의 헤게모니하에서 룰라를 지지하는 비특전적 계급 블록의 세력화가 제약되어 있었던 반면, 2002년 대선에서는 비특전적 계급 블록의 세력화가 본격적으로 전개되어 대선 정국의 중심에 위치하게 되었다는 점을 꼽을 수 있다. 또한 2002년 대선은 1994년 대선에 비해 계급 간 이데올로기적 분화가 더욱 진전되어 계급 지형도는 중간 지대를 포함하는 삼분 구도를 형성하게 되었다.

1994년 대선과 2002년 대선의 연속성은 양대 계급 블록 사이의 룰라 지지율 차이에서도 확인될 수 있다. 1994년과 2002년 대선 사이 특전적 계급 블록과 비특전적 계급 블록의 룰라 지지율은 모두 .23 정도로 비슷하게 상승함으로써 양대 계급 블록 사이의 룰라 지지율 차이도 .076에서 .072로 거의 비슷한 수준을 유지하고 있다. 이러한 연속성의 핵심은 브라질 대선의 계급 지형도가 자본계급과 공식 부문 프티부르주아를 중심으로 하는 기득권 세력의 특전적 계급 범주들과 등록 임금노동자, 비공식 부문 프티부르주아를 중심으로 하는 변화 지향 세력의 비특전적 계급 범주들로 나뉘어졌다는 점이다. 자본계급은 1994년 대선에서부터 이미 룰라에 대해 가장 적대적인 입장을 보여 주었으며, 이러한 계급적 특성은 2002년 대선과 2006년 대선까지 일관되게 이어졌다. 2002년 대선에서 가장 높은 룰라 지지율을 보인 전문직 프티부르주아는 1994년 대선에서 이미 여타 특전적 계급 범주들과는 달리 임금노동 계급들과 비슷한 정도로 높은 룰라 지지율을 보여 줌으로써 2002년 대선에서의 모습이 돌발적인 것이 아니었음을 확인시켜 준다.

1994년과 2002년 대선 사이에는 룰라의 지지율이 전반적으로 상승했다는 점을 제외하면 상대적으로 계급 지형도의 연속성이 두드러진 반면, 2002년과 2006년 대선 사이에는 전반적인 룰라 지지율은 정체된 가운데 계급 지형도에 가시적인 변화가 나타난다. 특전적 계급 블록과 비특전적 계급 블록 사이의 룰라 지지도 차이는 1994년과 2002년 사이 .07 수준을 유지하고 있었지만 2006년 대선에서는 .11로 크게 증가함으로써 계급 지형도의 이데올로기적 양극화 현상을 보여 준다.

한편, 등록 임금노동자는 1994년 대선에서 가장 높은 룰라 지지율을 보여 줌으로써 룰라의 당선 가능성이 낮았던 시기에 가장 헌신적인 지지 기반이었음을 보여 주는데, 이는 노동자당이 신노동조합운동에 의해 창당

표 9-11 | 계급 내 소득수준별·교육 수준별 룰라 지지율, 1994년

계급	소득수준				교육 수준			
	2SM 이하	2~5SM	5SM 초과	전체	초등	고등	대학	합계
자본계급	.2979	.1682	.1484	.1681	.1299	.1739	.1894	.1643
전문직 프티	.3448	.3553	.3165	.3275	.3333	.2857	.3322	.3286
공식 부문 프티	.3001	.2452	.2414	.2660	.2568	.2730	.2394	.2602
비공식 부문 프티	.3254	.3213	.2599	.3146	.3176	.2975	.2941	.3133
등록 임금노동자	.3493	.3559	.3571	.3531	.3406	.3270	.4395	.3522
비등록 임금노동자	.3482	.3250	.3077	.3390	.3396	.3250	.4416	.3395
비취업	.3200	.3308	.2780	.3146	.3065	.3112	.3445	.3091
합계	.3322	.3268	.3012	.3238	.3158	.3094	.3807	.3204

되고 CUT의 조직적 기반 위에서 운영되면서 노동계급에 상당 정도 의존적이었던 초기 노동자당의 특성을 반영한다. 그러나 이후 노동자당의 대중정당 전략과 함께 노동자당의 노동계급 중심성이 약화되고, 지도부의 계급 구성에서도 노동계급의 비중이 감소해 중간계급의 비중이 증대하면서 노동자들의 당원 비율도 하락하고 노동자들의 헌신성도 상대적으로 약해졌다. 노동자당이 노동계급 정당에서 대중정당의 모습을 강화해 가면서 지지 기반의 계급적 성격도 변화되어 2002년 대선과 2006년 대선에서 가장 높은 룰라 지지율을 보인 계급 범주는 등록 임금노동자 집단이 아니라 각각 전문직 프티부르주아와 비공식 부문 프티부르주아였다.

계급 내 소득수준별·교육 수준별 룰라 지지율 편차를 봐도 〈표 9-11〉과 같이 1994년 대선은 2002년 대선과 상당 정도 유사성을 보여 준다. 1994년 대선 설문조사의 경우 최저임금 2배수 이하 범주들을 통합하여 2002년 대선 투표 성향과 엄밀하게 대조하기는 어렵지만 각 계급 내 소

득수준과 룰라 지지율 사이의 상관관계는 직선형적 관계와 곡선형적 관계가 혼재해 있는 가운데 소득수준이 증대함에 따라 룰라 지지율은 경미하게 감소하는 양상을 보여 준다. 한편 각 계급 내 교육 수준과 룰라 지지율 사이의 상관관계를 보면 전반적으로 직선형적 관계가 주도하며, 교육 수준의 상승과 함께 룰라 지지율도 상승하는 것으로 나타났다. 특히 정 (+)의 효과는 고등교육 학력자와 대학 교육 학력자 사이에서 크게 증폭되어 나타나고 있다.

이처럼 1994년 대선과 2002년 대선 사이의 연속성은 계급들 사이에서뿐만 아니라 개별 계급 내에서도 룰라 지지를 둘러싼 이데올로기적 분화 추세가 상대적으로 지체되고 있었음을 보여 준다. 이렇게 지체된 이데올로기적 분화 추세는 룰라가 집권한 이후 급격히 진전되어, 2006년 대선에서 이데올로기적 양극화 형태로 나타나게 되었다. 그 결과 대통령 선거 계급 지형도는 1994년 대선의 미분화된 양상에서, 2002년 대선에서는 삼분된 양상을 거쳐, 2006년 대선에서는 친룰라 블록과 반룰라 블록으로 양극화된 계급 지형도로 변화되었다.

6. 맺음말

본 연구는 2002년 대선과 2006년 대선을 중심으로 분석한 결과 계급 투표 현상과 계급 지형도 변화와 관련하여 몇 가지 중요한 사실들을 확인할 수 있었다.

첫째, 계급 투표 현상은 2002년 대선에 이어 2006년 대선에서도 유의미했으며, 2006년 대선에서는 계급 투표 경향이 더욱 강화되어 계급 투표론의 타당성을 경험적으로 입증해 주었다.

계급 투표 소멸론이 기각되면서 계급 투표 소멸을 설명하는 인과적 메커니즘들에 대한 검증의 필요성이 없어져 심층적 분석은 실시하지 않았지만 해당 인과적 메커니즘들이 유의미하게 작동하지 않은 원인들을 추정해 볼 수는 있다. 노동계급의 계급의식 약화 여부는 본 연구에서 확인할 수 없었지만 지배 이데올로기의 영향력이 강화되고 개인주의적 생활방식이 확산되었다고 하더라도 계급 행위에 유의미한 영향을 미치는 수준에는 도달하지 않았다. 브라질은 선진 자본주의사회들과는 달리 비공식 부문과 빈곤층의 대규모 존재와 같은 제3세계적 특성들을 보이고 있어 아직 탈산업사회로 이행했다고 할 수 없으며, 시민들의 물질적 생존이 여전히 중요한 사회적 과제로 남아 있으므로 정체성 표현을 위한 소비 행위나 문화정치에 기초한 탈물질주의 투표 행위는 아직 사회적으로 확산되지 않았다고 할 수 있다.

둘째, 2006년 대선에서는 계급 투표 경향이 강화되었을 뿐만 아니라 비특전적 계급 범주들을 중심으로 한 친룰라 블록과 특전적 계급 범주들을 중심으로 한 반룰라 블록으로 양극화가 진행되어, 계급 범주별 계급 위치와 계급 입장(class position)의 상응성이 강화되었다는 점에서 진정한 의미의 계급 투표가 이루어졌다고 할 수 있다.

1994년 대선에서는 후보 선택에 있어 계급 범주들이 미분화된 모습을 보였으나, 2002년 대선에 이르면 계급 범주별로 분화되며 삼분 구도를 형성했는데, 2006년 대선에서는 룰라에 대한 지지를 둘러싸고 계급 범주들이 양극화되는 양상을 보여 주었다. 2002년 대선에서는 친룰라 블록과 반룰라 블록 사이에 중간 지대가 존재했으나 2006년 대선에서는 중간 지대의 계급 범주들이 분화하면서 양대 계급 블록들 사이의 대립 양상이 정립된 것이다.

2002년 대선에 비해, 2006년 대선에서는 계급들 사이의 단순한 투표 경향 차별성 수준을 넘어서 계급 범주들의 계급 위치와 계급 입장 사이의 상응성이 크게 높아졌다. 2002년 대선에서 룰라 지지를 둘러싸고 특전적 계급 범주들과 비특전적 계급 범주들이 뒤섞여 있었으나, 2006년 대선에서는 비공식 부문 프티부르주아, 등록·비등록 임금노동자, 비취업자 등 비특전적 계급 범주들이 룰라의 핵심적 지지 기반을 구성한 반면, 자본계급, 전문직 프티부르주아와 공식 부문 프티부르주아 등 특전적 계급 범주들이 룰라의 재선을 거부하는 반룰라 블록을 구성함으로써 양극화된 모습을 보이게 된 것이다.

셋째, 2002년과 2006년 사이 룰라 지지율에서 변화를 보인 계급 범주들의 경우, 대체로 특전적 계급 범주들의 룰라 지지율은 하락한 반면 비특전적 계급 범주들의 룰라 지지율은 상승했다. 이는 룰라 정부의 계급적 성격을 간접적으로 확인시켜 주는 것이며, 전문직 프티부르주아의 룰라 지지율 하락과 비취업자의 룰라 지지율 상승이 대표적인 예이다.

전문직 프티부르주아는 룰라의 핵심적 지지 세력에서 핵심적 거부 세력으로 바뀌었다. 전문직 프티부르주아의 이탈은 룰라 정부 정책의 계급적 성격 발현에 대한 실망과 반발을 표현한 것이며, 비특전적 계급 범주들의 조직화와 세력화에 대한 위기의식이 발로된 결과라고도 할 수 있다. 비취업자 집단의 경우 중간 지대에서 벗어나 룰라의 핵심적 지지 기반으로 편입되었다. 이러한 입장 변화는 룰라 정부의 계급적 성격이 표현된 사회정책들에 대한 계급 구성원들의 평가에 기초해서 이루어졌다고 할 수 있다.

임금노동 계급의 경우 비등록 임금노동자의 룰라 지지율은 경미하게나마 상승한 반면, 등록 임금노동자의 지지율은 유의미하게 하락했다. 비등록 임금노동자의 지지율 상승은 비특전적 계급 범주들의 지지율 상승 추세 속에서 전개된 현상으로, 계급 이해관계에 대한 자각의 결과라 할 수 있다. 한편, 등록 임금노동자의 경우 룰라 지지율이 유의미하게 하락했지만 여전히 핵심적 룰라 지지 기반을 구성하고 있다. 이는 룰라 정부에 실망하기는 했지만, 룰라 정부와 노동자당의 계급적 차별성이 기대 수준에 못 미친 데 대한 반발일 뿐 우경화의 결과라고 할 수 없으며, 이들의 룰라 정부와 노동자당에 대한 충성도가 유지되는 것은 CUT를 중심으로 한 노동조합들의 활동과 CUT와 노동자당 사이의 밀접한 관계 때문이라고 할 수 있다.

넷째, 룰라 정부를 둘러싼 특전적 부분과 비특전적 부분 사이의 양극화와 그에 따른 계급 투표 경향의 강화는 계급 범주들 사이에서뿐만 아니라 개별 계급 범주들 내에서도 전개되었다.

모든 계급 범주 내에서 2002년 대선에서는 고소득·고학력 집단들이 저소득·저학력 집단들에 비해 경미하나마 높은 룰라 지지율을 보인 반면, 2006년 대선에서는 저소득·저학력 집단들이 고소득·고학력 집단들에 비해 룰라 지지율이 월등히 높았다. 이런 소득수준·학력 수준과 룰라 지지율 사이 상관관계의 역전 현상은 룰라 정부 정책의 계급적 성격에서 비롯된 것이라고 할 수 있다. 두 대선 사이 룰라 정부하에서 고소득·고학력 집단들이 룰라 정부로부터 이탈한 반면 저소득·저학력 집단들이 룰라 정부를 중심으로 결집하게 된 것이다. 이는 룰라 정부의 정책이 저소득·저학력 집단들의 이해관계에 부합한 반면, 고소득·고학력 집단들에게 실망을 안겨 준 때문이라 할 수 있다.

다섯째, 2002년 대선에 비해 2006년 대선에서 계급 지형도가 양극화된 것은 까르도주 정부의 신자유주의 경제정책하에서 사회경제적 양극화는 진전되었지만 이데올로기적 양극화가 전개되지 않은 반면, 좌파 정권인 룰라 정부하에서 계급적 자각과 함께 이데올로기적 양극화가 크게 진전되었음을 의미한다.

까르도주 정부하에서 신자유주의 경제정책이 공세적으로 추진되면서 빈민층이 확대되고 사회경제적 불평등이 심화되는 등 사회적 폐해가 양산되던 시기에는 시장 지배 논리가 브라질 시민들 사이에 광범하게 확산된 반면, 룰라 정부하에서 기존의 공세적 신자유주의 경제정책이 중단되고 적극적인 사회정책이 추진되면서 빈민층이 축소되고 사회적 불평등이 완화되는 과정에서 시장규제와 적극적 복지 정책의 필요성을 절감하게 된 것이다. 사회경제적 양극화 시기에는 신자유주의 시장 원리를 중심으로 보수화 추세 속에서 이데올로기적으로 동질화된 반면, 사회경제적 양극화를 극복하기 위한 사회 통합적 정책이 추진되는 시기에 이데올로기적 양극화가 진행된 것이다.

　사회적 약자들이 신자유주의 공세하에서 시장 지배 이데올로기가 풍미하는 가운데 지배 이데올로기를 내면화했으나, 룰라 정부하에서 계급 이해관계에 대해 자각하며 계급적 의식이 발달하게 된 것이다. 계급적 자각과 의식의 발달 현상은 노동계급에 대한 억압과 박탈로부터 즉각적으로 발생하는 것이 아니라, 억압과 박탈 속에서 형성된 불만은 잠재 역량으로 존재하다가 노동계급과 사회적 배제 세력들에게 우호적인 정권하에서 잠재 역량이 현실화되며 발현하는 것이다. 그래서 비특전적 계급 범주들은 물질적으로 박탈되던 과정하에서보다 물질적 수혜 속에서 계급 투표 성향이 강화된 것으로 나타난다. 반면, 특전적 계급 범주들의 경우 룰라 정부 정책들이 비특전적 계급들을 지향하며 전개되는 것을 경험하면서 룰라 정부에 대해 소외감을 느끼게 되었고, 룰라의 집권을 지지했던 구성원들도 소외감과 배신감을 느끼며 룰라 정부에게서 멀어지게 된 것이다.

제4부

평가와 함의

10
브라질 노동계급과 룰라 정부의 경험 : 평가와 함의

노동자당의 룰라가 2002년 말 대통령 선거에서 승리하여 2003년 1월 룰라 정부가 출범했고 2006년 재선됨으로써 8년 임기 가운데 현재 1년여를 남겨 두고 있다. 2003년 1월 브라질 뽀르뚜알레그레에서 개최된 세계 사회포럼에 전 세계 좌파들이 대거 집결하여 룰라 정부의 출범을 함께 축하한 것은 동구권 붕괴 이후 사라진 대안 체제의 실험이 다시 시작될 수 있다는 기대감 때문이었다.[1] 하지만 기대했던 변혁적 실천들은 이루어지지 않았다.

룰라 정부는 60~70% 수준의 높은 지지율을 유지하고 있으면서도 CUT와 노동자당 안팎에서 변혁적 실천의 실종으로 비판을 받고 있다.

---

1) 유럽 자본주의사회들의 경우 스웨덴의 우데발라 공장 건설과 임노동자 기금제 실시 이후 새로운 변혁적 실험들을 찾아보기 어렵게 되었다는 사실(조돈문 1999a; 1999b; 조돈문·신광영 1997) 또한 브라질 룰라 정부의 출범이 큰 관심을 모으는 데 일조했다. 브라질과 함께 중남미 좌파 재집권 붐의 또 다른 축을 구성하고 있는 베네수엘라 차베스 정부의 변혁적 실험에 대해서는 Wilpert(2007)과 조돈문(2009)을 참조.

룰라 정부에 대한 상반된 평가는 한편으로는 정권 재창출에 성공했지만, 다른 한편으로는 CUT와 노동자당 내 정치적 갈등을 수반하며 좌파 세력들이 지속적으로 이탈하는 결과를 가져왔다. 이 글은 노동계급의 시각에서 브라질 노동계급의 정치 세력화와 룰라 정부의 경험을 분석하고 평가하고자 한다.

1. 브라질 노동계급과 노동자당의 집권

군사정권하에서 상파울루 ABC 지역의 완성차 업체를 중심으로 한 금속 노동자들은 1978년 정부의 임금정책을 거부하고 사용자 측과의 직접 교섭을 요구하며 파업 투쟁을 전개했다. 정부의 임금 산정 기초가 되는 물가 인상률 수치 조작이 밝혀지며 파업 노동자들은 힘을 얻었고 결국 사용자 측과의 직접 교섭을 통해 정부의 가이드라인을 훨씬 상회하는 임금 인상률을 쟁취했다. ABC 지역 금속 노동자들의 투쟁은 타 지역, 타 산업으로 확산되면서 전국적 총파업 투쟁으로 발전했다.

1979년과 1980년에도 ABC 지역 금속 노동자들의 파업 투쟁에서 시작하여 전국적 총파업 투쟁으로 확산되는 파업 투쟁의 물결은 반복되었고, ABC 지역 금속노동조합은 공식적 노동조합 조직체의 지원 없이도 전국적 수준의 파업 투쟁을 주도할 수 있었다. 이 과정에서 ABC 지역 금속 노동자들을 중심으로 신노동조합운동이 형성되면서 전국적 수준의

표 10-1 | 브라질 노동운동의 이중 구조

	전통적 노조 운동	신노동조합운동
조직체	CGT/FS	CUT
코포라티즘 입장	코포라티즘 체계 유지	코포라티즘 폐기
이념적 지향성	실리주의	계급적 지향성
목표 실현 방식	제도성 게임	전투성 게임
호응성	국가와 자본	노동자
정치 세력화	다원주의	노동자당을 통한 집권

지도력을 확보하게 되었다.

신노동조합운동은 뻴레고라 불리는 전통적 어용 노동조합 세력과 어용 노조 민주화를 주장하는 세력들에 맞서 전국적 수준의 대안적 노동조합운 동의 흐름을 조직했으며, 이를 통해 CUT가 결성되었다. 이렇게 브라질 노 동운동 세력들은 CGT와 CUT라는 양대 진영으로 분화되었다. CGT는 코포 라티즘 체계의 유지를 지지하며 국가·자본에 대한 호응성(accountability)을 바탕으로 제도성 게임을 추구한 반면, CUT는 코포라티즘 체계의 폐기를 주장하며 노동자들에 대한 호응성에 기초해 전투성 게임을 추구했다. 이 렇게 양극화되며 형성된 브라질 노동운동의 이중 구조는 오늘날까지도 유지되고 있다(〈표 10-1〉 참조).

노동운동의 이중 구조는 산업구조 재편 과정에도 직·간접적으로 큰 영 향을 미쳤다. 브라질 경제의 성장 엔진으로 산업화를 주도한 자동차 산업 의 경우 1990년대부터 신공장 건설과 함께 구조 재편을 겪게 되었다. 구 공장들이 밀집된 ABC 지역의 금속노동조합들은 전투성 게임을 통해 구조 조정을 저지하며 노동조건을 꾸준히 개선해 온 가운데, 완성차 업체들은 그린필드의 신공장 건설을 추진했다. 노동조합의 조직력이 취약한 신공장들에서는 자본의 의도에 따라 유연성이 극대화된 기술 체계와 작업 조직이 자리 잡았고, 노동조건이 개선되지 않음으로써 ABC 지역 구공장들과 그린필드 신공장들 사이의 노동조건 격차는 좁혀지지 않았으며 자동차 산업 내 기술 체계 및 작업 조직과 노동조건의 이중 구조가 정착되었다.

신노동조합운동은 노동조합들의 전국적 결집체로 CUT를 결성하여 노동조합운동을 주도하는 한편 노동계급의 정치 세력화를 위해 노동자당을 창당했다. 노동자당은 각종 공직 선거들에 참여했으며, 지방의회와 지자체에 진출하면서 엘리트들이 지배하는 정치 공간에서 노동계급과 하층 서민들을 대변하고, 부패 정치인들 속에서 청렴한 정치적 실천을 통해 스스로를 차별화하며 지방의회에서부터 지분을 확대해 나갔다. 지방의회에 이어 지자체들까지 장악하게 되면서 노동자당은 새로운 행정 모델들을 선보이기 시작했으며, 참여 예산제와 같은 정책 대안들을 중심으로 행정·통치 능력을 과시할 수 있었다. 노동자당 대통령 후보 룰라는 1989년 대선에서 2위를 차지해 결선투표에 진출한 이래 1994년과 1998년 대선에서 모두 차점자로 브라질사회민주당의 까르도주 후보에 패배했으나, 2002년 대선에서 브라질사회민주당 후보를 누르고 당선되었다.

노동자당 룰라의 대선 승리는 노동계급의 계급 형성 성과인 동시에 계급 형성을 더욱 진전시키는 계기가 되었다.

2. 룰라 정부의 성격 : 성과와 한계

노동자당은 브라질 사회의 변화를 역설해 왔고 룰라 정부 또한 변화를 약속하며 출범했지만, 출범 첫해부터 까르도주 정부와 차별성이 없으며 변화를 추구하지 않는다는 비판을 받기 시작했으며 그러한 비판은 룰라 정부의 임기 내내 지속되어 왔다. 룰라 정부와 까르도주 정부의 연속성을 지적하는 주장들의 준거는 경제정책이며, 비판의 핵심은 룰라 정부도 까르도주 정부와 마찬가지로 신자유주의 경제정책을 펼치고 있다는 것이다.

룰라 정부와 까르도주 정부의 경제정책을 비교하면 〈표 10-2〉에서와 같이 일정 정도 연속성을 지니고 있는 것이 분명하다. 까르도주 정부와의 연속성은 통화주의 정책에서 두드러지고 있으며, 그 핵심은 긴축재정 운영, 고금리 유지, 브라질 통화의 고평가였다. 하지만 이러한 통화주의 정책들은 외견상의 유사성에도 불구하고 외환 보유고의 다섯 배에 달하는 막대한 규모의 외채, GDP의 57%에 달하는 정부 부채와 그로 인해 누적되는 재정 적자, 좌파 정부에 의한 인플레이션 유발 우려와 선거 국면에 고개를 들기 시작한 물가 상승률이 연평균 1,000%의 인플레이션을 10년 정도 경험한 브라질인들의 공포심 등 브라질 경제의 구조적 문제점을 고려하면 룰라 정부의 선택이었다기보다는 구조적 조건들에 의해 강요된 측면이 크다고 할 수 있다.

한편, 룰라 정부는 까르도주 정부가 추진하던 사유화 정책을 중단하고, 시장 개방을 조절하며 수출을 촉진하는 정책을 추구하는 한편, 미국 중심의 중남미 경제통합을 거부하고 메르꼬수르 중심의 지역 경제 통합

표 10-2 | 까르도주 정부와 룰라 정부의 경제정책 비교

비교 기준	신자유주의 관련성	까르도주 정부 정책	룰라 정부 정책	
			정책 내용	선택 요인·배경
연속성				
정부 재정 운영	낮음	재정 긴축	재정 긴축	정부 부채
이자율	낮음	고금리	고금리	인플레이션 억제
통화 헤아우 평가(환율)	낮음	고평가	고평가	고금리 결과
차별성				
공기업 사유화	높음	사유화 추진	사유화 중단	개입주의
시장 개방	높음	적극 개방	조절	외채/외환 보유고 고려
수출 정책	높음	불개입	수출 촉진	외채/외환보유고 고려
중남미 경제통합	높음	불개입(미국 중심 통합)	메르꼬수르 중심	미국 중심 FTAA 저항
경제정책 사회적 합의 모델	높음	합의 모델 거부	합의 모델 도입	개입주의
산업별 노사정 부문 협의회	높음	무력화	적극 활용 시도	개입주의

을 주도적으로 추진하는 등 개입주의 경제·통상 정책을 추진했다. 또한 다양한 사회 구성원들로 경제사회개발위원회를 조직하여 사회보장제도와 재정 및 세제 개혁 등 정부의 주요 경제·사회정책의 수립 방향을 협의하도록 하는 한편, 경제사회개발은행과 산업통상부를 중심으로 산업 발전과 수출 촉진을 위한 적극적 시장 개입과 인프라 구축을 추진했다. 이러한 개입주의 경제정책들은 까르도주 정부의 정책과는 대조되는 것들로서, 룰라 정부의 경제정책은 일정 정도 까르도주 정부와 연속성을 지니되 상당 정도 차별성을 보여 주며, 그 차별성의 핵심은 신자유주의의 거부라고 할 수 있다. 이러한 통화주의와 개입주의 경제정책의 조합을 통해 2004년에는 높은 경제성장률과 전 산업에 걸친 고른 생산 증대와 고용

창출의 성과를 기록함으로써 룰라 정부의 남은 임기 동안에도 경제정책의 기조를 유지하게 되었다.

룰라 정부의 차별성은 경제정책보다 사회정책에서 더 두드러지게 나타났다. 룰라 정부는 사회정책 항목들의 예산을 직접 지출 부문을 중심으로 대폭 증액했고, 빈곤 퇴치 운동과 가족 지원금 제도를 통해 저소득층 가족들에게 일정액의 기초 생활비를 지급하고 미취학 연령 어린이 가족에게 자녀 취학을 전제로 소득을 지원하는 등 저소득층에 대한 재정적 지원에 역점을 두었다. 또한 노동 빈곤층의 임금 인상을 통해 전체 노동자들의 임금수준을 제고하는 동시에 경제적 불평등을 해소하기 위해 최저임금 인상 정책을 적극적으로 추진했고 주로 비공식 부문 노동자를 중심으로 사회부조 정책을 추진했다. 한편, 농촌 지역 무토지 농민들을 위해 농지개혁에 박차를 가해 토지 수령 가족 수를 확대하되 경작 가능 토지제공, 농업용수 공급, 기술 및 신용 지원 등 효율적 경작을 위한 지원도병행했다. 룰라 정부의 사회정책은 까르도주 정부에 비해 훨씬 더 적극적으로 전개되었으며, 그 결과 실질적 효과를 수반했다. 사회정책의 성과는빈곤층의 대거 감축과 전반적인 생활수준 향상을 통한 실질적 불평등 완화였다. 〈표 10-3〉에서 볼 수 있듯이 까르도주 시기 불평등 완화 정도는미약했으나, 룰라 정부 들어 불평등이 급격하게 완화되었음을 확인할 수있다.

노동자당은 창당 이래 사회주의 실현을 위한 변혁적 정책들을 꾸준히주창해 왔으며, 은행 및 기간산업의 국유화, 외채 지불 중지, 급진적 토지개혁이 그 핵심이었다. 룰라 정부가 노동자당의 국민들과의 오랜 약속들

표 10-3 | 소득 불평등 변화 추세(1993~2007년)

연도	최상위10% 소득 점유율(%)	최하위50% 소득 점유율(%)	지니 지수	타일 지수	최상층10% / 최하층 50%
꼴로르·프랑코 시기					
1993	48.64	12.31	0.604	0.772	3.950
1994	-	-	-	-	-
까르도주 정부 시기					
1995	47.85	12.35	0.601	0.733	3.876
1996	47.52	12.09	0.602	0.732	3.930
1997	47.67	12.12	0.602	0.738	3.933
1998	47.80	12.34	0.600	0.734	3.873
1999	47.27	12.69	0.594	0.711	3.724
2000	-	-	-	-	
2001	47.45	12.58	0.596	0.727	3.771
2002	47.02	12.98	0.589	0.710	3.624
룰라 정부 시기					
2003	46.10	13.36	0.583	0.675	3.493
2004	45.31	13.85	0.572	0.665	3.272
2005	45.31	14.07	0.569	0.659	3.221
2006	44.73	14.47	0.563	0.643	3.092
2007	43.83	14.74	0.556	0.623	2.974

출처 : IPEADATA(http://www.ipeadata.gov.br), Banco Central do Brasil(http://www.bcb.gov.br).

가운데 부분적으로라도 실천한 것은 토지개혁밖에 없으며, 그것은 전임 까르도주 정부에 비해 다소 진전되었으나 급진적이라 부르기에는 미흡한 수준이다. 한편, 외채의 경우 지불 중지를 선언하지 않고 재정 압박을 감수하면서도 모범적으로 변제해 나갔고, 국유화의 경우 까르도주 정부 하에서 전개되던 사유화를 중단했을 뿐 국유화를 적극적으로 추진한 정황은 포착되지 않았다.

이처럼 룰라 정부하에서 사회주의 이행을 위한 변혁적 정책들은 거의 추진되지 않았으며, 이러한 변혁적 정책 실천의 부재 현상은 룰라 정부 2기에 들어서도 지속되었다. 2기 정부 경제정책의 핵심을 구성하는 경제성장 촉진 프로그램(PAC)[2]의 내용을 보아도 석유화학 부문과 수력 에너지 부문의 정부 지분을 증대하고, 정유 공장 건설, 가스 파이프라인 건설, 바이오 디젤 공장 및 에탄올 공장 신설 등 에너지산업에 대한 적극적 투자 정책을 추진하지만 소유권 구조의 급진적 전환은 결여되어 있다. 국영 브라질 은행이 파산 직전의 지역 은행 몇 개를 인수한 사례는 있지만 주요 은행의 소유권 구조를 변혁한 사례는 없다. 룰라 정부는 사회주의 체제 이행을 위한 변혁 정책은 거의 추진하지 않았다고 할 수 있다.

이처럼 룰라 정부의 성격은 까르도주 정부의 신자유주의와 차별화되고, 노동자당이 지속적으로 주창하던 사회주의 변혁 정권과도 차별화된다. 결국 룰라 정부는 자본주의 시장경제와 사적 소유권 체계를 부정하지 않고, 그 기반 위에서 빈곤 및 불평등 같은 사회적 문제들을 해소하는 자본제 국가의 한 유형에 불과한 것이다.[3] 즉 룰라 정부는 자본주의 복지국

---

2) https://www.pac.gov.br을 참조.

3) 국가사회주의의 실패 이후 국가의 중앙 계획에 따른 자원 배분 방식은 신뢰를 잃게 되었고 시장 사회주의 모델을 중심으로 자원 배분의 효율성을 위해서는 사회적으로 규제하되 시장을 허용해야 한다는 주장이 설득력을 얻고 있다. 이처럼 사회주의의 자원 배분 방식 차별성이 희석되면서 생산수단의 공적 소유 체계가 사회주의 체제 작동 원리의 핵심적 차별성으로 평가되고 있다. 소유 체계, 자원 배분, 권력 행사 등 세 가지 구성 요소를 중심으로 한 사회·경제체제 운영 원리의 비교에 대해서는 조돈문(2002)을 참조.

가 혹은 사회민주주의 국가로 규정할 수 있다. 브라질은 여타 제3세계 국가들과 마찬가지로 군사 쿠데타에 이은 군사독재의 개입으로 제2차 세계대전 이후 서구 사회를 풍미한 포드주의 국가를 형성할 수 있는 기회를 상실했었는데, 룰라 정부는 군사독재와 포드주의 실종으로 후퇴되었던 사회경제적 민주화 과정을 복원했다는 역사적 의미를 부여할 수 있다.

3. 룰라 정부의 지지 기반과 권력 재창출

룰라는 2002년 대선과 2006년 대선에서 승리를 거두었다. 2002년 대선 승리는 까르도주 정부에 대한 평가였고, 2006년 대선 승리는 룰라 정부에 대한 평가였다고 할 수 있다.

까르도주 정부 8년 임기는 시민들의 절대적 지지에 힘입어 워싱턴 컨센서스에 입각한 전형적인 신자유주의 경제정책이 집행된 시기였다. 까르도주의 신자유주의 경제정책은 인플레이션은 억제했지만 무역수지는 흑자에서 적자로 전환되어 벗어나지 못했고, 그 결과 외환 보유고는 급감한 반면, 외채는 급증했다. 또한 국유 기업의 지속적인 매각에도 불구하고 공공 부채는 급증하여 GDP의 57%에 달하게 되었다. 이러한 거시 경제 지표들의 악화에 이어 결국 1998년에는 경제 위기를 맞게 되어 3%대에 머물던 GDP 성장률은 마이너스 성장률(−0.12%)로 돌아서며 총체적인 경제적 실패를 기록하게 되었다.

　사회적 측면에서도 국유 기업 사유화를 전후한 구조 조정과 제조업 위축으로 인해 실업률이 상승하여 경제 위기 직후인 1999년과 임기 마지막 해인 2002년 19%[4] 수준에 달하게 되었다. 제조업의 위축과 서비스업의 확대라는 산업구조 재편과 맞물린 노동시장 유연화 정책은 비정규직과 비공식 부문의 팽창을 가져왔고, 미흡한 사회정책은 신자유주의 경제정책의 사회적 폐해를 상쇄하지 못하여 막대한 빈곤층의 존재와 세계 최고 수준의 경제적 불평등이라는 사회적 문제들을 전혀 해소하지 못함으로써 여타 신자유주의 정권들과 마찬가지로 사회적 실패로 귀결되었다.

　까르도주 임기 말 시민들은 브라질의 가장 중요한 문제점들을 실업, 빈곤, 치안 순서로 꼽았다.[5] 시민들이 룰라를 선택한 것은 이러한 신자유주의 까르도주 정부의 실패에 대한 응징이었으며, 까르도주와 같은 브라질사민당 후보인 세하를 선택하지 않은 것은 브라질사민당의 신자유주의 정책 패키지가 문제의 해결책이 아니라 원인 제공자에 불과하다는 판단에서 비롯된 것이다. 한편, 시민들은 룰라에 대해 빈곤 해소 등 사회적 문제들을 해결하는 정책적 능력을 지니고 있는 것으로 평가했고, 2002년 대선 투표 행태는 경제 투표에서 사회 투표로 전환되었으며 기존의 정책 패러다임과 지배 질서에 대한 거부의 표현으로 룰라를 선택하게 된 것이다.

　시민들은 2002년에 이어 2006년에도 브라질사민당 후보를 거부하고

---

4) DIEESE이 산정한 메트로폴리탄 상파울루 지역 실업률 기준임.
5) Datafolha(2002), "Avaliação governo FHC," 2002/12/15. http://datafolha.folha.uol.com.br/po.

노동자당의 룰라를 선택했으며, 이는 룰라 정부 1기에 대한 시민들의 평가를 반영하는 것이다. 룰라 정부 첫 해인 2003년 −0.2%의 마이너스 성장률을 기록한 이래 연평균 4.5% 수준의 높은 경제성장률을 기록했으며 성장률의 부침도 적어 경제적 안정과 성장을 동시에 구가해 왔다. 적극적인 사회정책의 성과로 빈곤층도 대거 감축되었고 경제적 불평등도 크게 완화되었다. 시민들의 룰라 정부에 대한 평가는 임기 내내 50~70% 수준의 긍정적 평가를 유지했고, 결국 2006년 대선에서도 룰라를 선택하게 되었다.[6]

2002년과 2006년 대선에서 룰라는 60~61%의 득표율을 유지하여 득표율에는 변화가 없었으나 투표 행태와 지지 기반에는 큰 변화가 있었다(〈표 10-4〉 참조).

2002년 대선에서 룰라 지지율에 있어 계급 범주들 사이에 유의미한 차이는 있었지만 계급 위치와 투표 행위 사이의 상응성은 부족했다. 계급 위치가 투표 후보의 이념적 성향과 불일치하는 경향성을 보였던 것이다. 대표적인 예가 전문직 프티부르주아로서. 이들의 계급적 위치는 특전적 계급 블록에 속하지만 진보적 후보인 룰라를 압도적으로 높은 비율로 선택했다. 반면 비등록 임금노동자와 비취업자 같은 비특전적 계급 블록 범

---

6) 2009년 8월 11~13일 다타폴라(Datafolha 2009)의 여론조사 결과에 따르면, '잘한다'가 67%, '보통'이 25%, '못 한다'가 8%로 룰라 정부에 대한 평가는 긍정적 평가가 부정적 평가를 압도하고 있다.

계급	룰라 지지율	
	2002	2006
특전적 계급 범주		
자본계급	.4530	.4158
전문직 프티	.6761	.4838
공식 부문 프티	.4572	.4727
비특전적 계급 범주		
비공식 부문 프티	.5908	.6026
등록 임금노동자	.6050	.5663
비등록 임금노동자	.5312	.5501
비취업	.5369	.5746
전체	.5600	.5662
사례 수	7128	9644

출처 : 제9장의 〈표 9-4〉를 재구성한 것임.

주들은 상대적으로 평균 이하 수준의 낮은 룰라 지지율을 보인 것이다.

반면, 2006년 대선에서는 계급 위치와 계급 입장 사이의 명확한 상응성이 표현되었다. 전문직 프티부르주아 같은 특전적 범주의 룰라 지지율은 크게 하락하여 룰라 지지율이 절반에 못 미친 반면, 비등록 임금노동자와 비취업자의 룰라 지지율이 상승하여 평균 수준 혹은 그 이상의 높은 룰라 지지율을 보여 주었다. 결국 2006년 대선에서는 비특전적 계급 범주들을 중심으로 친룰라 블록이 형성되었고 특전적 계급 범주들을 중심으로 반룰라 블록이 형성되었다. 이렇게 계급 범주별 계급 위치와 계급 입장 사이의 상응성이 크게 강화되며 2006년 대선에서 진정한 의미의 계급 투표가 이루어졌다고 할 수 있으며, 룰라 정부의 계급적 성격을 간접적으로 확인해 주었다.

까르도주 정부 시기 특전적 계급 범주들과 비특전적 계급 범주들 사이의 사회경제적 불평등은 심화되었으나 이데올로기적 양극화는 진전되지 않았던 데 반해, 룰라 정부 들어 사회경제적 불평등은 완화되었으나 이데올로기적 양극화는 크게 진전되었다. 신자유주의 정권하에서 사회경제적 양극화는 진전되었으나 이데올로기적 양극화는 억제된 반면, 좌파 정권하에서 사회경제적 양극화는 제어되었으나 이데올로기적 양극화가 크게 진전된 것이다.

이런 역설적 현상은 계급 형성 혹은 주체의 형성 시각에서 설명될 수 있다. 신자유주의 사회의 폐해로 인해 비특전적 계급 범주들의 불만이 증폭된다고 해서 자동적으로 계급의식이 발달하며 계급 형성이 진전되는 것은 아니다. 계급의식이 발달되기 위해서는 긍정적 의미의 물질적 기초가 전제되어야 하고, 계급 형성이 진전되기 위해서는 구심점이 필요한데, 이런 여건이 좌파 정권인 룰라 정부에 의해 제공되었던 것이다. 룰라 정부는 빈곤 퇴치 프로그램, 가족 지원금 제도 및 적극적 최저임금 인상 정책 등을 통해 비특전적 계급 범주 구성원들에게 실질적인 물질적 혜택을 제공했으며, 그러한 국가권력은 지켜야 할 대상이 되어 비특전적 계급 범주 구성원들 스스로 국가권력과의 동일시가 이루어지며 노동자당과 룰라 정부를 구심점으로 계급 형성을 진전시킬 수 있었던 것이다.

4. 룰라 정부와 사회주의 변혁성 실천의 부재

룰라 정부는 시민들의 긍정적 평가와 높은 지지율로 정권 재창출에 성공했지만, CUT와 노동자당 내 좌파들의 실망과 불만도 그만큼 높았고 상당 부분이 이탈하는 결과를 가져왔다. 시민들의 긍정적 평가와 비특전적 계급 범주들의 높은 지지율은 룰라 정부가 정치적 안정 속에서 빈곤과 불평등 같은 사회적 문제들을 해소한 데 대한 긍정적 평가에서 비롯되는 반면, 좌파들의 불만은 룰라 정부가 자본주의 시장경제와 사유재산제의 틀에 갇혀 사회주의로의 이행을 위한 변혁적 실천을 펼치지 않았다는 데 있었다. 이는 룰라 정부의 성격을 그대로 드러내 준다.

노동자당은 노동계급의 계급 이익에 기초해 사회주의로의 이행을 위한 실천을 중시해 왔으며, 그렇기 때문에 당선 가능성이 높았던 룰라에 대해 조지 소로스와 같은 해외 투기 자본가들까지 이념 공세를 퍼부었던 것이다. 그들의 이념 공세에 따라 브라질 주식시장과 환율이 급락을 반복했던 것은 사회주의 정부의 출범 가능성에 대한 공포심이 널리 확산되어 있음을 보여 주는 것이었다. 2003년 1월 뽀르뚜알레그레에서 개최된 세계사회포럼에 전 세계 좌파들이 대거 결집했던 것도 그러한 우파 기득권 세력들의 공포심이 근거가 없는 것은 아니었음을 보여 주는 듯했다.

국내외 자본계급을 포함한 지배 블록의 공포심과 전 세계 좌파들의 기대감에도 불구하고, 왜 룰라 정부는 사회주의 변혁적 실천을 추진하지 않았을까? 룰라와 권력 핵심의 실천 의지가 부족해서인가, 아니면 외적 여건과 실천 역량의 제약 때문인가? 후자는 룰라 정부와 권력 핵심의 설명이고, 전자는 좌파들의 비판이다.

룰라 정부를 둘러싼 외적·구조적 여건이 변혁적 실천을 어렵게 했다는 주장은 경험적 근거에 기초한 것이다. 1998년 말 외채 위기 속에서 까르도주 정부가 IMF와 체결한 협약에 대해 2002년 말 룰라를 포함한 유력 대선 후보들은 모두 협약에 준수할 것을 서명했고, 룰라 정부가 출범한 이후에도 기존에 작성된 체크리스트에 따라 정기적인 평가가 실시되었다. 브라질 경제에 대한 신뢰를 회복하기 위해 물가와 화폐가치를 안정화할 것, 공공 부채 감축을 위해 공공 부문의 기초 재정 흑자를 GDP 대비 일정 비율 이상으로 유지할 것 등이 체크리스트의 핵심을 이루었다. 실제 룰라 정부는 체크리스트와 정확히 일치하는 통화주의 정책을 집행했다.

그러나 IMF와의 협약이 없었다고 하더라도 그러한 통화주의 정책을 피하기 어려운 구조적 여건 또한 존재했다. 룰라가 취임할 당시 외채 규모는 외환 보유고의 다섯 배를 넘어섰고 연간 수출 총액의 세 배가 넘었다. 비슷한 시기 외환 위기를 겪었던 한국의 경우, 당시 외채는 외환 보유고의 97% 수준에 불과했고 연간 수출 총액의 77%에 불과했다는 사실에 견주어 보면 브라질의 외채 상황이 얼마나 심각했는지를 짐작할 수 있다. IMF의 지급 보증 없이는 국가 파산을 면하기 어려운 상황이었다. 결국, IMF와의 협약이 없었다고 하더라도 룰라 정부는 통화주의 정책을 피하기 어려웠을 것이다.

협약을 준수하겠다는 내용으로 IMF와 서약을 체결했고, 막대한 외채 규모로 인해 IMF 지급보증에 의존할 수밖에 없었으므로 룰라 정부는 외채 지불 중단 조치를 취할 수 없었다. 또한, 정부의 공공 부채 역시 GDP

의 57% 수준으로서, 재정 적자가 누적되면서 공공 부채의 규모가 눈덩이처럼 부풀고 있었다. 엄청난 규모의 재정 적자와 공공 부채 속에서 룰라 정부가 은행 및 기간산업을 국유화하는 것은 불가능한 일이었다. 결국 룰라 정부는 외채 지불 중단도 기간산업 국유화도 실시할 수 없었다.

뿐만 아니라 대선 승리를 위한 선거 연합 전략과 그에 따른 연립정부 구성으로 인해 변혁적 정책들을 입안하기 어렵게 하는 내부 검열의 암묵적 체계가 구축되어 있었다. 내부 검열을 통과한다고 하더라도 의회 내 의석 과반수 미달의 벽이 기다리고 있었다. 룰라 정부 출범 당시 노동자당은 상원 내 제3당, 하원 내 제1당의 위치를 점하고 있었고, 제1당을 차지하고 있던 하원 내에서조차 노동자당의 의석 점유율은 18%에 불과했다. 룰라 정부와 노동자당은 의회 내 과반수 확보를 위해 군소 좌파 정당들뿐만 아니라 다양한 규모의 우파 정당들을 포괄하는 정당들과 연대하게 되었다. 변혁적 법안은 연대 정당들의 동의조차 확보하기 어려웠던 것이다.

룰라 정부는 IMF 협약을 준수할 의무, 막대한 외채 및 공공 부채 규모, 연립정부 및 과반수 의석 확보 문제 등 노동자당과 룰라 정부를 둘러싼 구조적 조건들의 제약으로 인해, 정부의 의지 여부에 관계없이 변혁 정책을 실천할 역량을 지니지 못하고 있었다는 것이다. 이러한 룰라 정부와 노동자당 핵심의 변명에는 어느 정도 설득력이 있다.

반면, 좌파들은 룰라 정부와 노동자당의 핵심이 변혁 정책을 실천할 의지를 갖고 있지 않다는 점을 문제의 핵심으로 꼽으며, 실천 의지만 있다면 구조적 조건들의 제약을 극복할 수 있다고 주장한다. 이러한 주장들은 노동자당이 룰라 정부 출범 이전에 이미 변혁성을 상실했고, 노동자당의 온건화는 창당 이래 점진적으로 진행되었으며, 그 결정적 분기점은 1994년 대선 패배 이후라고 지적한다.

창당 시점에서 노동자당의 주요 조직적 기반은 신노동조합운동의 노동조합들과 도시 주민운동 조직체들이었으며, 여기에 다양한 사회운동 세력들과 진보적 지식인 집단들이 결합하는 양상을 띠었다. 노동자당의 성격은 신노조합운동에 의해 규정되었으며, 그 정체성의 핵심은 사회주의의 실현이라는 이념적 목표를 지닌 노동계급 계급정당이었다.

노동자당이 성장함에 따라 당의 성격도 조금씩 변화하기 시작했다(〈표 10-5〉 참조). 특히 지자체에 진출하면서 정책을 관철하고 성과를 내기 위해서 실용주의적 접근이 요구되었고, 공직자들의 비중과 당에 대한 기여도가 증가하면서 당에 대한 영향력도 강화되었으며, 그와 함께 실용주의는 당 내에서 점차 힘을 얻게 되었다. 한편, 각종 선거에 참가하면서 선거에서 승리하고 사회·정치적 영향력을 확대하기 위해 이념정당·계급정당에서 점차 대중정당으로 전환되었다. 당의 규모가 커지면서 당원 구성에 있어 노동계급의 비율이 감소하고 중간계급의 비율이 증가했으며, 당의 지지 기반이 커지면서 지지 기반도 당원 구성과 마찬가지로 노동계급의 비율 감소와 계급적 이질성의 증대 현상을 겪게 되었다.

노동자당의 실용주의가 강화되고 노동계급의 계급성이 약화되는 추세를 더욱 돌이킬 수 없게 하면서 당의 성격 변화를 주도하게 된 계기는 대통령 선거였다. 1989년 대통령 선거 1차 투표에서 룰라는 2위로 득표해 결선투표에 참여할 수 있었고, 결선투표에서 47%를 득표함으로써 비

표 10-5	노동자당의 변화		
	초기(~1994)	후기(1995~)
당원·지도부 구성	노동계급 중심	중간계급 중심
전략적 사고의 중심	이데올로기	실용주의
사회주의 정의	사유재산제 폐기	정치 민주주의 심화
이데올로기적 지향	사회주의	사회민주주의
정당 성격	계급정당	대중정당
활동 목표	사회변혁	집권
의회 연대	좌파 정당 한정	좌우 망라
공직자공직 후보자	자율성 제한	자율성 확대
집권 수준	지자체 수준	연방 수준

록 패배했지만 룰라의 향후 당선 가능성을 확인해 주었다. 1994년 대선의 경우 까르도주가 인플레이션을 제압하며 막강한 대통령 후보가 되어 대선에서 승리했지만, 대선 6개월 전까지만 해도 룰라는 압도적 우위의 지지도 1위 후보였다. 1994년 대선 패배 이후 룰라와 노동자당은 대선 승리를 선거 전략·전술의 문제로 보게 되었다. 결국 노동자당이 지키고 축적해 온 모든 가치에 대해 대선 승리를 최우선적 과제로 설정하게 되면서 노동자당은 선거 정당으로 전환되었고 이념적·계급적 정체성은 주변화되었다.

이러한 실용주의 강화, 노동계급의 계급성 약화, 대중정당화, 선거 정당화의 결과는 노동자당의 온건화[7]였다. 1994년 대선 시기까지 노동자당은 은행 및 광물자원의 국유화, 외채 지불 중지, 급진적 토지개혁을 강조하며 사회주의적 입장을 명확히 했으나, 1994년 대선에서 패배한 이후

노동자당식 사회주의를 민주적 혁명으로 재정의하면서 자본주의와 사유
재산제에 대한 거부에서 민주주의의 급진화로 중심을 옮겨갔다. 1998년
대선 공약에서는 사회주의와 이행의 프로그램들이 빠졌고, 2002년 6월
22일에는 국내외 자본과 보수 진영의 이념 공세에 직면하여 발표한 "브
라질인들에게 보내는 서한"을 통해 브라질이 체결한 기존의 국제조약들
과 협약들을 존중하며 물가 안정과 재정 흑자 등 경제 안정을 보장했다.
노동자당이 변혁성을 포기했다는 것이 공개서한을 통해 재확인되었을
뿐이며 사회주의 이행을 위한 변혁적 실천은 이제 공개적으로 포기된 것
이었다.

노동자당이 온건화되고 대통령 후보 룰라가 공개서한에서 국제 협약
의 존중과 경제 안정을 약속했다고 해서 변혁적 실천 의지가 실종되었다
고 보기는 어렵다. 집권 시점까지 변혁적 프로그램을 주된 내용으로 하는
대안 계획 "Plan B"[8]가 존재했다가 결국 파기되었다는 것은 변혁적 실천
의지가 총체적으로 부재했다고 보기보다는 변혁적 실천을 위한 적극적
의지가 결여되고 소극적 의지에 머물고 있었다고 보는 것이 더 적절한 평
가로 판단된다. 이런 소극적 의지에 더해 변혁적 실천을 어렵게 하는 외

---

7) 노동자당의 온건화에 대해서는 Samuels(2004b), Hunter(2008), Singer(2001), Meneguello
(2005a) 등을 참조.

8) Plan B는 2001년 12월 노동자당의 핵심 브레인인 상또안드레 시장 세우소 다니에우가 작성한
노동자당의 브라질 통치 원칙 'Concepção e Diretrizes do Progrma de Governo do PT para
o Brasil'에 기초한 것으로 알려져 있으나, 구체적 내용은 공개되지 않았다(Flynn 2005, 1244-
1248, 1265).

부의 구조적 여건이 상호작용하면서 룰라 정부는 사회주의 이행을 위한 변혁적 실천을 시도하지 않았다고 할 수 있다.

5. 룰라 정부와 노동계급 : 계급 이익과 호응성

룰라 정부는 사회주의적 변혁 정책들을 실천하지 않았다. 노동계급에 대한 배반인가? 노동계급에게 룰라 정부는 어떤 의미를 지니는가?

노동계급의 시각에서 룰라 정부를 평가하기 위해서는 노동계급의 계급 이익의 내적 이질성을 고려하여 두 유형, 즉 당면 계급 이익과 근본 계급 이익으로 나누어 고찰해야 한다. 물론 룰라 정부가 출범할 당시에 기대를 모았던 것은 당면 계급 이익과 근본 계급 이익 모두가 실현될 것이라는 점이었다. 하지만, 룰라 정부는 당면 계급 이익의 실현에는 상당한 성과를 보였으나, 근본 계급 이익의 실현에는 한계를 보여 주었다.

룰라 정부가 은행 및 기간산업의 국유화를 실시하지 않음으로써 사적 소유권 체계에 기초한 자본주의 생산관계를 넘어서는 근본 계급 이익의 실현은 거의 진전되지 않았다. 룰라 정부 2기의 경제정책은 1기에 비해 시장 질서에 대한 개입의 수준을 다소 높이기는 했지만 사유재산제와 시장경제의 기초 위에서 추진되었다. 2기 경제정책의 핵심을 이루는 PAC의 경우 항구·공항·철로 등 인프라를 강화하는 한편, 4개 정유 공장, 46개 바이오 디젤 공장, 77개 에탄올 공장을 신설하는 등 에너지산업에 대한 정부 투자를 대폭 증대하여 에너지산업에 대한 국가의 통제 수준을 높이고자 했다. 뿐만 아니라 석유화학 부문과 수력 에너지 부문에 대한 정부 지분을 대폭 증대하고, 파산 위험에 직면한 3개 지역 은행을 인수하기도 했다. 하지만 주요 은행들은 여전히 사적 자본의 수중에 놓여 있었고, 룰라 정부는 까르도주 정부가 추진하던 국유 기업 사유화 정책을 중단했을 뿐 까르도주 정부 시기 사유화된 기업들의 재국유화는 거의 이루어지지 않았다. 노동계급의 근본 계급 이익은 거의 실현되지 않았다.

한편 룰라 정부는 당면 계급 이익을 실현하는 데에는 상당한 성과를 보여 주었다. 최저임금을 대폭 인상함으로써 저임금층의 임금을 끌어올려 임금격차를 줄이는 한편, 전반적인 실질임금 수준의 상승을 가져왔고, 적극적인 시장 개입 정책을 통해 안정적인 경제성장과 함께 괄목할 만한 신규 고용 창출을 이루었으며, 빈곤 퇴치 운동과 가족 지원금 제도 등 각종 이전소득 지원 제도들을 통해 저소득층에 대한 재정 지원을 확대하며 부의 재분배를 실시했고, 폭스바겐 등 사측의 구조 조정 기도에 맞서 노동자들이 파업 투쟁을 전개하는 사업장들에 대해 노사 합의를 이루지 못하면 정부 대출금 조기 상환 위협을 가해 노동자들의 고용 안정 유지를 위해 노력했다. 룰라 정부는 노동자들의 물적 조건 향상과 고용 안정 보장을 위해 노력했으며 상당한 성과를 거두었다는 점에서 노동계급의 당면 계급 이익의 실현에는 성공했다고 할 수 있다.

룰라 정부는 노동계급의 당면 계급 이익에 복무했다는 점에서 친노동계급적 성격을 지녔다고 할 수 있으며, 룰라 정부의 노동계급적 성격은 노동과 자본 사이의 역학 관계에서도 노동계급에 대한 호응성으로 나타났다. 까르도주 정부는 노사정 협의 기구들을 무력화하거나 폐기했으나, 룰라 정부는 경제·사회정책 방향을 수립하는 경제사회발전위원회를 설치하여 노동계급 대표들을 참여토록 했고, 노사정 협의 기구인 노동법 포럼을 설립하여 노동법 개정을 위한 협의를 진행하도록 했으며, 산업부문별 노사정 협의체인 경쟁력 포럼을 구성하여 산업 발전을 위한 전략을 모색하도록 했다. 이처럼 노사정 협의 기구를 통해 사회적 합의를 도출하도록 압박하며 노동계급을 주요한 한 축으로 설정한 것은, 까르도주 정부하에서 자본계급이 시장 권력에 의거하여 일방적으로 지배하던 관행을 중단하고 노동계급의 사회적 발언력을 보장하기 위한 친노동계급적 개입이었다. 뿐만 아니라 2002년 대선 운동 과정에서 룰라는 CUT 측이 제시한 '일곱 가지 목표'를 대선 공약으로 채택했으며, 룰라 정부 출범 후 CUT는 국책은행의 융자 대출을 노동기본권을 철저하게 존중하는 기업들로 제한하도록 요청하고, 각종 경제·산업 정책들의 수립 과정에 개입하며 노동 측 입장을 반영토록 했다. 이런 실천들은 노동계급에 대한 룰라 정부의 호응성을 의심할 수 없도록 한다. 룰라 정부는 노동계급의 계급적 성격을 지닌 노동자 정부라고 할 수 있는 것이다.

룰라 정부의 노동계급적 성격과 노동계급에 대한 호응성은 자본계급에 비해 노동계급에 대해 호응적이며, 자본계급 이해관계보다는 노동계급 이해관계에 복무했음을 의미한다. 하지만 노동계급 계급 이익 복무는 당면 계급 이익에 한정되었을 뿐 근본 계급 이익의 실현은 기피되었다. 따라서 노동계급 시각에서 룰라 정부를 평가함에 있어서도 상반된 평가가 가능하며, 이러한 상반된 평가는 상이한 이념적 입장들을 표현하며 룰

	다수파	좌파 소수파
이념 지향	노동자 중심주의	사회주의
대안 사회 모델	사회민주주의	사회주의
계급 이익	당면 계급 이익	근본 계급 이익
적대 세력	신자유주의	자본주의 시장 & 사적 소유권
목표 달성 실천 전략	의회주의	대중 동원, 의회 압박
연립정부	현실적 수용	폐기 대상
룰라 정부 평가	긍정적	비판적
룰라 정부 할 일	경제 위기 극복, 사회 예산 증대	사유화 기업들 재국유화
중요한 준거 시점	2010년 대선	현시점
경제 위기 대응	극복 대상, 노동자 희생 최소화	사회주의 이행 계기 활용
CUT 전략	내부 단결	룰라 정부 압박, 적극 개입

라 정부 재임 기간 동안 줄곧 노동계급의 내적 갈등 요인으로 작동했다. 이는 2009년 8월 4~7일 상파울루에서 개최된 제10차 CUT 총회에서도 확인할 수 있었다(〈표 10-6〉 참조).

CUT 내 이념적 흐름들은 노동자당 내에도 상응하는 이념적 흐름을 지니고 있으며, CUT의 집권파 역시 노동자당 내에서도 다수파를 구성하고 있고 신노조 운동에서부터 룰라 정부 탄생에 이르기까지 룰라와 함께해 온 핵심 세력들이다. CUT 집권파는 아치꿀라상오로 불리며 CUT 총회 대의원의 80%를 점하고 있고, 제2정파 CSD는 10% 정도를 점하고 있으며 AS와 이념적 성향이 크게 다르지 않다. 한편 노동자파(OT, O Trabalho), 좌파통합(AE, Articulação de Esquerda), 마르크스주의 좌파(EM, Esquerda Marxista) 등 좌파 소수파들은 나머지 10% 정도를 구성하며 주로 트로츠

키주의 성향을 지니고 있다.9)

다수파는 사회주의적 수사를 사용하기는 했지만 점차 사회주의 대신 노동자 중심주의를 표방하며 이념적 경직성 대신 노동자 이해관계 신장을 위한 실용주의 노선으로 옮겨갔다. 이들은 사회주의를 언급하지만 사회민주주의를 현 단계의 대안 사회 모델로 설정하고 신자유주의 세력을 핵심 적대 세력으로 규정하고 있다. 이처럼 다수파는 룰라 정부를 자본주의 경제 질서를 부정하지 않고 그 위에서 신자유주의에 맞서 노동자 이해관계를 실현하는 주체로 설정하며 긍정적으로 평가하고 있다.

한편, 좌파 소수파는 명시적으로 사회주의를 대안 사회 모델로 삼고 이념적 원칙에 충실한 흐름들이다. 이들은 당면 계급 이익보다 근본 계급 이익을 절대적으로 우선시하며 사유재산제와 자본주의 시장경제를 적대 세력으로 규정한다. 따라서 이들은 사유재산제와 자본주의 시장경제 질서 위에서 노동계급 당면 계급 이익을 실현하려는 룰라 정부에 대해 매우 비판적이다. 이처럼 사회주의 이행을 위한 변혁적 실천을 핵심 과제로 설정하고 있는 좌파 흐름들의 시각에서 보면 룰라 정부의 변혁적 실천 결여는 대단히 실망스러울 수밖에 없었다. 그 결과 룰라 정부 출범 이후 좌파 흐름들의 CUT 탈퇴는 계속되었으며 이들은 CUT로부터 이탈한 다음 각각 별도의 노동조합 총연맹체들을 결성했다. PSTU 측 급진 트로츠키주의자들은

---

9) CUT 내 정파 구성과 이념적 차별성에 대해서는 CUT(2009), Turra 면담(2009), Jakobsen 면담(2009) Bueno면담(2009)을 참조.

CUT를 탈퇴하여 꼰루따(Con Luta)를 결성했고, PSol 측 온건 트로츠키주의자들은 노동자연대(Intersindical)를 결성했고, 공산당 계열 PCdoB 측은 노동자총연맹(CTB, Central dos Trabalhadores e Trabalhadoras do Brasil)을 결성했다.

좌파 소수파들의 핵심적인 요구는 까르도주 시기 사유화된 국유 기업들의 재국유화다. 재국유화 등 변혁적 프로그램을 실천하기 위해서는 룰라가 연립정부를 파기하고 대통령령으로 국유화 등 변혁적 정책들을 관철시키기 위해 의회주의를 버리고 CUT와 MST 등 대중운동 조직체들을 동원하여 의회를 압박해야 한다고 주장한다. 경제 위기는 자본주의 실패의 결과이므로 사회주의 이행을 위한 계기로 활용해야 한다는 것이다.

다수파와 좌파 소수파들의 대립·갈등은 계급 간 갈등이 아니라 계급 내 계급 이익들 사이의 갈등인 것이다. 다수파는 노동계급의 당면 계급 이익을 대변하는 반면, 좌파 소수파들은 노동계급의 근본 계급 이익을 대변한다. 이는 노동계급의 본질을 구성하는 두 가지 계급 이익이 충돌하는 것이고, 노동계급 관점에서 투사된 두 가지 전망이 충돌하는 것이며, 노동계급 구성원들이 지니는 두 개의 계급 정체성이 충돌하는 것이다. 당면 계급 이익과 근본 계급 이익 모두 노동계급의 본질을 구성한다는 점에서 이런 갈등은 피할 수 없는 노동계급의 딜레마라고 할 수 있으며, 이런 딜레마가 CUT 내 이념적 흐름들 사이의 갈등으로 발현된 것이다.

당면 계급 이익을 대변하는 다수파가 CUT와 노동자당을 주도해 옴으로써 노동계급 내 당면 계급 이익 중심성을 재생산하게 되었으며, 계급 형성 과정에 있는 브라질 노동계급의 존재 양식(mode of existence)에서 변혁적·혁명적 계급 양식이 아닌 개혁적 계급 양식이 지배하게 되었다. 결국, 브라질 노동계급은 CUT의 주도하에 계급 형성에 있어 큰 진전을 이룩할 수 있었지만, 그것은 혁명적·사회주의적 계급 형성이 아니라 개혁적·사민주의적 계급 형성이었던 것이다. 룰라 정부는 당면 계급 이익에 복무하는 다양한 정책들의 실천을 통해 노동계급의 이념적 결집에 크게 기여함으로써 노동계급의 계급 형성에 있어 조직적 형성보다 이데올로기적 형성에 더 큰 기여를 했으며, 무엇보다도 노동계급의 존재 양식을 개혁적 양식의 정체성이 주도하게 하는 데 큰 영향을 미쳤다고 할 수 있다.

6. 브라질 노동계급의 경험 : 쟁점과 함의

브라질 노동계급의 경험은 노동계급의 계급 형성 및 정치 세력화와 그 성과로 탄생한 좌파 정권의 실천과 관련하여 다양한 쟁점들과 함의를 던져 준다. 여기에서는 브라질 노동계급의 경험으로부터 일반화가 가능한 쟁점과 함의들을 추출해 추상적 수준에서 논의하고자 한다.

1) 대중정당 집권 전략의 덫

브라질 노동자당과 룰라는 집권을 위해 대중정당 전략을 채택하고

1994년 대선 패배 이후부터는 집권에 절대적 가치를 부여함으로써 노동자당이 지켜 온 정체성과 가치들이 주변화될 수 있게 했다. 2002년 대선 과정에서는 IMF와의 협약 준수 서약서에 서명했고, 국내외 자본들의 공세와 주식시장 및 통화의 극심한 불안정 상황을 맞이하여 브라질이 체결한 국제 협약들을 존중하고, 물가와 통화의 안정, 외채와 공공 부채 문제 해결에 대한 약속을 천명하기도 했다.

노동자당과 룰라의 집권 전략에 따른 일련의 조치들과 약속들은 룰라의 대통령 취임 이후 선택할 수 있는 정책적 대안들을 제약하는 덫으로 작용했다. 물론, 이러한 '집권 전략의 덫' 효과는 브라질 노동자당이나 좌파 정권에만 한정된 것이 아니라 대중정당에 일반화된 현상이다. 그것은 집권을 위한 공약들을 집권 후 파기할 경우 대중정당으로서 신뢰도를 상실하게 되어 국민적 지지를 유지·동원하기 어렵게 되기 때문이다.

노동자당과 룰라는 집권 과정에서 한편으로는 최저임금 대폭 인상, 경작 가능 토지의 적극적 배분, 빈곤층에 대한 생계비 지원을 통한 생활수준 보장 등 신자유주의 경제정책의 폐해로 유발된 사회문제를 해소하겠다는 공약을 제시했고, 다른 한편으로는 외채와 공공 부채를 삭감하고 물가 인상을 억제하고 화폐가치를 안정적으로 유지하겠다는 약속을 했다. 대중주의적 사회정책과 긴축재정 통화주의 정책은 상호 모순적인 경향을 지니고 있지만, 어느 것도 포기할 수 없었다. 전자를 포기할 경우 까르도주 정부와 다를 것 없는 신자유주의 정부가 되는 것이고 후자를 포기할 경우 정치경제적 불안정을 수반하는 1930~40년대의 대중주의 정부를 재현하게 되는 것이었다.

이런 딜레마는 '재정적 위기'의 딜레마로서 선진 자본주의 복지국가들에 일반화된 현상이기도 하다. 시민들의 복지 증대 요구에 부응하여 사회적 지출을 증대하면 재정 적자가 커지게 되고, 국가 재원 확대를 위해 조세수입을 증대하고자 하면 시민들의 불만이나 자본축적에 대한 제약을 야기하게 되는 것이다. 결국, 복지국가들은 만성적 재정 적자에 빠지거나 복지 지출을 삭감하게 된다는 것이다. 이러한 복지국가의 딜레마는 정당성 과제와 축적 과제의 모순이라는 자본제 국가에 내재된 보편적 딜레마의 한 표현에 불과하다. 자본주의사회의 국가는 시민들의 지지를 확보하여 권력을 창출하고 재생산하기 위해서는 대중적 요구들에 부응하는 정책들을 집행해야 하는 정당성의 과제를 지니는 한편, 공공 재원을 확보하고 재정 건전성을 유지하기 위해서는 이윤 창출과 자본축적에 유리한 조건을 조성해야 한다는 축적 과제를 지니고 있는 것이다.

자본제 국가에 일반화된 정당성 과제와 축적 과제의 모순이 복지국가의 경우 사회적 지출과 재정 안정의 딜레마로 표현된 것이며, 룰라 정부의 경우 그러한 자본제 국가 일반의 모순과 복지국가의 딜레마가 중첩적으로 발현된 것에 불과하다. 룰라 정부의 경우 대중정당화와 그에 기초한 집권 전략으로 인해 그러한 모순과 딜레마들이 선거 공약 형태로 확정되면서 집권 이후 정책적 제약의 덫으로 작동하게 된 것이다.

좌파 정권의 경우 자본제 국가들이 보편적으로 겪는 모순과 딜레마들의 제약이 더 극대화된 형태로 나타난다는 점은 노동자당과 룰라 정부의 경험에서 확인될 수 있다. 좌파 정당의 집권 기회는 우파 정부에 의해 사회구조적 문제점들이 크게 악화되고 우파적 대안들이 모두 고갈된 뒤에

주어지는 것이다. 시민들은 변화를 두려워하고 안정의 유지를 희망하고 있으며, 시스템의 안정적 조정이 불가능할 때 비로소 변화의 위험을 무릅쓰고 좌파적 대안들에 기회를 주는 것이다. 따라서 룰라 정부가 출범할 때의 경제사회적 여건은 외환 보유고 대비 외채의 규모, 공공 부채와 재정 적자 누적, 무역수지 악화와 산업 기반 훼손과 같은 열악한 상태에 있었으며, 열악한 구조적 조건은 시민들로 하여금 노동자당과 룰라를 선택하게 한 원인이 된 동시에 룰라 정부의 정책적 대안들을 크게 제약했다.

결국, 룰라 정부는 집권 전략에 기초한 시민들과의 약속 및 열악한 구조적 조건으로 인해 정책적 대안을 선택함에 있어 극히 제한된 수준의 자율성밖에 지니지 못했으며, 그 과정에서 변혁적 정책들이 이중적으로 배제 압박을 받았음은 두말할 나위도 없다. 노동자당과 룰라에게 집권 프로젝트만 있었고 사회 프로젝트 즉 통치 프로젝트는 없었다는 비판은 이러한 맥락에서 나온 것이다. 하지만, 노동자당과 룰라 정부를 평가함에 있어, 자본제 국가의 모순과 함께 사회·통치 프로젝트에 대한 집권 프로젝트의 제약이 가져온 결과라고 설명하는 것이 좀 더 정확한 평가라고 할 수 있다.

자본제 국가 일반의 정당성 과제와 축적 과제의 모순 및 복지국가의 딜레마는 피하기 어려운 구조적 문제들임이 분명하다. 하지만, 실천적 여지도 있음을 브라질의 경험은 보여 주고 있다. 즉, 수단은 목적에 의해 규정되는 것이 타당하듯이 집권 프로젝트는 사회·통치 프로젝트에 기초하여 수립되어야 한다는 것을 노동자당과 룰라 정부의 경험이 증명하고 있는 것이다.

2) 노동계급 이익 갈등과 변혁의 실종

노동계급이 노동계급 정당을 건설하여 노동계급 정치 세력화에 성공한다고 하더라도 노동계급의 이익 실현이 담보되는 것은 아니다. 노동계급 이익의 두 축을 구성하는 당면 계급 이익과 근본 계급 이익은 서로 대립·갈등하는 모순적 관계에 있기 때문에 동시에 실현하기 어렵다. 이런 노동계급의 이익 유형들 사이의 갈등 속에서 노동계급 정치 세력화가 당면 계급 이익을 중심으로 추진된다면, 집권하더라도 근본 계급 이익의 실천이 실종될 수 있는 것이다.

노동자당과 룰라의 대선 승리와 높은 지지율은 노동계급의 근본 계급 이익에 대한 동의를 의미하는 것이 아니라, 노동계급의 당면 계급 이익과 시민들의 물질적 이해관계 및 사회적 요구들 사이의 수렴을 나타낸다. 그것은 노동자당의 집권 전략과 룰라의 선거공약으로 구체화되었다. 룰라 정부는 빈곤 퇴치와 소득 재분배를 위한 정책들을 적극적으로 집행했지만 은행 및 사유화 기업들에 대한 국유화는 추진하지 않았다. 이러한 당면 계급 이익의 적극적 추진과 근본 계급 이익의 포기 행위는 대중적 요구와 선거공약에 따라 정책을 집행하는 것인 동시에 노동계급과 그 대행 조직들의 선택 또한 반영하는 것이다.

노동계급 이익들 사이의 모순 관계 속에서 CUT와 노동자당의 다수파는 모두 당면 계급 이익을 선택했다. 이러한 선택은 브라질에만 국한된 것이 아니라 절대 다수의 노동계급 대행 조직들에서 발견된다.

노동계급 정당은 집권을 위해 대중정당화하며 실용주의에 입각하여 집권 전략을 수립하는데, 이 과정에서 노동계급뿐만 아니라 여타 계급들을 포괄하는 계급 연합 전략을 추구하게 되고, 시민들의 최대 관심사들을 중심으로 선거공약을 조직하게 된다. 그렇게 집권한 다음 선거공약들을 중심으로 정책들을 수립하여 집행하게 되는데, 룰라 정부의 경우 고용·빈곤·치안 같은 사회적 문제들이 핵심을 구성했으며 은행과 사유화 기업 국유화가 끼어들 여지는 없었다.

노동조합 또한 노동자들의 물질적 이해관계에 호응하게 되며 근본 계급 이익 대신 당면 계급 이익을 우선시하게 된다. 이것이 노동조합의 경제주의(union economism)[10]이며 마르크스주의 계급론자들에 의해 꾸준히 지적되어 온 문제이다. 노동조합이 경제주의에 매몰되는 것을 벗어나서 근본 계급 이익에 헌신할 수 있게 되는 가능성으로는 두 가지가 지적되고 있다.

첫째, 노동자들의 당면 계급 이익에 대한 헌신은 자연발생적 현상이기 때문에 노동자들에 호응해야 하는 노동조합들은 경제주의에 빠질 수밖에 없으며, 이러한 노동조합 경제주의를 타파하기 위해서는 노동계급 정당의 인위적 개입이 요구된다는 것이 레닌과 루카치 같은 고전적 마르크스주의자들의 입장이다.

둘째, 네오마르크스주의 현금 고리 이론(cash nexus theory)에 따르면,

---

10) 노동조합 경제주의와 현금 고리 이론 등 계급의식 이론들에 대해서는 조돈문(2004, 49-55)을 참조.

당면 계급 이익과 근본 계급 이익은 수렴할 수 있다. 그러한 수렴 현상은 예외적으로 경제 위기 상황에서 발생한다는 것이다. 노동자들은 더 이상 근본 계급 이익의 실현 없이는 당면 계급 이익을 증진시킬 수 없게 되기 때문에 근본 계급 이익을 수용하여 변혁적 실천에 헌신하게 된다는 것이다.

브라질의 경우 이런 두 가지 메커니즘은 제대로 작동하지 않았다. 노동자당은 이념적 전위 정당이 아니라 대중정당으로서 CUT의 이념적 흐름들의 분포와 유사한 구성을 지니고 있어 CUT에 인위적으로 개입해 근본 계급 이익을 확산시킬 위치에 있지 않았다. 또한, 경제 위기 시기라고 해도 당면 계급 이익과 근본 계급 이익 사이의 수렴은 자동적으로 주어지는 것이 아니라 정치적·이데올로기적 실천의 성과로서 이루어질 수 있는 것이다. 1990년대 말 경제 위기 이후 2002년 대선에서 브라질 시민들은 노동자당과 룰라를 선택했으나, 이는 근본 계급 이익을 통한 당면 계급 이익의 실현을 선택한 것이 아니라, 근본 계급 이익의 개입 위험에도 불구하고 당면 계급 이익을 실현하기 위해 선택한 차선의 대안이었다. 2002년 6월 20일 '검은 목요일' 주식시장이 붕괴되고 브라질 화폐가치가 폭락하는 가운데 노동자당과 룰라는 근본 계급 이익에 대한 헌신을 선언하지 않고 물가와 통화의 안정을 포함한 당면 계급 이익에 대한 보장을 선언했다. 노동계급 정당이 경제 위기에 직면하여 경제 위기 담론을 발전시켜 변혁을 수용하도록 압박하기보다 위기의 심화를 부정하며 경제 사회적 안정과 현상 유지를 보장한 것이다. 경제 위기 상황에서도 계급정당이 근본 계급 이익과 사회변혁을 위한 이데올로기적·정치적 개입을 실시하지 않는다면 당면 계급 이익과 근본 계급 이익의 수렴은 기대할 수 없는 것이다.

계급정당이 대중정당 집권 전략을 기획하여 집권을 성사시킨 점을 고려하면 대중정당 집권 전략의 덫에 걸린 좌파 정권을 구출하여 변혁적 정책들을 집행하도록 할 수 있는 주체는 노동운동이며, 브라질의 경우 CUT였다. 근본 계급 이익과 사회변혁을 위해 CUT에게 요구되었던 역할은 룰라 정부에 대해서는 변혁 정책의 집행을 압박하고 노동계급 구성원들에게는 근본 계급 이익에 대한 헌신을 유도하는 것이었다. 하지만 CUT는 두 가지 역할 가운데 하나도 실천하지 못했다. 그 이유는 두 가지로 압축될 수 있다.

첫째, CUT는 룰라 정부에 대해 변혁 정책의 수립·집행을 압박할 역량을 지니고 있지 않았다. CUT는 노동자당을 통해 정권 창출에 기여했지만, 힘의 역학 관계는 이미 '룰라 정부＞노동자당＞CUT'로 역전되어 있었다. 변혁적 정책은 고사하고 연금제도 개혁과 같은 당면 계급 이익 관련 정책들의 수립 과정에서도 CUT의 입장은 관철되지 못하는 정도였다.

둘째, CUT는 당면 계급 이익에 대한 노조원들의 헌신과 단위 노조의 경제주의에 개입하여 근본 계급 이익에 대한 헌신을 고취시키는 역할을 할 수 없었다. CUT가 룰라 정부에 영향력을 행사할 수 없는 조건 속에서 그러한 실천은 노조원들과 룰라 정부를 괴리시킬 뿐이기 때문이었다.

당면 계급 이익 중심의 주체 형성에 비해 근본 계급 이익 중심의 주체 형성이 어렵다는 것은 브라질의 사례에서 잘 확인할 수 있었다. 당면 계급 이익은 구체적인 물적 자원의 문제로서 수혜자 중심의 방어동맹 형성이 상대적으로 용이하다. 빈곤 퇴치 프로그램과 가족 지원 제도를 중심으로 하층 시민들의 지지가 조직화되어 노동자당과 룰라의 정권 재창출에 크게 기여했으며, 이는 스웨덴 등 서구 국가들에서 복지국가에 대한 공세에 맞선 복지 동맹의 형성에서도 확인된 바 있다. 반면, 근본 계급 이익은 권력 자원의 문제로서 수혜자가 불분명하며, 노동자 대중의 자연발생적 요구에 노동조합이 호응하는 것이 아니라 노동조합의 실천에 노동자 대중이 호응하는 것으로서 노동자 대중의 수동성과 소극성이 전제되어 있다는 점에서 주체 형성의 어려움이 있다.

따라서 근본 계급 이익에 헌신하는 노동계급 구성원들의 헌신성을 강화하고 그 범위를 확대하기 위해서는 생산관계 변혁의 계기가 선행되어야 한다. 은행들과 기간산업의 전면적 국유화 조치를 취할 수 없더라도 정부는 개별적 실험 공간들을 제공할 수 있으며, 룰라 정부가 농지개혁을 위해 추진했던 정책들을 원용할 수 있다. 소유주가 재정적 위기 상황에서 경영을 포기하거나, 기업과 생산 설비가 유휴 상태로 방치되어 있거나, 소유주가 노동기본권을 유린하거나 부정부패 등 심각한 수준의 범법 행위를 저지른 경우에 한해 정부는 해당 기업과 생산 설비의 사적 소유권에 개입할 수 있는 것이다.

그러한 생산관계의 변혁적 실천에 대한 참여를 통해 주관적 의미 부여 기준과 우선순위가 변화하고, 변혁과 연대의 문화를 구성원들이 공유하게 된다. 이 과정에서 노동조합은 노동계급 구성원들의 변혁적 요구를 동원·조직하여 제도성 게임과 전투성 게임을 병행하며 정부를 압박함으로써 노동계급 구성원들의 근본 계급 이익에 대한 헌신성을 강화하는 한편 정부로 하여금 변혁 정책을 확대·집행하게 하는 것이다.

3) 노동계급 형성과 계급정당 집권의 득실

　　노동계급 계급 형성의 성과로서 계급정당의 집권이 이루어지지만, 계급정당의 집권은 다시 계급 형성 자체에 영향을 미치게 된다.

　　룰라 정부가 노동계급 계급 형성의 수준에 미친 영향은 의심할 여지가 없다. 노동조합 가입 및 노동조합 활동으로 인해 불이익을 받을 가능성은 최소화되었고, 룰라 정부의 노동자 호응성으로 인해 노동자들의 물적 조건이 향상되었을 뿐만 아니라, 각종 노사정 협의 기구 및 정부 기구들을 통해 노동조합의 영향력이 증대되어 노동자들은 노동조합 활동으로 물질적 보상뿐만 아니라 정서적 보상도 받게 되었다. 노동자들의 조직률 하락이 멈추고 CUT의 조직력이 증대됨으로써 노동계급의 조직적 형성이 진전된 것은 자연스런 귀결이었다. 또한 룰라 정부는 노동계급의 조직적·정서적 구심점을 구성하며 CUT를 넘어 전체 노동계급의 내적 결속력을 증진시킴으로써 노동계급의 이데올로기적 형성에도 긍정적인 영향을 미쳤다.

　　이처럼 노동계급 정권이 출범하게 되면 노동계급의 조직적 형성과 이데올로기적 형성에 기여하게 되고, 그 과정에서 계급 형성의 구심점 역할을 수행한다. 이러한 계급 형성의 구심점으로서 노동계급 정권이 노동계급의 계급 존재 양식과 계급 형성의 유형을 결정함에 있어 큰 영향력을 행사하는 것은 자연스러운 일이다.

　　노동계급 정당은 노동계급에 대한 호응성을 잃지 않더라도 집권을 위해 대중정당화하며 집권 전략을 수립하여 추진하게 된다. 당면 계급 이익과 근본 계급 이익을 동시에 실현할 수 없기 때문에 계급정당은 양자 사이의 균형과 조합을 선택하게 되고, 그 결과 대중정당 집권 전략과 친화성이 높은 당면 계급 이익에 우선순위를 부여하게 되며 근본 계급 이익은 주변화된다. 그렇게 집권한 룰라 정부는 당면 계급 이익에 충실한 정책들을 수립·집행했다. 노동자당과 룰라 정부는 당면 계급 이익과 근본 계급 이익 사이에서 당면 계급 이익에 무게 중심을 두며 담론과 정책들을 생산했고 스스로를 정당화하는 논리를 확산시킴으로써 노동계급의 정체성 형성·변화에 영향을 미치게 되었다. 결국 변혁적·사회주의적 양식보다는 개혁적·사민주의적 양식이 노동계급의 존재 양식을 주도했다.

노동계급 이익이 당면 계급 이익과 근본 계급 이익의 양면을 지니고 있듯이 노동계급과 CUT도 이질적 요소들로 구성되어 있다. CUT가 당면 계급 이익을 대변하는 다수파와 근본 계급 이익을 대변하는 좌파 소수파들 사이의 갈등과 대립을 겪는 것은 피하기 어렵다. 내부의 갈등과 대립이 격화될수록 좌파 소수파들은 룰라 정부와 CUT 지도부의 당면 계급 이익에 대한 헌신을 극렬하게 비판하고 CUT 탈퇴도 마다하지 않게 되며, 실제 좌파들의 상당 부분은 이렇게 이탈했다. 도를 더해 가는 반대파의 비판과 반발에 맞서 CUT 지도부는 룰라 정부와 당면 계급 이익에 대한 헌신을 더욱더 적극적으로 방어하게 되었다. 그럴수록 당면 계급 이익과 개혁적 실천은 이행을 위한 도구적·과도기적 가치가 아니라 절대적 가치로 규정될 수 있으며, 그 결과 개혁적·사민주의적 계급 존재 양식은 더욱더 보강된 형태로 재생산되는 것이다.

당면 계급 이익에 기초한 개혁은 변혁적 사회주의 정권도 외면할 수 없다. 하지만 개혁적 실천은 개혁주의(reformism)에 매몰될 수도 있고 비개혁주의적 개혁(non-reformist reform)으로 이행을 지향한 실천이 될 수도 있다. 개혁주의는 개혁을 수단으로 보지 않고, 개혁을 절대시하며, 개혁에 배타적으로 헌신하는 것이다. 반면, 비개혁주의적 개혁은 개혁을 목표가 아닌 수단으로 보고, 개혁을 체제 이행을 위한 준비 단계로 보며, 개혁의 축적을 통해 자본주의적 생산관계의 근간을 허물며 체제 이행을 점진적으로 실현하는 접근법이다.

룰라 정부와 계급 이익의 실천을 둘러싼 CUT 내 갈등 과정에서 다수파가 제시한 집합적 프레임웍(collective framework)은 개혁주의의 위험성을 노출하고 있다. 2010년 대선을 결정적 국면으로 파악하여 신자유주의 세력과 노동자당의 대립 구도를 설정하는 것은 대중정당 집권 전략을 재현하는 것이다. 자본주의 모델들 사이의 각축은 사유재산제와 자본주의 시장경제의 전제 위에서 전개되는 것이며, 노동자당이 승리하더라도 당면 계급 이익을 넘어서는 근본 계급 이익을 위한 변혁적 실천을 기대하기는 어려운 것이다. 룰라 정부의 정체성은 반(反)신자유주의로 규정되어 있는데, 신자유주의의 거부가 변혁적 실천을 담보하는 것이 아님은 룰라 정부 1기뿐만 아니라 2기에도 확인된 바 있다.

룰라 정부의 방어와 2010년 대선 승리를 위해 CUT가 룰라 정부의 집합적 프레임웍을 그대로 답습하는 것은 노동계급 구성원들을 당면 계급 이익과 개혁적 실천에 배타적으로 헌신하고 체제 이행을 위한 변혁적 실천의 필요성 자체를 부인하게 하는 결과를 가져올 수 있다. CUT는 룰라 정부나 노동자당과는 다른 집합적 프레임웍을 견지하며 룰라 정부에 대해 비판적 입장에서 변혁적 실천을 압박할 필요성이 있으며, 그러한 실천의 출발점은 비개혁주의적 개혁이다. CUT 내 좌파 소수파들이 근본 계급 이익을 대변하면서도 CUT에 남아 있는 주요 이유들 가운데 하나는 2006년 총회에서 선출되어 2009년 총회에서 재선된 CUT 지도부가 이전 집행부들에 비해 룰라 정부로부터 일정한 거리를 두고 있다는 점이다. 이는 CUT가 개혁주의에 매몰되지 않고 비개혁주의적 개혁을 실천할 수 있는 가능성이 아직 남아 있으며, 그것은 CUT 내 동학에 의해 결정되는 것임을 의미한다.

4) 변혁 시나리오와 전략적 선택

사회주의로의 이행을 위해 CUT와 노동자당 안팎의 좌파들이 룰라 정부에 요구하는 변혁적 정책의 핵심은 은행과 기간산업의 국유화로서, 그 출발점은 까르도주 정부하에서 사유화된 기업들이다. 좌파들의 변혁 정책 시나리오에 따르면, 룰라 대통령은 높은 지지율을 이용하여 대통령의 합법적 권한에 따라 임시 조치(medida provisória)로 국유화를 포함한 변혁 정책들을 집행한 다음 CUT와 MST 등 진보적 대중조직체들을 동원하여 의회를 압박함으로써 의회가 3개월 이내에 임시 조치를 거부할 수 있는 권한을 행사하지 못하도록 한다는 것이다.

좌파들은 룰라 정부의 개혁주의를 비판하며 변혁 시나리오를 제시하고 있지만, 변혁 시나리오 자체의 타당성은 검증된 바 없다. 룰라 정부가

Plan B를 파기한 것은 단순히 룰라 정부 핵심 세력의 이념적 선호에 따른 것이 아니라 룰라와 노동자당의 대국민 약속의 이행, 정치경제적 안정의 중요성 및 재정적·경제적 제약 조건들에 대한 종합적 고려의 결과라는 점을 변혁 시나리오는 간과하고 있다. 여기에 변혁 시나리오의 반사실적 실험(counterfactual experiment)의 필요성이 있는 것이다.

첫째, 변혁 시나리오는 룰라 정부의 공약과 재정적·경제적 제약 조건들을 간과하고 있다. 룰라 정부의 정책적 선택지들을 구조적으로 제한하는 핵심적 요인들은 막대한 외채와 공공 부채의 규모였다. 대다수 자본주의 국가들이 겪는 복지국가의 재정 위기 문제가 룰라 정부가 출범할 당시 더 극단적인 형태로 발현된 것이다. 주어진 재정적·경제적 조건 속에서 룰라 정부가 재국유화 등 변혁 정책들을 집행할 수 있는 방안은 두 가지밖에 없다. 첫 번째 대안은 재정 적자를 무릅쓰면서 변혁 정책에 자원을 투입하는 것이다. 이 경우 재정 적자 누적에 따른 공공 부채 증대, 브라질 통화가치 하락과 그에 따른 물가 폭등이 즉각적으로 수반되며 극심한 경제적 불안정 속으로 빠져들 것이다. 두 번째 대안은 공공 부채의 증대를 억제하기 위해 사회적 요구에 부응하는 복지 서비스 등 사회적 지출을 대폭 삭감하는 것이다. 이 경우 공공 부채의 증대는 억제할 수 있으나 대중적 요구를 외면하는 정치적 부담을 안게 된다. 경제적 안정과 사회적 지출은 모두 시민들의 요구를 반영하여 공약화된 것이라는 점을 고려하면 두 가지 대안 모두 시민들의 반발과 불만을 야기할 것이 자명하다. 특히 사회적 지출 삭감은 복지 서비스 수혜자들에게 상당한 박탈감을 안겨 줄 수 있기 때문에 대국민 약속 위반에 대한 분노와 결합되어 시민들의 불만이 폭발적인 수준까지 비등할 수 있다.

둘째, 변혁 시나리오는 시민들의 반정부 저항 가능성을 과소평가하고 있다. 보수 성향의 국내외 언론, 초국적 자본들, IMF와 세계은행 등 초국적 기구들이 적극적 공세를 펼치며 정치·경제적 불안정을 조장하면, 사회적 지출 삭감과 경제적 불안정에 대한 시민들의 불만과 불안감을 증폭시켜 브라질 경제에 2002년 6월 검은 목요일보다 훨씬 더 심대한 타격을 가할 수 있다. 또한 국유화 등의 조치로 직접적인 피해를 입는 국내외 자본가들이 자본 유출과 자본 파업을 통한 대응 수준을 넘어 자본계급의 집합적 동원도 추진할 수 있다는 사실은 임노동자 기금 제도의 법제화 추진에 반발한 1983년 스웨덴 자본계급의 시위 행위나 사적 소유권을 침해하는 법제화와 차베스 정부의 변혁 정책에 맞선 2001~03년 베네수엘라 자본계급의 직장폐쇄와 총파업 행위에서 확인할 수 있다. 뿐만 아니라 사회 세력을 동원하여 의회를 압박하는 행위는 의회주의를 거부하는 행위로서 절차적 민주주의에 대한 시민들의 헌신성을 과소평가한 것이다. 시민들은 정치적 안정이 훼손되는 것을 경계하며, 정치적 안정은 의회주의에 기초해 있는 것이다.

셋째, 변혁 시나리오는 변혁 주체들의 근본 계급 이익에 대한 헌신과 동원 역량을 과대평가하고 있다. 룰라에 대한 시민들의 높은 지지율은 룰라에 대한 맹목적 지지가 아니라 룰라의 빈곤·불평등 해소를 위한 적극적 사회정책에 대한 지지의 성격이 강하다. 룰라 정부하에서 복지 정책의 수혜자들을 중심으로 계급 투표 성향이 강화되었다는 사실은 룰라의 지지 기반 확대가 당면 계급 이익 실천의 결과이며, 따라서 복지 서비스의 철회는 룰라에 대한 지지 철회를 수반할 수 있음을 의미한다. 따라서 룰라 정부가 사회정책의 희생 위에서 국유화 등 변혁 정책을 추진한다면 대다수 시민들은 룰라 정부의 변혁 정책을 방어하기보다 룰라 정부로부터 이탈하여 반룰라 진영에 합류할 수 있다. 뿐만 아니라 노동계급의 근본 계급 이익과 변혁 정책에 대한 지지 또한 보장된 것이 아니다. 근본 계급 이익은 당면 계급 이익과 함께 노동계급 이익의 한 축을 구성할 뿐이며, 양자는 갈등·모순 관계에 있기 때문이다. 노동자들도 물질적 생존을 위한 당면 계급 이익을 우선시하며, 이런 자연발생적 경향성은 노동조합의 경제주의와 룰라 정부의 소득재분배적 사회정책에 의해 재생산되어 왔고, 룰라 정부와 CUT의 집합적 프레임웍에 의해 상당 정도 내면화될 수 있었다. 따라서 당면 계급 이익과 근본 계급 이익 사이에서 선택해야 한다면 노동계급 구성원들의 대다수는 당면 계급 이익을 선택할 것이라는 점에서 당면 계급 이익의 희생 위에서 추진되는 국유화 등 변혁적 정책들에 대해 지지를 보내기 어렵다. 따라서 노동계급의 계급적 이해관계와 시민들의 높은 지지율이 룰라 정부의 변혁 정책을 방어하고 체제 이행을 추진하는 동력이 될 것이라는 변혁 시나리오의 전제는 경험적 근거가 취약하다.

변혁 시나리오가 경험적 타당성을 결여하고 있는 것은 변혁적 계급 형성의 전제 위에서 '동원과 결과의 정치'(politics of mobilization and outcome)를 추진하기 때문이다. 룰라 정부하에서 브라질 노동계급의 계급 형성은 크게 진전되었지만 그것은 변혁적·사회주의적 계급 형성이 아니라 개혁적·사민주의적 계급 형성이었다. 개혁적 계급 존재 양식에서 변혁적 계급 존재 양식으로 전환하기 위해서는 계급 형성의 구심점을 이루는 룰라 정부의 정책적 실천의 변화가 선행되어야 하며, 그 핵심은 비개혁주의적 개혁이다. 비개혁주의적 개혁을 통해 변혁의 제도적 기초를 이루는 동시에 변혁적 계급 형성을 통한 이행 주체의 형성을 진전시킬 수 있는 것이다.

개혁적 계급 형성의 현실을 인정한다면 노동계급과 일반 시민을 동원의 대상이 아니라 설득의 대상으로 설정해야 하며, 동원을 통한 결과에 집착하지 않고 장기적 전망 속에서 설득의 논리를 통한 영향력 향상을 우선시해야 한다. 비개혁주의적 개혁과 함께 '설득과 영향의 정치'(politics of persuasion and influence)를 통해 변혁적 계급 형성이 진전되는 과정에서 설득의 정치와 함께 동원의 정치를 병행하고, 영향의 정치와 함께 결과의 정치를 병행하여 변혁적 정책을 추진하는 전략적 합리성이 요구된다.

5) 한국 노동계급의 정치 세력화에 대한 함의

브라질 노동계급의 계급 형성과 정치 세력화 과정은 한국 노동계급과 공통점이 많다. 양국 모두 노동계급의 계급 형성과 정치 세력화를 주도하는 민주 노조 운동이, 군사독재 시기 국가와 자본의 비호 아래 어용 노조 조직체가 패권을 행사하던 상황에서, 투쟁을 통해 대안적 노동운동의 구심점을 형성하며 성장하기 시작했다. 결국 노동운동의 이중 구조가 형성되었고 조직 노동의 분열 속에서 민주 노조 운동이 주도하여 계급정당을 조직하고 노동계급 정치 세력화를 추진했다. 군사독재 시기가 끝나고 민주 정부가 수립된 이후 발발한 경제 위기 속에서 신자유주의 경제정책이 위기 타개책으로 집행되었으며, 신자유주의 경제정책이 정권 창출 과정의 정당성을 지닌 민주 정부에 의해 추진됨으로써 사회적 폐해에도 불구하고 국민적 저항을 이겨낼 수 있었다.

그러나 이런 유사성에도 불구하고 차별성 또한 작지 않다. 신자유주의 시기 이후 브라질에서는 노동계급 정당이 집권했지만 한국에서는 보수 우파 신자유주의 세력이 집권했다. 브라질은 노동자당의 집권으로 노동계급 정치 세력화에 성공했지만 한국의 경우 노동계급 정당 후보는 대선에서 2.3%를 득표하는 데 그쳤을 뿐만 아니라, 대선에서 패배한 이후 노동계급 정당이 분당 과정을 거치며 더욱 왜소해졌다. 국가권력 장악을 둘러싼 각축전은 브라질의 경우 신자유주의 세력과 반신자유주의 노동계급 정당이 경쟁하고 있는 반면, 한국의 경우 정치적 보수주의 경향을 지닌 강경 신자유주의 세력과 정치적 자유주의 경향을 지닌 온건 신자유주의 세력이 각축하고 있으며 노동계급 정당들은 주변화되어 있다.

이처럼 한국과 브라질의 노동계급이 유사한 구조적 조건에도 불구하고 노동계급 정치 세력화의 성과에서 큰 격차를 보인다는 점에서 브라질 노동계급의 경험은 한국 노동계급의 정치 세력화에 대해 시사하는 바가 많다.

노동계급 정치 세력화에 있어 신자유주의 경제정책의 폐해와 그에 대한 시민들의 불만이 자동적으로 계급 투표로 구현되어 노동계급 정당 집권의 길을 터주는 것은 아니다. 신자유주의 경제정책은 시민들의 불만을 증폭시키지만, 노동계급의 계급 형성에도 상당한 타격을 안겨 줄 수 있다는 점은 브라질의 경험에서 잘 확인할 수 있다. 신자유주의 경제정책과 그에 따른 노동시장의 유연화로 인해 정규직의 비정규직화가 진전되고 노동자들의 고용 불안정이 증대되는 한편, 노동조합 활동에도 상당한 제약이 주어지게 되었다. 그 결과 노동조합 활동이 크게 위축되고 노동조합의 조직력과 내적 결속력이 약화되었다. 뿐만 아니라 경제 위기 상황에서 민주 정부에 의해 신자유주의 경제정책이 추진되면서 신자유주의 경제정책이 상대적으로 국민적 지지를 받기 쉬워졌고, 시민들이 시장 지배 질서를 내면화하게 됨으로써 노동자들을 포함한 전체 시민들의 의식이 전반적으로 보수화되었다. 그 결과 노동계급의 계급 형성은 진전될 수 없었고, 계급 형성의 구심점이 약화되면서 제 역할을 수행하지 못하게 되어 시민들의 불만을 계급 투표로 전환시키기 어려웠다.

브라질에서도 계급 투표 현상은 신자유주의 경제정책의 결과로 나타난 것이 아니라 좌파 정부 집권의 성과로서 나타났다. 따라서 정치 세력화의 성공을 위해서는 민주노총과 노동계급 정당들이 적극적인 실천을 통해 계급 형성을 진전시킬 것이 요구된다. 한국의 경우 전통적인 친시장 세력인 정치적 보수주의 기득권 세력에 자유주의 신자유주의 세력이 결합하면서 거대한 신자유주의 대동맹이 형성되어 신자유주의 이데올로기를 확산시키며 반신자유주의 세력을 주변화시킬 수 있었다. 그 결과 신자유주의 경제정책에 저항하는 민주 노조 운동 세력을 사회적으로 고립시킴으로써 노동계급의 계급 형성과 정치 세력화를 더욱 어렵게 했다. 민주노총과 노동계급 정당들은 시민들의 불만과 반신자유주의적 요구들을 조직화하면서 반신자유주의와 진보적 대안을 중심으로 국민적 합의를 형성해 가야 한다. 이를 위해 설득의 논리를 통한 영향의 정치가 요구된다. 뿐만 아니라, 정치 세력화를 위해서는 브라질 노동자당의 참여 예산제와 같은 성공 사례들을 중심으로 통치 모델을 만들어 통치 능력을 시민들에게 각인하는 작업도 병행되어야 한다.

브라질의 경험은 노동계급 정당의 집권으로 노동계급의 정치 세력화가 완성되는 것이 아님을 확인해 주었다. 노동계급 정당이 집권한다고 해서 사회주의 국가가 형성되는 것이 아니라 노동자 정부도 여전히 자본제 국가에 불과하며 변혁적 정책을 수립·집행하는 과정에서 많은 제약들에 직면하게 된다는 것을 룰라 정부의 경험은 잘 보여 준다.

시민들이 노동계급 정당 혹은 좌파 정당을 선택할 때는 정치경제적 변화를 최소화하는 정책 대안들로는 해결할 수 없을 만큼 구조적 조건이 악화된 뒤다. 즉, 악화된 구조적 조건들이 노동계급 정당의 집권을 가능하게 한 만큼 집권 후 수립·집행할 수 있는 정책 대안들의 범위도 상당 정도 제한되는 것이다. 대중적 요구와 재정 건전성 과제 사이에서 딜레마에 빠지는 복지국가의 문제점들이 좌파 정권 출범 시에는 극대화된 형태로 나타나는 것이다.

이런 구조적 문제들을 극복한다고 하더라도 더 큰 제약을 만나게 된다. 사유재산제와 절차적 민주주의는 자본주의사회의 정치경제적 질서와 안정성의 기초를 이루는 부르주아 민주주의의 절대적 원칙들이다. 의회주의를 거부하고 동원의 정치를 통해 은행 및 기간산업 국유화를 추진하는 변혁 시나리오가 위기에 봉착할 수 있는 것도 이 때문이다.

룰라 정부의 경험이 확인해 준 것은 좌파 정권이 변혁 정책을 수립하여 성공적으로 집행하기 위해서는 노동계급의 계급 형성이 진전되어야 하며, 계급 존재 양식을 개혁적·사민주의적 양식에서 변혁적·사회주의적 양식으로 전환하여 변혁적·사회주의적 계급 형성을 이룰 수 있어야 한다는 것이다. 그렇게 함으로써 노동계급의 정치 세력화 과정에서 단순한 집권 프로젝트가 아니라 사회·통치 프로젝트를 수립하여 집권 전략을 규정하고, 집권 후 정부에 의해 통제되는 것이 아니라 변혁적 정책들을 집행하도록 정부를 압박하는 한편 변혁적 정부를 방어할 수 있는 것이다. 물론, 정부는 개혁주의에 매몰되지 않고 비개혁주의적 개혁을 실천함으로써 제도 변화의 축적을 통해 체제 이행의 기초를 마련하는 한편 이행 주체의 형성도 진전시킬 수 있다.

노동계급 정부가 국유화를 포함한 변혁적 정책을 실시하더라도 부르주아 민주주의는 좌파 정부의 변혁을 불가역적인 것으로 치부하지 않는다. 법 제도 및 재정 자원의 제약과 국민 여론의 설득 문제는 국유화를 어렵게 하지만 사유화는 쉽게 이루어진다는 것을 까르도주 정부와 룰라 정부가 잘 보여 주었다. 사유재산제는 부르주아 민주주의의 핵심 원칙이고 의회정치는 의석의 게임이다. 따라서 사유재산제 원칙에 입각하여 다수 의석의 힘으로 국유화된 기업들을 재사유화하는 일은 언제든 일어날 수 있다. 노동계급과 연대 세력들의 동원만으로 재사유화를 저지하는 것은 불가능하다. 국민 여론을 향한 설득과 영향의 정치가 요구되는 이유가 여기에 있다.

참고문헌

오삼교. 2004. "브라질 노동자당(PT)의 지방정부 집권 경험: 지향과 딜레마를 중심으로."『라틴아메리카연구』17:3, pp. 33-67.

조돈문. 1993. "브라질 노동운동의 역사적 변천: 신노동조합운동의 등장과 노동운동의 이중구조 형성."『동향과 전망』통권 20호(가을), pp. 123-154.

______. 1994. "제3세계에서의 노동계급의 계급 형성 : 남한과 멕시코의 비교연구."『경제와 사회』(봄), pp. 166-203.

______. 1999a. "볼보자동차 우데발라 공장의 생산방식 혁신: 성찰적 생산방식과 산업민주주의."『산업노동연구』제4권 제2호, pp. 95-136.

______. 1999b. "임노동자 기금논쟁을 통해 본 스웨덴 사회민주주의의 딜레마를 읽고: 임노동자기금제를 위한 변명."『동향과 전망』통권41호(봄·여름), pp. 113-118.

______. 2002. "국가사회주의 실패와 대안체제의 가능성: 평등과 효율성에 기초한 '민주적 시장사회주의'의 모색."『동향과 전망』제52호(봄호), pp. 98-127.

______. 2004.『노동계급의 계급 형성: 남한 해방공간과 멕시코 혁명기의 비교연구』. 한울.

______. 2009. "베네수엘라 차베스정권의 변혁성과 체제이행의 정치."『동향과 전망』제77호.

조돈문·신광영. 1997. "스웨덴 모델의 미래: 사회민주당의 계급연합 전략과 지지 기반의 변화."『산업노동연구』제3권 제2호, pp. 151-194.

조효래. 2002. "브라질의 신자유주의적 경제개혁과 노동운동의 딜레마."『경제와 사회』통권 53호(봄), pp. 91-118.

Abreu, Alice Rangel de Paiva, Huw Beynon e José Ricardo Ramalho. 2006. "'A fábrica dos sonhos' da Volkswagen." José Ricardo Ramalho & Marco Aurélio Santana eds. Trabalho e Desenvolvimento Regional: Efeitos sociais da indústria automobilística no Rio de Janeiro, RJ: Mauad, pp. 71-90.

Achterberg, Peter. 2006. "Class voting in the new political culture: economic, cultural and environmental voting in 20 western countries." *International Sociology* 21: 2 (March), pp. 237-261.

ADEGABC [Agência de Desenvolvimento Econômico do Grande ABC]. 2005. Agência de Desenvolvimento Econômico do Grande ABC, http://www.agenciagabc.com.br.

______. 2007. Agência ABC: area de atuação, http://www.agenciagabc.com.br.

Alcántra Sáez, Manuel & Flavia Freidenberg. 2002. "Particos poliíticos na América Latina." *Opinião Pública* 8:2 (Outubro), pp. 137-157.

Almeida, Maria Hermínia Tavares de. 1987. "Novo Sindicalismo and Politics in Brazil." John D. Wirth, Edson de Oliveira Nunes & Thomas E. Bogenschild, eds. *State and Society in Brazil : Continuity and Change.* Boulder, Colo.: Westview Press.

Alves, Maria Helena Moreira. 1984. "Grassroots Organizations, Trade Unions, and the Church: A Challenge to the Controlled Abertura in Brazil." *Latin American Perspectives* 11:1.

______. 1985. *State and Opposition in Military Brazil.* Austin: University of Texas Press.

______. 1988. "Dilemmas of the Consolidation of Democracy from the Top in Brazil: A Political Analysis." *Latin American Perspectives.* 15:3.

______. 1989. "Interclass Alliances in the Opposition to the Military in Brazil: Consequences for the Transition Period." Susan Eckstein ed. *Power and Popular Protest : Latin American Social Movements.* Berkeley: University of California Press.

Amadeo, Edward. 1992. "Institutional Constraints to Economic Policies: Wage Bargaining and Stabilization in Brazil." Working Paper 175. Kellogg Institute.

Amadeo, Edward & José Márcio Camargo. 1997. "Brazil: regulation and flexibility in the labor market." Edwards, Sebastian & Nora Claudia Lustig eds. *Labor Markets in Latin America: Combining Social Protection with Market Flexibility.* Washington D.C.: Brookings Institution Press, pp. 201-234.

Amann, Edmund & Werner Baer. 2002. "Neoliberalism and its consequences in Brazil." *Journal of Latin American Studies* 34, pp. 945-949.

Ananias, Patrus & Frei Betto. 2004. "Um projeto de nação." O Liberal, 24 de junho.

Andersen, Robert & Anthony Heath. 2002. "Class matters: the persisting effects of contextual social class on individual voting in Britain, 1964~97." *European Sociological Review* 18:2 (June), pp. 125-138.

Andersen, Robert, Min Yang & Anthony F. Heath. 2006. "Class politics and political context in Britain, 1964-1997 : have voters become more individualized?" *European Sociological Review* 22:2 (April), pp. 215-228.

Andrews, Christina W. 2004. "Anti-poverty policies in Brazil: reviewing the past ten years." *International Review of Administrative Sciences* 70:3, pp. 477-488.

ANFAVEA. 2003. Carta da ANFAVEA, Janeiro 2003, SP: ANFAVEA.

______. 2004. Anuário da Indústria Automobilística, 2004, SP: ANFAVEA.

______. 2005a. Anuário da Indústria Automobilística, 2005, SP: ANFAVEA.

______. 2005b. Carta da ANFAVEA, Junho 2005, SP: ANFAVEA.

______. 2006a. 50 Anos da Indústria Automobilística Brasileira, SP: ANFAVEA.

______. 2006b. Anuário da Indústria Automobilística, 2006, SP: ANFAVEA.

______. 2007a. Anuário da Indústria Automobilística, 2007, SP: ANFAVEA.

______. 2007b. Carta da Anfavea Janeiro 2007, SP: ANFAVEA.

Antunes, Ricardo. 2000. "The World of Work, the Restructuring of Production, and Challenges to Trade Unionism and Social Struggles in Brazil." *Latin American Perspectives* 27:6 (November), pp. 9-26.

Antunes, Ricardo ed. 2006. *Riqueza e miséria do trabalho no brasil.* S.P.: Noitempo.

Antunes, Ricardo & Sabrina E. Wilson. 1994. "Recent Strikes in Brazil: The Main Tendencies of the Strike Movement of the 1980s." *Latin American Perspectives* 21:1 (Winter), pp. 24-37.

Araújo, Silvia Maria de. 2006. "Indústria automobilística e sindicato: atuação renovada no Paraná dos anos 2000." *Caderno CRH, Salvador* 19:46 (Jan./abr.), pp. 47-60.

Arbache, Jorge Saba. 2002. "Evolução e desempenho da indústria automobilística Brasileira: uma análise comparada para as décadas de 1980 e 1990." Universidade de Brasília.

Arbix, Glauco. 1997. "A câmara banida." em Glauco Arbix & Mauro Zilbovicius eds. 1997. *De JK a FHC: A Reinvenção dos Carros.* São Paulo: Edições Sociais, pp. 471-502.

Arbix, Glauco & Mauro Zilbovicius. 1997. "O Consórcio Modular da VW: um novo modelo de produção." em Glauco Arbix & Mauro Zilbovicius eds. De JK a FHC: A Reinvenção dos Carros, São Paulo: Edições Sociais, pp. 449-470.

Arbix, Glauco & Iram Jácome Rodrigues. 1998. "The transformation of industrial relations in the Brazilian automotive industry." John P. Tuman & John T. Morris eds. *Transforming the Latin American Automobile Industry: Unions, workers, and the politics of restructuring.* N.Y.: M.E. Sharpe, pp. 77-94.

Baer, Werner. 2001. *The Brazilian Economy: Growth and Development* (5th edition). London: Praeger.

Baer, Werne & Claudio Paiva. 1998. "Brazil's drifting economy: Stagnation and inflation during 1987-1996." Philip D. Oxhorn & Graciela Ducatenzeiler eds. *What Kind of Democracy? What Kind of Market?: Latin America in the Age of Neoliberalism*, Pennsylvania: The Pennsylvania State University Press, pp. 89-126.

Balbachevsky, Elizabeth & Denilde Oliveira Holzhacker. 2004. "Identidade, oposição e pragmatismo: o conteúdo estratégico da decisão eleitoral em 13 anos de eleições." *Opinião Pública*, 10:2 (Outubro), pp. 242-253.

Barros, Maurício Rands. 1999. *Labour Relations and the New Unionism in Contemporary Brazil*. NY: St. Martin's.

Baudrillard, Jean. 1981. *For a Critique of the Political Economy of the Sign*. St. Louis: Telos.

Baumann, Renato. 2002. *Brazil in the 1990s: An Economy in Transition*. Oxford: Palgrave.

BCB[Banco Central do Brasil]. 2004. *Relatório Anual 2003*. Brasilia: BCB.

______. 2005. *Relatório Anual 2004*. Brasilia: BCB.

Bell, Daniel. 1974. *The Coming of Postindustrial Society : a venture in social forecasting*. Harmondsworth: Penguin.

Boito, Armando. 2003. "A hegemonia neoliberal no governo Lula." *Crítica Marxista* 17, pp. 1-29.

______. 2004a. "As relações de classe na nova fase do neoliberalismo no Brasil." trabalho apresentado no Congrès Marx International, Paris, outubro, pp. 1-33.

Boito, Armando & Laura Randall. 1998. "Neoliberal Hegemony and Unionism in Brazil." *Latin American Perspectives* 25:1 (Jan), pp. 71-93.

Boron, Atilio. 1999. "State decay and democratic decadence in Latin America." Leo Panitch & Colin Leys eds. *Global Capitalism Versus Democracy : Socialist Register*. N.Y.: Monthly Review, pp. 209-226.

Bresciani, Luís Paulo. 1997. "Na zona do agrião: a nova agenda da negociação coletiva." em Glauco Arbix & Mauro Zilbovicius eds. *De JK a FHC : A Reinvenção dos Carros*, São Paulo: Edições Sociais.

Brooks, Clem, Paul Nieuwbeerta & Jeff Manza. 2006. "Cleavage-based voting behavior in cross-national perspective : Evidence from six postwar democracies." *Social Science Research* 35, pp. 88-128.

Buechler, Simone. 2001. "The people are left to watch the ships go in and out: five voices speaking out on the unemployment crisis and capital flows in São Paulo, Brazil." 2001 Congress of the Latin American Studies Association, Washington

424

DC, September 6~8.

Burdick, John. 1992. "Rethinking the Study of Social Movements: The Case of Christian Base Communities in Urban Brazil." Arturo Escobar and Sonia E. Alvarez eds. *The Making of Social Movements in Latin America*. Boulder: Westview Press.

CABC[Câmara ABC]. 2002. *A Região encontra soluções*. SP: CABC.

Camargo, Zeíra Mara. 2003a. *O Sindicato dos Metalúrgicos do ABC e as Ações Regionais na Década de 90*. Centro Universitário Municipal de São Caetano do Sul.

______. 2003b. *Políticas públicos em debate: ações regionais de trabalho e renda no grande ABC*. Centro Universitário Municipal de São Caetano do Sul.

Cardoso, F. H. and E. Falletto. 1979[1969]. *Dependency and Development in Latin America*. Berkeley: University of California.

Cardoso, Ruth Corréa Leite. 1992. "Popular Movements in the Context of the Consolidation of Democracy in Brazil." Arturo Escobar and Sonia E. Alvarez eds. *The Making of Social Movements in Latin America*. Boulder : Westview Press.

CDES. 2005. "Contribuições do CDES às Reformas." Brasília : CDES.

CEPAL[Comisión Económica para América Latina y el Caribe]. 2003. *Balance preliminar de las economías de América Latina y el Caribe*. Santiago: CEPAL.

______. 2004. Panorama Social de América Latina 2002-2003, Santiago: CEPAL.

Charnock, David. 1997. "Class and voting in the 1996 Australian federal election." *Electoral Studies* 16:3, pp. 281-300.

Cho, Donmoon. 1993. "Working Class Formation in the Third World: A Comparative Study on Union Accountability and Worker Experiences in South Korea (1910s~1940s) and Mexico(1870s~1910s)." Ph.D. Dissertation, University of Wisconsin-Madison.

Clark, T. N. 2001. "What have we learned in a decade on class and party politics?" T. N. Clark & S. M. Lipset eds. *The Breakdown of Class Politics : A debate on post-industrial stratification*. Boulder: Westview Press, pp. 6-39.

CNM[Confederação Nacional dos Metalúrgicos]. 2007. 7°Congresso CNM-CUT: Desenvolvimento, emprego, renda e soberania nacional, Guarulhos, 12-15 de junho de 2007.

CNM-CUT. 2003. *Industrial policy: proposals of CUT Metalworkers*. São Paulo: CNM, September.

CNM-CUT & DIEESE. 2001. Perfil das Plantas Automobilísticas, Trajetoria de 1995 a

2001. Projeto Construção de um Sistema Nacional de Nogociaçoes Coletivas do Setor Automobilístico do Brasil. Relatório da 2a etapa da pesquisa. CNM, DIEESE, AFL-CIO, São Paulo: CNM-CUT & DIEESE(Novembro).

CNM-DIEESE. 2002. "Toward the National Collective Contract: the challenge before Brazil's metalworkers." São Paulo: CNM-CUT & DIEESE.

Cohen, Youssef. 1989. *The Manipulation of Consent: The State and Working-Class Consciousness in Brazil*. Pittsburgh: University of Pittsburgh Press.

Collier, Ruth Berins & David Collier. 1991. *Shaping the Political Arena: Critical Junctures, the Labor Movement and Regime Dynamics in Latin America*. Princeton: Princeton University Press.

Comin, Alexandre. 2001. "A indústria automobilística brasileira: o que podem esperar os trabalhadores." Seminário Nacional, Construção de um sistema nacional de informações sobre o setor automotivo, São Paulo, 22-23 de novembro de 2001, Projeto de Cooperação CNM-CUT e Centro de Solidariedade AFL-CIO.

Coutinho Leonardo da Silva, Sayonara Grillo. 2005. "A reforma sindical negociada no âmbito do Fórum Nacional do Trabalho: deslocamentos normativos e impactos sobre os atores coletivos do trabalho." XXIX Encontro Anual da ANPOCS, Caxambu, MG, 25-29 de outubro de 2005.

Coutinho, Ciro & Rubens Figueiredo. 2003. "A eleição de 2002." *Opinião Pública* 9:2 (Outubro), pp. 93-118.

Cox Edwards, Alejandra. 1997. "Labor Market Regulation in Latin America." Edwards, Sebastian & Nora Claudia Lustig eds. *Labor Markets in Latin America: Combining Social Protection with Market Flexibility*. Washington D.C.: Brookings Institution Press, pp. 1-26, 127-150.

CUT[Central Única dos Traqbalhadores]. 1991. *Resoluções do 4o CONCUT*. São Paulo: CUT.

______. 1994. *Resoluções: 5o Congresso Nacional da CUT*. São Paulo: CUT.

______. 2000. *The Economic and Social Reality of Brazilian Workers*. São Paulo: CUT, August 2000.

______. 2001. *Precarização e leis do brabalho nos anos FHC*. São Paulo: CUT, Janeiro.

______. 2002. *Debate & Reflexões: As Transformações no Mundo do Trabalho e as Tendências das Negociações Coletivas*, Dezembro(No. 10), São Paulo: CUT, NPS, FES.

______. 2009. 10° CONCUT: Texto base direção nacional da CUT, 3-8 agosto.

CUT-EN[Executiva Nacional]. 2002. Carta Aberta da CUT ao Congresso Nacional (versão para discussão), Executiva Nacional da CUT, 20 de fevereiro de 2002.

da Rocha, Marlene. 2004. *Segurança Alimentar.* SP: Rundação Perseu Abramo.

Datafolha. 2002. "Avaliação governo FHC"(12/15).

______. 2003. "Avaliação presidente Luiz Inácio Lula da Silva"(06/28).

______. 2004. "Avaliação presidente Luiz Inácio Lula da Silva"(12/26).

______. 2006. "Avaliação presidente Luiz Inácio Lula da Silva"(12/18).

______. 2009. "Avaliação presidente Luiz Inácio Lula da Silva"(08/13).

DESEP-CUT. 2000. *Política Econômica e Gastos Sociais, 1995-1999.* São Paulo: DESEP-CUT.

______. 2002a. *A flexivilização trabalhista tende a aumentar o desemprego e a informlidade.* São Paulo: DESEP-CUT.

______. 2002b. *Os Gastos Sociais no Governo FHC.* São Paulo: DESEP-CUT.

DIEESE[Departamento Intersindical de Estatística e Estudos Sócio-Econômicos]. 2001a. *A Situação do Trabalho no Brasil.* São Paulo: DIEESE.

______. 2001b. *As Negociações Coletivas no Brasil.* São Paulo: DIEESE.

______. 2002. *Anuãrio Dos Trabalhadores 2000-2001.* São Paulo: DIEESE.

______. 2005a. "Distribuição de Renda no Brasil: Indicadores e metas." SP: DIEESE.

______. 2005b. "Pesquisa de Emprego e Desemprego na Região Metropolitana de São Paulo." SP: DIEESE.

DIEESE-CUT. 2004a. "As propostas da CUT para uma política de recuperação do salário mímimo." DIEESE-CUT, Março.

______. 2004b. "Parceria Público-Privada(PPP): O debate em pauta." DIEESE-CUT, Agosto.

Diniz, Eli. 1989. "The Post-1930 Industrial Elite." Michael L. Conniff and Frank D. McCann eds. *Modern Brazil: Elites and Masses in Historical Perspective.* Lincoln: University of Nebraska Press.

Dollar, David & Aart Kraay. 2000. "Growth is good for the poor." Working Paper, World Bank, pp. 1-51.

______. 2001. "Trade, growth, and poverty." Working Paper, World Bank, pp. 1-46.

______. 2002. "Spreading the wealth." *Foreign Affairs,* Jan/Feb.

Draibe, Sônia. 2004. "Social Policy Reform." Mauricio A. Font & Anthony Peter Spanakos eds. *Reforming Brazil.* Maryland: Lexington.

Eisenberg, Jose. 2003. "Governing Brazil: New Challenges for the left." *Dissent* 50:9 (Summer).

Erickson, Kenneth Paul. 1977. *The Brazilian Corporative State and Working Class Politics.* Berkeley: University of California Press.

______. 1985. "Brazil : Corporative Authoritarianism, Democratization, and Dependency." Howard J. Wiarda and Harvey F. Kline eds. *Latin American Politics and Development* (2nd edition). Boulder: Westview Press.

Erickson, Kenneth Paul and Kevin J. Middlebrook. 1982. "The State and Organized Labor in Brazil and Mexico." Sylvia Ann Hewlett and Richard S. Weinert eds. *Brazil and Mexico: Patterns in Late Development.* Philadelphia: Institute for the Study of Human Issues.

Esping-Andersen, Gøsta. 1985. *Politics Against Markets: The Social Democratic Road to Power.* Princeton, New Jersey: Princeton University Press.

______. 1990. *The Three Worlds of Welfare Capitalism.* Princeton: Princeton University Press.

______. 1991. "Postindustrial Cleavage Structures: A Comparison of Evolving Patterns of Social Stratification in Germany, Sweden, and the United States." Frances Fox Piven ed. *Labor Parties in Postindustrial Societies.* N.Y.: Oxford University Press.

Evans, Geoffrey. 1999. *The End of Class Politics? Class Voting in Comparative Context.* Oxford: Oxford University Press.

Evans, Peter. 1979. *Dependent Development: The Alliance of Multinational, State, and Local Capital in Brazil.* Princeton: Princeton University.

Featherstone, Mike. 1991. *Consumer Culture and Postmodernism.* London: Sage.

Ferro, José, Afonso Fleury & Maria Tereza Fleury. 1997. "Brazil: The diffusion of a new pattern of industrial relations practices." Thomas A. Kochan, Russell D. Lansbury & Jolin Paul MacDuffie eds. *After Lean Production: Evolving employment practices in the world auto industry.* Ithaca: Cornell University Press, pp. 255-272.

FGV[Fundação Getulio Vargas]. 2001. "Conjuntura Estatística." *Conjuntura Econômica* 55:5, Maio.

Finger, Carla. 2002. "Can Lula narrow Brazil's gaping health inequalities?." *The Lancet* Nov 9.

Fleury, Afonso & Mario Sergio Salerno. 1998. "The transfer and hybridization of new models of production in the Brazilian automobile industry." Robert Boyer et al eds. *Between Imitation and Innovation: The transfer and hybridization of productive models in the international automobile industry.* Oxford: Oxford University Press.

Flynn, Peter. 2005. "Brazil and Lula, 2005 : crisis, corruption and change in political perspective." *Third World Quarterly* 26 : 8, pp. 1221-67.

Fonseca P. dos Santos, Pablo. 2005. "Brazil's remarkable journey." *Finance & Development* 42:2 (June).

Franca, Gilberto Cunha. 2007. *O Trabalho no Espaço da Fábrica: Um estodo da General Motors em São José dos Campos.* SP: expressão Popular.

Franco, Gustavo. 2005. "Auge e Declíno do Inflacionismo no Brasil." em Fabio Giambiagi et al eds. Economia Brasileira Contemporânea, Rio de Janeiro: Elsevier, pp. 258-283.

Freitas, Carlos Eduardo. 2001. "Alterações na regulamentação das relações de trabalho no governo Fernando Henrique." CUT. Precarização e leis do brabalho nos anos FHC, São Paulo: CUT, Janeiro.

FUNDAP[Fundação do Desenvolvimento Administrativo]. 2002. *Indicadores DIESP* 11:92, Set/Nov.

Gacek, Stanley A. 1995. "Brazil's labor movement." Kevin Danaher & Michael Shellenberger eds. *Fighting for the Soul of Brazil.* NY: Monthly Review, pp. 39-46.

Galbraith, James K. 2002. "Is inequality decreasing? : By the numbers." *Foreign Affairs* Jul/Aug.

GFB[Governo Federal, Brasil]. 2004a. "18 Meses, O Brasil está mudando: Fome Zero - Mudando a vida de milhares de brasileiros." *Brasil, Um País de Todos,* 2:3 (Julho).

______. 2004b. "18 Meses, O Brasil está mudando: Bolsa Famila - Mais de 4 milhões de famílias receberam o benefício." *Brasil, Um País de Todos* 2:3 (Julho).

______. 2004c. "18 Meses, O Brasil está mudando: Reforma agrária - Assentamentos com qualidade." *Brasil, Um País de Todos* 2:3 (Julho).

Giambiagi, Fabio. 2005. "Rompendo com a Ruptura: o Governo Lula(2003~2004)." em Fabio Giambiagi et al eds. Economia Brasileira Contemporânea, Rio de Janeiro: Elsevier, pp. 196-217.

Giambiagi, Fabio et al eds. 2005. *Economia Brasileira Contemporânea.* Rio de Janeiro: Elsevier.

Giannotti, Vito. 2002. *Força Sindical: A Central Neoliberal de Medeiros a Paulhinho.* São Paulo: Mauad Editora.

Giddens, Anthony. 1991. *Modernity and Self-Identity: Self and Society in the Late Modern Age.* Cambridge: Polity.

GIN[Global Information Network]. 2003. "Labor-Brazil: Weakened trade unions look to Lula for help." *Global Information Network* Mar 11.

Goldthorpe, J. H. et al. 1968. *The Affluent Worker: political attitudes and behavior.* Cambridge University Press.

Gómez Mera, Laura. 2007. "Macroeconomic concerns and intrastate bargains: explaining illiberal policies in Brazil's automobile sector." *Latin American Politics and Society* 49:1 (Spring), pp. 113-140.

Grana, Carlos Alberto & Valter Sanches. 2005. "Crescimento Industrial, Emprego e Renda no Ramo Metalúrgico em 2004." São Paulo: CNM-CUT.

Greenfield, Gerald Michael. 1987. "Brazil." Gerald Michael Greenfield and Sheldon L. Maram eds. *Latin American Labor Organizations,* N.Y.: Greenwood Press.

Guidry, John A. 2003. "Not Just Another Labor Party: The Workers' Party and Democracy in Brazil." *Labor Studies Journal* 28:1 (Spring), pp. 83-108.

Hagopian, Frances. 1992. "Compromised Consolidation: The Political Class in the Brazilian Transition." Scott Mainwaring, Guillermo O'Donnell & J. Samuel Valenzuela eds. *Issues in Democratic Consolidation.* Notre Dame: University of Notre Dame Press.

Hall, Michael M. & Marco Aurélio Garcia. 1989. "Urban Labor." Michael L. Conniff and Frank D. McCann eds. *Modern Brazil: Elites and Masses in Historical Perspective.* Lincoln: University of Nebraska Press.

Hartlyn, Jonathan & Samuel A. Morley. 1986. "Bureaucratic-Authoritarian Regimes in Comparative Perspective." Jonathan Hartlyn & Samuel A. Morley eds. *Latin American Political Economy: Financial Crisis and Political Change.* Boulder: Westview Press.

Hechter, Michael. 2004. "From class to culture." *The American Journal of Sociology* 110:2 (Sep), pp. 400-445.

Hicks, Alexander. 1999. *Social Democracy and Welfare Capitalism.* Ithaca: Cornell University Press.

Horn, Carlos Henrique. 2005. "Reflexõex sobre consenso e dissenso na reforma sindical." XXIX Encontro Anual da ANPOCS, Caxambu, MG, 25-29 de outubro de 2005.

Huber, Everlyne & John Stephens. 2001. *Development and Crisis of the Welfare State: Parties and Policies in Global Markets.* Chicago: University of Chicago Press.

Humphrey, John. 1982. *Labor in the Brazilian Motor Vehicle Industry.* Princeton; Princeton University.

______. 1984. "Labor in the Brazilian Motor Vehicle Industry." Rich Kronish & Kenneth S. Mericle eds. *The Political Economy of the Latin American Motor Vehicle Industry.* Cambridge: MIT Press.

IBGE[Instituto Brasileiro de Geografia e Estatística]. 2004a. *Pequisa Nacional por Amostra de Domicílios.* Rio de Janeiro: IBGE.

______. 2004b. *Síntese de Indicadores Sociais, 2003.* Rio de Janeiro: IBGE.

______. 2004c. *Indicadores de Desenvolvimento Sustentável, Brasil.* Rio de Janeiro: IBGE.

Ibope. 2003. "Avaliação do Governo do Presidente Lula." http://www.ibope.com.br.

Inglehart, Ronald. 1997. *Modernization and Postmodernization: Cultural, economic, and political change in 43 societies.* Princeton: Princeton University Press.

Inglehart, Ronald & J. Rabier. 1986. "Political realighment in advanced industrial society: from class-based politics to quality-of-life politics." *Government and Opposition* 21:4, pp. 456-79.

Kaufman, Robert R. 1979. "Industrial Change and Authoritarian Rule in Latin America: A Concrete Review of the Bureaucratic-Authoritarian Model." David Collier ed. *The New Authoritarianism in Latin America.* Princeton: Princeton University.

Keck, Margaret E. 1987. "Democratization and Dissension: The Formation of the Workers' Party." *Politics and Society* 15:1.

Korpi, Walter. 1978. *The Working class in welfare capitalism: Work, unions and politics in Sweden.* London: Routledge & Kegan Paul.

Krein, José Dari. 2002. "Analise do impacto e da efetividade das principais alterações legais no padrão de relações de trabalho no setor metalúrgico, entre 1996-2000." Seminário regional sudeste, DIEESE/CESIT/CNPq, São Paulo, 13-14 de março de 2002, pp. 1-111.

Lagos, Marta. 2000. "A máscara sorridente da América Latina." *Opinião Pública* 6:1 (Abril), pp. 1-16.

Leite, Marcia de Paula. 2003. *Trabalho e Sociedade em Transformação: Mudanças produtivas e atores sociais*. SP: Fundação Perseu Abramo.

Lessa, Carlos. 2003. "O BNDES e o desafio das exportações brasileiras." João Paulo dos Reis Velloso(co), *Governo Lula: Novas prioridades e desenvolvimento sustentado*. Rio de Janeiro: Editora José Olympio.

Lipietz, Alain. 1987. *Mirages and Miracles: the crises of global Fordism*. London: Verso.

______. 1992. *Towards a New Economic Order: Postfordism, Ecology and Democracy*. New York: Oxford University Press.

Lopes, Denise M. N. N. 2004. "Para pensar a confiança e a cultura política na América Latina." *Opinião Pública* 10:1 (Maio), pp. 162-188.

Ludwig, Armin K. 1985. *Brazil: A Handbook of Historical Statistics*. Boston: G.K. Hall & Co.

Lula da Silva, Luiz Inácio. 1979. "Interview with Luis Inacio da Silva ('Lula'), President of the Sindicato dos Metalurgicos de Sao Bernado do Campo." *Latin American Perspectives,* pp. 6:4.

______. 2002a. "Carta ao povo brasileiro." 2002/06/22. PT.

______. 2002b. "Brasil votou para mudar." 2002/10/28. PT.

Machado, Ana Flávia & Danielle Carusi Machado. 1998. "Análise de dois setores no mercado de trabalho: efeitos do Plano Real." *Revista de Economia Política* 18:4 (outubro-dezenbro), pp. 111-121.

Magalhães, Claudia. 2002. "Os trabalhadores na Câmara Regional do Grande ABC." Seminário Regional Sudeste, DIEESE/CESIT/CNPq, São Paulo, 13-14 de março de 2002, pp. 1-16.

Mainwaring, Scott. 1987. "Urban Popular Movements, Identity, and Democratization in Brazil." *Comparative Political Studies* 20:2.

Mainwaring, Scott and Eduardo Viola. 1984. "New Social Movmenets, Political Culture, and Democracy: Brazil and Argentina in the 1980s." *Telos*(Fall).

Manza, Jeff, Michael Hout & Clem Brooks. 1995. "Class voting in capitalist democracies since World War II: dealignment, realignment, or trendless fluctuation?." *Annual Review of Sociology* 21, pp. 137-62.

Manzano, Sofia Padua. 2002. "As modificações na dinâmica das negociações coletivas do subsetor automotivo na década de 1990." Seminário Regional Sudeste, DIEESE/CESIT/CNPq, São Paulo, 13-14 de março de 2002.

Martin, Scott B. 1997. "Beyond corporatism: New patterns of representation in the Brazilian auto industry." Douglas A. Chalmers et al eds. *The New Politics of Inequality in Latin America: Rethinking participation and representation.* Oxford: Oxford University Press, pp. 45-71.

McClellan, Barbara. 2000. "Brazilian Revolution: GM's Blue Macaw finally takes flight." *Ward's Auto World,* Sep.

MDA[Ministério do Desenvolvimento Agrário]. 2005. *O Plano Nacional de Reforma Agrária II.* Brasília: Ministério do Desenvolvimento Agrária.

MDICE[Ministério do Desenvolvimento, Indústria e Comércio Exterior]. 2002. "Fórum de Competitividade: Diálogo para o Desenvolvimento - Glossário." MDICE.

______. 2003. *Fórum de Competitividade - Automotivo.* MDICE.

______. 2004a. "Fórum de Competitividade - Automotivo: Informações selecionadas, para monitoramento dos resultados - 25/03/2004." MDICE.

______. 2004b. Fórum de Competitividade: Cadeia Produtiva da Indústria Automotiva - Perfil(MDICE).

______. 2004c. "Fórum de Competitividade - Automotivo: 4 GT"(MDICE).

______. 2005a. "Fórum de Competitividade : O que são os Fóruns." http://www.desenvolvimento.gov.br.

______. 2005b. "Situação atual dos Fóruns." Ministério do Desenvolvimento, Indústria e Comércio Exterior(02/20).

______. 2005c. "Integrantes do Fórum Automotivo." http://www.desenvolvimento.gov.br.

______. 2007a. Fórum de competitividade: diálogo para o desenvolvimento : Documento Básico, http://www.desenvolvimento.gov.br.

______. 2007b. Fóruns de competitividade: diálogo para o desenvolvimento - Sintese do Programa, http://www.desenvolvimento.gov.br.

______. 2007c. "Regimento interno dos fóruns de competitividade." http://www.desenvolvimento.gov.br.

MDSCF [Ministério do Desenvolvimento Social e Combate À Fome]. 2004. "A Importância do Brasília nos Municípios Brasileiros." Brasília: Ministério do Desenvolvimento Social e Combate À Fome. 14 de novembro de 2004.

______. 2005a. "Fome Zero: Estrutura." Brasília: Ministério do Desenvolvimento Social e Combate À Fome.

______. 2005b. "Bolsa Familia : Demonstrativo." Brasília: Ministério do Desenvolvimento

Social e Combate À Fome.

MDSCF & Secretaria Nacional de Asssistência Social. 2004. "Política Nacional de Assistência Social." Brasília : Secretaria Nacional de Asssistência Social, Novembro.

Meneguello, Rachel. 1989. *PT : a formação de um partido, 1979-1982*. São Paulo: Paz e Terra.

______. 1995. "Electoral behavior in Brazil : The 1994 presidential elections." *International Social Science Journal* 146, pp. 627-642.

______. 2002. "Marcos da esquerda brasileira nos anos 90: dilemas e avanços do Partido dos Trabalhadores." Universidade de Campinas, outubro de 2002.

______. 2005a. "Marcos da Esquerda Brasileira nos Anos 90: Dilemas e avanços do Partido dos Trabalhadores." UNICAMP ser publicado em La Isquierda en America Latina, CLACSO.

______. 2005b. "Government popularity and public attitudes to social security reform in Brazil." *International Journal of Public Opinion Research*, pp. 1-17.

Menezes-Filho, Naercio, Helio Zylberstajin, Jose Paulo Chahad & Elaine Pazello. 2002. "Unions and the economic performance of Brazilian establishments." Inter-American Development Bank, Working Paper No. 464.

Mertes, Tom. 2004. "A republican proletariat." *New Left Review* 30 (Nov/Dec), pp. 37-47.

MF [Ministério da Fazenda]. 2005. *Orçamento Social do Governo Federal 2001-2004*. Brasília: MF.

Miguel, Luis Felipe. 2006. "From equality to opportunity: transformations in the discourse of the workers' party in the 2002 elections." *Latin American Perspectives* 33:4 (July), pp. 122-143.

Moisés, J. Á. 1995. *Os Brasileiros e a Democracia*. SP: Ed.Ática.

MP [Ministério do Planejamento]. 2005. *Tipo de gasto com os diversos programas e Dispêndios de natureza assistencial*. Brasília: MP.

MSFZ [Mobilização Social do Fome Zero]. 2004. *Fome Zero,* Brasília: República Federativa do Brasil.

Neri, Marcelo & José Márcio Camargo. 2002. "Distributive effects of Brazilian structural reforms." Renato Baumann ed. *Brazil in the 1990s: An Economy in Transition*. Oxford: Palgrave.

Neves, Magda de Almeida & Antônio Carvalho Neto. 2006. "Novos territórios produtivos e desenvolvimento local: limites e possibilidades." Caderno CRH, *Salvador* 19:46

(Jan./abr.), pp. 35-46.

Newby, Howard. 1977. *The Deferential Worker.* London: Allen Lane.

Nieuwbeerta, Paul. 2001. "The democratic class struggle in postwar societies: traditional class voting in twenty countries, 1945-1990." T. N. Clark & S. M. Lipset eds. *The Breakdown of Class Politics: A debate on post-industrial stratification* Boulder: Westview Press, pp. 137-61.

Nishimura, Kátia Mika. 2004. "Conservadorismo Social: Opiniões e atitudes no contexto da eleição de 2002." *Opinião Pública* 10:2 (Outubro), pp. 339-367.

O'Connell, Lesley. 1999. *Collective Bargaining Systems in 6 Latin American Countries: Degrees of Autonomy and Decentralization - Argentina, Brazil, Chile, Mexico, Peru & Urguay.* Washington, D.C.: Inter-American Development Bank.

OIT [Organização Internacional do Trabalho]. 1999. *Brasil: Abertura e ajuste do mercado de trabalho no Brasil - Políticas para conciliar os desafios de emprego e competitividade.* Brasilia: Ministério do Trabalho e Emprego.

Oliveira, Francisco. 2002. "Lula é refundação do Brasil, diz sociologo." *Folha de São Paulo* (10/29).

______. "Carta de Francisco 'Chico' de Oliveira." *Folha de Sao Paulo* (12/15).

Oxhorn, Philip D. & Graciela Ducatenzeiler. 1998. "Economic reform and democratization in Latin America." Philip D. Oxhorn & Graciela Ducatenzeiler eds. *What Kind of Democracy? What Kind of Market?: Latin America in the Age of Neoliberalism.* Pennsylvania: The Pennsylvania State University Press, pp. 3-20.

Parkin, Frank. 1967. "Working Class Conservatives." *British Journal of Sociology* 18, pp. 278-290.

Payne, Leigh A. 1991a. "Working Class Strategies in the Transansan to Democracy in Brazil." *Comparative Politics* 2:2.

______. 1991b. "Industrialists, Labor Relations, and the Transition to Democracy in Brazil." Working Paper 158, Political Science, Yale University.

Pereira, Sérgio Eduardo Martins. 2006. "Os sindicalistas da indústria automobilística do Sul fulminense." José Ricardo Ramalho & Marco Aurélio Santana eds. *Trabalho e Desenvolvimento Regional: Efeitos sociais da indústria automobilística no Rio de Janeiro.* RJ: Mauad, pp. 175-198.

Pinheiro, Armando Castelar. 2000. "A experiência brasileira de privatizição: O que vem a seguir?." *Textos para Discussão* 87, BNDES, Rio de Janeiro.

Pinheiro, Armando Castelar & Kiichiro Fukasaku eds. 2000. *A privatização no Brasil: O caso dos serviços de utilidade pública.* Rio de Janeiro: BNDES.

Piven, Frances Fox. 1991. *Labor Parties in Postindustrial Societies.* N.Y.: Oxford University Press.

Pochmann, Marcio et al. 2005. *Atlas da Exclusão Social volume 5: Agenda não liberal da inclusão social no Brasil.* SP: Cortez.

Portes, Alejandro & Kelly Hoffman. 2003. "Latin American class structures: Their composition and change during the neoliberal era." *Latin American Research Review* 38:1 (February), pp. 41-82.

Praun, Luci. 2006. "A reestruturação negociada na Volkswagen: São Bernardo do Campo." em Ricardo Antunes ed. Riqueza e miséria do trabalho no brasil, S.P.: Noitempo, pp. 155-178.

PRB [Presidência da República, Brasil]. 2005. *Diálogo Internacional* 1(05/05).

Przeworski, Adam. 1980. "Social Democracy as a Historical Phenomenon." *New Left Review* 122.

______. 1985. *Capitalism and Social Democracy.* Cambridge: Cambridge University.

PT. 2005. "O Programa Fome Zero e o PT." SP: PT.

PT-SP. 2004. "Principais ações implementadas pelo Programa Fome Zero"(PT-SP).

RadioBras, Brasilia.

Ramalho, José Ricardo. 1999. "Trade unions in Brazil in a context of economic adjustment." Martin Upchurch ed. *The State and 'Globalization': Comparative Studies of Labour and Capital in National Economies.* London: Mansell, pp. 230-247.

______. 2004. "New forms of industrial organization, regional development and the impact on work restructuring in Brazil." *Research in the sociology of work* 13, pp. 23-38.

Ramalho, José Ricardo & Marco Aurélio Santana. 2002. "VW's Modular System and Workers' Organization in Resende, Brazil." *International Journal of Urban and Regional Research* 26:4 (December), pp. 756-766.

______. 2006. "Um perfil dos trabalhadores do 'consórcio modular'." José Ricardo Ramalho & Marco Aurélio Santana eds. *Trabalho e Desenvolvimento Regional: Efeitos sociais da indústria automobilística no Rio de Janeiro.* RJ: Mauad, pp. 91-110.

Ramos, Lauro & Rosane Mendonça. 2005. "Pobreza e Desigualdade de Renda no Brasil." em Fabio Giambiagi et al eds. *Economia Brasileira Contemporânea*. Rio de Janeiro: Elsevier, pp. 355-377.

Reis, Regina Célia dos. 2006. "Articulação política regional: a experiência do grande ABC." http://www.pucsp.br/neamp.

Resende. 2002. *Estudo do potencial dos clusters do ABC e de Joinville*. Brasilia: MDICE.

Ribeiro, Rosana & Sebastião Cunha. 2005. "Perfil socioeconômico dos trabalhadores da indústria automotiva e o movimento sindical: Grande São Paulo e Catalão." Anpocs, 29 Encontro Anual da Anpocs.

Riethof, Marieke. 2000. "New unionism: challenging the Brazilian development model." 2000 Congress of the Latin American Studies Association, Miami, March 16-18.

Rivers, Brendan P. 2005. "Brazil delays fighter program again." *Journal of Electronic Defense* 28:2 (Feb 2005).

Robinson, Ian. 2002. "Polarizing Mexico: Growth, Employment and Equity." *Relations Industrielles* 57:3, pp. 579-582.

Rodrigues, Fernando. 2006. *Políticos do Brasil*. SP: Publifolha.

Rodrigues, Iram Jácome. 1997a. *Sindicalismo e Política: A Trajetória da CUT*. São Paulo: Edições Sociais.

______. 1997b. "Comissões de fábrica e reestruturação produtiva." em Glauco Arbix & Mauro Zilbovicius eds. *De JK a FHC: A Reinvenção dos Carros*. São Paulo: Edições Sociais, pp. 237-256.

______. 1998. "A Nova Agenda Sindical." en António Moreira de Carvalho Neto & Ricardo Augusto Alves de Carvalho eds. Sindicalismo e Negociação Coletiva nos Anos 90, Belo Horizonte: Ministério do Trabalho.

______. ed. 1999. *O Novo Sindicalismo: Vinte Anos Depois*. São Paulo: Editora Vozes.

______. Cecília Carmen Cunha Pontes, José Ricardo Ramalho & Marco Aurélio Santana. 2006. "Velhos e novos operários da indústria automobilística: comparações entre o ABC paulista e o Sul Fluminense." Caderno CRH, Salvador 19:46, pp. 75-85.

Rodrigues, Leônico Martins. 2002. Partidos, ideologia e composição social: um estudo das bancadas partidárias na Câmara dos Deputados, São Paulo: Edusp.

______. 2006. *Mudanças na Classe Política Brasileira*. SP: Publifolha.

Sader, Emir. 1987. "The Workers' Party in Brazil." *New Left Review* 165.

Sader, Emir & Ken Silverstein. 1991. *Without Fear of Being Happy: Lula, the Workers Party and Brazil*. London: Verso.

Samuels, David. 2003. "Fiscal straitjacket: The politics of macroeconomic reform in Brazil, 1995-2002." *Journal of Latin American Studies* 35, pp. 545-569.

______. 2004a. "As Bases do Petismo." *Opinião Pública* 10:2 (Outubro), pp. 221-241.

______. 2004b. "From socialism to social democracy: party organization and the transformation of the Workers' Party in Brazil." *Comparative Political Studies* 37:9(November), pp. 999-1024.

______. 2006. "Sources of mass partisanship in Brazil." *Latin American Politics and Society* 48:2 (Summer), pp. 1-28.

Shapiro, Helen. 1994. *Engines of growth: the state and transnational auto companies in Brazil*. N.Y.: Cambridge University Press.

Singer, André. 2001. *O PT*. São Paulo: Publifolha.

SMABC [Sindicato dos Metalúrgicos do ABC]. 1993. Um Acordo Histórico: As propostas dos trabalhodores da indústria automotiva e a proposta de acordo firmada em feveiro de 1993, São Paulo: SMABC (Junho 1993).

______. 1994. O Trabalho em Grupo nas Negociações de Reestruturação Produtiva., São Paulo: SMABC (Maio 1994).

______. 2002. Plano de 7 Metas: Para o Setor Automotivo no Brasil. Propostas de Plano de Governo, 2003-2006, São Paulo: SMABC.

SMABC-DIEESE. 2000a. Indicadores da Indústria Automobilística Brasileira, São Paulo: SMABC, Março 2000.

______. 2000b. O ABC Paulista e a experiência da Câmara Regional, SP: SMABC.

______. 2003a. Grande ABC em Números, SMABC (Março, 2003).

______. 2003b. Acordos na Câmara Regional do Grande ABC, (SP: SMABC).

SMBD [Sindicato dos Metalúrgicos de São Bernardo do Campo e Diadema]. 1992. Reestruturação do Complexo Automotivo Brasileiro: As propostas dos trabalhodores na Câmara Setorial, São Paulo: SMABC (Março 1992).

Speck, Bruno Wilhelm. 2003. "A compra de votos: Uma aproximação empírica." *Opinião Pública* 9:1 (Abril), pp. 148-169.

Stallings, Barbara & Wilson Peres. 2000. *Growth, Employment and Equity: The impact of the economic reforms in Latin America and the Caribbean*. UN, ECLAC.

Stiglitz, Joseph. 2000. "The Insider: What I learned at the world economic crisis." *The*

New Republic April 17 & 24, pp. 56-60.

Swavely, Peter. 1990. "Organized Labor in Brazil." S. Lawrence & R. Wilson eds. *The Political Economy of Brazil.* Austin: University of Texas Press.

Tavolaro, Sergio B. F. & Lília G. M. Tavolaro. 2007. "Accounting for Lula's second-term electoral victory: 'leftism' without a leftist project?." *Constellations* 14:3, pp. 426-444.

Teixeira Mendes, Antônio Manuel & Gustavo Venturi. 1994. "Eleição presidencial: O Plano Real na sucessão de Itamar Franco." *Opinião Pública* 2:2(Dezembro), pp. 39-48.

TN [Tesouro Nacional]. 2005. *Necessidades de financiamento do governo central.* Brasilia: TN.

Valepariabano. 2003. "Governo convoca as montadoras para discutir crise no setor São José dos Campos." http://www.valeparaibano.com.br.

Wagner, Jaques. 2005. "CDES e o diálogo sobre o desenvolvimento." Brasília: CDES.

Weakliem, David L. & Mark Western. 1999. "Class voting, social change, and the left in Australia, 1943-96." *British Journal of Sociology* 50:4 (December), pp. 609-630.

Weeks, John. 1999. "Wages, employment and workers' rights in Latin America, 1970-98." *International Labour Review* 138:2 (September), pp. 35-66.

Westergaard, J. H. 1970. "The rediscovery of the cash nexus: some recent interpretations of trends in Britsh class structure." Ralph Miliband & John Saville eds. *The Socialist Register 1970.* London: Merlin Press.

Weyland, Kurt. 1998. "Swallowing the bitter pill: Sources of popular support for neoliberal reform in Latin America." *Comparative Political Studies* 31:5 (October), pp. 539-568.

Wiener, Jon. 2005. "Working-Class republicans and 'false consciousness'." *Dissent* 52:2 (Spring), pp. 55-58.

Williamson, John. 1993. "Democracy and the 'Washington consensus'." *World Development* 21:8 (Aug 1993), pp. 1329-36.

______. 1999. "Waht should the bank think about the Washington Consensus." Paper prepared as a backgound to the World Bank's World Development Report 2000, July.

______. 2002. "Did the Washington Consensus fail?." *Outline of remarks at the Center for Strategic & International Studies,* November 6.

Wilpert, Gregory. 2007. *Changing Venezuela by Taking Power: The history and politics of the Chávez government*. London: Verso.

World Bank. 1995. *World Development Report 1995: Workers in an Integrating World*. N.Y.: World Bank.

Wright, Erik Olin. 1985. *Classes*. London: Verso.

______. 1997. *Class Counts*. Cambridge: Cambridge University.

Zylberstajn, Helio. 2006. "President Lula's union reform."(unpublished manuscript) USP.

● 정기간행물

ADEGABC Noticia, Santo Andre.

Automotive News, Detroit(주간). 2003-2005.

Brazil Monitor http://www.latinamericamonitor.com.

Business Week http://pda.businessweek.com.

CNM Noticias(일간지 포함 정기간행물), http://www.cnmcut.org.br.

ESP(O Estado de São Paulo), São Paulo(일간).

FSP(Folha da São Paulo), São Paulo(일간).

GIN(Global Information Network), New York(일간).

IMF news, Geneva.

LAEB(Latin American Economy & Business, 월간).

LARBS(Latin American Brazil & Southern Cone Report) http://www.latinnews.com.

LAWR(Latin American Weekly Report, 주간).

NYT (New York Times), New York(일간). 2000-2005.

O Estado de São Paulo, São Paulo(일간).

PON(Platt's Oilgram News), New York.

RER(Renewable Energy Report), London.

RFN(Renewable Fuel News), Houston.

● 온라인 자료

Banco Central http://www.bcb.gov.br.
Datafolha http://www1.folha.uol.com.br/folha/datafolha.
DIEESE http://www.dieese.org.br.
EIU[Economist Intelligence Unit] http://www.eiu.com.
IBGE http://www.ibge.gov.br.
Ibope http://www.ibope.com.br.
ILO[International Labour Organization] labour statistics http://laborsta.ilo.org.
IPEA http://www.ipea.gov.br.
IPEADATA http://www.ipeadata.gov.br.
PAC https://www.pac.gov.br.

● 면담 자료

Arbix, Glauco(USP, Universidade de São Paulo 정치경제학 교수), 2003/01/16 면담.
Azevedo, Ricardo de(PT 연구소 소장), 2007/02/14 면담.
Boito, Armando(UNICAMP 정치학 교수), 2004/01/13 면담.
Boito, Armando, 2005/02/12 면담.
Bresciani, Luís Paulo(룰라 정부 ABDI 근무, 현재 Santo André Secretário de Desenvolvimento
        e Ação Regional), 2007/02/09 면담.
Bueno, Wanderci Silva(CUT Esquerda Marxista 소속), 2009/08/06 면담.
CNMPA(CNM Porto Alegre 노동조합 관계자 면담), 2003/01/27.
Conceição, Jefferson José da(SMABC/DIEESE 연구 책임자), 2003/01/16 면담.
Conceição, Jefferson José da(DIEESE-CUT 연구 책임자), 2004/01/15 면담.
Conceição, Jefferson José da(DIEESE-CUT 연구 책임자, CUT 위원장의 CDES 교체 멤버),
        2005/02/11 면담.
Feijoó, José Lopez(SMABC 위원장), 2005/02/03 면담.
Galvão de França, Caio(CUT organization 담당 비서), 2003/02/03~04 면담.
GMGV. 2003a. GM Gravatai 공장 방문 및 경영진 면담, 2003/01/28.
GMGV. 2003b. GM Gravatai 노동자 면담, 2003/01/27.
GMGV. 2005. GM Gravatai 노동자 면담, 2005/01/27~28.

GMSJC. 2003. GM São José dos Campos 공장 방문 및 노동자 면담, 2003/01/20.

Grana, Carlos(CNM 위원장), 2005/02/02 면담.

Kjeld, Jakobsen(PT 간부), 2005/02/04 면담,

Kjeld, Jakobsen. 2007/01/31 면담.

Kjeld, Jakobsen. 2009/08/05 면담.

Krein, José Dari(UNICAMP 경제학 교수), 2003/01/17 면담.

Leite, Marcia(UNICAMP 경제-사회학 교수), 2005/02/17 면담.

Lopes, Fernando(CNM-CUT 위원장), 2003/01/17, 02/05~06 면담.

Meneguello, Rachel(UNICAMP 정치학 교수). 2005/02/17 면담.

Meneguello, Rachel(UNICAMP 정치학 교수), 2007/01/06, 02/14 면담.

Neto, Rafael Freire(CUT Secretário de Organização), 2003/01/24 면담.

Oliveira, Francisco(USP 사회학 교수), 2004/01/17 면담.

Ribeiro, Fernando(CUT-DESEP 연구담당자), 2003/01/31, 02/03 면담.

Rodrigues, Iram Jácome(USP 경제학 교수). 2003/02/4 면담.

Rodrigues, Iram Jácome, 2005/02/15 면담.

Rodrigues, Iram Jácome, 2007/02/12 면담.

Salerno, Mario Sergio(룰라 정부 IPEA & ABDI 근무, 현 USP 생산기술학 교수), 2007/
02/07 면담.

Salum Jr., Brasilio(Consórcio de Informações Sociais, USP 연구소장), 2004/01/19 면담.

Sanches, Valter(CNM 집행위원), 2004/01/14 면담.

Sanches, Valter(CNM 집행위원), 2005/02/18 면담.

Sanches, Valter(CNM 사무총장), 2007/01/24, 02/08 면담.

Sochaczewski, Suzanna(DIEESE 연구자), 2005/02/11 면담.

Stuart, Ana Maria(PT 국제비서), 2005/02/16 면담.

Tadashi Oda, Nilson(SMABC/DIEESE 연구책임자), 2005/02/10 면담.

Tadashi Oda, Nilson(SMABC/DIEESE 연구책임자), 2007/01/29 면담.

Turra, Júlio(CUT 집행위원, O Trabalho 소속), 2009/08/07 면담.

Venturi, Gustavo(Criterium assessoria em pesquisas), 2007/01/16 면담.

VWRS, 2003/01/30 VW Resende 공장 방문, 경영진 및 노조 관계자, 노동자 면담.

찾아보기